Journal of the Institute for Chinese Classics Studies
Nanjing University

古典文獻研究

第二十輯　上卷

CSSCI來源集刊

南京大學古典文獻研究所　主辦

國家"雙一流"擬建設學科"南京大學中國語言文學藝術"資助項目
江蘇高校優勢學科建設工程"南京大學中國語言文學"資助項目
江蘇省2011協同創新中心"中國文學與東亞文明"資助項目

鳳凰出版社

圖書在版編目（CIP）數據

古典文獻研究. 第二十輯. 上卷 / 程章燦主編. --
南京 : 鳳凰出版社, 2017.12
ISBN 978-7-5506-2713-0

Ⅰ. ①古… Ⅱ. ①程… Ⅲ. ①古文獻學－中國－叢刊
Ⅳ. ①G256.1-55

中國版本圖書館CIP數據核字(2017)第321815號

書　名	古典文獻研究(第二十輯上卷)
主　編	程章燦
責任編輯	林日波
出版發行	鳳凰出版社(原江蘇古籍出版社)
	發行部電話025-83223462
出版社地址	南京市中央路165號,郵編:210009
出版社網址	http://www.fhcbs.com
照　排	南京凱建圖文製作有限公司
印　刷	江蘇鳳凰通達印刷有限公司
	南京市六合區冶山鎮,郵編:211523
開　本	787×1092毫米　1/16
印　張	20.25
字　數	394千字
版　次	2017年12月第1版　2017年12月第1次印刷
標準書號	ISBN 978-7-5506-2713-0
定　價	98.00圓

(本書凡印裝錯誤可向承印廠調換,電話:025-57572508)

目　次

·書評·

古典文獻研究（第二十輯上卷）
Journal of the Institute for Chinese Classics Studies
Nanjing University
Volume 20, No.1 2017

《尚書》文體考辨*

——兼論早期文體的原生態狀況

胡大雷

一　文體譜系與《尚書》文體

經、史、子、集的文字，古代各有譜系，集部文字的文體譜系的建立，本以獨立於"經"爲契機的。《漢書・藝文志》有《六藝略》、《諸子略》、《詩賦略》、《兵書略》、《術數略》、《方技略》，《詩賦略》的建立可謂從《六藝略》中切割出來，阮孝緒《七録序》稱"《七略》'詩賦'不從'六藝'詩部，蓋由其書既多，所以别爲一略"①，此可爲"文體譜系"的雛形。其實，或是因爲"詩賦"的性質與"六藝"不同，於是劉歆、班固把"詩賦"從"六藝"中分了出來。但不管是什麽原因，"詩賦"從"六藝"中分出來，成爲建立獨立譜系的起始，以後的"集部"，就是以"詩賦"爲核心延展構成的。又，任昉撰《文章緣起》，先説"六經素有歌、詩、書、誄、箴、銘之類"，接著他又説，其所探討的是"自秦漢以來，聖君賢士沿著爲文之始。故因暇録之，凡八十四題"②，也就是説，他討論的是獨立的文體而非包含在某個整體中的文體。因此，他要建立自秦漢開始的、獨立文體的文體譜系，這個文體譜系，要與"六經"切割開來，即吴承學所説："任昉關注重點是脱離經學束縛之後個體的文章創作。"③集部文字又要與史、子切割开来，於是，蕭統稱文章總集《文選》不録"經、史、子"的文字，成爲定例，其直接的結果就是"經、子、史"一起被排除在文體譜系以外。其後雖有劉勰《文心雕龍》全部論述經、史、子、集的文體，但以文章總集爲主要載體的文體譜系，主要是沿著蕭統《文選》的理路而來。

---

* 本文爲吴承學教授主持國家社科基金重大項目"中國古代文體學發展史"(10&ZD102)階段性成果。

① (清)嚴可均《全上古三代秦漢三國六朝文・全梁文》，中華書局，1958年，第3346頁上。

② 見郁沅、張明高《魏晉南北朝文論選》，人民文學出版社，1996年，第311—312頁。

③ 吴承學《中國古代文體學研究・任昉〈文章緣起〉考論》，人民出版社，2011年，第311頁。

又有以"文本於經"來編纂文體譜系者,把《尚書》作爲某些文體的源頭,如《文心雕龍·宗經》稱"詔、策、章、奏,則《書》發其源"①,顔之推《顔氏家訓·文章篇》稱"詔、命、策、檄,生於《書》者也"②,等等。而從"文筆之辨"看,劉勰《文心雕龍·原道》云:"唐虞文章,則焕乎始盛。元首載歌,既發吟咏之志;益稷陳謨,亦垂敷奏之風。"③其《序志》有"論文叙筆,則囿别區分"的説法,因此劉永濟説:"昔彦和論文,徵引古作。於文始'元首載歌',於筆始'益稷陳謨'。"④明黄佐《六藝流别》,就是"首次以選本建構'文本六經'的譜系"⑤,把古代文體分别繫於《詩》、《書》、《禮》、《樂》、《春秋》、《易》六經之下。明陳仁錫編《古文彙編》,四庫館臣稱該書"以經、史、子、集分部"⑥。明孫鑛(號月峰)有《孫月峰評經》十六卷,四庫館臣曰:"是編《詩經》四卷、《書經》六卷、《禮記》六卷,每經皆加圈點評語。"批評説:"經本不可以文論。"⑦則此書把《尚書》所録之文以文體論了。又如曾國藩《經史百家雜鈔》"論著"録《尚書·洪範》。等等。當經書也作爲文體時,人們認識到,古代文體譜系不可缺少《尚書》文體。於是,《尚書》文體進入研究者的視野。誠然,《尚書》時代文體尚未成熟,那麽,本文論述《尚書》之文的文體形態,起碼可以算作文體的"前文體形態",而對文體的"前文體形態"的探討,正可探討文體的原生態狀况。

二 僞孔傳、孔穎達所認定的文體

僞孔安國《〈尚書〉序》稱:"芟夷煩亂,剪截浮辭,舉其宏綱,撮其機要,足以垂世立教,典、謨、訓、誥、誓、命之文,凡百篇。"直述《尚書》有六種文體。孔穎達疏:"典,即《堯典》、《舜典》;謨,即《大禹謨》、《臯陶謨》;訓,即《伊訓》、《高宗之訓》;誥,即《湯誥》、《大誥》;誓,即《甘誓》、《湯誓》;命,即《畢命》、《顧命》之等是也。"⑧則把孔安國所述《尚書》文體,與《尚書》諸篇的篇題聯繫起來。前人多有依《尚書》篇題而稱文體者,如《禮記·曲禮下》"諸侯使大夫問於諸侯曰聘,約信曰誓,涖牲曰盟"鄭玄注:"誓之辭,《尚書》見有六篇。"⑨又如明人吴訥《文章辨體序説·制誥》:"考之於《書》,'命'者,以之命官,若《畢命》、《冏命》是也。'誥'則以之播誥四方,若《大誥》、《洛誥》是也。"⑩從這些情况看,前人大都是以篇題之釋來確定文體的,并在此中突出以行爲動作産生文辭的意味。這些語言行爲動作進入篇題,由動詞變成了名詞,自然更具文體意味。

① (南朝梁)劉勰撰,詹鍈義證《文心雕龍義證》,上海古籍出版社,1989年,第78頁。
② (北齊)顔之推撰,王利器集解《顔氏家訓集解》,上海古籍出版社,1980年,第221頁。
③ (南朝梁)劉勰撰,詹鍈義證《文心雕龍義證》,第18頁。
④ 劉永濟《十四朝文學史》,黑龍江人民出版社,1984年,第35頁。
⑤ 吴承學《中國古代文體學研究》,第392頁。
⑥ (清)永瑢等《四庫全書總目》,中華書局,1965年,第1763頁上。
⑦ (清)永瑢等《四庫全書總目》,第282頁下—283頁上。
⑧ 《尚書正義》,《十三經注疏》,上海古籍出版社,1997年,第114頁下—115頁上。
⑨ 《禮記正義》,《十三經注疏》,第1266頁上。
⑩ (明)吴訥《文章辨體序説》,人民文學出版社,1962年,第36頁。

其一,典。僞孔傳釋《堯典》篇題:"言堯可爲百代常行之道。"孔穎達疏:"稱典者,以道可百代常行。"[①]《儀禮·士昏禮》:"吾子順先典,貺某重禮,某不敢辭,敢不承命。"鄭玄注:"典,常也,法也。"[②]典,即常道,準則。《尚書》中只有這篇以"典"命名。《説文解字》:"典,五帝之書也。"[③]漢王符《潛夫論·贊學》:"是故索物於夜室者,莫良於火;索道於當世者,莫良於典。典者,經也。先聖之所制。"[④]南朝梁劉勰《文心雕龍·原道》:"玄聖創典,素王述訓。"《文心雕龍·宗經》:"帝代《五典》。"[⑤]延續至後世,記載、宣揚"五帝"事跡、言行就是文體的"典",先代可以作爲典範的重要書籍就是文體的"典",這應該帶有總括《尚書》的性質。"典"在後世也有餘緒,如《文選》有班固《典引》一首,李善注云:"蔡邕曰:《典引》者,篇名也。典者,常也,法也。引者,伸也長也。《尚書疏》:堯之常法,謂之《堯典》,漢紹其緒,伸而長之也。"[⑥]又有《典略》、《梁典》等。又,《僞古文尚書·胤征》出發前誓師的"告于衆曰",有所引用:"《政典》曰:'先時者殺無赦,不及時者殺無赦。'"[⑦]那麽,《政典》就是彼時的官方文件集。《堯典》的命名,可説從它而來。録於此以備考。

其二,謨。其釋題曰:"謨,謀也。皋陶爲帝舜謨。"[⑧]《皋陶謨》:

> 曰若稽古皋陶曰:"允迪厥德,謨明弼諧。"[⑨]

僞孔傳:"言人君當信蹈行古人之德,謀廣聰明,以輔諧其政。"[⑩]"允迪厥德,謨明弼諧"是開場白,以下是帝舜、禹、皋陶君臣之間的討論、謀劃。《皋陶謨》中不見"謨曰"云云,但文辭的確是"謨"這一行爲動作所産生的,這是由皋陶所説"允迪厥德,謨明弼諧"規定了的,那麽,這些文辭即應該是"謨"體。後世無"謨"體。

其三,訓(附:訓命)。《今文尚書》没有以"訓"命名的篇題,但《古文尚書》有《伊訓》,其釋題曰:"作訓以教導太甲。"[⑪]《高宗肜日》有"訓":

> 祖己曰:"惟先格王,正厥事。"乃訓于王曰。[⑫]

"乃訓于王"僞孔傳:"祖己既言,遂以道訓諫王。"[⑬]訓,訓勉、教誨、教導,"訓"體,就是訓導之詞。《盤庚》又有大臣轉述盤庚的講話,其中有"格汝衆,予告汝

---

① 《尚書正義》,《十三經注疏》,第 118 頁下。
② 《儀禮正義》,《十三經注疏》,第 972 頁中。
③ (清)段玉裁《説文解字注》,上海古籍出版社,1981 年,第 200 頁上。
④ (漢)王符著,(清)汪繼培箋《潛夫論箋》,中華書局,1979 年,第 11 頁。
⑤ (南朝梁)劉勰撰,詹鍈義證《文心雕龍義證》,第 24、57 頁。
⑥ (南朝梁)蕭統撰,(唐)李善注《文選》,中華書局,1977 年,第 682 頁上。
⑦ 《尚書正義》,《十三經注疏》,第 157 頁中、158 頁上。
⑧ 《尚書正義》,《十三經注疏》,第 138 頁上。
⑨ 顧頡剛、劉起釪《尚書校釋譯論》,中華書局,2005 年,第 393 頁。
⑩ 《尚書正義》,《十三經注疏》,第 138 頁。
⑪ 《尚書正義》,《十三經注疏》,第 162 頁下。
⑫ 顧頡剛、劉起釪《尚書校釋譯論》,第 998 頁。
⑬ 《尚書正義》,《十三經注疏》,第 176 頁中。

訓汝"。《無逸》有"訓"作爲行爲動作意義的運用,如"非民攸訓",僞孔傳釋以"非所以教民"①。又,《酒誥》:"惟土物愛,厥心臧,聰聽祖考之彝訓。"②《吕刑》載之"王曰:若古有訓"③,此已是文體之"訓"。又"訓命",《顧命》:

王曰:"嗚呼!疾大漸,惟幾,病日臻,既彌留,恐不獲誓言嗣,兹予審訓命汝:昔君文王……"④

僞孔傳:"以此故詳審教命汝。""訓命"即"教命"。

其四,誥(附:誥治、誥毖、誥教、誥告)。其釋《湯誥》題曰:"以伐桀大義告天下。"⑤《大誥》:

王若曰:猷大誥爾多邦越爾御事:(辭略)。⑥

僞孔傳:"周公稱成王命,順大道以告天下衆國,及於御治事者,盡及之。"⑦這裏的"誥",是上對下之言。僞古文《尚書》有《仲虺之誥》,則是臣下誥君。僞孔傳:"仲虺,臣名,以諸侯相天子。會同曰誥。"孔穎達疏:"是會同曰誥,誥謂於會之所設言以告衆。此惟誥湯一人,而言會同者,因解諸篇'誥'義,且仲虺必對衆誥湯,亦是'會同曰誥'。"⑧後世之"誥",已成爲天子、朝廷所專用。文體範圍的逐漸縮小、明確,"誥"之普遍意義的、上下通用的告訴、告誡、勸勉,逐步演變爲以上對下的專用。

又有"誥治",《康誥》:

周公咸勤,乃洪大誥治。("王若曰"辭略)⑨

楊筠如云:"治,通作辭。《檀弓》鄭注:'辭,猶告也。'《酒誥》'乃不用我教辭',謂教告也。《周禮·小司徒》'聽其辭訟',《小宰》'聽其治訟'……'治''辭'一字可證。"(《覈詁》)⑩"誥治"即"誥辭",那麽,"誥"在此處已是文體名了。

又有《酒誥》之"誥毖"、"誥教":

王若曰:"明大命于妹邦。乃穆考文王肇國在西土,厥誥毖庶邦庶士越少正御事……文王誥教小子:(辭略)。"⑪

《召誥》之"誥告":

① 《尚書正義》,《十三經注疏》,第222頁中。
② 顧頡剛、劉起釪《尚書校釋譯論》,第1388頁。
③ 顧頡剛、劉起釪《尚書校釋譯論》,第1901頁。
④ 顧頡剛、劉起釪《尚書校釋譯論》,第1712頁。
⑤ 《尚書正義》,《十三經注疏》,第162頁上。
⑥ 顧頡剛、劉起釪《尚書校釋譯論》,第1262頁。
⑦ 《尚書正義》,《十三經注疏》,第198頁上。
⑧ 《尚書正義》,《十三經注疏》,第161頁上中。
⑨ 顧頡剛、劉起釪《尚書校釋譯論》,第1292頁。
⑩ 見顧頡剛、劉起釪《尚書校釋譯論》,第1298頁。
⑪ 顧頡剛、劉起釪《尚書校釋譯論》,第1380、1388頁。

[周公]曰:"拜手稽首,旅王若公,誥告庶殷越自乃御事:(辭略)。"①

"誥毖"、"誥教"、"誥告",除稱説"誥",還進一步强調"誥"這一行爲動作的方式與意義。又,《洛誥》,其正文無"誥"字樣,只是簡單地"曰",而篇名稱"誥"。《多士》,其序稱:"成周既成,遷殷頑民,周公以王命誥,作《多士》。"②其正文亦無"誥"字。又,《多方》:

王若曰:"猷告爾四國多方惟爾殷侯尹民。"

王若曰:"誥告爾多方。"

王曰:"我不惟多誥,我惟祇告爾命。"③

這些都是行爲動作而産生文辭,都具有文體的意味。

其五,誓(附:誓告)。其釋題曰:"甘,有扈郊地名。將戰先誓。"④《甘誓》:

大戰于甘,乃召六卿。王曰:"嗟! 六事之人,予誓告汝:有扈氏威侮五行,怠棄三正,天用勦絶其命,今予惟共行天之罰。左不攻于左,汝不共命;右不攻于右,汝不共命;御非其馬之正,汝不共命。用命,賞于祖;弗用命,戮于社。"⑤

僞孔傳:"將戰先誓。"孔穎達疏:"《曲禮》云:'約信曰誓。'將與敵戰,恐其損敗,與將士設約,示賞罰之信也。將戰而誓,是誓之大者。"⑦《周禮·秋官司寇》"士師":"以五戒先後刑罰,毋使罪麗於民。一曰'誓',用之於軍旅。"⑧誓,軍中發布有關告戒、約束將士的號令。此"誓"是夏啓的行爲動作,此行爲動作所發出的文辭即"誓"體文字。"誓"此處以"誓告"出之,"誓"即發出號令的講話本身,"告"則强調講話的方式與對象。同樣又有《秦誓》:"公曰:'嗟! 我士,聽無嘩。予誓告汝群言之首。'"⑨此"誓"是面向"我士"的。

《湯誓》爲商湯動員部屬征伐夏桀的誓師詞,但文中無"誓曰",只是一般性的"王曰";僞孔傳解題:"戒誓湯士衆。"疏:"此經皆誓之辭也。"⑩從其中"爾不從誓言,予則孥戮汝,罔有攸赦"⑪,可知當時就稱此文字爲"誓"。

其六,命。《堯典》有"乃命羲、和"、"分命羲仲"、"分命和仲"、"申命和叔"⑫,"命"後雖無"曰",但"命"産生了文辭,這就是"命"體,"命"體的命名,是由"命"這一行爲動作而來;此是帝堯之"命",故"命"爲帝王的詔令。作爲篇名

---

① 顧頡剛、劉起釪《尚書校釋譯論》,第 1434 頁。

② 《尚書正義》,《十三經注疏》,第 219 頁中。

③ 顧頡剛、劉起釪《尚書校釋譯論》,第 1610、1610、1639 頁。

④⑦ 《尚書正義》,《十三經注疏》,第 155 頁下。

⑤ 顧頡剛、劉起釪《尚書校釋譯論》,第 854 頁。

⑧ 《周禮正義》,《十三經注疏》,第 874 頁。

⑨ 顧頡剛、劉起釪《尚書校釋譯論》,第 2168 頁。

⑩ 《尚書正義》,《十三經注疏》,第 160 頁上。

⑪ 顧頡剛、劉起釪《尚書校釋譯論》,第 884 頁。

⑫ 顧頡剛、劉起釪《尚書校釋譯論》,第 32 頁。

的有《顧命》,其釋題曰:"實命群臣,叙以要言。"[①]《顧命》:

> 太史秉書,由賓階隮,御王册命。曰:(辭略)。[②]

孔穎達疏引鄭玄曰:"太史東面,於殯西南而讀策書,以命王嗣位之事。"[③]這個"命"是有"册"的。

"命"在後世有所延續,《易·姤·象》:"后以施命誥四方。"孔穎達疏:"風行草偃,天之威令,故人君法此以施教命誥於四方也。"[④]《獨斷》稱:"出君下臣名曰命。"[⑤]《文心雕龍·詔策》:"皇帝御宇,其言也神。淵嘿黼扆,而響盈四表,唯詔策乎!昔軒轅唐虞,同稱爲'命'。命之爲義,制性之本也。其在三代,事兼誥誓。誓以訓戎,誥以敷政,命喻自天,故授官錫胤。《易》之《姤》象:'后以施命誥四方。'誥命動民,若天下之有風矣。……漢初定儀則,則命有四品:一曰策書,二曰制書,三曰詔書,四曰戒敕。"[⑥]秦併天下,改命曰制,《史記·秦始皇本紀》:"臣等昧死上尊號……命爲'制',令爲'詔'。"裴駰集解引蔡邕曰:"制書,帝者制度之命也。其文曰'制'。"[⑦]

又有《尚書》"十體"的説法。孔穎達疏:"説者以《書》體例有十,此六者之外,尚有征、貢、歌、範四者,並之則十矣。……今孔不言者,不但舉其機約,亦自征、貢、歌、範非君出言之名,六者可以兼之。"[⑧]"征、貢、歌、範四者",依《尚書》篇題而稱,只有"歌"是文體,見下所述;而其中的《胤征》,其釋題:"羲和湎淫,廢時亂日,胤往征之,作《胤征》。"《禹貢》其釋題:"禹别九州,隨山濬川,任土作貢。"《洪範》其釋題:"武王胜殷,杀受,立武庚,以箕子归。作《洪範》。"[⑨]"征"爲征伐,"貢"爲貢賦,"範"爲法式,此三者都不能直接產生文辭,後世也不以其爲文體。孔穎達稱其"非君出言之名",故可並於六體。但是,孔穎達以"君出言之名"爲文體,實質上提出了文體命名的一個主要原則,即依語言行爲動作來命名文體,雖然有不盡恰當之處,但給我們以啓示,這應該是文體的最早形態。

三 《尚書》所認可的一些文體

除了上述文體,從《尚書》還可見具有文體因素的其他一些文體。

其一,歌。《皋陶謨》:

> 帝庸作歌曰:"敕天之命,惟時惟幾。"乃歌曰:"股肱喜哉,元首起哉,

① 《尚書正義》,《十三經注疏》,第237頁下。
② 顧頡剛、劉起釪《尚書校釋譯論》,第1803頁。
③ 《尚書正義》,《十三經注疏》,第240頁。
④ 《周易正義》,《十三經注疏》,第57頁。
⑤ (漢)蔡邕《獨斷》卷上,《叢書集成初編》本,商務印書館,1937年,第5頁。
⑥ (南朝梁)劉勰撰,詹鍈義證《文心雕龍義證》,第724—730頁。
⑦ (漢)司馬遷《史記》,中華書局,1982年,第236頁。
⑧ 《尚書正義》,《十三經注疏》,第115頁上。
⑨ 《尚書正義》,《十三經注疏》,第157、146、187頁。

> 百工熙哉!”皋陶拜手稽首颺言曰:“念哉! 率作興事,慎乃憲,欽哉! 屢省乃成,欽哉!”乃賡載歌曰:“元首明哉! 股肱良哉! 庶事康哉!”又歌曰:“元首叢脞哉! 股肱惰哉! 萬事墮哉!”帝曰:“俞! 往欽哉!”①

“歌”就是歌唱。“歌”這一語言行爲動作產生文辭,“歌”就是文體。“作歌”,就是制作這一文體。“歌曰”所產生者,就是“歌”這一文體的文辭。此處“帝庸作歌曰”、“乃歌曰”以及皋陶的“乃賡載歌曰”,可以説是最早的唱和記載。《論語·述而》亦載唱和:“子與人歌而善,必使反之,而後和之。”②

其二,詩。《金縢》:

> 于後,公乃爲詩以貽王,名之曰《鴟鴞》。③

詩原文見《詩經》。此處的“詩”,是直接稱述文體。

其三,矢。《盤庚》:

> 盤庚遷于殷,民不適有居。率籲衆戚出,矢言曰:(辭略)。④

僞孔傳:“籲,和也。率和衆憂之人,出政治之言。”⑤劉起釪云:“‘矢’,誓(《爾雅》),‘矢言’即誓言,古代在有某種重大行動前誥誡下級和申明紀律的講話稱爲‘誓言’(特别是軍事行動前如此)。”⑥矢言,就是發誓之言。《詩·鄘風·柏舟》:“之死矢靡它。”毛傳:“矢,誓。”⑦《論語·雍也》:“子見南子,子路不説。夫子矢之曰:‘予所否者,天厭之! 天厭之!’”⑧

其四,讒。《盤庚》:

> 今予其敷心腹腎腸,歷告爾百姓:于朕志,罔罪爾衆;爾無共怒,協比讒言予一人。⑨

其五,箴。《盤庚》:

> 相時憸民,猶胥顧于箴言,其發有逸口;矧予制乃短長之命! 汝曷弗告朕而胥動以浮言,恐沈于衆?⑩

讒、箴都是一種能產生文辭的行爲動作,“讒言”、“箴言”即讒、箴產生的文辭,故稱“讒”、“箴”就是稱説文體,雖然此處並無文辭。

其六,誨。《洛誥》:

---

① 顧頡剛、劉起釪《尚書校釋譯論》,第 477 頁。
② 《論語注疏》,《十三經注疏》,第 2484 頁。
③ 顧頡剛、劉起釪《尚書校釋譯論》,第 1235 頁。
④ 顧頡剛、劉起釪《尚書校釋譯論》,第 930 頁。
⑤ 《尚書正義》,《十三經注疏》,第 168 頁。
⑥ 見顧頡剛、劉起釪《尚書校釋譯論》,第 931 頁。
⑦ 《毛詩正義》,《十三經注疏》,第 312 頁下。
⑧ 《論語注疏》,《十三經注疏》,第 2479 頁下。
⑨ 顧頡剛、劉起釪《尚書校釋譯論》,第 919 頁。
⑩ 顧頡剛、劉起釪《尚書校釋譯論》,第 941 頁。

周公拜手稽首曰:"朕復子明辟……"王拜手稽首曰:"公不敢不敬天之休……公其以予萬億年敬天之休!拜手稽首誨言。"①

此先是周公説,接著成王稱周公所出爲"誨言"並表示感謝。僞孔傳:"成王盡禮致敬於周公,求教誨之言。""于(省吾)先生周詳論證'誨言'即'謀言',其義爲咨言,是説成王拜手稽首於周公之謀言、咨言,而非誨言。"②又,"誨言"亦爲教誨之言,如《詩·小雅·綿蠻》"飲之食之,教之誨之"③,《多士》:

王曰:"又曰時予,乃或言爾攸居。"④

段玉裁《古文尚書撰異》據唐石經在"言"前補"誨",今從之。僞孔傳:"言汝衆士當是我,勿非我也。我乃有教誨之言,則汝所當居行。"⑤

上述這些文辭,可視爲《尚書》直接認可其爲文體了,標志有二:一是一些文辭已標注出是某種行爲動作發出的某種東西,如"作歌"、"爲詩"等,那麽所"作"、"爲"者的"歌"、"詩"之類就是《尚書》所認定的文體命名;二是標注出是帶有"言"的,如"讒言"、"箴言"、"矢言"、"誨言"等,"言"即"讒、箴、矢、誨"産生的文辭,"讒、箴、矢、誨"就是《尚書》所認定的文體命名。但《尚書》中某某之言又有不作爲文體者,"浮言"之浮,不是行爲動作,亦不能産生文辭,是故"浮"不成爲文體。又,《盤庚》"王用丕欽,罔有逸言"⑥,"汝不和吉言于百姓"⑦,此"逸言"之"逸"、"吉言"之"吉",不是行爲動作,亦不能産生文辭,故不作爲文體。

四 《尚書》所見其他文體

《尚書》有古今文之分,東晉梅賾(一作頤)曾向朝廷獻一部古文《尚書》,清代學者已證其僞,稱之爲"僞古文《尚書》"。爲了保證研究對象的較爲純粹、原始性,本文探討《尚書》文體,依今文《尚書》。顧頡剛、劉起釪《尚書校釋譯論》"凡例"稱:"《尚書》自元初趙孟頫始將僞古文本中的今文、古文分編,迄元學者吴澄、清學者段玉裁等專釋今文二十八篇,確然有據,本書即承吴、段諸家成規專釋今文二十八篇。"⑧本文亦如此,依顧頡剛、劉起釪《尚書校釋譯論》所録文字。與僞古文《尚書》相關的"孔安國傳",稱之爲"僞孔傳",雖然可以確定爲僞造,但也是東晉之前歷代對《尚書》研究的公認結論的積累,並非僞造者閉門造車一時而成,故本文對《尚書》文字的解釋,有所參用。

除了上述所認定的文體外,依語言行爲動作所産生文辭這一現象來探討

① 顧頡剛、劉起釪《尚書校釋譯論》,第1456—1457頁。
② 顧頡剛、劉起釪《尚書校釋譯論》引,第1467頁。
③ 《毛詩正義》,《十三經注疏》,第498頁中。
④ 顧頡剛、劉起釪《尚書校釋譯論》,第1521頁。
⑤ 《尚書正義》,《十三經注疏》,第221頁上。
⑥ 顧頡剛、劉起釪《尚書校釋譯論》,第936頁。
⑦ 顧頡剛、劉起釪《尚書校釋譯論》,第941頁。
⑧ 顧頡剛、劉起釪《尚書校釋譯論》,第1頁。

《尚書》中的文體,《尚書》所見的其他文體如下。

其一,命龜。《大誥》"王若曰"中有這樣一段:

> 天降威,用文王遺我大寶龜紹天明,即命曰:"有大艱于西土,西土人亦不静,越兹蠢殷小腆,誕敢紀其敘;天降威,知我國有疵,民不康,曰:'予復!'反鄙我周邦,今蠢今翼日民獻有十夫予翼,以于敉文、武圖功。我有大事!休?"朕卜並吉。①

首先,這是在"誥"辭裏面的;其次,"即命曰"前的文字,是"命"所産生的環境;古人占凶吉,必將所卜之事告卜人以龜占之,稱爲命龜,亦泛指灼龜問卜。"即命曰"的文字,即依照"命龜"發出的話,《周禮·春官·大卜》:"大祭祀則視高命龜。"鄭玄注:"命龜,告龜以所卜之事。"②"命龜"之辭,該叫作"命辭"。此"命"爲"命龜",與前書帝王之"命"是兩種文體。

其二,咨。《堯典》:

> 帝曰:"咨汝羲暨和:朞三百有六旬有六日,以閏月定四時成歲。"③
>
> 允釐百工,庶績咸熙。帝曰:"疇咨若時登庸?"④

僞孔傳釋"咨"爲"嗟"⑤。劉起釪云:"其實當如《説文》所釋'謀事曰咨'於此更合適。"⑥蔡沈《書集傳》:"疇,誰;咨,訪問也;若,順;庸,用也。堯言誰爲我訪問能順時爲治之人,而登用之乎?"⑦

> 帝曰:"咨!四岳:湯湯洪水方割,蕩蕩懷山襄陵,浩浩滔天,下民其咨,有能俾乂?"⑧

僞孔傳:"言民咨嗟憂愁,病水困苦,故問四岳,有能治者,將使之。"⑨"故問四岳"云云,可知此例"咨四岳"之"咨",其"謀事曰咨"意味甚重,且有所施對象及所施内容——文辭。那麽,"咨"即咨詢相謀,所出文辭即"咨"體。

> 月正元日,舜格于文祖,詢于四岳,闢四門,明四目,達四聰。咨十有二牧曰:"食哉惟時,柔遠能邇,惇德允元,而難任人,蠻夷率服。"⑩

僞孔傳:"詢,謀也。謀政治於四岳,開闢四方之門未開者,廣致衆賢。……咨,亦謀也。"⑪這裏釋"咨"爲謀。文中有"詢于四岳",可證"咨"在很多情況下都

---

① 顧頡剛、劉起釪《尚書校釋譯論》,第1266頁。
② 《周禮正義》,《十三經注疏》,第804頁上。
③ 顧頡剛、劉起釪《尚書校釋譯論》,第32頁。
④ 顧頡剛、劉起釪《尚書校釋譯論》,第64頁。
⑤ 《尚書正義》,《十三經注疏》,第119頁下。
⑥ 顧頡剛、劉起釪《尚書校釋譯論》,第59頁。
⑦ (宋)蔡沈《書集傳》,鳳凰出版社,2010年,第5頁。
⑧ 顧頡剛、劉起釪《尚書校釋譯論》,第76頁。
⑨ 《尚書正義》,《十三經注疏》,第122頁上。
⑩ 顧頡剛、劉起釪《尚書校釋譯論》,第191頁。
⑪ 《尚書正義》,《十三經注疏》,第130頁上。

是咨詢且相謀相議的意義,《文心雕龍·議對》稱"周爰咨謀,是謂爲議"[①]。

帝曰:"咨四岳:有能奮庸,熙帝之載,使宅百揆,亮采惠疇?"僉曰:"伯禹作司空。"帝曰:"俞!"咨禹:"汝平水土,惟時懋哉!"禹拜稽首,讓于稷契暨皋陶。帝曰:"俞! 汝往哉!"[②]

僞孔傳:"奮,起;庸,功;載,事也。訪群臣有能起發其功,廣堯之事者。"[③]那麽,"咨四岳"、"咨禹"就是向四岳、禹咨詢意見之"事",以下是咨詢意見之"言",且四岳、禹都有回復之事或言。

此處帝有"咨"者,臣有回復,上文"命"體,臣只有執行而無回復,這是"咨"與"命"二者的區别。"咨"對後世的直接影響就是"策問"。漢文帝時有策問賢良,漢武帝時有公孫弘、董仲舒的應試策問,劉勰《文心雕龍·議對》稱"對策"爲"應詔而陳政"[④],"咨"即是"策問"的原初形式。

其三,詢。《堯典》:"月正元日,舜格于文祖,詢于四岳。"説見上。

其四,告。告,即告諭。《盤庚》:

盤庚作,惟涉河以民遷,乃話民之弗率,誕告用亶。其有衆咸造,勿褻在王庭。盤庚乃登進厥民。曰:(辭略)。

盤庚有三次講話,並附一次大臣轉述他的講話。這是第一次講話,講話前"乃話民之弗率,誕告用亶"的"告"就是行爲動作,而講話的文字是"告"所産生的;而講話中有"今予告汝不易",又有"乃祖乃父丕乃告我高后曰",又有"予告汝于難",證"告"就是行爲動作。文末又有:

凡爾衆,其惟致告:自今至于後日,各共爾事,齊乃位,度乃口。罰及爾身,弗可悔![⑤]

《尚書》中"告"作爲行爲動作所産生的文字還可舉出一些例子來,如:

《西伯戡黎》:西伯既戡黎,祖伊恐,奔告于王曰。

《多士》:惟三月,周公初于新邑洛用告商王士。王若曰。

《多方》:惟五月丁亥,王來自奄,至于宗周。周公曰。王若曰:"猷告爾四國多方惟爾殷侯尹民……"

《多方》:"嗚呼!"王若曰:"誥告爾多方……"

《多方》:王曰:"嗚呼! 猷告爾有方多士暨殷多士。"[⑥]

《釋名·釋書契》:"上敕下曰告,告,覺也,使覺悟知己意也。"[⑦]這是後世對

---

① (南朝梁)劉勰撰,詹鍈義證《文心雕龍義證》,第882頁。
② 顧頡剛、劉起釪《尚書校釋譯論》,第191—192頁。
③ 《尚書正義》,《十三經注疏》,上第130頁中。
④ (南朝梁)劉勰撰,詹鍈義證《文心雕龍義證》,第902頁。
⑤ 顧頡剛、劉起釪《尚書校釋譯論》,第901、916、914、946、948頁。
⑥ 顧頡剛、劉起釪《尚書校釋譯論》,第1047、1512、1610、1610、1638頁。
⑦ (漢)劉熙撰,任繼昉匯校《釋名匯校》,齊魯書社,2006年,第335頁。

“告”體概括性的總結。

其五,綏。楊樹達釋“我先后綏乃祖乃父”曰:“綏,告也。”[①]但《盤庚》“我先后綏乃祖乃父”之“綏”並没有産生文字,而盤庚第二次講話:

> 盤庚既遷,奠厥攸居,乃正厥位,綏爰有衆,曰:(辭略)。[②]

“綏”是一種行爲動作,可證楊樹達所説“綏,告也”的意義。且文辭中又有“歷告爾百姓”、“今我既羞告爾”[③],可證“綏,告也”就是行爲動作。又,《大誥》:

> 越予沖人不卬自恤,義爾邦君越爾多士、尹氏、御事綏予曰:“無毖于恤!不可不成乃文考圖功!”[④]

所謂“綏予曰”,僞孔傳釋爲“安勉我曰”[⑤],綏,也應該是“告”的意思。這裏,“綏”體是被“誥”體所包容的。

其六,訪。《洪範》:

> 惟十有三祀,王訪于箕子。王乃言曰:“嗚呼!箕子。惟天陰騭下民,相協厥居,我不知其彝倫攸叙。”[⑥]

僞孔傳:“言我不知天所以定民之常,道理次叙,問何由。”訪,即詢問之體,於是以下有“箕子乃言曰”的回答,所謂“洪範九疇”云云。

其七,祝。《金縢》:

> 公乃自以爲功:爲三壇,同墠;爲壇於南方,北面,周公立焉,植璧秉珪,乃告太王、王季、文王。史乃册祝曰:(辭略)。公歸,乃納册于金縢之匱中,王翌日乃瘳。[⑦]

僞孔傳:“璧以禮神。植,置也。置於三王之坐。周公秉桓珪以爲贄。告,謂祝辭。……史爲册書祝辭也。”[⑧]從下文“公歸,乃納册于金滕之匱中”看,“册祝”之“册”是文字書於簡而編連諸簡之謂,即下文“王執書以泣”之“書”;而“祝”是行爲動作。“史乃册祝曰”,《史記·魯世家》作“史策祝曰”,《史記集解》引鄭玄曰:“策,周公所作,謂簡書也。祝者讀此簡書,以告三王。”[⑨]《尚書校釋譯論》:“‘祝、册’是並立的兩個詞,是宗教活動中告神的兩個方式。《殷契粹編》第一片有‘叀册用’與‘叀高祖夒祝于册’之文,郭老釋云:‘叀册用和叀祝用爲對貞,祝與册之别,蓋祝以辭告,册以策告也。《書·洛誥》“作册逸祝、册”乃兼用二

---

① 楊樹達《積微居讀書記》,中華書局,1962年,《尚書説》,第15頁。
② 顧頡剛、劉起釪《尚書校釋譯論》,第919頁。
③ 顧頡剛、劉起釪《尚書校釋譯論》,第919、927頁。
④ 顧頡剛、劉起釪《尚書校釋譯論》,第1272頁。
⑤ 《尚書正義》,《十三經注疏》,第199頁上。
⑥ 顧頡剛、劉起釪《尚書校釋譯論》,第1143頁。
⑦ 顧頡剛、劉起釪《尚書校釋譯論》,第1223頁。
⑧ 《尚書正義》,《十三經注疏》,第196頁上中。
⑨ (漢)司馬遷《史記》,第1516—1517頁。

者,舊解失之。'"[①]

其八,教。《堯典》:"汝作司徒,敬敷五教在寬。"[②]未見文辭。《酒誥》:

> 王若曰:"……庶士、有正越庶伯、君子!其爾典聽朕教……"
>
> 王曰:"封,我西土棐徂,邦君、御事、小子,尚克用文王教,不腆于酒,故我至于今,克受殷之命。"[③]

"教"在後世亦爲官府或長上的告諭。任昉《文章緣起·教》:"漢京兆尹王尊出教告屬縣。"[④]又有"告教",《立政》:

> 乃敢告教厥后曰:拜手稽首后矣!曰:(辭略)。

"《蔡傳》則釋云:'言夏之臣蹈知誠信於九德之行,乃敢告教其君曰……'並引吴氏(可能是吴棫)曰:'古者凡以善言語人,皆謂之教,不必自上教下,而後謂之教也。'"[⑤]故《文心雕龍·詔策》:"教者,效也,言出而民效也。契敷五教,故王侯稱教。"[⑥]

其九,戒。《立政》:

> 周公若曰:"拜手稽首,告嗣天子王矣!用咸戒于王曰王左右常伯、常任、準人、綴衣、虎賁。"周公曰:"嗚呼……'"[⑦]

"周公若曰",爲史臣記録君主言語的用語,意爲周公這樣説。"周公曰"云,即周公之"戒",此告戒之語即爲"戒"體。蕭統《〈文選〉序》:"戒出於弼匡。"[⑧]明徐師曾《文體明辨序説·戒》:"按字書云:'戒者,警敕之辭,字本作誡。'文既有箴,而又有戒,則戒者,箴之别名歟?"[⑨]

其十,報誥。《顧命》:

> 王若曰:"庶邦侯甸男衛,惟予一人釗報誥,昔君文、武,丕平富,不務咎,厎至齊信,用昭明于天下……"群公既皆聽命,相揖趨出。王釋冕,反喪服。[⑩]

"報誥"僞孔傳:"報其戒。"[⑪]前有太保等率衆人"敬告天子",故有"報誥"。

以上所述,有時同一種文體有兩種目的,如"誥毖"、"誥教"、"誥告"、"訓命"、"報誥",既是誥辭、誥辭、誥辭、訓辭、報辭,又是毖辭、教辭、告辭、命辭、誥

① 顧頡剛、劉起釪《尚書校釋譯論》,第1498頁。
② 顧頡剛、劉起釪《尚書校釋譯論》,第192頁。
③ 顧頡剛、劉起釪《尚書校釋譯論》,第1396、1401頁。
④ 郁沅、張明高編選《魏晉南北朝文論選》,第313頁。
⑤ 顧頡剛、劉起釪《尚書校釋譯論》,第1666、1667頁。
⑥ (南朝梁)劉勰撰,詹鍈義證《文心雕龍義證》,第754頁。
⑦ 顧頡剛、劉起釪《尚書校釋譯論》,第1662頁。
⑧ (南朝梁)蕭統撰,(唐)李善注《文選》,第2頁上。
⑨ (明)徐師曾《文體明辨序説》,第140—141頁。
⑩ 顧頡剛、劉起釪《尚書校釋譯論》,第1839頁。
⑪ 《尚書正義》,《十三經注疏》,第244頁。

辭;有時同一命名是兩種文體,如"命",各自意味不同;有時篇題的文體命名與篇文有不一致者,如《費誓》篇中稱"命",篇題爲"誓",表明此二文體相近可通。

以上所述,也印證了文體的生成是以語言行爲動作出之的,這是早期文體生成及文體命名的一般情况;而語言行爲動作都是有各自的目的,於是我們看到,語言行爲動作的發出者的主觀目的在文體生成及文體命名中的主導地位,或者説,文體的用途在文體的早期形態中及早期命名中所具有的重要意義。

五 《尚書》所見文體的原生態形式

史臣在録入文辭時還記載了其産生的場景,文辭與場景種種,這構成文體的原生態狀況,當我們説《尚書》所見文體大多數是以語言行爲動作出之,那麽,我們所探討《尚書》所見文體的原生態狀況,就是行爲動作前後的存在狀况。

其一,先叙説"事",然後有"曰","曰"中又有"事","事"中又有"曰";爲了叙述出有文體意味的行爲動作及産生的"曰",其前有"曰"又有"事"。如《高宗肜日》:"祖己曰:'惟先格王,正厥事。'乃訓于王曰。"又如《牧誓》:

> 時甲子昧爽,王朝至于商郊牧野,乃誓。王左杖黄鉞,右秉白旄以麾曰:"逷矣!西土之人!"王曰:"嗟!我有邦冢君、御事、司徒、司馬、司空、亞旅、師氏、千夫長、百夫長,及庸、蜀、羌、髳、微、盧、彭、濮人,稱爾戈,比爾干,立爾矛,予其誓。"[①]

前文有"乃誓",後文的"曰"就應該是"誓曰",且文中有"予其誓",也稱這是"誓曰"。又如《金縢》"史乃册祝曰",其前亦有豐富的"曰"及"事"。

其二,先有某某"曰",表明了文體將是以"曰"出之的,接著在"曰"中説話者才有産生文辭的行爲動作,如《甘誓》之"王曰:'嗟!六事之人,予誓告汝'","誓"這一文體是由"予誓告汝"自述出之的,以下是文體之文辭。又如《大誥》:"王若曰:"猷大誥爾多邦越爾御事:弗弔天降割于我家……"[②]王自述"猷大誥"而展開文體之文辭。

其三,先直接標識語言行爲動作,再有某某"曰",表明"曰"者乃此文體的文辭,如《康誥》的"周公咸勤,乃洪大誥治。王若曰";本來"王若曰"這一行爲動作并看不出展示的文體,但其前的"事"中所述表明了文體。

其四,文體中的文體,即以行爲動作述出文辭,所述出的文辭中又含有新的行爲動作述出的文辭,如前述《大誥》的"誥"辭裏又有以"即命曰"出之的"命龜"的文辭。

其五,標明行爲動作産生出文體的同時往往標明行爲動作的對象——聽衆,如《堯典》"咨十有二牧曰",《立政》"周公若曰:'拜手稽首,告嗣天子王矣。

---

① 顧頡剛、劉起釪《尚書校釋譯論》,第1091—1095頁。

② 顧頡剛、劉起釪《尚書校釋譯論》,第1262頁。

用咸戒于王曰'",等等。

那麼,以行爲動作産生出文辭,只是一般而言的《尚書》所見文體最一般的原生態狀況;而行爲動作本身就是"事",在以行爲動作産生出文辭之前之後,又都是伴隨著具體之事的;所有能産生出文體的行爲動作,都是如此,這正是《尚書》的特點。《尚書》是記言的古史,所謂"左史記言,右史記事"而"言爲《尚書》"①。人們又往往稱説《尚書》的"道事"性質,如《莊子·天下》稱"《書》以道事"②,《荀子·勸學》也有"故《書》者,政事之紀也"③的叙説,《史記·太史公自序》稱"《書》記先王之事,故長於政"④。那麼,爲什麼"記言"的《尚書》被稱爲是"道事"之作?《堯典》中記載堯對舜的考核方式爲"詢事考言",《尚書》也不單單是"記言",也遵循這"詢事考言",而我們所説的《尚書》所見文體的原生態形式,也就是《尚書》在"記言"時的"道事"及"道事"時的"記言"。這就是章學誠《文史通義·書教上》所説:

> 《尚書》典、謨之篇,記事而言亦具焉;訓、誥之篇,記言而事亦見焉。古人事見於言,言以爲事,未嘗分事言爲二物也。⑤

《尚書》是"言"與"事"的結合,是"事"以"言"出,是"言"以"事"名,這就是《尚書》所見文體的原生態生存狀態。那麼,在一定情況下,"事"就是文體的命名,"言"就是文辭,於是,"事見於言,言以爲事"可稱爲古代文體命名的基礎。《莊子·天道》云:"語之所貴者意也,意有所隨。意之所隨者,不可以言傳也。"⑥這是後世文體已經成型的情況,當我們回歸文體産生時"事見於言,言以爲事"的原生態時,"意之所隨"可以看得更清楚一些。

從《尚書》所見文體的原生態形式,我們可以看到文體形成初期時更多的情況,此處以"命"爲例看其綜合情況,如《堯典》"帝曰:'夔,命汝典樂,教胄子……'"⑦,先有行爲動作的主動者"帝",再有行爲動作的受動者——聽衆"夔",再是行爲動作及行爲動作所出之辭"命汝典樂"云云。又如《堯典》:

> 帝曰:"龍,朕堲讒説殄行,震驚朕師,命汝作納言,夙夜出納朕命,惟允!"⑧

也是先有行爲動作的主動者,再有行爲動作的受動者——聽衆,再稱説社會上出現的情況及自己的感覺,然後稱"命"並出"命"的内容。那麼,"命"字前後的文字是否都可視爲"命"這一文體之言。又,《洛誥》:

① (漢)班固《漢書·藝文志》,中華書局,1962年,第1715頁。
② (清)郭慶藩輯《莊子集釋》,中華書局,1961年,第1067頁。
③ 章詩同注《荀子簡注》,上海人民出版社,1974年,第5頁。
④ (漢)司馬遷《史記》,第3297頁。
⑤ (清)章學誠《文史通義》,岳麓書社,1993年,第9—10頁。
⑥ (清)郭慶藩輯《莊子集釋》,第488頁。
⑦ 顧頡剛、劉起釪《尚書校釋譯論》,第192頁。
⑧ 顧頡剛、劉起釪《尚書校釋譯論》,第192—193頁。

周公曰："王肇稱殷禮，祀于新邑，咸秩無文。予齊百工，伻從王于周，予惟曰'庶有事'。今王即命曰：'記功宗，以功作元祀。'惟命曰：'汝受命篤弼，丕視功載，乃汝其悉自教工。'孺子其朋，孺子其朋，其往！無若火始焰焰；厥攸灼，敘弗其絶厥若。彝及撫事如。予惟以在周工往新邑，伻嚮即有僚，明作有功，惇大成裕，汝永有辭。"①

其中"命曰"文辭是"周公曰"轉述的，此前的文字就是"命"產生的環境，就文體而言，這是"命"的生態環境。又，《召誥》：

越七日甲子，周公乃朝用書，命庶殷侯、甸、男邦伯。厥既命殷庶，庶殷丕作。②

既稱"用書"，此"命"應該是書寫下來的，僞孔傳："是時諸侯皆會，故周公乃昧爽以賦功屬役，書命衆殷侯、甸、男服之邦伯，使就功。"③這是稱"命"的物質存在方式。又，《費誓》"公曰：嗟！人無嘩，聽命"，記叙的是"命"時的原始場景，而"聽命"，表示行爲動作的指向是文體，"命"是行爲動作的指向。那麼，上引這些文字整體，才是"命"這一文體在《尚書》中的原生態，即作爲文體文辭的"言"，是與各種"事"是糾結在一起的。

六　一些文體展示出影響後世的文體範式、格式

《尚書》所見文體，作爲文體文辭的"言"是與各種"事"是糾結在一起的，在如此的糾結中，有的只有實質内容而未見固定範式，有的則顯示出固定範式，如《堯典》所載"命"體，"乃命羲和：欽若昊天。曆象日月星辰，敬授人時"云云應爲總述語，總括以下的"命羲仲"、"命羲叔"、"命和叔"，那麼，"欽若昊天"應該是此處的"命"這一文體的開場語，後代詔書"奉天承運"云云，可能就是依此而來。又如《皋陶謨》所載"歌"體，起首"帝庸作歌曰"有"敕天之命，惟時惟幾"二句，接著又是"乃歌曰"、"乃賡載歌曰"、"又歌曰"，那麼，"敕天之命，惟時惟幾"二句就像"欽若昊天"一樣，是個總括、開場語。又如"拜手稽首"的格式。在《尚書》中，作爲固定格式的"拜手稽首"的存在有各種例子，如在史臣之言、一段言辭的發語詞、一段言辭的結束語等；"拜手稽首"的意味爲贊同、感謝，如《洛誥》"王拜手稽首曰"末尾的"拜手稽首誨言"。"拜手稽首"至王莽起多有沿用，蔡邕《獨斷》言："漢承秦法，群臣上書皆言昧死言。王莽盜位，慕古法，去'昧死'曰'稽首'。光武因而不改。朝臣曰稽首稽首，非朝臣曰稽首再拜。"此所謂"慕古法"，當慕《尚書》的用法吧。《獨斷》中記載："章者，需頭，稱稽首，上書謝恩陳事詣闕通者也。""奏者，亦需頭。其京師官但言稽首。下言稽首以

① 顧頡剛、劉起釪《尚書校釋譯論》，第1468頁。
② 顧頡剛、劉起釪《尚書校釋譯論》，第1433—1434頁。
③ 《尚書正義》，《十三經注疏》，第211頁下。

聞。""表者,不需頭。上言臣某言,下言臣某。誠惶誠恐,稽首稽首,死罪死罪。"①當然這些都是經過改革了的。而書信前稱"拜言",後稱"頓首",也應該是《尚書》遺風所致。

《尚書》中有的文體是有格式的,如"誓",《甘誓》有"弗用命,戮于社";《湯誓》"爾不從誓言,予則孥戮汝,罔有攸赦";《牧誓》"爾所弗勖,其于爾躬有戮"②,那麽,"誓"的格式就是"汝不……予則戮汝"之類的警戒。

"命"的格式則有"怎樣怎樣"就"汝則有大刑"之類,如《費誓》:

> 公曰:"嗟!人無嘩,聽命!……今惟淫舍牿牛馬,杜乃擭,敜乃穽,無敢傷牿。牿之傷,汝則有常刑。馬牛其風,臣妾逋逃,勿敢越逐。祗復之,我商賚汝。乃越逐不復,汝則有常刑。無敢寇攘,逾垣牆、竊馬牛、誘臣妾,汝則有常刑。甲戌,我惟征徐戎。峙乃糗糧,無敢不逮,汝則有大刑。魯人三郊三遂,峙乃楨榦。甲戌,我惟築。無敢不供,汝則有無餘刑,非殺。魯人三郊三遂,峙乃芻茭,無敢不多,汝則有大刑。③

《費誓》此段文字屢屢有"汝則有大刑"之類的警戒,可視爲文體格式。

又如《尚書》中多有"古人有言曰"之類,如《盤庚》:"遲任有言曰:'人惟求舊;器非求舊,惟新。'"《牧誓》:"古人有言曰:'牝雞無晨;牝雞之晨,惟家之索。'"《酒誥》:"古人有言曰:'人無于水監,當于民監。'"《吕刑》:"若古有訓:'蚩尤惟始作亂,延及于平民,罔不寇賊。'"④等等。這對後世的"著述引詩"云云也是有影響的。

又如《尚書》中就有許多以"我聞"起首來發表見解的。如《洪範》有"箕子乃言曰:我聞在昔"云云;《康誥》"我聞曰:'怨不在大,亦不在小。'"《酒誥》有兩個"我聞惟曰"的連用;《多士》有"我聞曰:上帝引逸,有夏不適逸則"云云⑤;《無逸》有兩個"我聞"云云;《君奭》亦有"我聞"云云,等等。這令人想起"連珠體"的以"臣聞"起首的格式。又如《尚書·吕刑》:

> 王曰:"吁!來,有邦有土,告爾祥刑。在今爾安百姓,何擇非人,何敬非刑,何度非及。兩造具備,師聽五辭;五辭簡孚,正于五刑;五刑不簡,正于五罰;五罰不服,正于五過。"⑥

後世奏彈文,如庾純《自劾》、沈約《奏彈王源》、任昉《奏彈曹景宗》等,其格式爲"即主"、"謹案",錢鍾書云:

> "即主"以上猶立狀,舉其罪,"謹案"以下猶擬判,定其罰;《尚書·吕

---

① (漢)蔡邕《獨斷》,《叢書集成初編》本,卷上,第5、4、4、4頁。
② 顧頡剛、劉起釪《尚書校釋譯論》,第1102頁。
③ 顧頡剛、劉起釪《尚書校釋譯論》,第2138頁。
④ 顧頡剛、劉起釪《尚書校釋譯論》,第944、1098、1409、1901頁。
⑤ 顧頡剛、劉起釪《尚書校釋譯論》,第1146、1313、1512頁。
⑥ 顧頡剛、劉起釪《尚書校釋譯論》,第1994頁。

刑》所謂“詞(辭)”與“正”也。①

《尚書》某些文體的格式、規範對後世某些文體的影響,最可論説之處的是《臯陶謨》、《禹貢》對賦的意義。其一,《臯陶謨》之“謨”,是幾個人相互討論謀略的形式,即對問體的格式却爲後代所沿用,賦的“客主以首引”也可以是一脈相承而來的。其二,《臯陶謨》篇末,“帝庸作歌曰”前有:

> 夔曰:“戛擊鳴球,搏拊琴瑟以咏。祖考來格。虞賓在位,群后德讓。下管鼗鼓,合止柷敔,笙鏞以間。鳥獸蹌蹌。簫韶九成,鳳皇來儀。”夔曰:“於! 予擊石拊石,百獸率舞,庶尹允諧。”帝庸作歌曰。②

樂正夔奏樂,帝舜有歌,臯陶有和。因此,此處的“作歌”,確實是對帝舜、禹、臯陶之“謨”的一個總結。《尚書·臯陶謨》以對問體的格式記載帝舜、禹、臯陶之“謨”,最後有一個總結之“作歌”,賦作“亦歸餘於總亂”不也正是這樣做的嗎? 篇末總結之義更像是“亂曰”或賦末詩歌的先聲。另外,這也應該是唱和的先聲吧。其三,《禹貢》的叙述,按九州記録其山川、土壤、物産等,並給各州田地劃分等級及劃定各州貢賦的高低,每州之末叙述該州輸送貢賦的路徑以作結。一些著名大賦的叙寫,如《子虛》《上林》賦、《兩都》《二京》《三都》賦,大都依方位叙寫山川、土壤、物産等。

《尚書》“事見於言,言以爲事,未嘗分事言爲二物”的影響,還在於後代對各種文體之文辭“事”的注重,這種注重有時表現在“序”的撰寫上,《詩三百》有大序、小序,《尚書》也有大序、小序;這當然是後代整理者所爲。漢代後,各種文章的作者本人怕讀者不能理解文辭之“事”,則以自序出之;注釋解讀者怕讀者不能理解文辭之“事”,則以他序出之。

(作者單位:廣西師範大學文學院)

① 錢鍾書《管錐編》,中華書局,1986年,第1404頁。

② 顧頡剛、劉起釪《尚書校釋譯論》,第477頁。

古典文獻研究（第二十輯上卷）
Journal of the Institute for Chinese Classics Studies
Nanjing University
Volume 20, No.1 2017

王安石詩歌繫年疑難考*

劉成國

關於北宋著名政治家、文學家王安石的詩歌編年，自南宋李壁、清代沈欽韓、蔡上翔至今人李德身、王晉光等，均曾探賾索隱，用力甚劬，發明頗多。① 本文擬在前賢基礎上，進一步爬羅剔抉，就王安石詩歌中若干疑難詩歌編年，略作考證。

一 《王荆文公詩箋注》(簡稱《詩注》)卷二《題南康晏使君望雲亭》

南康父老傳使君，疾呼急索初不聞。
未曾遣汲谷簾水，三載祇望香爐雲。
雲徐無心澹無滓，使君恬静亦如此。
欻然一去掃遺陰，便覺煩歊漲千里。
歸田負載子與妻，圃蔬園果西山西。
出門亭皋百頃緑，望雲纔喜雨一犂。
我知新亭望雲好，欲斸比鄰成二老。
莫嫌鷄黍數往來，爲報襄陽德公嫂。

李壁注："谷簾在康王谷，有水簾飛泉被岩而下者二三十派，其深不可計，其廣七十餘尺。陸鴻漸《茶經》第其水爲天下第一。《廬山記》：'香爐峰，山南山北皆有之，其形圖聳，常出雲氣，故名香爐。'"

按，此詩李德身《王安石詩文繫年》(以下簡稱《繫年》)等無考。南康軍，治

* 本文爲國家社科基金青年項目《王荆公年譜長編》(項目編號：12CZW057)階段性成果。

① 詹大和、蔡上翔等《王安石年譜三種》，中華書局1994年版。沈欽韓《王荆公詩文沈氏注》，中華書局1959年版。李德身《王安石詩文繫年》(以下簡稱《繫年》)，陝西人民教育出版社1987年版。王晉光《王安石詩繫年初稿》(以下簡稱《繫年初稿》)，德揚公司1986年版。劉乃昌《王安石詩文編年選釋》，山東教育出版社1992年版。此外，湯江浩、壽湧、楊天保、賈三强、童强等學者及筆者對王安石的部分詩文繫年有所考證。

所在星子縣(今江西廬山市),北宋時屬江南西路,廬山在其境内。晏使君,當爲晏昭素。《(雍正)江西通志》卷四十六載晏昭素於神宗熙寧年間魯有開之後、元豐年間徐師回之前知南康軍。魯有開,《宋史》卷四百二十六有傳:"字元翰,參知政事宗道從子也。好《禮》學,通《左氏春秋》,用宗道蔭,知韋城縣……知南康軍,代還。熙寧行新法,王安石問江南如何,曰:'法新行,未見其患,當在異日也。'以所對乖異,出通判杭州。知衛州,水災,人乏食,擅貸常平錢粟與之,且奏乞蠲其息。"魯有開當於熙寧五年(1072)知南康軍,前任周敦頤於熙寧四年(1071)八月移知南康軍,四年冬,解南康印分司南京。[①] 熙寧七年(1074)九月,魯有開已通判杭州[②],故後任晏昭素當於熙寧七年(1074)知南康軍。此詩曰"未曾遣汲谷簾水,三載秖望香爐雲",以北宋中期知州軍三年一任計,應作於熙寧十年(1077)。

又,晏昭素,晏融之子、晏殊之侄,娶妻吴氏,爲王安石妻妹。謝逸《溪堂集》卷九《故通仕郎晏宗武墓誌銘》:"大丞相元獻公,宗武叔祖也,歐陽文忠公嘗爲墓碑。宗武太夫人長樂郡君吴氏,荆國王文公夫人之妹也。文公嘗命宗武名,又字而序之。欲知宗武世次遷徙,考文忠所作墓碑可也;欲知宗武行己趨操,考文公所作字序可也。余是以知後世之人决知宗武無疑也。宗武,撫之臨川人,姓晏諱防,宗武字也。曾祖諱部,累贈開府儀同三司、太師、中書令兼尚書令。祖諱融,任殿中丞,贈金紫光禄大夫。考諱昭素,任中散大夫。宗武以中散恩補將仕郎,試將作主簿,江州德安縣尉……客死京師,享年四十有八,大觀四年二月二十日也。"此詩曰:"我知新亭望雲好,欲斸比鄰成二老。莫嫌鷄黍數往來,爲報襄陽德公嫂。"李壁注:"《襄陽記》:'司馬德操嘗詣龐德翁,值其上冢,徑入其室,呼德翁妻子,使速作黍。須臾,德翁還,直入相就,不知何者是客也。"詩用此典,謂二人交契之深,關係之密,不拘形跡,亦非泛泛而言。

二 《詩注》卷十八《寄題衆樂亭》

陵陽游觀吾所好,恨不即過衆樂亭。

……

令知道義士林服,遺愛豈用吾詩評。

此詩李德身《繫年》繫於仁宗皇祐元年(1049),其説無據。童强繫於皇祐四、五年間(1052—1053)[③],亦非。

---

① 梁紹輝《周敦頤評傳》附《周敦頤年譜》,南京大學出版社,1994年,第441頁。

② 《(咸淳)臨安志》卷八十《靈鷲題名》:"楊繪元素、魯有開元翰、陳舜俞令舉、蘇軾子瞻同游。熙寧七年九月二十日。"《宋元方志叢刊》,中華書局,1990年,第4092頁。宋神宗熙寧六年(1073),魯有開曾寄谷簾水一器及新詩與蘇軾,可見其時尚在南康軍。《蘇軾詩集》卷十《元翰少卿寵惠谷簾水一器龍團二枚仍以新詩爲貺嘆味不已次韻奉和》,中華書局,1982年,第511頁。

③ 童强《王安石詩歌繫年補正》,載莫礪鋒主編《周勛初先生八十壽辰紀念文集》,中華書局,2008年,第362頁。

按,《王令集》卷五有《寄題宣州太平縣衆樂亭爲孫莘老作》,當與王安石同時題寄。陵陽,在宣州太平縣(今安徽黄山市),北宋時屬江南東路。《(嘉慶)大清一統志》卷一百十五:"太平縣有陵陽山,在縣西六十里,與池州府石埭縣接界。有三峰矗立,屬縣者一,西屬石埭者二。"孫莘老,即孫覺,《宋史》卷三百四十四有傳:"孫覺字莘老,高郵人。甫冠,從胡瑗受學……登進士第,調合肥主簿。"孫覺於仁宗皇祐元年(1049)進士及第[①],嘉祐元年(1056)知宣州太平縣。《(嘉靖)寧國府志》卷五載其所撰《太平縣縣廳記》:"余既令之明年,易視事之堂新之,悉取前任名氏可考者列之屋壁,又爲編次其山川物食財用之可嘉,被服風俗喜好之所尚,後之君子得以覽焉。嘉祐二年丁酉十二月,將仕郎、試秘書省校書郎、守縣令孫覺記。"[②]嘉祐元年(1056),孫覺修建衆樂亭;三年(1058),撰記記之。《(嘉慶)太平縣志》卷九《衆樂亭記》:"余令太平之年,得縣之東山溪之會處以作亭焉,而至者樂之,因名之曰衆樂,又列其所以樂者,爲之記以自覽。嘉祐三年六月,守縣令孫覺記。"此詩當作於宋仁宗嘉祐三年(1058)。本年二月,王安石自知常州改任提點江南東路刑獄。《續資治通鑑長編》卷一百八十七嘉祐三年二月丙辰:"詔新提點江南東路刑獄沈康知常州,知常州王安石提點江南東路刑獄。以諫官陳旭言康才品凡下,又素無廉白之稱,故易之。"李燾注:"安石知常州在二年秋。康以是年二月丙午,自度外、集校除江東憲,才旬日改僉。"至九月,王安石按部過宣州太平縣,曾與孫覺暫會,論及獄事[③],别後復寄詩。[④]

另,《詩注》卷十六有《明州錢君倚衆樂亭》,所寄題之衆樂亭爲嘉祐六年(1061)錢公輔知明州(今浙江寧波市)所修[⑤],無涉本詩。

三 《詩注》卷三十《示長安君》

少年離别意非輕,老去相逢亦愴情。
草草杯盤供笑語,昏昏燈火話平生。
自憐湖海三年隔,又作塵沙萬里行。
欲問後期何日是?寄書應見鴈南征。

此爲王安石詩歌名篇,寫親情之經典。李壁注:"此詩恐是使北時作。長安君,公妹也。"李德身《繫年》據李注,置於仁宗嘉祐五年(1060):"玩其詩意,

---

① 《(嘉靖)惟揚志》卷十九,《天一閣藏明代方志選刊》,上海古籍書店,1963年,第545頁。

② 孫淑彦《孫莘老先生年譜長編》卷五:"(至和元年)秋,先生合肥主簿滿秩,改宣州太平縣令。"恐誤。中國文藝出版社,2000年,第62頁。

③ (宋)王安石《臨川先生文集》(以下簡稱《文集》)卷七十六《與孫莘老書》:"某昨日相見,殊匆匆,所示及信獄事,深思如此難處,足下試思其方,因書示及。"中華書局上海編輯所,1959年,第804頁。

④ 《詩注》卷三十一《度麾嶺寄莘老》:"區區隨傳换冬春,夜半懸崖托此身。豈慕王尊能許國,直緣毛義欲私親。施爲已壞平生學,夢想猶歸寂寞濱。風月一歌勞者事,能明吾意可無人。"此事見李德身《繫年》,第111頁。

⑤ 王晉光《繫年初稿》,第72頁。

當是使北臨行前作於京師汴梁。"王晉光《繫年初稿》繫於嘉祐二年(1057),亦僅憑"湖海三年隔"之句推測,並無確證。

今按,王文淑和詩,《全宋詩》失收。《永樂大典》卷一三三四二四引《蕙畝拾英集》:"文淑《次韻》:'昔年送别向都城,邂逅今寬萬里情。壯觀已憐江路隔,高談却待月華生。君隨傳入隨堤去,我駕車從蜀棧行。兩處相逢知有日,新詩何幸慰西征。'"[①]隨(隋)堤,即汴河。據王文淑和詩"君隨傳入隋堤去,我駕車從蜀棧行",則此時王安石即將自京師浮汴河而下赴職,而王文淑將隨夫入蜀。由詩中所及行程,可知此次唱和,决非作於嘉祐五年(1060)王安石使北時。嘉祐五年(1060)春,王安石作爲送伴使伴送契丹使者回國,先由開封府城内所設專待遼使之都亭驛,向北出京師北城陳橋門,至北宋使遼第一驛——陳橋驛。其奉使往返路綫爲:開封—陳橋—長垣—澶州—大名—館陶—永濟—臨清—宋城(宗城)—貝州(恩州)—冀州—深州—河間—莫州—雄州—白溝驛—涿州—白溝驛—洺州—相州—韋城—陳橋—開封。[②] 此行程全爲陸行,與汴河絲毫無涉。

其詩又曰:"自憐湖海三年隔,今作塵沙萬里行。"考王安石自仁宗至和元年(1054)七、八月入京[③],至嘉祐二年(1057)春夏之交自汴京出守常州,恰爲三年。故此次唱和,當發生於嘉祐二年(1057)春,詩當作於此時。其時王安石即將出知常州,而王文淑其時隨夫張奎入京待選,赴蜀爲官,旋遭父喪離蜀丁憂。王安石此行路綫爲:五月離京,由汴京東南之東水門而出,浮汴河過楚州(今江蘇淮安),至揚州因殤子少留,九月抵常州。[④]

另魏泰《临汉隱居詩話》:"近世婦人多能詩,往往有臻古人者。王荆公家最衆。張奎妻長安縣君,荆公之妹也,佳句最爲多,著者:'草草杯盤供笑語,昏昏燈火話平生。'"有學者據此,謂:"若魏泰所記不錯,則公對令妹之佳句亦不肯放過,誠是公然作賊。"[⑤]王文淑和詩既存,則魏泰純屬誤記而已,"草草杯盤供笑語,昏昏燈火話平生"確出王安石之手。"公然作賊"之譏,或傷刻薄。

---

① 此承南京大學卞東波兄惠示,見氏著《宋代詩歌總集新考》,《宋代詩話與詩學文獻新考》,中華書局,2013 年,第 309 頁。

② 韓國柳瑩杓以爲,洺州、相州屬河北西路,而神宗元豐四年(1081)前,北宋使遼路綫皆於河北東路,故洺州、相州不應在公此次奉使途中。然考沈遘等奉使歸國路綫不詳,姑備一説,待考。見《王安石"奉使詩"考辨》,《中國語文論叢》第 29 輯,2005 年 12 月版。

③ 李德身《繫年》,第 82 頁。

④ 王安石居家江寧。登進士第後,歷任揚州簽判、知鄞縣、通判舒州、知常州等,均沿汴河——運河來往於開封、江寧之間。《文集》卷七十四《上歐陽永叔書三》載其知常州行程:"某以五月去左右,六月至楚州,即七舍弟病,留四十日。至揚州,又與四舍弟俱失郡牧所生一子。九(七)月四日,視郡事。"第 785 頁。

⑤ 湯江浩《北宋臨川王氏家族及文學考論》,人民文學出版社,2005 年,第 196 頁。

四 《詩注》卷三十三《别葛使君》

邑屋爲儒知善政,市門多粟見豐年。
追攀更覺相逢晚,談笑難忘欲别前。
客幕雅游皆置榻,令堂清坐亦鳴弦。
輕舟後夜滄江北,回首春城空黯然。

按,葛使君,壽湧以爲葛閎,甚是。[①] 然壽湧以此詩作於仁宗皇祐五年(1053)六月王安石自淮南出視蘇州積水,時葛閎知江陰軍(今江蘇江陰市),則誤矣。蓋詩曰"回首春城",則時令爲春季無疑。

葛閎,蘇頌《蘇魏公文集》卷五十七《光禄卿葛公墓誌銘》:"字子容。少年以名家子挾藝文,一上擢天聖五年甲科……以治最選知潤州……遷太常少卿、光禄卿,連知漳、台二州……公享年七十,以熙寧四年某月還政,以五年三月甲子捐館舍。以六年八月甲子葬於郡西建昌山之某原,與繼夫人某縣君胡氏同塋。"葛閎仁宗嘉祐六年(1061)知漳州[②],以北宋中期知州通常三年一任計,之前應於嘉祐三年至五年間(1058—1060)"以治最選知潤州"。詩曰"客幕雅游皆置榻,令堂清坐亦鳴弦",李壁注:"言俗皆興於儒也。""置榻用陳蕃事",謂葛閎知潤州(今屬江蘇鎮江市)任上振興文教,尊禮士人。《光禄卿葛公墓誌銘》:"其爲郡,亦崇尚儒學之士。在丹陽,尊禮章望之,江陰劉洎,新定倪天隱,或親聽其講解,或表薦其履行,學者以此翕然稱譽之。"[③]

考王安石嘉祐三年至五年間(1058—1060)行迹:嘉祐三年(1058)二月十五日,王安石自知常州移提點江南東路刑獄,治所在鄱陽。同年十月二十七日,除三司度支判官,旋返臨川。嘉祐四年(1059)春,方入京爲三司度支判官。《續資治通鑑長編》卷一百八十八嘉祐三年(1058)十月甲子:"提點江南東路刑獄、祠部員外郎王安石爲度支判官。安石獻書萬言,極陳當世之務。"《名臣碑傳琬琰集》下卷十四《王荆公安石傳實録》:"出知常州,提點江南東路刑獄,入爲三司度支判官。獻萬言書,極陳當世之務。"直至嘉祐八年(1063)八月,因母喪返江寧丁憂。[④]

據此,則《别葛使君》詩當作於仁宗嘉祐三年(1058)三、四月間,時王安石自知常州改任提點江南東路刑獄。《續資治通鑑長編》卷一百八十七嘉祐三年二月丙辰:"詔新提點江南東路刑獄沈康知常州,知常州王安石提點江南東路刑獄。以諫官陳旭言康才品凡下,又素無廉白之稱,故易之。"王安石被命後即致書好友王令,欲於揚州宿留,另乞差遣,并約王令於丹陽相候。《文集》卷七

① 壽湧《王安石詩題疑難人名解讀九則》,《江西教育學院學報》2008年第1期。

② 《(光緒)漳州府志》卷九:"葛閎,(嘉祐)六年以職方郎中任。"《中國地方志集成·福建府縣志輯》第29册,上海書店出版社,2000年,第161頁。

③ 丹陽屬潤州,王令居此,曾上書葛閎。《王令集》卷十七《上葛閎都官》,上海古籍出版社,1980年,第303頁。

④ 可見李德身《繫年》;亦可見王晉光《王安石的前半生》,香港文德文化事業有限公司,1991年。

十五《與王逢原書》其四:“被命使江東按刑獄事,明日遂行,欲至揚州宿留,别乞一差遣。切欲一見逢原,幸枉駕見追,只於丹陽奉俟,切勿以事爲解也。”隨後,其行程爲:由常州至丹陽,过潤州,再北上抵揚州。

又仁宗慶曆二年(1042),王安石登進士高第,葛閎時爲點檢試卷官。《光禄卿葛公墓誌銘》:“慶曆二年,先公知貢舉,與諸同僚奏辟公爲點檢試卷官。時故參知政事吴正肅公亦在貢部,知公尤深。”王、葛二人,此前必已相識,故王安石過潤州道訪。揚州在潤州之北,故詩曰:“輕舟後夜滄江北,回首春城空黯然。”

五 《詩注》卷三十三《送道光法師住持靈巖》

靈巖開闢自何年?草木神奇鳥獸仙。
一路紫苔通窅窱,千崖青靄落潺湲。
山祇嘯聚荒禪室,象衆低摧想法筵。
雪足莫辭重趼往,東人香火有因緣。

按,道光法師,即行詳。《詩注》卷四十八《寄北山詳大師》,《文集》卷三十一題作《和平父寄道光禪師》,可證二者本一人。神宗熙寧三年(1070)八月,行詳差充齊州靈岩寺主。《敕賜十方靈岩寺碑》:“牒奉敕]:‘行詳依奏宜差充齊州靈岩寺主,仍在寺徒弟並]不得差作知事勾當,所乞度行者不行。牒至准]敕,故牒。熙寧三年八月日牒。]右諫議大夫、參知政事王安石,吏部侍郎、參知政事韓,假禮部尚書、平章事陳,假左僕射兼門下侍郎、平章事,假。’”①九月,行詳離京,送别者除王安石外,尚有張掞、俞充、蔡冠卿、蔡延慶等。王詩即作於此時。畢沅《山左金石志》卷十六録其送行詩,各附題名:“宋朝賢贈行詩,額三行,字徑三寸。詩《送靈岩法師》安石:‘靈岩開闢自何年?草木神奇鳥獸仙。一路紫苔通窅窱,千崖青靄落潺湲。山祇嘯聚荒禪室,象衆低催想法筵。雲足莫辭重趼往,東人香火有因緣。’

詩《送靈岩法師》充:‘戰士長戈赴荔原,謀臣獻策廟堂間。吾師倜儻浮屠隱,不事王侯事經論。兩街推許住靈岩,百鳥啣花待師□。清風一振海潮音,曠劫曾蒙祖師印。窮秋别我欲何言,珍重詳師指一彈。’

詩《送詳禪師住靈岩》尚書司封員外郎、直史館、同修起居注、直舍人院兼同知審官東院事蔡延慶:‘靈巖川上白雲深,十里青松晝自陰。遠寺幽佳傳已古,名山勝絶冠于今。群峰環翠凝秋色,危壁飛泉瀉暮音。此景去爲風月主,五湖應不起歸心。’

詩《送靈嵓道光大師》尚書祠部郎中、新知饒州蔡冠(卿):‘僧讀儒書舉世稀,惟師精學出塵機。上都香火安禪久,東國林泉徇衆歸。道在莫從形相索,身閑都覺利名非。靈岩到日秋應晚,還寫新詩遍翠微。’

---

① 據胡孝忠《北宋山東敕賜十方靈岩寺碑研究》著録,《北京理工大學學報》(社科版)2011年第2期。

張掞送靈岩寺僧詩刻。熙寧三年九月刻,正書,石高一尺七寸,廣三尺六寸,在長清縣靈岩寺石壁……詩《送敕差靈嵓寺主大師詳公赴寺》朝散大夫、守尚書户部侍郎致仕張掞上:'黄紙除書下九天,岱宗西麓鎮金田。鷲峰肅肅臻多士,蘭社熙熙撫衆賢。像室光華輝曉日,禪心清净擢秋蓮。山泉自此增高潔,雲集十方繞勝緣。'熙寧三年白虎直歲,九月十三日。"

行詳此前住持定力禪院,講《圓覺經》。《敕賜十方靈岩寺碑》:"左右街僧録智林等狀申:'智林等依前項府劄子内、中書劄子内聖旨指揮,同共定到左街定力禪院講《圓覺經》賜紫僧行詳一名,充齊州靈岩寺主勾當主持,及取到本院主鑒文保明行詳有舉止,稍有心力,即目别無過犯,委是德人。詣實結罪文狀:智林等保明行詳堪差充赴靈岩寺主持,如後異同,甘受重罪,不詞所是。'"

行詳與王安石兄弟關係密切,詩歌唱酬頗夥。其主持靈岩寺後,王安石曾有詩寄之。《詩注》卷四十五《寄碧巖道光法師》:"去馬來車擾擾塵,自難長寄水雲身。碧巖後主今爲客,何况開山説法人。"神宗熙寧七年(1074),王安石罷相知江寧後,延請道光至江寧。《詩注》卷三《白鶴吟示覺海元公》,李注:"余於臨川得公此詩刻本,有跋在後,今附見篇末:'《白鶴吟》,留鍾山覺海之詩也。先是,講僧行詳與公交舊,公延居山中。'"熙寧八年(1075),道光披榛莽覓得二泉,引注靈曜寺中,王安國有文記之。《詩注》卷二十六《道光泉》,李注:"《建康志》:'道光泉在蔣山之西,梁靈曜寺之前。熙寧八年,僧道光披榛莽得之。其深五尺,穴竹引注寺中。由嶺至寺,凡三百步,有舒王手植二松於其傍。其後,道光又得二泉,合爲一派,主寺者作屋覆其上,名曰蒙亭。以此泉得之道光,故名道光泉。王平甫作記。'"

熙寧十年(1077),王安石二次罷相後退居江寧,與道光談佛論詩,過往更頻。《詩注》卷三十《和平甫招道光法師》曰:"從容發口酬摩詰,邂逅持心契慧能。新句得公還有賴,古人詩字恥無僧。"《詩注》卷二十二《宿北山示行詳上人》,題注:"詳住京師,公爲朝士,與之熟。晚居北山,詳亦在焉。"遺憾的是,因另一禪僧覺海之故,二人交誼幾於不終,睽戾隙末。《詩注》卷三《白鶴吟示覺海元公》,李注:"余於臨川得公此詩刻本,有跋在後,今附于此:'《白鶴吟》,留鍾山覺海之詩也。先是,講僧行詳與公交舊,公延居山中。詳有經論,每以善辯爲名,毁訾禪宗。先師普覺奄化西庵,而覺海孤立,詳益驕傲。師弗之争,屢求退庵席。公固留不可,寤詳譎妄,遂逐詳而留師,乃作是詩焉。白鶴,譬覺海也;紅鶴,行詳也;長松,普覺也。覧是詩者,即知公與二師方外之契,不爲不厚矣。景齊久蔵其本,今命工刻石,兼書其所以云。'"《詩注》卷二十二《寄西庵禪師行詳》,題注:"公後惡行詳,逐之。見古詩注。"覺海卒於神宗元豐三年(1080)①,則王安石逐行詳當於元豐元年、二年間(1078—1079)。

① 《文集》卷八十六《祭北山元長老文》:"元豐三年九月四日,祭于北山長老觉海大師之靈。自我壯强,與公周旋。今皆老矣,公棄而先。逝孰云遠,大方現前。饌陳告違,世禮則然。尚饗。"第897頁。

六 《文集》卷三十五《致仕邵少卿挽辭二首》

謝朓城中守,梁鴻墓下歸。素車馳吉路,丹旐卷寒輝。
撫几虛容在,瞻圖實貌非。無因置一酹,空此嘆長違。

杯酒邗溝上,紛紛已十年。音容常想見,風跡每流傳。
老去元卿位,新開太守阡。慶門當更大,子弟固多賢。

按,《南齊書》卷四十七《謝朓傳》:"少好學,有美名,文章清麗……除秘書丞,未拜,仍轉中書郎,出爲宣城太守。"挽詩既曰"謝朓城中守",知邵少卿曾知宣州,故用謝朓典故。考北宋仁宗、英宗、神宗三朝,邵姓知宣州者,惟邵飾一人,曾於仁宗皇祐四年(1052)九月以金部郎中知宣州。[1] 又詩曰"梁鴻墓下歸",而梁鴻墓在蘇州。《後漢書》卷八十三《梁鴻傳》:"遂至吴,依大家皐伯通……疾且困,告主人曰:'昔延陵季子葬子於嬴博之間,不歸鄉里,慎勿令我子持喪歸去。'及卒,伯通等爲求葬地於吴要離冢傍,咸曰:'要離烈士,而伯鸞清高,可令相近。'"注曰:"要離,刺吴王僚子慶忌者。冢在今蘇州吴縣西,伯鸞墓在其北。"《京口耆舊傳》卷三:"邵飾字去華,丹陽人。大中祥符元年,以進士擢第,賜同學究出身……居無何,除江、淮都大發運使。會有言其年高,改知潭州。未行,改宣州。到任未一歲,改蘇州,居三月,又改明州,引年致仕。嘉祐三年卒,年七十有三,葬彭泉村。陳洙作墓誌。"詩曰"梁鴻墓下歸",蓋邵飾仁宗至和元年(1054)曾知蘇州,至和二年(1055)改知明州[2],引年致仕。據《京口耆舊傳》所載,邵飾卒於嘉祐三年(1058),故《致仕邵少卿挽辭二首》當作於本年。梅堯臣亦有詩挽之,曰:"位至九卿亞,年過七十春。""買得吴門宅,歸來自種花。春風未歌徹,東岱已魂賒。"[3]

七 《詩注》卷三十八《送明州王大卿》

大曆才臣有此州,昆雲今駕鹿轓游。
從來所至邦人喜,真復能分聖主憂。
千里封疆何足治,一時名迹故應留。
屬城舊吏須疲懶,尚可揮毫敵李舟。

此詩爲王安石送别某王姓大卿知明州(今浙江寧波市)作。李注:"《九域志》:'唐明州刺史王密德政碑,李舟文,顔真卿書。'介父嘗爲鄞縣,故云'屬城舊吏。'""大曆才臣",謂唐代宗大曆年間明州刺史王密,詩以之擬王大卿,相當

① 李之亮《宋兩江郡守易替考》,巴蜀書社,2001年,第52頁。
② 李之亮《宋兩浙路郡守年表》,第99、263頁。
③ (宋)梅堯臣著,朱東潤編年校注《梅堯臣集編年校注》卷二十九繫於嘉祐四年(1061),上海古籍出版社,2006年,第1127頁。司馬光《温國文正公文集》卷十有《致政邵少卿挽詞》,《四部叢刊》本。

得體。《(寶慶)四明志》卷一:"王密,大曆中刺史,有惠政,民到今思之,李舟爲碑記,竟失其傳。"

"大卿",趙與峕《賓退録》卷三:"世俗稱列寺卿曰大卿,諸監曰大監,所以别於少卿監。"王大卿,或以爲乃王安石知鄞縣(今屬浙江寧波市)時上司王周,誤也。[①] 王周,明州奉化(今寧波奉化)人,真宗大中祥符五年(1012)進士。[②] 仁宗寶元二年(1039),以尚書虞部員外郎知無錫。[③] 慶曆八年(1048),王周以司封郎中知明州[④],官非"大卿"。時王安石知鄞縣,有啓上之。《文集》卷八十一《上明州王司封啓》:"伏審使旌,來臨州部……竊聽海澨之謡,迎貪善政;特憂朝右之計,思得壯猷。曾無幾時,遂去兹土。某竊邑無狀,茈身有歸。"[⑤]

此王大卿當爲王罕,字師言,《宋史》卷三百一十二有傳:"徙知明州,以光禄卿卒,年八十。"王罕爲循吏,所蒞之處,治績斐然:"以蔭知宜興縣。縣多湖田,歲訴水輕重失其平。罕躬至田處,列高下爲圖。明年,訴牒至,按圖示之:某户可免,某户不可免。衆皆服。范仲淹在潤,奏下其式于諸道。"其知潭州,"郡人傳爲神明,監司上治狀,敕書褒諭,賜絹三百"。詩曰"從來所至邦人喜,真復能分聖主憂",即謂此。王罕神宗熙寧二年(1069)以衛尉寺卿知明州,王安石賦詩送别,故詩稱"王大卿"。《(寶慶)四明志》卷一:"王罕,衛尉卿。熙寧三年,以歲饑多盗,乞降度牒修城。王安石當國,以非急務,不許。"其前任陳襄,熙寧二年(1069)自知明州召入除修起居注。《宋朝諸臣奏議》卷二載陳襄《上神宗論人君在知道得賢務修法度》,題注:"熙寧二年四月上。時知明州被召,除修起居注。"

熙寧三年(1070),王罕上疏乞降度僧牒以修明州城墻,詔止以役兵修築。《續資治通鑑長編》卷二百十一熙寧三年(1070)五月庚寅朔:"知明州、衛尉卿王罕言:'州濱大海,外接蕃夷,城堡頹圮。比歲鄰郡荐饑多盗,而戍卒不滿二百。乞降度僧牒以完州城。'詔止以役兵修築。先是,上謂執政曰:'諸處奏罪人多逾城走逸,城亦不可不修。'王安石對曰:'南方修城恐非急,過費財用亦可惜,止令轉運司漸應副可也。'故有是詔。"

八 《詩注》卷四十七
《杭州望湖樓回馬上作呈玉汝樂道》

水光山氣碧浮浮,落日將歸又少留。
從此祇應長入夢,夢中還與故人游。

此詩李德身《繫年》繫於宋仁宗皇祐二年(1050):"必爲是年過杭州作。"然

① 壽湧《王安石詩題疑難人名解讀》,《文獻》2008 年第 1 期。

② 《(乾道)四明圖經》卷十二:"祥符五年徐奭榜,王周、葛源。"《宋元方志叢刊》,第 4982 頁。

③ 《(咸淳)毗陵志》卷十,《宋元方志叢刊》第 3037 頁。

④ 《(寶慶)四明志》卷十:"王周,鄞人,慶曆中,以司封郎中守。"《宋元方志叢刊》,第 5126 頁。《文集》卷三十八《明州新刻漏銘》:"戊子王公,始治于明。"第 408 頁。

⑤ 可見李德身《繫年》,第 59 頁。

無佐證。按,王安石一生曾數至杭州,"屢隨游客入"①。皇祐二年(1050),王安石知鄞縣秩滿,先歸臨川,旋赴杭州。② 玉汝即韓縝,時宰杭州錢塘縣。《名臣碑傳琬琰集》下卷二十《韓太保縝傳》:"縝字玉汝,潁昌人。父億,事仁宗爲參知政事,以父任補將作監主簿。慶曆初,擢進士第,知廬州合肥、杭州錢塘縣,改光禄寺丞、簽書南京留守判官。"韓縝於仁宗慶曆七年(1047)出宰錢塘,梅堯臣有《韓六玉汝宰錢塘》詩送之。③ 以北宋中期知縣三年一任計,韓縝本年尚在任。其宰錢塘,政績卓著,與王安石、謝景温、謝景初有"江東四賢"之目。范純仁《范忠宣公文集》卷十三《謝公墓誌銘》:"是時,荆公王介甫宰明之鄞縣,知樞密院韓玉汝宰杭之錢塘,公弟師直宰越之會稽,環吴越之境,皆以此四邑爲法。處士孫侔爲文以紀之。"

樂道爲王陶之字,時爲杭州觀察判官。《名臣碑傳琬琰集》中卷二十四《王尚書陶墓誌銘》:"公諱陶,字樂道,其先京兆人。曾祖樵、祖誨,不仕。父應,贈禮部尚書。妣孟氏,追封常山郡太君。公力學博通,慶曆二年舉進士甲科,調岳州軍事判官。丁孟夫人憂,歷杭州觀察、荆南節度二判官,以書判優等升也。"釋文瑩《湘山野録》卷四:"范文正公鎮餘杭,今侍讀王樂道公在幕。""文正",范仲淹之謚,皇祐元年至三年(1049—1051)間知杭州。韓縝、王陶皆王安石同年④,皇祐二年(1050)適官於杭,故王安石得與同游而作此詩。

(作者單位:華東師範大學古籍研究所)

① 《詩注》卷三十八《送張仲容赴杭州孫公辟》,上海古籍出版社,2010年,第490頁。
② 李德身《繫年》,第61頁。
③ 《梅堯臣集編年校注》卷十七,第405頁。
④ 龔延明《宋登科記考》卷四,江蘇教育出版社,2009年,第177、185頁。

古典文獻研究（第二十輯上卷）
Journal of the Institute for Chinese Classics Studies
Nanjing University
Volume 20, No.1 2017

《南宋群賢小集》彙聚流傳考*

王　媛

《南宋群賢小集》彙聚了數十家南宋詩人小集①，所收詩人除了戴復古、劉過、高翥之外，幾乎都没有全集或其它集子流傳，因此這宗宋人小集便成爲整理和研究南宋詩歌的重要文獻。這宗南宋詩人小集在宋元明時期並未見諸著録和引用，從明末清初開始出現以後，迅速引起學者們的重視，在學者和藏書家中廣泛傳鈔，從而産生了許多不同的版本。現存除了一部宋刊本和一部影宋鈔本之外，還有多達數十種的名爲"南宋群賢小集"、"群賢小集"、"宋人小集"、"江湖小集"的鈔本宋人小集輯本。這些宋人小集輯本所收小集主體内容大致相近，但數量略有變化。過去由於對《南宋群賢小集》的來源和性質認識不清，産生了許多誤解，有的經過幾代學者的考辨已經得以糾正，有的仍在以訛傳訛，混淆對宋詩文獻和宋代詩史的認識。有鑒於此，本文擬對《南宋群賢小集》的産生、流傳和運用進行系統考證，希望從根源上揭示一些長期存在的問題。

一　宋刊本《南宋群賢小集》的版本構成和文獻性質

至今流傳下來的數十種以"南宋群賢小集"、"群賢小集"、"宋人小集"、"江湖小集"等爲名的鈔本宋人小集輯本，都是直接或間接地源自一宗宋刊本宋人小集。這宗宋刊本宋人小集現藏於臺灣"中央圖書館"，所存凡九十五卷六十册五十八家②。其版本構成非常混亂，民國時期吴庠先生已經指出："棚本皆

* 本文爲2017年國家社科基金一般項目《江湖詩集整理與研究》(批準號:17BZW129)階段性成果。

① 本文研究對象是清代以來流傳的各種以"南宋群賢小集"、"群賢小集"、"宋人小集"、"江湖小集"命名的宋人小集輯本，因爲這些鈔本宋人小集皆源出於一宗宋刊本宋人小集，而這宗宋刊本宋人小集原本没有總題書名，臺北藝文印書館1972年影印出版，題爲"南宋群賢小集"，爲了方便稱呼，仍用其名。又各種宋人小集輯本所收家數多寡不一，因此這裏用"數十家"的模糊之數。

② 諸家統計方式不同，所得數目亦不一致。顧廷龍先生《南宋書棚本〈江湖小集〉經眼記》(《顧廷龍文集》，上海科技文獻出版社，2002年，第487—492頁)中計爲五十六家，未將陳起《增廣聖宋高僧詩選》、《前賢小集拾遺》計入，今以吴焯彙編本將此二種均各計爲一家，乃從之。

每半頁十行，每行十八字。楝亭藏本中有四家，版刻不同。”[①]羅鷺先生對這宗宋刊本宋人小集的版本構成進行系統調查，指出其中包含“有陳宅(解元)書籍鋪牌記，且行款爲十行十八字者十三種”，“無陳宅(解元)書籍鋪牌記，但行款爲十行十八字者三十八種”，“無陳宅(解元)書籍鋪牌記，且行款不是十行十八字者七種”。這七種版式行款不同的小集中，《學詩初稿》、《亞愚江浙紀行集句詩》、《學吟》和《方泉先生詩集》等四種有充分的證據可以證明不是書棚本[②]。换言之，這宗宋刊本宋人小集的版本來源不一，混雜着書棚本宋人小集和非書棚本宋人小集。

爲什麼會造成這種情況，應該如何認識這宗宋人小集的文獻性質和文獻價值呢？胡念貽先生認爲這是因爲陳起編書時收入了同時代其他人刊刻的集子[③]；費君清先生則認爲江湖詩集是宋元時期藏書家摭拾舊本，將不同時期、地點刊刻的江湖詩人小集彙聚成編[④]；羅鷺先生提出兩種可能性：一是明末清初藏書家彙編《南宋群賢小集》時，混入了嘉熙元年僧奉直刊本《江浙紀行集句詩》等少數其他地區刊刻的詩集；二是《江浙紀行集句詩》等行款不同的其他地區刻本，没有在臨安府翻刻，宋元時期的藏書家將不同時期和地點的宋刻江湖小集彙聚一起，編成《江湖前、後、續集》[⑤]。羅先生所言第二種可能性比較接近費先生的看法。

以上推論都能夠解釋宋刊本《南宋群賢小集》版本來源混亂的原因，但哪種解釋更接近歷史真相，則仍需進一步探討。

江湖諸集早已亡佚，引録江湖詩集最夥的《永樂大典》也僅存不到百分之五，要完全得悉江湖詩集的原貌已不可能。但是，《永樂大典》殘卷中引用有《中興江湖集》、《江湖前集》、《江湖後集》、《江湖續集》、《江湖前賢小集》、《前賢小集拾遺》等多種江湖詩集，楊士奇《文淵閣書目》著録有“《中興江湖集》”三部，晁瑮《晁氏寶文堂書目》著録有“《江湖前、後、續集》宋刻”和“《中興江湖集》”，從明代的文獻記載和引用情況來看，陳起曾經編刊一系列系統、完足的江湖詩集，這是不容否定的。

明代中期以後江湖詩集不再見於著録，巧合的是，就在江湖詩集失傳之後不久，就出現了這宗宋刊本《南宋群賢小集》。由於這宗宋刊本宋人小集中有不少小集明確標示爲“臨安府棚北大街陳氏書籍鋪印行”，小集名稱又能夠和《永樂大典》所引江湖詩集中的小集名稱對應，所以長期以來人們把這宗宋刊本宋人小集或源自宋刊本宋人小集的鈔本宋人小集等同於江湖詩集，未能客

① 吴庠《南宋書棚本江湖群賢小集記略》，《國立中央圖書館館刊》1947 年第 2 期，第 9—12 頁。

②⑤ 羅鷺《宋刻〈南宋群賢小集〉版本發微》，《古典文獻研究》第十七輯下卷，鳳凰出版社，2015 年，第 175—181 頁。

③ 胡念貽《南宋〈江湖前、後、續集〉的編纂和流傳》，《文史》第十六輯，中華書局，1982 年，第 229—240 頁。

④ 費君清《論江湖集的歷史真相》，《中國人文社會科學博士碩士文庫續編 · 文學卷上》，浙江教育出版社，2005 年，第 460—462 頁。案：胡、費二人皆未見過宋刊本《南宋群賢小集》，據以分析的是間接源自宋刊本《南宋群賢小集》的四庫本《江湖小集》，觀點同樣適用於宋刊本《南宋群賢小集》。

觀地認識兩者之間的關係。

實際上,江湖詩集雖然已經亡佚,但根據《永樂大典》殘卷所引,其中有些詩集如《江湖前賢小集》、《江湖後集》、《江湖續集》乃以小集彙編形式構成[①],這説明宋刊本《南宋群賢小集》中包含了部分從江湖詩集中散出的零册,是完全有可能的。不過,將宋刊本《南宋群賢小集》等同於江湖詩集,則是一種誤解。舉一個例證,宋刊本《南宋群賢小集》收入釋紹嵩《江浙紀行集句詩》,《永樂大典》殘卷中所引江湖詩集中亦收入這部小集,仔細對比不難看出兩者的差異。宋刊本《南宋群賢小集》中的《江浙紀行集句詩》卷端題名爲"亞愚江浙紀行集句詩,廬陵沙門紹嵩",而根據《永樂大典》的鈔寫體例,完整的引用順序當爲"總集名稱+作者+小集名稱+詩歌標題+詩歌正文",如果現傳宋刊本《江浙紀行集句詩》即從江湖詩集散出的零册,那麽《永樂大典》所引當鈔作"江湖某集+廬陵沙門紹嵩+亞愚江浙紀行集句詩+詩歌標題+詩歌正文"。但我們翻檢《永樂大典》,發現卷九〇三所引爲"《江湖集》沙門紹嵩亞愚《口占二首》"、卷七九六二載爲"《江湖續集》沙門紹嵩亞愚《江浙紀行集句詩》《西興遣悶》"、卷一一〇〇〇引作"《江湖續集》沙門紹嵩亞愚《途次……之都城》",儘管諸卷鈔寫嚴謹程度不一,但據以上引文(特别是卷七九六二引文)可以推斷,《永樂大典》鈔寫者所見《江浙紀行集句詩》卷端題名方式應爲"江浙紀行集句詩,沙門紹嵩亞愚"。也就是説,今傳宋刊本《江浙紀行集句詩》並非《永樂大典》鈔寫者所見江湖詩集中的《江浙紀行集句詩》;宋刊本《南宋群賢小集》中書棚本宋人小集與非書棚本宋人小集混雜的情况,只能是明代後期藏書家所爲。

宋刊本《南宋群賢小集》中包含着江湖詩集中散出的零册,但却没有明顯的"江湖某集"的信息,應當由於江湖詩集被拆開分裝成零册流傳以後,明確標示江湖詩集信息的有關詩卷被有意捨棄,僅保存能夠形成獨立小集的部分。各家宋人小集變成一個個完整的小單元之後,江湖詩集的影子趨於模糊,藏書家很難將這宗宋人小集和江湖詩集聯繫起來;同時各家小集更容易分散流入不同藏家手中,難以再重新彙聚到一起;而在不以重輯江湖詩集爲目標的藏家那裏,作爲江湖詩集零册的宋人小集可能與其它單刻流傳的宋人集子混編在一起,從而使輯本内容變得混亂而複雜。這是宋刊本宋人小集中混雜着書棚本小集和非書棚本小集的原因。

宋刊本《南宋群賢小集》從一開始出現就是開放、混雜、無序的狀態,從來就没有形成系統、完足的整體。明末汲古閣主人毛晉是目前所知最早傳鈔這宗小集的藏書家。現藏於上海圖書館的《汲古閣影鈔南宋六十家小集》與宋刊本《南宋群賢小集》重合的小集有五十三家。汲古閣影鈔本的鈔寫品質非常高,不僅字體筆法極爲近似,版式行款也是完全一致。宋刊本《南宋群賢小集》中的書棚本宋人小集行款版式都是"每半葉十行十八字、白口、左右雙邊、單黑魚尾",與書棚本行款版式不同的七種小集中,王同祖《學詩初稿》行款版式爲

① 詳見拙作《江湖詩集考》,《文史》2016年第3輯,中華書局2016年8月,第257—281頁。

"每半葉八行十六字、白口、四周雙邊、雙黑魚尾";釋紹嵩《亞愚江浙紀行集句詩》行款版式爲"每半葉八行十六字、白口、左右雙邊、雙黑魚尾";朱南傑《學吟》行款版式爲"每半葉八行十六字、白口、左右雙邊,單黑魚尾";周文璞《方泉先生詩集》行款版式爲"每半葉八行十五字、白口、四周雙邊、雙黑魚尾";葉茵《順適堂吟稿》甲、乙、丙三集行款版式爲"每半葉十行十八字、白口、左右雙邊、單黑魚尾",與書棚本相同,而丁、戊二集行款則爲"每半葉九行十八字、白口、左右雙邊、單黑魚尾";薛嵎《雲泉詩》行款版式爲"每半葉九行十七字、白口、左右雙邊、雙黑魚尾";黄文雷《看雲小集》行款爲"每半葉十行十六字、白口、左右雙邊、單黑魚尾"。對比宋刊本《南宋群賢小集》和《汲古閣影鈔南宋六十家小集》,不難發現,以上七種小集汲古閣影鈔本的版式行款悉同于宋刊本《南宋群賢小集》。宋刊本《南宋群賢小集》由書棚本和非書棚本構成,而汲古閣影鈔本的版式行款全然一致,説明宋刊本《南宋群賢小集》正是汲古閣影鈔本的底本。

再從佚失和殘損的情况來看。現存宋刊本《南宋群賢小集》中出現多處佚失和殘損,如宋刊本《芸隱横舟稿》施樞自序云有詩百二十題,但今本中僅存七十三題七十七首,其第十頁之後緊接第廿一頁,中間佚去十頁,而汲古閣影鈔本闕鈔數量相等;又宋刊本《雲卧詩集》僅存三葉,其後應該有所佚失,而汲古閣影鈔本也完全一樣;又宋刊本《雪蓬稿》最後半葉紙張破損,導致《通交代康尉啓》一文存在缺字,而汲古閣影鈔本在相同的地方也存在闕字。以上都可以證明,汲古閣影鈔宋人小集所依據的底本就是宋刊本《南宋群賢小集》。

宋刊本《南宋群賢小集》上没有毛晉藏書印記,並非出自毛晉所藏,曾有學者以此質疑汲古閣影鈔本並非直接出自宋刊本《南宋群賢小集》①。但我們知道,汲古閣影鈔本未必都是以毛晉自已的藏書爲底本。毛扆《汲古閣珍藏秘本書目》載:"《國語》五本一套,從絳雲樓北宋板影寫,與世本大異。"又:"《李太白集》四本,從絳雲樓北宋板覓舊紙延馮竇伯影抄。"又:"《戰國策》三本,從絳雲樓北宋本影寫。"以上幾部書都是以錢謙益絳雲樓所藏宋本爲底本影鈔,還有一些影鈔本的底本藏家連毛扆都不知道,如:"《杜工部集》十本,先君當年借得宋板影抄一部,謂扆曰:'世行杜集幾十種,必以此本爲祖。'……不知先君當年從何處借來,今乃重入余手,得成全書,豈非厚幸?"既然汲古閣影鈔本的底本並非全部出自毛晉自已藏書,那麽這部宋刊本宋人小集上没有毛晉的藏書印

---

① 鄧邦述《汲古閣影鈔南宋六十家小集序》早已指出:"此五十巨册皆據南宋書棚本影鈔。……亦有版式疏闊或原有缺葉至十葉者,悉仍其舊,無竄改臆斷之習,乃至序後圖印亦俱摹寫酷肖。"云云。(《汲古閣影鈔南宋六十家小集》影印本卷首)但顧廷龍《南宋書棚本〈江湖小集〉經眼記》中鄧邦述説法,云:"鄧氏群碧樓曾藏汲古合景宋鈔《南宋群賢六十家小集》,初皆以爲必從刻本出者,今觀姚鏞《雪蓬稿》葉十六後半幅行四第二字鈔本缺,刻本尚存'隱'字。同葉行五第十四字鈔本缺,刻本尚存'鷗'字。此葉係原本紙損,非板漫漶,故可證明景宋本皆從此出,毛鈔則又輾轉傳寫而來。並可知毛子晉於刻本未及寓目,書中未有毛氏一印,亦可證也。"顧先生認爲宋刊本《雪蓬稿》末頁第四行"隱"字和第五行"鷗"字皆爲汲古閣影鈔本所無,因此汲古閣影鈔本並非直接源出於刊本。但宋刊本上這兩個字都模糊不清,如非加以揣測根本無法辨認,影鈔者在不能確定其文字的情況下闕鈔是很有可能的,不足以成爲否定汲古閣影鈔本出自這宗宋刊本宋人小集的依據。

就很可理解了,很可能是毛晉從别的藏家那裏借來的。

值得注意的是,《汲古閣影鈔南宋六十家小集》的底本來源並不限於宋刊本《南宋群賢小集》。《汲古閣影鈔南宋六十家小集》有而宋刊本《南宋群賢小集》没有的凡七家:鄭清之《安晚堂詩集》、趙汝鐩《野谷詩稿》、周弼《端平詩雋》、張至龍《雪林詩删》、羅與之《雪坡小稿》、宋伯仁《雪岩吟草》、岳珂《棠湖詩稿》,此外汲古閣鈔本戴復古《石屏續集》附有《石屏長短句》、許棐《梅屋詩稿》附有《梅屋詩餘》,此二種亦不見於宋刊本《南宋群賢小集》。以上小集中,《棠湖詩稿》、《石屏長短句》、《梅屋詩餘》等三家是出自毛晉自己收藏的宋刊本。毛扆《汲古閣珍藏秘本書目·集部》載:"宋板岳倦翁《宫詞》(即《棠湖詩稿》)、宋板《石屏詞》、許棐《梅屋詞》,二本合一套,藏經紙面。許、岳二家人間絶無,石屏比世行本不同,一校便知。"宋刊本《棠湖詩稿》現藏於天津圖書館,根據書内鈐印,此本爲毛晉、錢福胙所遞藏,大宗的宋刊本《南宋群賢小集》中並無此集。毛晉從各處影鈔宋人小集,影鈔之後没有對不同底本來源的小集加以區分,可見他並不把宋刊本《南宋群賢小集》當成系統完足之本。

毛晉從不同藏家那裏影鈔宋人小集之後,也並未將這些影鈔本彙聚成編。對比宋刊本《南宋群賢小集》和《汲古閣影鈔南宋六十家小集》,可以發現宋刊本《南宋群賢小集》有而《汲古閣影鈔南宋六十家小集》没有的小集有五种:李龏《剪綃集》《梅花衲》、林同《孝詩》、釋紹嵩《亞愚江浙紀行集句詩》、陳起《增廣聖宋高僧詩選》等。這五家小集中,《梅花衲》、《亞愚江浙紀行集句詩》、《增廣聖宋高僧詩選》等三家小集的汲古閣影鈔本現藏於國家圖書館①,而大宗的汲古閣影鈔宋人小集(六十家)今藏於上海圖書館②。清末鄧邦述獲得了大宗而非全部的毛晉汲古閣影鈔本宋人小集之後,交由上海古書流通處影印並以《汲古閣影鈔六十家宋人小集》之名流傳,這才造成汲古閣影鈔本宋人小集是一個整體的印象。

總之,宋刊本《南宋群賢小集》版本來源不同,並非系統、完足的整體,認識清楚這個問題,才能夠理解清代以來諸多鈔本宋人小集輯本家數、卷數或增或損的原因,從而從根本上釐清這些宋人小集與江湖詩集之間的關係。

二　《南宋群賢小集》流傳過程中的兩種誤解

關於《南宋群賢小集》的各種誤解,都是在清代流傳過程中産生的。

清初蒐集和傳鈔宋人小集的學者、藏書家爲數不少,其中最知名的是朱彝尊。《潛采堂行笈目録》中載有《宋小集》一本、《鄭安晚詩》一本、《野谷集》一本、《亞愚紀行詩》一本、《方泉集》一本、《順適堂集》一本、《宋小集》八本。《潛采堂宋人集目録》也載有"許棐《梅屋詩稿》一卷《融春小綴》一卷《梅屋第三稿》

① 國家圖書館藏《梅花衲》索書號:18286,《亞愚江浙紀行集句詩》索書號:04431,《增廣宋高僧詩選》索書號:04438。

② 上海圖書館藏《汲古閣景鈔南宋六十家小集》,索書號:綫善 826029—80。

一卷《第四稿》一卷《梅屋雜著》一卷,一册”,以及“宋人小集:黄大受《露香拾稿》、吴汝弌《雲卧詩集》、武衍《藏拙餘稿》、劉翰《小山集》、張良臣《雪窗小集》、葛起耕《檜庭吟稿》、利登《骳稿》、趙崇鉘《鷗渚微吟》、鄒登龍《梅屋吟》、朱南傑《學吟》”。這兩種目録都是爲了方便檢閲而著,因此著録非常簡單,並未標明這些宋人小集爲刊本還是鈔本,有的甚至只著録“宋小集一本”、“宋小集八本”,連具體細目都没有。隨著小集數量增多,朱彝尊將這批小集彙聚在一起。王士禎《帶經堂詩話》卷一〇載“南宋詩小集二十八家,黄俞邰鈔自宋刻,所謂江湖詩也”,其下列舉二十八家名録並略加摘録點評,接著又載“竹垞輯宋人小集四十餘種,自前卷所列江湖詩外……”,其下列黄虞稷二十八種之外小集凡二十一種。這裏提到“竹垞輯宋人小集四十餘種”,暗示了朱彝尊曾將手頭的宋人小集彙聚起來。

朱彝尊不僅蒐集宋人小集,還首次指出宋人小集與陳起《江湖集》存在關係。《曝書亭集》卷三六《信天巢遺稿序》云:“當宋嘉定間,東南詩人集于臨安茶寮酒市,多所題咏,於是書坊取南渡後江湖之士以詩馳譽者,刊爲《江湖集》。至寶慶初,李知孝爲言官,見之彈事,於是劉克莊潛夫、敖陶孫器之、趙師秀紫芝、曾極景建、周文璞晉仙,一時同獲罪,而刊詩陳起亦不免焉。今宋本先生詩(《菊磵小集》)殆即《江湖集》中之一,而陳解元者,起也。”這裏指出宋本《菊磵小集》乃屬《江湖集》的零册。又《曝書亭集》卷一九《近來二首》(其二)云:“近來論詩專序爵,不及歸田七品官。直待書坊有陳起,江湖諸集庶齊刊。”這裏指出“江湖諸集”是陳起所刊。值得注意的是,清初江湖諸集早已亡佚,大規模從《永樂大典》中輯佚書的活動尚未開始,《近來二首》中的“江湖諸集”顯然並非指陳起編刊的《中興江湖集》、《江湖前、後、續集》等總集,而是清初流傳的從江湖諸集中散出的書棚本宋人小集。

受到朱彝尊的影響,清代學者傳鈔或著録宋人小集時,往往將宋人小集當成陳起《江湖集》,徑稱之爲“江湖詩”或徑題爲“陳起編”。例如王士禎《帶經堂詩話》卷一〇載:“南宋詩小集二十八家,黄俞邰鈔自宋刻,所謂江湖詩也。”這裏將黄鈔本宋人小集二十八種稱之爲“江湖詩”。又《瀛奎律髓彙評》卷二〇“劉潛夫《落梅詩》”條載有查慎行評語,曰:“《江湖集》今名《宋人小集》,乃鈔本。余於癸巳(1713)冬購得之,尚有棚北大街睦親坊陳解元書坊刊印字樣。”[①]這裏也是把宋人小集稱之爲《江湖集》。又曹寅《楝亭書目》中記載“宋本宋人詩,宋錢塘陳起編,六函四十七册”,這裏將宋刊本宋人小集歸之於“錢塘陳起編”。又禮親王昭槤《嘯亭雜録》卷四“昌齡藏書”云:“富察太史昌齡,傅閣峰尚書子,性耽書史……今其遺書多爲余所購,如宋末江湖諸集,多公白手鈔者,亦想見其風雅也。”昭槤收購了傅察昌齡(曹寅外甥)所鈔的宋人小集,並稱之爲“江湖諸集”。又王昶《重刻江湖群賢小集序》載:“起所刻《江湖小集》,

① 方回選評,李慶甲彙評校點《瀛奎律髓彙評》卷二〇(中册),上海古籍出版社,1986年,第844頁。

予於乾隆丙子(1756)曾見於揚州馬氏小玲瓏山館,然不及三十種。"這裏稱小玲瓏山館所藏宋人小集爲"江湖小集"。又《四庫全書》入編《江湖小集》六十二家九十五卷,徑題爲"陳起編"。

清初學者傳鈔宋人小集,種類和數量的多寡各不相同,原無固定家數,但隨著學者將宋人小集等同於《江湖集》,清代流傳的宋人小集家數也被當成《江湖集》的家數。雍正三年(1725)吴焯瓶花齋彙聚南宋人小集一百十六卷,并自序云:

> 南宋錢唐人陳起鬻書爲業,頗精雕板。當時稱行都坊本。曹楝亭所藏宋印後歸郎温勤,今見於家石倉書舍。僅有其半,並無序目可考,板樣亦參差不齊。蓋陳氏所刻詩,行于江淮之間,作者往往以已刻者附入,後竟以名取禍,此其平生未竟之緒,是以無編定卷帙。但從後來藏書家簿録中紀爲宋人小集六十四家而已。余所見秀水朱氏本、花溪徐氏本、花山馬氏本各不相同。大抵此集多不全,後人閑取北宋人集之小者如陶弼、蔣堂等以傅儷之,以實六十四家之數耳。至《文獻通考》所載《江湖集》九卷,亦陳氏刻。審陳振孫跋語,其非此集可知。余搜求不下十年,始彙其全。近日與趙谷林校勘此集,因書其端委示之。惜乎竹垞已往,不及見余本之完善。憶曩日落帆亭舟中對語,老人深歎曹氏藏本之佳而不知其不全。余生行都舊地,遥遥白雲,懷古何深,實甚快焉。雍正乙巳除夕南華堂燃歲燭書,吴焯。

吴焯提到當時傳抄者因爲對"江湖群賢小集"並不瞭解,爲了達到"後來藏書家簿録"記載的六十四家之數,乃選取北宋人小集混入其中。吴焯對北宋小集與南宋小集混編凑數的情况頗爲不滿,因此彙聚吴允嘉藏宋刊本宋人小集以及朱彝尊、徐乾學、馬思贊等所藏宋人小集,盡剔北宋小集,最終得到南宋小集六十四家①。

吴焯彙編本現藏於國家圖書館②,其中有"洪邁《野處類稿》"、"樂雷發《雪磯叢稿》"二種,一爲僞書,一爲清人孱入;自花山馬氏本增入的"吴淵《退庵遺稿》"、"薛師石《瓜廬詩》"二種,也是清人蒐集的宋人小集,無論今傳《永樂大典》殘本還是輯自《永樂大典》的四庫本《江湖後集》,皆未記載此數人之詩,因此這幾家是否江湖詩集入編小集,非常值得懷疑。雖然吴焯彙編本和其他諸家蒐輯本一樣,書棚本江湖小集和非書棚本宋人詩集混雜在一起,但他認爲自己彙聚的小集已臻完足,甚至"惜乎竹垞已往,不及見余本之完善"。由此可見,吴焯和同時代藏書家一樣存在"六十四家"的執見。

吴焯不僅將清人蒐集的宋人小集六十四家當成陳起《江湖集》的完整家數,甚至還混淆了陳起和陳思。陳起和陳思是二非一,胡念貽先生已經作了非

① 吴焯彙編本六十四家中,陳起《群賢小集拾遺》和《增廣聖宋高僧詩集》二種不計家數。

② 國家圖書館藏,索書號:79934。

常詳細的考證[①]。吴焯彙編本目録頁卷端題"南宋人小集",次行低一格題"群賢小集總目,宋陳思選",顯然是將二人混而爲一。不僅吴焯彙編本中出現混淆陳思和陳起的情况,《南宋雜事詩》卷二亦載:"名集猶傳六十人,湖雲江月話津津。而今花柳新題處,况是欣逢寶曆春。"注云:"南宋六十家小集,錢唐陳思彙集本朝人之詩,集尾書刊于臨安府棚北大街陳氏書籍鋪者是也,題曰《群賢小集》。"《南宋雜事詩》由多位學者共同編撰,卷二詩歌及注文皆出自吴焯。注文中説南宋六十家小集乃"錢唐陳思彙集本朝人之詩",也是混同了陳思和陳起。又同卷的另一首詩寫道:"柴栅牽名何太迂?詩編著録號'江湖'。鶴山跋語題鴻寶,鍾鼎能凌薛氏無。"注云:"《讀書附志》:《江湖集》九卷,錢唐陳思匯本朝人之詩。又刊六十家小集,皆南宋人,余插架有之。"[②]此詩首二句講陳起編刊江湖詩集,後二句"鶴山跋語題鴻寶,鍾鼎能凌薛氏無"應指陳思《寶刻叢編》,此書卷首有魏了翁(鶴山)序。詩中同時提及編刊《江湖集》和《寶刻叢編》,也是將陳思和陳起混淆爲一。需要注意的是,《南宋雜事詩》中兩處地方載爲"六十家小集",但其自注中列出的群賢小集名目共有六十四家,名録跟國家圖書館所藏吴焯彙編本大致相同[③],詩中載爲"六十家"可能僅取約數。

吴焯彙編本成爲當時藏書家傳寫的底本。鮑廷博在《讀畫齋重刻南宋群賢小集目次》後跋云:"右南宋陳起編刻《江湖群賢小集》,借鈔于汪氏振綺堂,汪本傳自瓶花齋吴氏,其傳録始末,繡谷述之詳矣。"可見汪氏振綺堂曾從吴焯彙編本傳抄,而鮑廷博則從汪氏振綺堂鈔本傳抄,又從錢時霽處借得宋本校定,嘉慶初顧修讀畫齋即以鮑廷博校本爲底本刻梓。海寧周春藏舊鈔本《群賢小集》(後歸於丁丙,現藏于南京圖書館)六十四家八十八卷,徑題爲"陳思編",此鈔本可能也直接或間接出自吴焯彙編本。

揚州馬氏小玲瓏山館也藏有一宗宋人小集。王昶《重刻江湖群賢小集序》言:"起所刻《江湖小集》,予於乾隆丙子(1756)曾見於揚州馬氏小玲瓏山館,然不及三十種,並言此内如利登、周文璞、趙師秀已爲嘉善曹徵君緑波鈔去云,將刻入《宋詩存》中。"(載於《讀畫齋刊南宋群賢小集》卷首)以往學者多據此認爲馬氏小玲瓏山館所藏宋人小集不及三十種。但丁丙《善本書室藏書志》卷三八"群賢小集"條載:"錢塘吴志上允嘉得宋槧本,珍秘倍至。同人稍稍傳寫,王漁洋得二十八家(筆者案:此處略誤,《帶經堂詩話》所載二十八家爲黄虞稷鈔本),吴尺鳬彙爲六十四家,馬秋玉得六十家,卷各不同。"這裏的記載却是"六十家"。那麽,兩種説法哪種更可靠呢?據王昶所載,曹庭棟《宋百家詩存》曾引用馬氏所藏宋人小集,而翻檢《宋百家詩存》不難發現其中載録的宋人小集

① 胡念貽《南宋〈江湖前、後、續集〉的編纂和流傳》。

② 案:此處注文有誤,趙希弁《讀書附志》中未見任何關於江湖詩集的記載。"《讀書附志》"當作"《直齋書録解題》"。《直齋書録解題》(《永樂大典》本)卷一五載:"《江湖集》九卷,臨安書坊所刻本。"云云。

③ 兩者皆録陳起《群賢小集拾遺》和《增廣聖宋高僧詩集》,但不計家數。《南宋雜事詩》所載六十四家中有嚴粲《華谷集》,國圖藏吴焯彙編本中並無此小集,而是析分李龏《剪綃集》、《梅花衲》爲二家。

有近五十家,並且《宋百家詩存例言》云:"宋人各家詩分選彙刻,宋時已有之,如吕居仁《江西詩派》二十五家,陳思《名賢小集》六十四家,原本(筆者案:指宋刊本)惜不可得。"曹庭棟感慨宋本不可得見,説明他所見當爲鈔本"陳思《名賢小集》六十四家",小玲瓏山館所藏宋人小集並非不及三十種。王昶《序》作于嘉慶六年(1801),距其在小玲瓏山館觀書已經過去將近半個世紀,出現誤記是很有可能的。馬氏所藏宋人小集題爲"陳思編",應與吴焯彙編本有關。筆者頗疑馬氏所藏即吴焯彙編本,據丁申《武林藏書録》卷下載:"吴焯與趙谷林昱,每得一異書,彼此鈔存,互爲校勘數過,識其卷首。先生卒後,悉載歸廣陵馬氏。"吴焯死於雍正十一年(1733),死後藏書全都歸於馬氏,曹庭棟借鈔、王昶觀書皆在此後,他們所見到的宋人小集很可能就是吴焯彙編本。

由於吴焯彙編本的流傳和影響,他關於宋人小集的錯誤看法也被人們所繼承。除了曹庭棟《宋百家詩存例言》之外,阮葵生《茶餘客話》卷一一亦載:"宋詩遺佚最多,緣明人尊唐黜宋,三五大家外,遺集僅存供覆瓿襯篋之用耳。……陳思之《名賢小集》亦采六十四家,傳本蓋尠。"曹庭棟和阮葵生皆混同陳思和陳起,又認定江湖詩集包含六十四家宋人小集。王昶也受其影響混同陳起與陳思,《重刻江湖群賢小集序》云:"然起父子又撰《寶刻叢編》、《寶刻類編》二書,皆能收采古今碑版,頗爲淵博,其書止有傳鈔之本,顧君其得毋有意乎?"顧修則懷疑陳思爲陳起之子,《讀畫齋重刊群賢小集例》亦載:"查氏本題云宋陳思編。按:起以能詩見重于時,編中有《芸居乙稿》,起所著也。思號續芸,殆起之子歟? 别有《小字録》、《書小史》行世。"這些看法不僅加深了對宋人小集的誤解,還引起關於陳思是否曾編刊宋人小集的争議。

江湖詩集中的小集家數除了吴焯"六十四家"之説,清代還有"六十二家"、"一百二十家"、"一百十六家"之説。"六十二家"説見葉名灃《橋西雜記》"書賈"條載:"宋錢唐陳思著《寶刻叢編》以記所見金石文字,臨安陳起喜與文士交,刻六十二家詩爲《江湖小集》。""六十二家"説當以四庫本《江湖小集》所收凡六十二家之故。"一百二十家"説來自鮑廷博。鮑廷博從錢時霽處借取宋刊本宋人小集,爲此寫了兩首詩:"《國寶》争新落棗花,江湖處處擅才華。只須小换紅羊劫,徼幸寒灰六十家。""卅年饞眼慰瓊琚,好事曾驚出燼餘。後五百年重照眼,定知何處走蟫魚。"並有自注云:"原刻一百二十家,名《國寶新編》。"所謂"原刻一百二十家",應該是看到吴焯"今見於家石倉書舍僅有其半"之説,而宋刊本尚存六十家,以此推算原刻有一百二十家。"百十六家"説見嘉慶初顧修《讀畫齋重刊南宋群賢小集跋》引載:"龍尾山人查昌岐跋云:'時稱《國寶新編》,又稱《江湖集》,共百十六家。'其説未知所本。"查昌岐所説"百十六家",可能和鮑廷博的理解相同,但由於將宋刊本計爲五十八家,故有"百十六家"之説。"家數"之説無疑是清人將宋人小集輯本等同于陳起《江湖集》之後産生的誤解。

總之,將《南宋群賢小集》等同於江湖詩集,進而混同陳起和陳思,是宋人小集在清代流傳過程中産生的兩種誤解。其實在誤解逐漸加深的過程中,也有學者提出過較爲接近事實的看法。如法式善《存素堂文集》卷三《江湖小集跋》載:"《江湖小集》九十五卷,凡六十二家,舊本題宋陳起編。……是集以方回《瀛奎律髓》、張端義《貴耳集》、周密《齊東野語》考之,其間增損多寡不符,時代前後互異,殆後人補綴所成,非起原書也。"瞿鏞《鐵琴銅劍樓藏書目録》卷二三亦載:"宋人小集九十三卷,舊鈔本,此即宋陳起《江湖集》,後人得其不全本裒録之,亦有羼入者。"遺憾的是,這些意見並未被人重視。

三 《南宋群賢小集》與《兩宋名賢小集》的關係

《南宋群賢小集》在流傳的過程中被廣泛地運用於文獻整理和編纂中,曹庭棟《宋百家詩存》、厲鶚《宋詩紀事》就是典型例子。這裏要討論的是另一部宋詩總集《兩宋名賢小集》與《南宋群賢小集》之間的關係,因爲《兩宋名賢小集》題爲"宋陳思編、元陳世隆續編",似乎表明陳思確曾編纂過《群賢小集》之類的著作。

實際上,《兩宋名賢小集》是清人僞編之作,筆者已經對此進行考辨①。仔細對比《兩宋名賢小集》和宋刊本《南宋群賢小集》,可以發現許多差異。例如,宋刊本《南宋群賢小集》中李龏《梅花衲》《剪綃集》、利登《骳稿》、釋斯植《采芝集》《采芝續集》、釋紹嵩《江浙紀行集句詩》等四家,《兩宋名賢小集》中並没有收入,反而收入了僞本《野處類稿》。這説明《兩宋名賢小集》與宋刊本《南宋群賢小集》并不存在沿用關係,其所沿用的是當時流傳廣泛、真僞混雜的鈔本宋人小集。

《兩宋名賢小集》並非簡單沿用這些鈔本宋人小集,還進行了許多莫名其妙的加工。下面試以臺灣"中央圖書館"藏三百八十卷本《兩宋名賢小集》來説明這點②。

首先,《兩宋名賢小集》中對宋人小集進行了删改。鄧林《皇荂曲》蕭泰來跋、劉翼《心游摘稿》林希逸序、施樞《芸隱横舟稿》自序、《芸隱倦游稿》自序、林尚仁《端隱吟稿》陳必復序、陳必復《山居存稿》自序、姚鏞《雪蓬稿》自序、薛嵎《雲泉詩》趙汝回序、敖陶孫《臞翁詩集》卷末《詩評》並跋、朱南傑《學吟》跋、黄大受《露香拾稿》鄭清之跋、武衍《藏拙餘稿》自序、林同《孝詩》劉克莊序、林同跋,《兩宋名賢小集》中皆删去不録。可以説,除了王同祖《學詩初稿》跋之外,其餘序跋幾乎都被删掉。

宋人小集中的文、賦、詞也全被删去。例如姚鏞《雪蓬稿》後有《雜著》,存《核齋銘》、《存齋箴》、《冰壺説》、《修政和縣西山道院記》、《程太中祠堂記》、《繼周壙記》、《題蔡九峰洪範内篇後》、《題戴石屏詩卷後》、《題孔明抱膝長嘯圖》、

① 參見拙作《陳世隆著作辨僞》(《文學遺産》2016 年第 2 期)。宋刊本《南宋群賢小集》中的《横舟稿》中間佚去第十一至二十頁,《晚思》之後即接《用明叟韻並寓山行未成之意》,清鈔本無不如此,而《兩宋名賢小集》卷二九六《芸隱横舟稿》與此相同。前文未用這條材料,今録於此,以作補證。

② 臺灣"中央圖書館"藏三百八十卷清鈔本是《四庫全書》本的底本,也是流傳下來最早、卷數最多的版本。四川大學古籍所編《宋集珍本叢刊》第 101—103 册影印,綫裝書局,2004 年。

《題畫卷》、《上吉守范計院啓》、《賀人得郡啓》、《謝薦啓》、《通交代康尉啓》等各體文章多篇,這些文章在《兩宋名賢小集》中都被删去。又周文璞《方泉詩集》中有《鍾山賦》、《方泉賦》、《燃犀賦》、《投金瀨賦》、《石麟賦》、《黄連香賦》等多篇賦作,《兩宋名賢小集》中全部删去。

宋人小集中的部分詩歌也被删或失録。例如葉適《順適堂吟稿》甲乙丙丁戊集,《兩宋名賢小集》只取甲乙集。施樞《芸隱横舟稿》中《横瀆岸邊梅花方開》應有三首,《兩宋名賢小集》中只選録第一首,未録其餘二首。毛珝《吾竹小稿》中《石淵》(《宋百家詩存》作《石湖》)一首,鄧林《皇荂曲》中《效晉樂志拂舞歌淮南王二篇》,朱繼芳《静佳龍尋稿》中《行路難贈蕭坦翁》,陳必復《山居存稿》中《防風氏廟》一首,薛嵎《雲泉詩》中《柴門》、《獨宿山中》、《漁家》、《題山中井泉》、《鄭氏時齋取學而時習之句》、《松岡過許峰送葬》等六首,危稹《巽齋小集》、《題楊妃牙痛圖》二首,劉過《龍洲道人詩集》中《自宣溪過早禾渡》(二首)、《東陽南寺》、《寄孫竹湖》等四首,周文璞《方泉詩集》中《望雲亭》、《敬思堂四言》、《陳將軍哀詞》、《吊清溪姑詞》、《水仙廟鼓吹曲四首》、《招魂》等多篇,《兩宋名賢小集》中皆失録。

宋人小集中的詩歌注語也有個别失録的情況。例如毛珝《吾竹小稿》中《滄浪亭》後有注語"子美故物惟石枰存"、胡仲參《竹莊小稿》中《與生上人》注語"生公以右軍帖軸之幾間,復以李涉游霍林寺詩爲屏,故云"、《題雪舟雲心二友吟卷》注語"時二公約刊《三友集》"、陳鑒之《東齋小集》中《守參示予游問政山和陳廣文詩予用韻呈守參》注語"玉碑見《盧仝集》",《兩宋名賢小集》中皆未録。

其次,《兩宋名賢小集》中還出現作者錯亂的情況。例如卷三三六鄧林《皇荂曲》中有《孤山訪鄭渭濱不值》、《唤渡旋幕》、《寄里中社友》等三首,其中《孤山訪鄭渭濱不值》、《寄里中社友》二首應屬徐集孫《寄竹所吟稿》,而在卷二九九、三〇〇徐集孫《竹所吟稿》中却被删去。《唤渡旋幕》實出施樞《芸隱横舟稿》,卷二九八胡仲參《竹莊小稿》中最後一首《蕭山望城中遺》亦出施樞《芸隱横舟稿》,此二首在卷二九六施樞《芸隱横舟稿》中却被删去。不僅如此,《唤渡旋幕》、《蕭山望城中遺漏》、施樞《即景》(《兩宋名賢小集》誤題爲《禹廟》)、《鏡湖一曲》等多首還見於卷二三八《方是閒居士小稿》,可謂一誤再誤。

再次,《兩宋名賢小集》中還有增入詩作的情況。例如卷三二〇朱南傑《學吟》,較《南宋群賢小集》本多出《煙雨樓》一首。又卷一五六僞題洪邁的《野處類稿》中,卷末附録《集外詩》十首,這十首詩確爲洪邁所作,乃從宋元筆記、方志、詩話中輯録。又卷二六五危稹《巽齋小集》,卷末録《牽牛花》、《接客篇》、《郭公篇》、《婦歎》等四首,這四首不見於《南宋群賢小集》本。鮑廷博《知不足齋輯録宋集補遺》(參見民國時期上海古書流通處影印《汲古閣影鈔南宋六十家小集》附印)從《全芳備祖》、《後村詩話》中輯録危稹佚詩四首,《兩宋名賢小集》增入四首與《巽齋小集補遺》前四首同,順序也一致,並删其出處。又卷三一三高似孫《疏寮小集》卷末有《聚景園》、《四聖觀》、《石楠》、《木香》、《梅》、《紀夢》等六首,這六首不見於《南宋群賢小集》本。鮑廷博《知不足齋輯録宋集補遺》從《武林舊事》、《全芳備祖》和《陳隨隱漫録》中輯録高似孫佚詩七首,《兩宋名賢小集》增入六首與《疏寮小集補遺》前六首同,順序也一致,並刪其出處。此外,宋伯仁《雪岩吟草》由《嘉熙戊戌家馬塍稿》和《嘉熙戊戌夏復游海陵稿》、《嘉熙戊戌己亥馬塍稿》三部分構成,《兩宋名賢小集》卷三四五《西塍稿》録《嘉熙戊戌家馬塍稿》部分,又附《寓西馬塍》、《羊角埂晚行》、《湖上》、《西湖晚歸》等四首於卷末;卷三四六《海陵稿》録《嘉熙戊戌夏復游海陵稿》,並附《登海陵城》、《出陸》、《瓜州阻風》、《焦山簡主僧無庵》、《瓊花》等五首詩於卷末;卷三四七《西塍續稿》録《嘉熙戊戌己亥馬塍稿》,並附《曹娥謝趙菊莊相訪》、《值雨》、《寄舊友》、《題象山縣棲霞觀應真亭簡住持張羽士》、《村莊即事》、《别朱冷官》、《邊頭老馬》、《夜過烏鎮》、《簡張寄翁秀才》、《呈菊坡先生陳樞使》、《駕鶴林吴尚書赴召隆興》、《苦風督鹺課甚迫》、《秋雨簡劉主簿》、《呈留耕先生王侍郎》、《寄題臨江王實齋司户百花洲》、《夜坐》、《秋田小立》、《兀坐》、《晚凉》、《夏日二首》等二十一首於卷末。這些附於《西塍稿》、《海陵稿》、《西塍續稿》的詩無一例外都是來自鮑廷博《雪岩吟草補遺》[①]。這説明《兩宋名賢小集》僞編者曾利用鮑廷博的輯佚成果。

複次,《兩宋名賢小集》中還存在隨意割裂宋人小集的情況。例如《安晚堂詩集》存卷五至卷十二凡七卷,而《兩宋名賢小集》中《安晚堂詩集》只有六卷。其卷二三〇末尾《和趙從道賦菜畦春富貴》、《送林教授行戊戌九月》,卷二三一末尾《安晚園戲占》、《九日即事》、《題偃溪聞長老堯民擊壤圖》、《謝林治中訪别覺際》、《正月晦夕夢中作偈覺但記其首兩句遂於枕上》、《因筆記賊入空室頌》、《乙巳三月出湖口占》(二首),卷二三二末尾《到龍井寺》、《孟童子中異科而還來訪余於行都賜第輒贈以詩》,卷二三三《旌德觀》(三首)、《賜第登樓》(三首)、《觀王導傳作》、《閑中偶成》(二首),卷二三四末尾《東湖送藕與茸芷》、《送新薑與茸芷》、《山間録拙作求教茸芷俚語將命笑擲幸甚》,卷二三五末尾《書西湖雷峰講主草寶慶丁亥閏夏》、《送王伯厚入廣》、《送繼一郭處士》,以上詩歌皆屬於《安晚堂詩集》卷十二,可知原本第十二卷被割裂分置於前六卷之後。即前六卷而言,前後順序大致和《安晚堂詩集》一致,但也有錯亂之處。

此外,通過校勘也不難發現,《兩宋名賢小集》中著録的宋人小集,並不僅僅依據源自宋刊本的鈔本宋人小集,有時還依據其它版本進行校改增補。例如《野谷詩稿》汲古閣影鈔本有六卷,《兩宋名賢小集》僅作一卷,次序亦不相同,似乎另有所據。另一部宋人小集劉過《龍洲道人詩集》依據多種版本的情況更爲明顯。劉過《龍洲集》十五卷完整流傳至今,而《南宋群賢小集》本《龍洲道人詩集》是節選本。《兩宋名賢小集》既然題"陳思編",則當依節選本著録。但我們發現,《兩宋名賢小集》卷三二五《龍洲集》中有許多詩歌不同於《南宋群賢小集》本,而有明顯參考足本《龍洲集》的痕跡。例如《和危府教三首》,《南宋

① 《雪岩吟草補遺》録宋伯仁佚詩八十九首,《兩宋名賢小集》所載三十首皆在其中。

群賢小集》本只選其中一首;《梅花》五首,《南宋群賢小集》本只選其三;《村店》二首,《南宋群賢小集》本只選其一;《游清潭吕資益蟠谷十絶》,《南宋群賢小集》本僅選録五首爲《游清潭吕子益蟠谷五絶》;《謁江華曾宰二首》,《南宋群賢小集》僅録其一;《吴尉西亭二首》,《南宋群賢小集》僅録其一;《游郭希吕石洞十九絶》,《南宋群賢小集》僅録其九。以上組詩明顯是據足本《龍洲集》中補全。又《代壽韓平原二首》,《南宋群賢小集》本未録,足本《龍洲集》中有組詩五首,《兩宋名賢小集》中選録其一、其二。《寄孫竹隱先生》、《觀三疊泉》二首,《南宋群賢小集》本未録,而《兩宋名賢小集》據足本《龍洲集》選入。《呈徐直院》二首,與《南宋群賢小集》本《呈徐直院二絶》完全不同,而是選録《龍洲集》卷八《呈徐侍郎兼寄辛幼安》而改題詩歌標題。以上所舉數例皆可看出《兩宋名賢小集》曾參考足本《龍洲集》。不過,《兩宋名賢小集》本《龍洲集》基本沿用《南宋群賢小集》,還是可以看出來的。因爲兩者不僅選入詩歌大體相同,有些詩歌文字也遵從《南宋群賢小集》本。例如《王農丞舟中》,《龍洲集》未録此首;《寄王巽伯》,《龍洲集》作《思故人》;《聿追庵題壁》,《龍洲集》無"題壁"二字,而《兩宋名賢小集》悉同於《南宋群賢小集》。

綜合這些方面,《兩宋名賢小集》依據當時藏書家傳鈔的宋人小集,並對宋人小集進行了大量隨意而粗暴的"加工",乃屬僞編無疑。臺灣"中央圖書館"所藏三百八十卷本《兩宋名賢小集》是國子學正汪如藻進呈于四庫館之本①,也是現存卷帙最多的版本。四庫館采進書中還有一種一百五十七卷本《兩宋名賢小集》,法式善曾借鈔此本,《存素堂文集》卷三《兩宋名賢小集跋》載:"《四庫書總目》載《兩宋名賢小集》一百五十七卷,舊本題宋陳思編、元陳世隆補,凡一百五十七家。"《陶廬雜録》卷三亦載:"余既鈔《江湖小集》九十五卷、《江湖後集》二十四卷、《兩宋名賢小集》一百五十七卷云云。"清《續文獻通考·經籍考》、《續通志》著録的"《兩宋名賢小集》一百五十七卷"即此本。此外,流傳至今的《兩宋名賢小集》還有重慶市圖書館所藏三百六十六卷本、福建省圖書館所藏二百十五卷本、南京大學圖書館所藏一百零八卷本。諸本卷數、種類不完全一致,但皆收入明清時期出現或輯録的小集②,顯示出粗製濫造、隨意成編的特點。

由於《兩宋名賢小集》的出現,《群賢小集》與江湖詩集、陳思和陳起的關係進一步被遮蔽,遂成爲宋代文學研究中聚訟紛紜的問題。現在考證清楚《兩宋名賢小集》出自書賈僞造,則其所題"陳思編、陳世隆續編"已不足爲據。

四　宋刊本《南宋群賢小集》朱彝尊跋的真僞問題

關於陳思編刊《南宋群賢小集》的誤解,通過文獻源流考證不難得以解决,但隨著僞文獻的出現,這個問題變得複雜起來。除了"宋陳思編、元陳世隆續

① 吴慰祖《四庫采進書目·國子監學正汪交出書目》,商務印書館,1960年,第180頁。
② 《中國古籍總目·集部·總集類》載録諸本細目,中華書局,2012年,第2836—2842頁。

編"《兩宋名賢小集》之外,還有宋刊本《南宋群賢小集》卷末的朱彝尊跋文,需要進一步證僞。

宋刊本《群賢小集拾遺》卷末有一篇題爲朱彝尊撰跋文,並鈔寫了全部小集的細目。跋云:

> 宋陳思父子編《群賢小集》于寶慶、紹定間,又稱《江湖集》。陳氏《書録解題》、馬氏《經籍考》止云九卷,《國寶新編》云所刻甚夥。余所見寫本多寡不一,然無過如此。今計六十家,外間俱從此本傳寫者爲全書,刻手精好,古香襲人,是書棚本之佳者。絳雲晚年懸價求之不得。續編《群(案:當作"前")賢小集拾遺》、《高僧詩選》猶世罕有。《高僧詩》甲集,即《九僧詩》也。余曾見汲古閣影宋寫本《九僧詩》一册,毛斧季自爲跋語,珍爲壓庫之書。六七百年失傳之秘册,余急録一本,今與甲集校之,不獨詩數相符,行間行款亦不異,爲正四十餘字,眉目一爽。内如《白石集》,與今本不同,後附《詩説》,洵知宋刻之佳也!使毛氏父子見之,能不下拜?宋南渡後,山林湮没之士賴此以傳,非書林射利之書可比。嘉禾兵火,巍然獨存,所謂有神佛護持者,因録其目於後。康熙庚子(1720)春仲,彝尊書于梅里之荷花池上。

跋文後面鈐"曝書亭藏書"印。除了跋文和細目之外,《皇夸曲》首葉也鈐有"曝書亭藏書"印。這些情況似乎表明宋刊本《南宋群賢小集》曾爲朱彝尊所藏,朱彝尊首次將這宗宋刊本宋人小集當成江湖詩集,又把陳思和陳起混而爲一。

仔細揣摩朱彝尊此跋,語意多不通順。吴庠先生列舉六條證據證明這則跋文出於僞托:"竹垞此跋,疑問滋多。《文獻通考》所載《江湖集》九卷,雖亦陳氏刻,審諸陳振孫説,其非此集可知。吴繡谷早辨及此。博雅如竹垞,何至不知,一也。所云計六十家爲全書,今按目逐次檢閲,俞桂一家重出,實止五十六家,即以續編二種並數,亦止五十八家,二也。又云續編二種尤世罕有,書尤作猶,三也。又云汲古閣影宋本寫《九僧詩》一册,毛斧季自爲跋語,珍爲壓庫之寶。按斧季跋《九僧詩》,明云得宋本弆而讀之,並無以影寫本爲壓庫之寶之語。且此跋作於康熙壬辰三月望日,竹垞已殁世三年矣,四也。跋尾紀年爲康熙庚子春仲,按竹垞殁於康熙四十八年己丑,而庚子是五十九年初,疑庚子或是庚午,爲來青閣小友之筆誤,覆審原文,的是庚子,殁後十一年而作此跋,豈非笑話,五也。彝尊二字彝作彛,竹垞自書其名,何至有此俗寫,六也。"[①]顧廷龍先生也認爲朱彝尊跋文乃屬僞托。

其實,追溯宋刊本《南宋群賢小集》的流傳,有助於我們更好地認識這個問題。清代康熙時期高士奇編刊先人高翥詩文,曾利用過《菊磵小集》。《經進文稿》卷四《菊磵遺稿序》載:"在都門從御史大夫徐公所藏宋板書籍中,得菊磵詩一百有九首,合向之所録三十二首,又于他集中得十三首。頃同年朱竹垞復從

---

① 參見吴庠《南宋書棚本江湖群賢小集記略》。

宋刻《江湖集》中搜示四十七首，統計重出者十二首，前後凡五七言近體詩一百八十九首。”《信天巢遺稿》刊於康熙二十六年。根據高士奇《序》中所言，輯録此書時利用到兩種宋刻文獻：一是載録高翥詩“一百有九首”的“徐公所藏宋版書籍”；二是朱彝尊從“宋刻《江湖集》”中搜示四十七首。今檢書棚本《菊磵小集》所載正好一〇九首，那麽高士奇從“御史大夫徐公”處借來的“宋版書籍”應即書棚本《菊磵小集》。又朱彝尊《曝書亭集》卷三六《信天巢遺稿序》言：“宋處士菊磵高先生嘗以信天巢名其居……今翰林侍讀學士正公實先生裔孫。求遺詩於宗祠，所存無幾。繼借得宋本，則臨安府陳解元書籍鋪刊行者，凡百餘篇，合以他書所采，鏤諸棗木。”這裏也印證了高士奇借得的高翥詩集是“臨安府陳解元書籍鋪刊行者”，即書棚本《菊磵小集》。那麽就可以推知，書棚本《菊磵小集》在歸於曹寅之前是藏在“御史大夫徐公”處。又據《信天巢遺稿》所載高籲（高翥十七世孫）識語云：“今少詹事士奇表揚先世遺澤，于玉峰徐健庵司寇所藏宋集中得詩一百有九首。”可知“御史大夫徐公”即徐乾學（號健庵、玉峰先生）。雖然徐氏《傳是樓書目》没有載録宋刊本宋人小集，但書棚本《菊磵小集》確爲其所藏無疑。書棚本《菊磵小集》和大宗宋刊本宋人小集一起流傳，因此其餘宋刊本宋人小集應該也是爲其所藏。

徐乾學之後宋刊本宋人小集歸於曹寅。朱彝尊没有收藏過宋刊本宋人小集，從吴焯《南宋群賢小集序》“憶曩日落帆亭舟中對語，老人深歎曹氏藏本之佳而不知其不全”之語也可以得到印證。不過，這裏尚有一個疑問：既然朱彝尊没有收藏過宋刊本宋人小集，高士奇《序》中説“同年朱竹垞復從宋刻《江湖集》中搜示四十七首”，“宋刻《江湖集》”又是指什麽書呢？首先，高士奇稱之爲“《江湖集》”，則所收詩人當爲江湖詩人，版式特徵也應該與臨安府棚北大街陳氏書籍鋪刊本相近。清初流傳的載録高翥詩歌的宋刊詩集，只有宋刊殘本《中興群公吟稿戊集》。該殘本共七卷，包含戴復古詩三卷、高翥詩二卷、姜夔詩一卷、嚴粲詩一卷，顧修曾以此殘本與這幾家小集相勘，指出“戴、高、姜三家小集所與此互有異同”（《讀畫齋重刊南宋群賢小集跋》）。筆者將影宋本《中興群公吟稿戊集》與影書棚本《菊磵小集》進行比較，《中興群公吟稿戊集》中有五十八首爲《菊磵小集》所無。朱彝尊在高士奇蒐集的菊澗詩之外仍能“搜示四十七首”，説明他據以蒐集的“宋刻《江湖集》”應即宋刊殘本《中興群公吟稿戊集》①。

既然朱彝尊未曾藏過宋刊本宋人小集，而且跋文中又有六條確鑿證據，那麽跋語及鈐印之僞已毋庸置疑。令人感興趣的是，這宗宋刊本宋人小集人間

① 高訏識語云：“于秀水朱竹垞太史所藏宋刻《江湖集》中得詩四十七首。”筆者案：今傳宋刊殘本《中興群公吟稿戊集》鈐印累累，但並無朱彝尊印記，而有朱氏友人馬思贊鈐印，故疑此書並非出自朱彝尊本人所藏，而是朱氏從馬思贊處借閲。又高士奇輯刊之《信天巢遺稿》，自《雨中》、《挽章朋舉》以下至《澗旁菊花》四十六首，前後次序與《中興群公吟稿戊集》所載次序略同，《澗旁菊花》後又有《同周晉仙夜宿》殘篇一首二句，可能是朱彝尊自《貴耳集》卷上輯得。（《中興群公吟稿戊集》中尚有《夜過西興》一首，因爲朱彝尊漏輯，《信天巢遺稿》中未收。）

絶無,原不待朱彝尊題跋以提升文獻價值,誰會僞造朱彝尊的藏書印記和題跋呢?

鮑廷博《顧氏讀畫齋重刊南宋群賢小集跋》(嘉慶辛酉,1801)中詳細記載了曹寅以後這宗宋刊本宋人小集的流傳蹤跡:

> 右南宋陳起編刻《江湖群賢小集》,借鈔于汪氏振綺堂。汪本傳自瓶花齋吴氏。繡谷云:"曹楝亭所得宋刻,歸之郎温勤,今見於家石倉書舍者。"温勤爲三韓郎中丞廷極,石倉則錢塘吴允嘉志上也。宋刻最爲温勤寶愛,常置座右,朝夕把玩。郎卒于官署,家人將並其平生服禦燼之以殉。時石倉在郎幕,倉卒間手百余金,賄其家僮,出之烈焰中,携歸秘藏,非至好不得一見也。石倉殁後,家人不之貴,持以求售,厲征君鶚得之,以歸維揚馬氏小玲瓏山館。乾隆壬辰(1772)仲冬,予于吴門錢君景開書肆見之驚喜,與以百金,不肯售,許借校讎,才及三之一,匆匆索去,以售汪君雪礓。不數年,雪礓客死金閶,平生所藏書畫盡化爲雲煙,而是書遂不可蹤跡矣。宋刻實六十家裝二十八册,繡谷云僅得其半,蓋爾時石倉老人不肯全出示之耳。予抄是書在乾隆辛巳(1761)之春,維時亟于成書,友人二嚴昆季、姚君竹似、潘君德園、郝君潛亭,俱踴躍助予,手抄録成。

鮑廷博《跋》的記載存在兩處疏誤:其一,鮑跋描述宋刊本由"曹寅—郎廷極—吴允嘉—厲鶚—小玲瓏山館—錢時霽—汪雪礓"的遞藏經過存在錯誤,正確的遞藏經過是"曹寅—郎廷極—吴允嘉—揚州書肆—蘇州錢時霽—汪雪礓";其二,鮑廷博在吴門錢時霽書肆中見到這部宋刊本,時在乾隆壬寅(1782)而非壬辰(1772)[①]。從宋刊本《南宋群賢小集》的遞藏過程來看,曹寅、郎廷極、吴允嘉皆屬於學者型藏書家,造僞的可能性不大,僞跋和僞印應該是流入書肆之後所作。乾隆壬寅年,鮑廷博借觀宋刊本之後作詩曰"《國寶》新刊落棗花",又自注"名《國寶新編》";同時獲觀者楊循吉《夢闌瑣筆》也稱此書爲"南宋陳思編",與僞跋的内容相同。鮑廷博的誤解當來自僞跋或僞跋作者,也就是説,僞跋必爲鮑廷博借書以前揚州或蘇州書賈所僞造,或即出自借書人錢景開之手。民國時期楊彭齡(字壽祺)先生曾跋是本,曰:

> 此書後附朱彝尊氏跋語及編寫目録,其所記録康熙庚子爲五十九年,而垞翁則萎謝於康熙四十八年己丑,相去已十一年矣。然所用之紙的系宋制,非錢氏鮮能辨此者,亦彌足可貴也。鮑跋又云:"宋刻實六十家,裝二十八册。"跋中並無提及垞翁之語,是此書之裝成六十册以及垞翁跋語藏印,謂其盡出錢氏之手可也。(楊彭齡跋在宋刊本《南宋群賢小集》僞朱跋之後。)

楊先生認爲宋刊本上的僞朱跋是錢時霽所爲,其理由有二:一是僞跋的用紙是宋紙,清代中期已經很難覓到宋紙來書寫,但長期經手宋元版書的錢時霽則完

---

① 參見拙稿《江湖詩集考》。

全能夠做到。二是鮑廷博《跋》中叙述遞藏源流,並没有提及朱彝尊,説明他看到的宋刊本上没有朱彝尊跋文和鈐印。楊先生即民國時期上海書肆來青閣主人,家業舊書,所見宋元善本甚多[①],對於紙張的年代鑒定值得信賴。從用紙來看,的確錢時霽的嫌疑最大。

值得注意的是,《兩宋名賢小集》出現於乾隆中期,並且卷首兩則僞朱彝尊跋和宋刊本《南宋群賢小集》卷末僞朱彝尊跋的内容極爲相似。且看《兩宋名賢小集》卷首僞朱跋其一:

> 按陳思所編《群賢小集》,當時藝流游客多挾此以干謁時貴,稱爲《國寶新編》。鎸本已屬希覯,近日海内藏書家間有鈔本,而現在著名之集,率皆不録,所以止有六十餘家不等。噫,假非陳思編輯之力,此六十餘家者保無有湮没勿傳者乎? 宜一書賈而爲大儒所嘉歎也。此外百四十家,系其從孫世隆所編。秀水後學朱彝尊書。

這則僞朱跋稱"陳思所編《群賢小集》",又稱《群賢小集》爲"《國寶新編》",與宋刊本《南宋群賢小集》的僞朱跋完全相同。同樣出於僞造,並且又同樣出現"《國寶新編》"這樣一個新名詞[②],可以推斷這些跋語應出自同一人之手。也就是説,如果宋刊本《南宋群賢小集》卷末的僞朱跋出自錢時霽,那麽題爲"陳思編、陳世隆續編"的《兩宋名賢小集》也應該是錢時霽所僞造。

根據上引鮑廷博《顧氏讀畫齋重刊南宋群賢小集跋》,鮑氏鈔録群賢小集時在乾隆辛巳(二十六年,1761),那麽,以群賢小集爲參照,輯録《知不足齋輯録宋集補遺》則當在此後。《兩宋名賢小集》中利用了鮑廷博的輯佚成果,可見此書的編纂時間上限不會早於乾隆二十六年。而《兩宋名賢小集》入編於《四庫全書》,其編纂時間下限則在乾隆三十八年(1773)四庫館征書之時[③]。儘管現在已經找不到錢時霽僞造此編的文獻證據,但從其它記載中可以看到一些蛛絲馬跡。吴騫《拜經樓詩集》卷一《吴下贈書林錢景開》載:"載酒論文詎偶然,雲煙過眼興幽偏。春風楊柳曾千古,夜雨江湖又十年。宛委訾生終遠俗,琅嬛有路直通仙。何時小集群賢了,許我傳鈔劍石邊。"自注云:"《南宋群賢小集》,爲臨安陳思所輯。"吴騫《拜經樓詩集》爲生前編刊(吴騫卒于嘉慶十八年,詩集編刊于嘉慶八年),其例按時間編次,此詩所屬卷一乃"起乾隆乙酉(1765)盡甲午(1774)"。而《拜經樓藏書題跋記》卷三《吴郡圖經續記》載:"《續吴郡圖經》,世間傳本絶少,而此本爲秀水濮自昆先生手校,尤爲可寶。余三十年前嘗

---

① 楊跋又云:"壽祺自先大父雲溪公以來,世業舊書,性質疏散,不識書畫碑帖,更不能詩,不足以比錢氏。所見宋元善本甚多,亦無記載可考,惟是志行純潔……當珍物委遺之際,倍蓰之利俯拾即是,立定脚跟,未嘗折腰一往。今跋此書,可無愧怍矣。"

② 明嘉靖年間顧璘曾撰《國寶新編》一卷,載李夢陽以下若干人傳記,原名《亡友録》,門人請更爲此名。至於宋人小集彙編本,乾隆以前從未見稱爲"國寶新編"者。

③ 乾隆三十七年四庫館開始征書,初由官方(主要是江南督撫和兩淮鹽政)購買,三十八年五月詔令允許藏書家進呈。參見《四庫全書總目》卷一《聖諭·乾隆三十八年五月十七日奉上諭》。

偕鮑渌飲游吴中購得之,珍藏至今……嘉慶辛酉。"[①]此題記作于嘉慶辛酉(1801),往前推三十年即乾隆三十七年(1772)。也就是説,吴騫與鮑廷博同游吴中、贈詩給錢時霽應在乾隆三十七年。詩中有"何時小集群賢了,許我傳鈔劍石邊"之句,説明當時錢時霽已經開始蒐集宋人小集,但尚未輯録完備。

錢時霽在蘇州虎丘經營萃古齋書坊,精於版本之學,熟知書林掌故,且工于詩文,經常往來於維揚,與江浙文人、學者多有交往。袁枚、顧廣圻、黄丕烈、鮑廷博、吴騫等人皆對他極爲推重,將其比擬于宋之陳思或陳起[②]。洪亮吉則稱他爲藏書家中的掠販家[③]。其實,錢時霽僞造書籍的行爲早已有所記載。陳鱣《經籍跋文·宋本禮記注疏跋》載:"《禮記正義》七十卷,宋刻本。……乾隆十四年,惠定宇征君取校毛氏刻本,計脱誤萬餘字,爲跋而識之,有云:'四百年來闕誤之書,犁然備具,爲之稱快。'其後七十卷之本歸於曲阜孔氏,而定宇本間或傳校毛刻。有書賈錢聽默,竊以所儲十行本重臨惠校,綴以原跋。十行本者亦南宋時刻,以其每半葉十行,故稱十行本。首題'附釋音禮記注疏',亦稱附音本。前序後有'建安劉叔剛宅鋟梓',又偁劉叔剛本,實即《沿革例》所謂'建本有音釋注疏'。其版漸損,遞修至明正德,故山井鼎《考文》目爲正德本,厥後閩本、監本、毛本皆從此出。聽默所臨每與惠校不符,蓋十行本與七十卷本合者無庸點勘,惟毛本脱誤最甚,故惠跋計改字數如許之多。聽默詭言惠校宋本,且僞用故家收藏印記,鬻諸長安貴客,以獻伯相和珅。"惠棟曾以宋刊八行本《禮記正義》校毛晉汲古閣刊本,在當時學林廣爲人知,錢時霽遂以宋代坊刻十行本造出"惠校宋本",並高價取售。既有此案例,對於錢氏僞造宋刊本《南宋群賢小集》朱彝尊跋和細目的目的也就不難理解了:通過朱彝尊跋揭示這宗宋刊本宋人小集即《江湖集》,再通過細目顯示現存宋刊小集就是《江湖集》的全部,這樣可以達到以殘本充足本的目的。

五 小結

由於清代學者的彙聚和傳鈔,保存了一批重要的南宋詩人小集,對宋代文學研究具有重要意義。但流傳過程中産生的誤解、造僞等問題,嚴重遮蔽了對宋詩文獻和宋代詩史的認識。通過對清代以來宋人小集彙聚和流傳過程的系統考證,可以得出以下結論:

(一)《南宋群賢小集》從明末出現開始就混雜著書棚本與非書棚本宋人

① 吴騫撰、吴壽暘輯録《拜經樓藏書題跋記》,《叢書集成初編》,商務印書館,1939年,第62頁。

② 顧廣圻《思適齋集》卷一五《古刻叢鈔跋》曰:"向者白堤有錢聽默,實書賈中陳思之流。"又吴騫《拜經樓詩話續編》卷一:"予至吴門,恒與書林錢景開相周旋,景開往來維揚,游于玲瓏山館馬氏,多識古今書籍,予嘗擬之宋之陳起。其卒也,黄蕘圃挽詩有云:'天禄琳琅傳姓氏,虎邱風月孰平章。'蓋實録也。"

③ 洪亮吉《北江詩話》卷三:"於舊家中落者賤售其所藏,富室嗜書者要求其善價,眼别真贋,心知古今,閩本蜀本,一不得欺,宋槧元槧,見而即識,是謂掠販家。如吴門之錢景開、陶五柳、湖州之施漢英諸書估是也。"

小集,並非系統、完足的整體。朱彝尊指出其中書棚本宋人小集來自陳起編刊的江湖詩集,對認識這宗宋人小集的文獻性質很有幫助,但後來學者將這宗宋人小集全部當成陳起編刊江湖詩集中的小集,依據這宗小集來研究江湖詩派的名單,則是對這宗宋人小集的誤解。

(二) 康熙學者吴焯將江湖詩集的編刊者誤爲陳思,將陳起和陳思混而爲一,此後以訛傳訛,遂産生關於陳思有無編刊宋人小集的争議。其實陳思與陳起生活時代相近,也編刊過若干種自己的著作,但他並未編刊過宋人小集,至少從目前流傳下來的清代以前文獻中,没有看到關於這方面的任何記載。

(三) 朱彝尊作爲宋人小集的蒐集和傳鈔者,在宋人小集的流傳環節中具有重要地位,但他並未收藏過宋刊本《南宋群賢小集》。今傳宋刊本《南宋群賢小集》卷末的朱彝尊跋文和朱彝尊手書細目,以及書内所鈐的"曝書亭藏書"印記,應出自乾隆時期吴門書賈錢時霽所僞造。

(四) "題爲陳思編、陳世隆續編"的《兩宋名賢小集》出現於乾隆二十六年至三十八年之間,僞編者應該也是錢時霽。《兩宋名賢小集》是在清代中期傳鈔的宋人小集的基礎上編成,但並非如實鈔録宋人小集,而是對宋人小集的内容進行大肆竄改和增删,造成許多訛誤,因此使用此書需要慎之又慎。

(作者單位:北京師範大學古籍與傳統文化研究院)

古典文獻研究(第二十輯上卷)
Journal of the Institute for Chinese Classics Studies
Nanjing University
Volume 20, No.1 2017

李兆洛《養一齋文集》成書、流傳考述*

洪 偉

李兆洛(1769—1841),字紳琦,又字申耆,號養一,陽湖(今江蘇武進)人。爲嘉道間海内名儒。他在學術、文學、教育方面,均取得了巨大成就。湯成烈贊其"學通天人,負海内經師、人師之望"①。魏源更譽之爲"近代通儒,一人而已"②。朱一新評其所編《駢體文鈔》則云:"李氏志在復古,斯選絶精。其自製文亦多上法東京,力宗崔、蔡,駢文境界之最高者。"③彰顯李兆洛學術及駢文成就顯然有賴於現存之《養一齋文集》,但是集乃其歿後由高承鈺據其弟子私自抄存的文稿,經過幾次整理而成。不惟題名、卷目易混,期間經歷的過程亦頗爲複雜,以致如今學人對其版本源流、作品流傳情況乃至著録略感模糊,誤識之處亦在在有之,本文對這些情況稍作清理、考察,其於學人利用該書或不無裨益。

一 高承鈺《李養一先生文集》的編纂過程及特徵

在李兆洛文集的編輯整理中,高承鈺(1797—?)④居功甚偉,現存刊印之李兆洛文集均與其有莫大的關係。⑤ 高氏所編李兆洛文集的最終成果即爲刊於咸豐初年的《李養一先生文集》,是集乃高氏自道光二十三年至咸豐三年歷經四次搜纂方得以彙成。高氏搜輯整理李兆洛之集的緣由在《養一齋文集識》已有明示,其云:

---

* 本文爲教育部人文社會科學研究青年基金項目"清代駢文總集研究"(項目編號:11YJC751029)階段性成果。

① 湯成烈《重刊李申耆先生養一齋文集序》,《養一齋文集》卷首,《四部備要》第88册,第1頁。

② 魏源《武進李申耆先生傳》,《魏源集》上册,中華書局,1981年,第361頁。

③ 朱一新《無邪堂答問》卷二,中華書局,2000年,第89頁。

④ 高承鈺,字式之,自號半士,江蘇陽湖人。諸生,能詩文,撰有《半士吟》。其爲李兆洛業師高荃子。嘉慶二十四年曾讀書于李兆洛家。後李兆洛薦其至江陰校文,交游甚密,處於師友之間。

⑤ 按,道光二十四年席幼宰刻本與光緒間湯成烈、黄體芳重刻本均承高本而來,詳見後述。稿本則有南開大學圖書館藏《養一齋詩集》十卷(清稿本)、國家圖書館藏《辨志書塾文鈔》十六册(清稿本)。

昔先生以嘗受業先君子,故忘年下交,而承鉞以問學所資,實師事焉。先生主講暨陽,每來郡城,必主敝廬,嘗以系心名教,有所興舉,恒以見屬。回憶二十年中,所以發幽振郁、修廢起墜,行之亦既次第有效,可以告辱命焉。今先生所遺,惟在斯文,苟不示後,曷以頡頏先哲,立正學之準繩哉,則先生不遑自謀,而後死者敢舍之不務乎。先生往矣,先生之精神氣誼猶庶幾於斯文遇之,其可不壽諸棗梨以慰來世之望乎?[①]

此段文字既見於道光二十三年刊印之《養一齋文集》,又見於咸豐初年刊印之《李養一先生文集》,故不妨將其視爲高氏一貫的意旨。咸豐二年七月趙振祚序《李養一先生文集》時稱高承鉞"搜輯之意"係"顧思其人、愛其樹,雖片楮殘墨,猶將寶愛而珍襲之,而忍使之遺佚邪"[②]。然"思其人、愛其樹",能夠成爲弟子們的共識,則與李兆洛的人格魅力不無相關。共同發起搜輯整理《養一齋文集》的常州弟子黄志述(1819—1860)[③]稱李兆洛"教撫志述如己子姓,非祭掃不令歸,歸不半月輒召之再四"。蔣彤《先師小德録》亦云李兆洛"除自奉外,一切未嘗吝財,弟子輩能治一家之學,即其所學之載籍器具,無不備致"[④]。李兆洛不惟對弟子如此,對於前賢及鄉邦文獻,其表彰之亦不遺餘力。故李祖陶稱其"惓惓人心世道,壹以程朱之旨爲歸,與近世考據家迥别","視門弟子如家人"[⑤],當不爲虚言。李兆洛的江陰高足蔣彤"懼其德業不克詳于來世"[⑥],于李兆洛殁之當年(道光二十一年)九月二十四日(李兆洛生日),即編畢《武進李先生年譜》三卷,後又有輯有《先師小德録》一卷、《暨陽問答》二卷、《養一子述》等。常州高足薛子衡爲其撰《李養一先生行狀》。高承鉞則歷經10年孜孜搜輯整理李兆洛之集,不惟有"慰來世之望"之意,亦不乏以斯文"立正學之準繩"之意。

高氏在編集過程中首先面臨的便是稿源問題。李兆洛曾自謙:"所爲詩文,類多牽率酬應,閲時見之,未嘗不赧然汗下也。况敢自彰露以播其惡哉。"[⑦]故"生平每有著述,大都隨手散佚"[⑧]。由於"所爲文不自收拾",當弟子思及裒録時,"散佚多矣"。賴以憑據的唯有弟子、友人所抄録稿。然由於分處各地,難以聚集成册。且"稿本模糊,幾不可别識,傭書者未必皆賢,而訛舛多

① 高承鉞《養一齋文集識》,《養一齋文集》卷首,《續修四庫全書》集部第1495册,第9頁。

② 趙振祚《序》,《養一齋文集》卷首,《四部備要》第88册,第4頁。

③ 黄志述,字仲孫,江蘇武進人,爲李兆洛友人黄仲則之孫,後師事李兆洛,曾佐輯《地理韻編》。咸豐十年,太平軍圍常州,戰死。

④ 蔣彤《先師小德録》,《武進李先生年譜》附録,《北京圖書館藏珍本年譜叢刊》第131册,第203頁。

⑤ 李祖陶《讀李申耆先生養一齋文稿書後》,《邁堂文略》卷三,《續修四庫全書》集部第1672册,第307頁。

⑥ 蔣彤《武進李先生年譜》,《北京圖書館藏珍本年譜叢刊》第131册,第1頁。

⑦ 李兆洛《復陳石士侍講》,《養一齋文集》卷十八,《四部備要》第88册,第229頁。

⑧ 趙振祚《序》,《養一齋文集》卷首,《四部備要》第88册,第4頁。

矣"[①]。更何况"况施功巨而用財繁,又非一二寒畯所任"[②],故儘管衆弟子早有編集之打算,但"回翔數載",至道光二十三年秋方得初次彙集印刷。此即印于道光二十三年閏七月的維風堂木活字本《養一齋文集》二十卷。是本卷次及收録文章類别包括:卷一爲"辨説"、"議",凡 4 篇;卷二爲"序",凡 20 篇;卷三爲"序",凡 23 篇;卷四爲"叙"(按,原本題此),凡 40 篇;卷五爲"序",凡 18 篇;卷六爲"序"(按,原本無"序"字),凡 17 篇;卷七爲"題跋"凡 46 篇;卷八爲"書",凡 21 篇;卷九爲"贈送序"、"壽序",凡 17 篇;卷十爲"記",凡 19 篇;卷十一爲"碑",凡 22 篇;卷十二爲"墓誌銘",凡 12 篇;卷十三爲"墓誌銘"、"墓表"、"墓碑",凡 24 篇;卷十四爲"行狀",凡 7 篇;卷十五爲"傳",凡 24 篇;卷十六爲"傳",凡 39 篇;卷十七爲"祭文"、"哀誄",凡 9 篇;卷十八爲"贊"、"頌"、"銘",凡 92 篇;卷十九爲"雜著",凡 12 篇;卷二十爲"雜著",凡 16 篇。共收文 681 篇。

此次編稿,係高承鈺、黄志述委托江陰弟子祝爾英、夏煒如、六承如、宋景昌、陳陶耕、徐思鍇所搜輯。[③] 李兆洛自道光二年至道光二十年冬,授席于暨陽書院近二十年。時最久且最近,故便於搜輯。在印製二十卷《養一齋文集》期間,弟子又先後寄稿,"各體文皆有,以搜得較遲,不及入各類中,遂補列於後"[④]。此即《養一齋文集·補遺》一卷,收文凡 10 篇。此次所編文稿,雖"裁什之一",然亦可謂煌煌大觀。但"玆本主于搜集,經粗不遺,决而擇之,以待刊本"。[⑤]且印刷"集字之役,始前月二十日,竟本月十六日,凡二旬有六日",倉卒竣功,訛脱甚多,故後亦爲人所批。但首成之功,不可磨滅。

道光二十三年冬,高承鈺、黄志述又據夏煒如、周賡良、薛子衡所緝録整理的詩集,編成《養一齋詩集》八卷。是即高承鈺、黄志述第二次對李兆洛文集的刊印。《養一齋詩集》卷一爲"四言詩"3 首、"五言古詩"36 首;卷二爲"七言古詩"27 首;卷三爲"五言律詩"38 首、"五言絶句"11 首;卷四爲"七言律詩"71 首;卷五爲"七言絶句"143 首;卷六爲"别集文"2 篇、"詩"41 首、附"唱和詩文"21 首;卷七爲"詩餘"11 闋;卷八爲"補遺"52 首。共收詩 443 首,詞 11 闋,文 2 篇。

高承鈺在《養一齋文集》編成後表達了他的良好願望,"以爲一人集之,不若百人集之之廣也,一人校之,不若百人校之之精也,於是勼工排字,刷印百

---

① 黄志述《養一齋文集跋》,《養一齋文集》卷末,《續修四庫全書》集部第 1495 册,第 315 頁。

②⑤ 高承鈺《養一齋文集識》,《養一齋文集》卷首,《續修四庫全書》集部第 1495 册,第 9 頁。

③ 咸豐二年七月高承鈺《識》云:"前癸卯年,王守静(王國棟)、夏永曦(夏煒如)、周唐士(賡良)、六賡九(承如)、宋冕之(景昌)、徐康甫(思鍇)諸君各出所藏,合之爲活字板本,而黄君仲孫(志述)司其校事,大半皆先生晚歲所作。"補充王國棟、周賡良兩人。高承鈺《識》,《養一齋文集》卷首,《四部備要》第 88 册,第 4 頁。

④ 高承鈺《養一齋文集補遺識》,《養一齋文集補遺》卷首,《續修四庫全書》集部第 1495 册,第 316 頁。

部,以貽先生故舊門人"①,一則"以遍質當代有道訂正而表揚"②,二則"群弟子聞風景集,亦將合衆本爲一,各泯抱殘之憾"③。弟子友人亦紛紛響應,時至道光二十四年正月,來稿已"積之盈篋"。於是高承鈺據安徽休寧王國棟等弟子所供文稿編成《養一齋文集·續編》六卷。是爲第三次對李兆洛文集的刊印。高承鈺詳細記録了《續編》刊刻原委:

> 右《養一齋文集續編》六卷,武進李申耆先生著,去秋以活版權印先生遺稿既成,於是遠近同志各舉所藏來相諗示,時逾三月,積之盈篋,承鈺校視既周,乃別其爲前稿所闕者補録之,複爲斯編,瑾瑜咸列,不欲率爲去取,以俟有道君子共審定之。余文已列前編,而前編多有訛失,將待此以匡之,遂仍藏爲他日校刊用焉。蓋收録遺稿,惟懷寧鄧君守之(傳密)、休寧王君守静(國棟)爲最勤,兹編所取王本爲多。④

《養一齋文集·續編》卷一爲"序"19篇、"議"2篇;卷二爲"題跋"32篇;卷三爲"書"7篇、"壽序"7篇;卷四爲"碑記"6篇、"墓誌銘"7篇,凡13篇;卷四爲"行狀"1篇、"傳"14篇,凡15篇;卷六爲"雜文"21篇、"詩"10首、"詩餘"2闋,"補遺"文2篇。共收文118篇、詩10首、詞2闋。是編亦顯雜糅,如卷六爲"雜文"收文23篇,亦收詩10首,"詩餘"2闋。

在三次編集之後,李兆洛之弟子友人所抄録稿已基本搜羅,唯懷寧弟子鄧傳密(1795—1870)所抄本尚未利用。鄧傳密師事李兆洛游最久,抄録亦最勤,然其游蹤靡定,久不嗣音。故利用無由。時至道光三十年,薛子衡自安徽返常州,高承鈺方得以觀薛子衡所携之鄧傳密抄稿。恰咸豐元年,"遇有雞林之求,竟無以應,是則士林之闕事爾"⑤。於是便有了第四次刊印之舉。是即咸豐本《李養一先生文集》二十四卷。此次刊集于咸豐元年中秋"命工寢板",至咸豐二年七月,《李養一先生文集》二十四卷即已刻畢,後因經費已足⑥,又陸續刊出《石經考》、《端溪硯坑記》各一卷,故各圖書館又有二十五卷本、二十六卷本之録,《端溪硯坑記》刊出時已是咸豐三年二月。

咸豐本《李養一先生文集》是高承鈺所編的最後一個本子。亦是搜羅李兆

---

①③ 黄志述《養一齋文集跋》,《養一齋文集》卷末,《續修四庫全書》集部第1495册,第315頁。

② 包世臣《李鳳台傳》載:"高承鈺裒輯同門所藏君文,以聚珍板排印爲廿六卷,猶以君文多散軼爲憾,欲隨訪隨續,俟備更付梓氏,郵排印本來乞傳。"

④ 高承鈺《養一齋文集續編識》,《養一齋文集續編》卷首,《續修四庫全書》集部第1495册,第336頁。

⑤ 高承鈺《識》,《養一齋文集》卷首,《四部備要》第88册,第4頁。

⑥ 高承鈺在《憶舊》六十九首中有詩談及此次刊刻事宜,詩云:"文名滿天下,退然如不勝。下筆成珠玉,棄稿等邱陵。雞林競求市,寂寥無以應。先生今已往,此責在友朋。掇拾事非難,及今尚有征。審定待當世,倉皇吾未能。梨棗數盈千,大工豈易興。爲山笑愚叟,赤手營初層。誰知進不已,竟已成崚嶒。卯須信有力,萬里集金繒。"下注云:"申翁生平恒有書局自隨,校刊時賢遺著,而於自所述作,輒謙以爲不足存。没後,外國來求遺稿,惜無以應。予乃就門人所藏裒而梓之,名曰養一文集。養一,其自署齋名也。梓費初由友生鳩助,不足厠事,繼以先生地圖印本托吴君嘯雲分售川中同官,經費乃足,且餘錢二百緡爲其德配路宜人稱八十壽觴焉。"高承鈺《半士吟》不分卷,南京圖書館藏同治二年刻本。

洛文章最多的一個本子。與前三次所編本比較，咸豐本呈現出幾個明顯的特徵。

其一，體例相對完善。此本一改前所編本隨時録補之方式，而是綜前所編三個本子及本次鄧傳密等所供稿並李兆洛之子李願過録抄本四册予以重編，其因是前編本系“活板印行，以待審定”，“今經多載，校至再三”，故可“亟付棗梨，永諸千古”[1]。高承鈺所編前三個印本，除《養一齋文集》外，其他幾個本子均顯“蕪雜”，如《養一齋詩集》卷一至卷五按“四言詩”、“五言古詩”等分體編排，卷六則雜有“别集文”2 篇(《講院荷觴圖記》、《戲仿宋人樂語代荷花致語以答樂神之詞》)，而卷七則爲“詩餘”；名曰詩集，實却不符。《養一齋文集・續編》亦如此，卷一至卷五所收爲序、議、題跋、書等文，卷六則以“雜文”爲類，雜收各種文體，又以詩、詩餘附於其中，故頗遭人議。卷八“補遺”所收雖亦均爲詩，但四言、五言、七言雜列其中。咸豐本則依據《文選》編輯之體例[2]，依賦、詩、頌、疏、序、跋、贈序、記、碑銘、行狀、傳、箴、銘、贊、祭告、哀誄、論説、議、疏引等予以編排，並“略寓編年”[3]。此外文章篇名的題寫等亦遵照統一的格式。

其二，篇目大幅增加。以文而言，其補入之作卷五有《皇上五旬萬壽恭頌》等 9 篇；卷六有《小山嗣音序》等 7 篇；卷七有《詩古微序》等 8 篇；卷八有《陸祁孫劄記序》1 篇；卷九有《路補之石林序》等 6 篇；卷十有《書磚印譜後》等 42 篇；卷十一有《跋顧端文墨蹟》等 18 篇；卷十二有《江陰王侯禱雨詩序》等 10 篇；卷十二有《鳳台縣報恩寺碑記》等 10 篇；卷十三有《叱耕圖記》等 8 篇；卷十四有《永康州知州方君墓誌銘》等 4 篇；卷十五有《揀選知縣徐君墓誌銘》等 7 篇；卷十七有《季晴郊先生家傳》等 5 篇；卷十九有《趙君妻邵孺人傳》等 6 篇；卷二十二有《代廣東撫軍康蘭臯與兩江制軍孫繼圃》等 29 篇；初步統計，補入之作達 180 餘篇，近全本之四分之一。詩歌補入 336 篇，幾近全集之一半。詩餘亦超過半。現列表如下：

高承鈺所編各版本及篇目對照表

序號	文集版本	文	詩	賦	詩餘
1	道光二十三年閏七月《養一齋文集》二十卷	681	0	0	0
2	道光二十三年閏七月《養一齋文集・補遺》一卷	9	0	1	0
3	道光二十三年立冬後十日《養一齋文集・詩集》八卷	2	443		11
4	道光二十四年上元《養一齋文集・續編》六卷	118	10		2
5	咸豐二年本《李養一先生文集》二十四卷	866	789	2	32

(按，前三次所輯文集凡文共爲 810 篇，詩共 448 首)

---

① 《養一齋文集例言》之一，《養一齋文集》卷首，《四部備要》第 88 册，第 10 頁。

② 黄體芳《李養一先生詩集序》云“養一文集二十四卷，皆其殁後門弟子所搜輯，首賦及詩而附以詩餘，凡四卷，蓋仿文選編次之例，近年常州重刻本始裁出之。”《李養一先生詩集》卷首，《四部備要》第 88 册，第 251 頁。

③ 《養一齋文集例言》之三，《養一齋文集》卷首，《四部備要》第 88 册，第 10 頁。

其三,校刻相對精良。此次校訂人員除李兆洛之孫李元生、李鴻生、李嘉生、李繩生、李露生、李泰生6人外,尚有受業弟子鄭經、周賡良、夏煒如、薛子衡、鄧傳密、熊爾穀、徐思楷、錢維樾、錢維楨、黄志述,凡11人參與其中,故校刻相對精良。以卷八《鄒道鄉先生集序》而言,其與道光本《養一齋文集》卷二所收《重刊鄒道鄉先生集序》差異有八處之多。細察文意,則咸豐本更爲合理。

但值得注意的是,此次重編雖然亦保持博收的宗旨[①],然亦删去了前幾次所搜纂之篇目,如《養一齋文集》卷六《薛澹庵制義序》、《符季笂制藝序》、《夏循陔制義序》;《養一齋文集》卷八《寄龍燮堂觀察》、《又寄錢大令》、《又寄錢大令》;《養一齋文集·續編》卷一《梧岡姚氏宗譜序》;《養一齋文集·續編》卷三《與吴山子書》等多篇。

二 久遭誤解的刻本:道光二十四年席幼宰刻本

在李兆洛文集的流傳中,道光二十四年席幼宰刻本多遭人誤解。席氏刻本爲《養一齋文集》三十五卷本,所收即高承鈺所編《養一齋文集》二十卷、《補遺》一卷、《續編》六卷、《詩集》八卷[②],是李兆洛文集的首個詩文合刊本。《續修四庫全書》集部第1495册、《清代詩文集彙編》第493册收有此書[③],均著録是刻爲"道光二十三年活字印二十四年增修本";孫殿起《販書偶記》卷十七、傅璇琮《中國古代詩文名著提要·明清卷》等著録爲"道光二十三至二十四年李慰望刻本"[④];另多家圖書館著録爲"道光二十三至二十四年維風堂本"。著録各異可以見出大家對是刻的刊刻時間、版權歸屬、刻本内容顯然存在認識上的差異。

從著録看,一般認爲道光二十四年席幼宰刻本版權歸屬人或是高承鈺,或是李慰望。高承鈺是編輯李兆洛文集的發起人和主要編輯者,且是刻每編均有高承鈺之題識,似乎高承鈺的可能性比較大。但咸豐二年七月高承鈺《李養一先生文集識》云:"前年庚戌,鄧君因薛君子選自皖歸,附其本至,而先生遺著於是略備,遂合先後各本,並就先生令孫子報借家藏本參校一遍,次爲二十四卷。"[⑤]可見,高承鈺在咸豐二年前並没有將詩文合刊。更何況席幼宰刻本《養一齋文集校字》卷目下按語即云"從高君式之處抄録"[⑥],亦可證明是本非高承鈺維風堂所刊。故高承鈺不可能是此刻的版權歸屬人。目前所及,較早認爲李慰望刊刻此書的是孫殿起(1894—1958),其在《販書偶記》載:"《養一齋文

① 《養一齋文集例言》之四:"集中鴻辭雅制,固是大觀,亦有率爾應酬,無關體要,存之亦見江海之大,不擇細流,其或宜從簡汰,以待能持選政者。"《養一齋文集》卷首,《四部備要》第88册,第10頁。

② 按,如合《養一齋文集校字》一卷,則爲三十六卷。

③ 按,兩本來源不同,但款式同。《續修四庫全書》影印底本來自山東省圖書館所藏,《清代詩文集彙編》没有提及來源。

④ 孫殿起《販書偶記》卷十七,中華書局,1959年,第447頁。

⑤ 高承鈺《識》,《養一齋文集》卷首,《四部備要》第88册,第4頁。

⑥ 《養一齋文集校字》卷首,《續修四庫全書》集部第1495册,第327頁。

集》二十卷補遺一卷詩集八卷文集續集六卷校字一卷(道光二十四年甲辰其子慰望刊)。”[①]後錢仲聯等主編《中國文學大辭典》(上海辭書出版社 1997 年)、夏征農主編《辭海》(上海辭書出版社 2009 年)等書“養一齋文集”條下均將此本録爲李慰望刊本。孫殿起爲近代知名的古籍版本專家,其《販書偶記》亦爲學人稱頌,故學界屢有相沿。但没有證據表明李慰望刊刻此書。李慰望即李兆洛之次子李願(1802—1850),是刻張式所作《養一齋文集後序》曾有提及。之所以説有李慰望刻本,或是没有細讀張式所作《養一齋文集後序》,現將原序過録如下:

申耆先生既捐賓客之三年,其友高君式之搜輯遺文,用活字板印行,核其生平所作,僅一斑耳。今春先生之嗣君慰望來虞山,云:“將溯皖江,訪鄧君守之,先子中年遺稿,多其所弆,及主暨陽講席,亦有録稿去者,最後爲黄君仲孫所録,今活字板即黄君録本。益以搜訪遺軼,得一字如一珠,即慶吊酬應、瑣屑筆劄,罔或捐棄,願得聚諸本,纂刻時將鄭重參訂焉。”時虞山人知慰望至,求曩所印《養一齋集》不得,席君幼宰至毗陵購得之,並得高君校本,歸而鏤諸板,工既竣,持示余,且曰:“悉仍活字本,不更删纂。子知先生者,盍爲一言。”夫古文之得與失,在其言之誠與僞,有言者之言,能者衆,而有德者之言,間世一出耳。《養一齋集》,大而國家典憲,小而事物細微,壹是研窮義根、實事求是,原本乎經術,出入於子史,古人所謂文以載道者,不在是與!世之挾先生文爲重者不少,或傳寫舛謬,或他手擬撰,皆不足爲累,若不求立言之本而徒務辭章,其果能托於斯文乎哉。道光甲辰夏五,勾吴張式書于虞山别業之序和堂。[②]

李願於道光二十四年春在常熟與張式有過會晤,言及高承鈺先後印成《養一齋文集》二十卷、《補遺》一卷、《續編》六卷、《詩集》八卷後,尚有所不賅,冀“得聚諸本”後“鄭重參訂焉”,故擬於安徽尋訪其父弟子鄧傳密,因“先子中年遺稿,多其所弆,及主暨陽講席,亦有録稿去者”。在此並没有提及李願刊刻此書。而後高承鈺在咸豐初年、湯成烈在光緒四年先後兩次刊刻《養一齋文集》,李兆洛之孫李嘉生、曾孫李陽等均曾參與,但都不曾提及有李願刊本。[③] 故李願亦不可能是此刻的版權歸屬人。

據張式《後序》,則此刻的版權歸屬人當爲席幼宰。席氏事迹不詳,查《光緒常昭合志稿》人物傳,未見有其信息,則或爲一書商,但亦未見其刊有他

---

① 孫殿起《販書偶記》卷十七紀録李兆洛文集四種,除此道光二十三年維風堂刊木活字本外,另有養一齋文集二十卷補遺一卷詩集八卷文集續集六卷校字一卷(道光二十四年甲辰其子慰望刊);李養一先生文集二十四卷石經考一卷端溪硯坑記一卷(咸豐元年至三年維風堂刊);李養一先生文集二十四卷(光緒四年至八年重刊)。中華書局,1959 年,第 447—448 頁。傅璇琮《中國古代詩文名著提要・明清卷》,河北教育出版社,2009 年,第 425 頁。

② 張式《後序》,《養一齋文集》卷末,《續修四庫全書》集部第 1495 册,第 407 頁。

③ 按,高承鈺咸豐二年《養一齋文集識》曾提及借“令孫子報家藏本”。湯成烈光緒四年《重刊李申耆先生養一齋文集序》提及在道光十九年曾閲李願過録的抄本四册。

書。[1] 席幼宰亦頗有商業眼光,風聞虞山人"求曩所印《養一齋集》不得",即"至毗陵購得之,並得高君校本,歸而鏤諸板"。並求序於張式,以張其價。張式(1794—1850)[2]爲無錫名人張泰開(1689—1774)之從孫,不惟自身工詩文書畫,而且與李兆洛頗友善。[3]

《養一齋文集・續編》印於道光二十四年正月,李顧既然見過此本,其來常熟當在此後,而席幼宰此刻夏五月即告刻畢,故刻期約在三個月左右。之所以如此迅捷,主要是工作相對簡單,席氏此本僅將高承鈺所編前三個印本依先文後詩之體例予以合併翻刻而已,餘則"悉仍活字本,不更删纂",由於高承鈺所編各本的序跋原樣保留在刻本中,從各跋的時間延續上,似乎有"增修"的可能,但事實上,内容並没有"增修"。

湯成烈目席幼宰刻本爲"麻沙板",鄙視之意溢於文字間,後之人在談及此本時亦以批評其"蕪雜"、"真僞雜糅"等[4],但在厘清了是刻的刊刻時間、版權人、刻本内容後,此本在李兆洛文集的流傳過程中價值更加凸顯,其表現在:一、高承鈺所編的前三個印本因主於徵集,故印數甚稀,且多"貽先生故舊門人",故市面流傳絶少。[5]《養一齋文集》印刷之第二年,在常州之近鄰常熟即已找不到所印《養一齋文集》。故在咸豐本《李養一先生文集》刊刻之前,市面流傳的,人們據以窺知李兆洛之學術、道德、文章,似多依賴於此本。這無疑對傳播李兆洛學術、文學思想,擴大其影響力起到了重要作用;二、高承鈺咸豐初年厘定文集時,對前所編各本之序跋均予以剔除,而是本"悉仍活字本,不更删纂",保持了高承鈺早期所編各本的原貌,故對認識高承鈺早年刊印的過程有所幫助。不過該本係據高氏前三次所輯之匯刻,非高氏編輯之李兆洛文集完刻,故學人利用此書時,應予注意。

三 光緒重刻本:湯成烈、黄體芳校刻本

咸豐十年庚申(1860),太平軍與清軍激戰于蘇杭之地,常州於四月爲太平軍李秀成、李世賢部所攻陷,黄志述及咸豐本序者趙振祚則於是月爲太平軍所殺,《養一齋文集》之"碑板悉付劫灰"。待得安定之後,李兆洛之曾孫李陽擬重加鐫刻。然由於刻資的缺乏,此次重刻經兩次方得以完成。光緒本《養一齋文

---

① 有清一代,常熟之藏書家、刊刻家多有,且負盛名。以席氏而言,即有大名鼎鼎的掃葉山房。然考掃葉山房之席鑒(席玉照)、席世臣、席元章、席威諸人,似不相關。

② 張式,字抱翁,一作抱生,號荔門,自號夫椒山人,震鈞《國朝書人輯略》稱其"書法胎息河南,出入晉宋,能懸臂寫蠅頭楷"。

③ 李兆洛文集中載有多篇與其交往之文章。如《續修四庫全書》本《養一齋集・詩集》卷八有《題張抱翁式自寫山居圖照》、《集陶詩題張荔門行看子》;《養一齋集・文集》卷十有《隱真居記》;《養一齋集・文集續編》卷一有《荔門前集序》等。

④ 傅璇琮總主編《中國古代詩文名著提要・明清卷》,河北教育出版社,2009年,第425頁。

⑤ 道光本《養一齋文集》僅"刷印百部,以貽先生故舊門人",故市面流傳當少。《養一齋詩集》、《養一齋文集・續集》印刷數量不詳,然在主於搜集的意圖下,印數當不多。

集》由湯成烈(1805—1880)[①]主持,光緒四年刊刻於常州,《養一齋詩集》則由黄體芳(1832—1899)[②]主持,光緒八年刊刻于江陰。

光緒二年(1876),李陽于汪昉(1799—1877)[③]、管樂[④]處得尋得原刻書二部後,即示以時主江南鄉試的李兆洛門生龔自閎(1819—1879),龔氏助費百元,並囑于金陵聚珍局排印,然因字大價昂,不果。光緒三年秋,孫陽訪於湯成烈,湯成烈即"糾集同里諸君子鳩資以付刊,復寓書浙皖宦游諸君子"[⑤],後得沈葆楨、孫衣言、莊祖基、季寶仁、郭宫桂、熊爾穀之助金並同人之捐贈[⑥],是年冬,李陽即委托湯成烈主持予以重刊。事情始末,詳劉翊宸、湯成烈等《重刊李申耆先生養一齋文集集資小引》、湯成烈《重刊李申耆先生養一齋文集序》及李泰生《跋》。《重刊李申耆先生養一齋文集集資小引》云:

> 鄉先輩李申耆先生海外溢才名志乘載,行誼、學問、經濟,卓然不朽,身後入祀名宦鄉賢,而文章古雅,流播藝苑,乃等身著述,經庚申變,碑板悉付劫灰,惟先生所輯《輿地韻編》、《紀元編》各種,克復後爲門人鄧君守之所得,鄧君呈李爵相發刊,簽曰《李氏五種》,板存金陵書局。至先生所著《養一齋全集》二十四卷,則散如煙霧已。去年秋,先生曾孫陽訪求全集,于汪叔明、管才叔兩君得原刻書二部,陽奉斯集謁龔公叔雨,爲先生之門人,時適主試江南,公得先生集,喜甚,即助費百元,囑陽往金陵聚珍局排印,以字大價昂,不果。今秋,承制憲沈公幼丹、方伯孫公琴西、觀察莊君守齋及教授季君禮齋、訓導郭君子芳、熊君宜齋各爲慨助,准擬明春交手民韓子餘重梓文集,其詩詞且從緩刻。"[⑦]

李泰生《跋》云:

> 先祖之集,始排既刊,實顧高式之、黄仲孫、鄧守之三公盡心竭力搜羅遺稿,校讎募資,糾會付梓,得已成功,一切原委,已載簡端,無庸細表。咸豐庚申遭變,集板被毁,今番重刻,借集首創情由,悉載集資小引,可不贅述。校讎之任,潘果卿世伯,黄執武世兄之力也。泰生等心非木石,既追本於從前,複思源於今日,斯集之成,荷世好鄉誼之厚情,蒙各大憲之慨

① 湯成烈,字果卿,號確園,江蘇武進人。道光十一年(1831)舉人,歷任浙江武康、永嘉知縣,玉環、仁和同知。同治二年掌常州延陵書院。纂有《武進陽湖縣志》,著有《古藤書屋文甲集》、《古藤書屋文乙集》、《詩集》、《清淮詞》等。

② 黄體芳,字漱蘭,號莼隱,别署瘦楠、東甌憨山老人,浙江里安人。咸豐元年舉人,同治二年進士,選庶起士、授編修。後累官至内閣學士、江蘇學政、兵部左侍郎、左都禦史。著有《漱蘭詩葺》。

③ 汪昉,字叔明,號菽民,晚號菽翁、啜菽老人、夢衲盦老人,江蘇陽湖人。道光二十四年舉人。官萊州府同知。工詩,善寫山水。尤精鑒賞。

④ 管樂,字才叔,江蘇武進人。諸生。生卒年未詳。少與兄晏均負才名,爲諸侯上賓。曾國潘督兩江,頗重其名。有《才叔遺文》一卷。

⑤ 湯成烈《重刊李申耆先生養一齋文集序》,《養一齋文集》卷首,《四部備要》第88册,第1頁。

⑥ 《重刊養一齋文集助資襄校姓氏》列仁和龔自閎叔雨、金匱秦湘業澹如、侯官沈葆楨幼丹、瑞安孫衣言琴西等凡63人。見《養一齋文集》卷首,《四部備要》第88册,第2頁。

⑦ 《重刊李申耆先生養一齋文集集資小引》,《養一齋文集》卷首,《四部備要》第88册,第2頁。

助,得已登諸梨棗。[1]

湯成烈光緒四年序刻本凡二十卷,署題《養一齋文集》,共收文 839 篇。與高承鈺咸豐本相較,其體例不復改動,然因前四卷詩集未刻,故卷次上移,如光緒本卷一即爲咸豐本卷五。爲求醒目,現將兩本類別、篇目列表如下:

咸豐本、光緒本李兆洛文集類别、篇目對照表

	咸豐本《李養一先生文集》二十四卷	光緒本《養一齋文集》二十卷
1	卷五爲"頌"2 篇、"疏"7 篇,凡 9 篇	卷一爲"頌"2 篇、"疏"7 篇,凡 9 篇
2	卷六爲"序",凡 25 篇	卷二爲"序",凡 25 篇
3	卷七爲"序",凡 39 篇	卷三爲"序",凡 39 篇
4	卷八爲"序",凡 45 篇	卷四爲"序",凡 45 篇
5	卷九爲"序",凡 33 篇	卷五爲"序",凡 33 篇
6	卷十爲"跋",凡 71 篇	卷六爲"跋",凡 71 篇
7	卷十一爲"跋",凡 64 篇(按,辨志書塾所見帖、續刻所見帖只統計爲 2 篇,光緒本同)	卷七爲"跋"64 篇,"贈序"4 篇、"壽序"3 篇,凡 71 篇
8	卷十二爲"贈序"4 篇、"壽序"33 篇,凡 37 篇	
9	卷十三爲"記",凡 31 篇	卷八爲"記",凡 31 篇
10	卷十四爲"記",凡 35 篇	卷九爲"記",凡 35 篇
11	卷十五爲"碑銘",凡 24 篇	卷十爲"碑銘",凡 24 篇
12	卷十六爲"碑銘",凡 27 篇	卷十一爲"碑銘",凡 27 篇
13	卷十七爲"行狀",凡 8 篇	卷十二爲"行狀",凡 8 篇
14	卷十八爲"傳",凡 30 篇	卷十三爲"傳",凡 30 篇
15	卷十九爲"傳",凡 24 篇	卷十四爲"傳",凡 24 篇
16	卷二十爲"傳",凡 31 篇	卷十五爲"傳",凡 31 篇
17	卷二十一爲"箴銘"195 篇、"贊"19 篇,凡 231 篇	卷十六爲"箴銘"195 篇、"贊"19 篇,凡 231 篇
18	卷二十二爲"祭告"、"哀誄"、"論説"、"議"、"疏引",凡 32 篇	卷十七爲"祭告"、"哀誄"、"論説"、"議"、"疏引",凡 32 篇
19	卷二十三爲"書",凡 50 篇	卷十八爲"書",凡 50 篇
20	卷二十四爲"雜著",凡 20 篇	卷十九爲"雜著",凡 20 篇
21		卷二十爲"補遺",凡 3 篇
合計	866 篇	839 篇

① 李泰生《跋》,《養一齋文集》卷首,《四部備要》第 88 册,第 10 頁。

據上表,兩本類别、篇目基本一致,差異主要有二:其一是光緒本删去了咸豐本卷十二。咸豐本卷十二原收贈序 4 篇、壽序 33 篇,光緒本僅保留其中贈序 4 篇、壽序 3 篇,併入光緒本卷七之中。删去 30 篇壽序之緣由,湯成烈《重刊李申耆先生養一齋文集序》有所談及,其云:

> 先生既没,門下士編先生文爲《養一齋集》若干卷,以麻沙板印之,今汪叔民司馬所藏本是也。其中成烈所未見者,體或卑弱猥瑣,且有私意竄改雜糅其間。叔民亦云:"其中魚目之混,砆石之錯,决非先生原本,不可不爲之辨也。"①

汪昉所藏麻沙板《養一齋集》,即道光二十四年席幼宰刻本,如前所述,席幼宰刻本其實就是高承鈺所編的前三次印本彙集,其錯訛、蕪雜自不待言。然即以咸豐本《養一齋文集》而言,時人之批評亦不少。李慈銘(1830—1894)在同治六年(1867)三月的日記稱李兆洛"集中志傳文頗夥,如《東湖縣知縣洪飴孫孟慈墓誌》……《訓導黄汝成潛夫家傳》,皆足徵一時文獻",但"惟牽於酬應,不能别擇,叙次蕪冗,苦少剪裁。其壽人之文,至盈二卷,大率馬醫夏畦之流,尤令人厭"②。今人胡玉縉讀此集後亦有類似的感歎,其云:"《養一齋文集》二十五卷,陽湖李兆洛撰……乃其及門所輯,非兆洛自定,故甚蕪雜。壽人且至二卷之多,卷首凡例所謂'殁後多方搜輯,或有率耳應酬,宜從簡汰,以待選者'是也。"③柯愈春《清人詩文集總目提要》亦稱咸豐本"涉及酬應代言之作,且有門人代擬者,真贋雜陳,漫無區别"。故湯成烈大量删壽序,可以説是對他人批評的呼應。又如咸豐本《李養一先生文集》後尚附有《石經考》、《端溪研坑記》各一卷,此次重刻亦没有收録,除了艱於刻資之外,或亦與是文"中間頗有重沓",遭人議論有關。④

其二是另添加"補遺"一卷爲卷二十。"補遺"所增 3 篇分爲《謝子蘭辨惑編序》、《江陰江氏祠堂記》、《梧岡姚氏宗譜序》。其中《梧岡姚氏宗譜序》見於高氏道光間輯《養一齋文集·續編》卷一,然後未被咸豐本收録。《謝子蘭辨惑編序》、《江陰江氏祠堂記》2 篇則爲高氏輯本所無。但值得注意的是,《謝子蘭辨惑編序》又見蔣彤《丹棱文鈔》卷二,題《重刊辨惑編序》。據《重刊辨惑編序》,謝應芳《辨惑編》系高承鈺自謝蘭生處求得鈔本而録之,後由李兆洛鐫刻,故高氏當知悉刊刻及序跋情形,但高氏幾次編集,均未收此篇,而蔣彤期間亦

---

① 湯成烈《重刊李申耆先生養一齋文集序》,《養一齋文集》卷首,《四部備要》第 88 册,第 1 頁。

② 李慈銘《越縵堂讀書記》,中華書局,2006 年,第 829 頁。

③ 胡玉縉《養一齋文集書後》,《續四庫提要三種·許廎經籍題跋》卷四,上海書店出版社,2009 年,第 721 頁。

④ 《端溪研坑記》一文,原收於《養一齋文集·續編》卷六"雜文"類中,咸豐本則單獨録出,附於文集之後。高承鈺是文《識》云:"嘉慶庚辰,先生游粤東,館于康蘭皋中丞所。越二年乃歸,此稿作於是時。中間頗有重沓,殆由隨時劄記,無意爲書。後人輯録,遂無由詳定之爾。"

預編集,故是篇爲蔣彤所作的可能性更大。① 由此觀之,"補遺"一卷或有"凑數"之嫌。

因光緒四年僅刻文集,難免有遺珠之憾。故李陽於光緒八年又請於時任江蘇學政的黄體芳,對李兆洛詩集部分予以重刊,後由私淑李兆洛的江陰曹佳(1833—1884)②刊行。是即光緒八年十二月黄體芳序刻本《李養一先生詩集》四卷。黄體芳對此次編集事宜略有述及,其云:

> 《養一文集》二十四卷,皆其殁後門弟子所搜輯,首賦及詩而附以詩餘,凡四卷,蓋仿《文選》編次之例,近年常州重刻本始裁出之,先生曾孫陽乞余爲别刻,乃以賦二首,詩余三十餘首並附於詩後,題曰《養一先生詩集》,俾與文集並行焉。③

從序中能夠看到,此次詩集之編,系以高承鈺所編咸豐本爲底本,故其書名沿咸豐本之例,題爲《養一先生詩集》(正文目録題"李養一先生詩集")。與咸豐本相較,此本在篇目上未加變動,即卷一爲"古體詩",凡 53 首;卷二爲"古體詩",凡 78 首;卷三爲"近體詩",凡 309 首;卷四爲"近體詩",凡 349 首,另附"賦"2 篇;"詩餘"32 闋。但分卷體例略有改動,咸豐本"首賦及詩而附以詩餘",而光緒本則"以賦二首,詩餘三十餘首並附於詩後"。

是本刊行後,李兆洛文集方以全璧重新呈現於世人面前。後《四部備要》本即據光緒本《養一齋文集》、《李養一先生詩集》予以校印。就内容而言,《四部備要》本與光緒本所收詩文無異,但在形式上對兩書原刻本予以了變動,如兩書原刻本行款均爲"十二行二十二字,黑口左右雙邊單黑魚尾",《四部備要》本行款則改爲"二十六行三十字"。又如光緒八年刊《李養一先生詩集》每卷末悉鎸"小門生江陰曹佳校刊",《四部備要》本則悉數删去。

(作者單位:義烏工商職業技術學院人文旅游學院)

---

① 按,《謝子蘭辨惑編序》見光緒四年本《養一齋文集》卷二十,第 249 頁。又見蔣彤《丹棱文鈔》卷二,題《重刊辨惑編序》,《清代詩文集彙編》第 615 册,第 618 頁。兩篇文字大致同,個别字句略異。如《養一齋文集》卷二十作"余友人高式之,頗志先生之所志,從先生裔謝厚庵藏本録之",而《丹棱文鈔》卷二作"余門人高式之,頗志先生之所志,從先生裔求得鈔本而録之"。

② 陳思、繆荃孫等纂《江陰縣續志》卷十六載:"曹佳,字鏡雲,附貢生,通醫術。凡地方上善舉,如保嬰、官渡等局,均盡心籌畫。巡撫衛榮光獎給'大義可風'額。學使黄體芳創建南菁書院,自營繕方式及課士規程,鹹與商定。甲申九月病殁,黄猶未去任,哭臨甚哀。自製'廣厦賦詩憐子美,疏籬酬酒哭淵明'聯句挽之。學者追思黄澤,就書院設位饗祀,以佳配"。《中國地方誌集成·江蘇府縣誌輯 26》,江蘇古籍出版社,1991 年,第 205 頁。

③ 黄體芳《李養一先生詩集序》,《李養一先生詩集》卷首,《四部備要》第 88 册,第 251 頁。

古典文獻研究（第二十輯上卷）
Journal of the Institute for Chinese Classics Studies
Nanjing University
Volume 20, No.1 2017

高麗義天的北宋之行與詩文集刊行

——以李瀕《樂道集》刊行經緯爲中心

鄭墡謨

一　序言

韓國漢文學通過對中國文學的積極接受和融合持續發展。而對中國文學的接受主要是通過使臣往來和派遣留學生等和中國的直接交流而得以實現。因此，對中國文學的接受在韓半島對中外交關係的影響下，在不同的時期會展現出不同的樣貌。尤其在高麗時期，中原頻繁的王朝交替導致高麗與中國的外交關係變得複雜而微妙，因此對中國文學的接受也隨著多變的對中外交關係而展現出劇烈的變化。因此，爲了確實把握高麗時期漢文學的發展情況，有必要重點關注高麗對中外交關係的變化以及由此引發的對中國文學的接受和融合。

北宋在中原建立統一王朝後，高麗立刻派遣使臣與北宋締結了正式的外交關係，並派遣了留學生與留學僧到北宋，積極地想要學習中國的先進文化。但是，由北方契丹族建立的遼朝時刻警惕著高麗和北宋的聯合，在遼朝頻繁的武力壓迫下，兩國間的關係逐漸疏遠，最終在天聖八年（高麗顯宗二十一年，1030）及其後的一段時間内，斷絶了正式的使臣往來。

然而，北宋神宗（1068—1085 在位）即位之後，隨著改革派，即新法黨掌握政權，北宋的對外政策發生了巨大的改變。新法黨政權爲牽制北方的契丹，企圖改善與高麗已經疏遠了的關係。熙寧元年（文宗二十二年，1068），北宋向高麗派遣了密使，傳達了企圖恢復兩國關係的意願，兩年後又再次派遣密使，邀請高麗使節團來訪。① 高麗積極響應了北宋的要求，於熙寧四年（文宗二十五

---

① 《高麗史》卷八《文宗世家》，首爾：亞細亞文化社，1990 年："文宗二十二年，秋七月辛巳，宋人黄慎來見言：'皇帝召江淮兩浙荆湖南北路都大制置發運使羅拯曰："高麗古稱君子之國，自祖宗之世，輸款甚勤，後阻絶久矣。今聞其國主，賢王也，可遣人諭之。"於是拯奏遣慎等來傳天子之意。'王悦館待優厚。……文宗二十四年，八月己卯，宋湖南荆湖兩浙發運使羅拯，復遣黄慎來。"

年,1071)向北宋派遣了由民官侍郎金悌等110人組成的使節團。[①] 自此,高麗恢復了和北宋間的正常外交關係,此後兩國的使節團保持了長期的往來。通過兩國使臣的頻繁往來,高麗得以更快地學習中國的先進文明,當時北宋刊行的各類書籍也隨之傳入高麗,進而引發了高麗文壇的巨大變化。在韓國文學史上尤其值得矚目的是,這一時期隨著使臣往來而出現的使行文學,以及由印刷術的發達而帶來的新的出版文化的登場。大批具備詩文創作才能的高麗知識人參與北宋使行,並在使行途中留下了許多優秀的詩文作品。他們的詩文還引起了中國知識人的關心,也曾在北宋被刊行出版。其代表就是朴寅亮(? —1096)等人在使行途中留下的詩文被中國人收集編纂成《小華集》。[②]

高麗王子大覺國師義天(1055—1101)[③]於元豐八年(宣宗二年,1085)遠赴北宋學習佛法。他滯留北宋一年多,其間游覽了各地的名刹,拜訪了衆多高僧,收集了大量的與佛教相關的書籍,并將其帶回了高麗。義天歸國之後爲了收集、整理和刊行各種佛經,仍通過書信與北宋知識界保持交流。通過現存的《大覺國師文集》和《大覺國師外集》,我們可以管窺義天在北宋的活動及其與中國知識分子的詩文交流。在文獻資料層面,其詩文對中韓兩國佛教交流史的意義很早就受到了學界的矚目。

然而,這一期間義天關於高麗知識分子詩文集刊行的活動對中韓文學交流層面的意義也有必要重新予以關注。北宋元照律師(1048—1116)[④]《高麗李相公樂道集序》[⑤]介紹了《樂道集》的刊行經緯以及義天的影響。本文以期通過對《高麗李相公樂道集序》的分析,來闡明義天和元照的交往狀況以及《樂道集》的刊行經緯。

二 關於北宋元照《高麗李相公樂道集序》

元豐八年(1085)4月7日,義天與弟子壽介等人結伴搭乘宋商林寧的商船越海。[⑥] 5月2日,抵達密州板橋鎮(現山東省膠州市)。隨後呈信於時任密州知州范鍔,北宋朝廷派遣主客員外郎蘇注迎接。7月6日,義天一行到達北

① 《高麗史》卷八《文宗世家》:"文宗二十五年,三月庚寅,遣民官侍郎金悌,奉表禮物如宋。"

② 《高麗史》卷九五《朴寅亮列傳》:"寅亮……轉禮部侍郎,(文宗)三十四年,與户部尚書柳洪奉使如宋。……有金覲者,亦在是行。宋人見寅亮及覲所著尺牘、表狀、題咏,稱嘆不置,至刊二人詩文,號《小華集》。"關於朴寅亮的北宋使行,可參照鄭墡謨《高麗朴寅亮的北宋使行與"小中華"意識》,《域外漢籍研究集刊》15輯,2017年6月。

③ 參見《大覺國師文集》解題,首爾:韓國精神文化研究院,《國譯叢書》89—1,1989年。

④ 《大正新脩大藏經》第49册2036經,東京:大正新修大藏經刊行會,1960年,《佛祖歷代通載》卷二九記載,元照律師(1048—1116)餘杭錢塘人,俗姓唐,字湛如、湛然。依錢塘祥符寺慧鑑律師出家學律,後又跟隨神悟處謙研究天台教觀,於元豐元年(1078)從雷峰慧才受戒。常著麻衣,持錫杖,捧鉢盂,乞食於市,嚴守禁戒。元符元年(1098)於開元寺創立戒壇,晚年於西湖靈芝的崇福寺中度過。著有《芝苑遺編》三卷、《芝園集》二卷、《補續芝園集》一卷、《資持記》等。

⑤ 《卍新纂大日本續藏經》第59册1105經,東京:國書刊行會,1975—1989年,《芝園集》下。

⑥ 《高麗史》卷十《宣宗世家》:"宣宗二年夏四月庚午,王弟釋煦逃入宋。"

宋首都汴京(開封)。7月21日,在垂拱殿謁見了宋哲宗(1085—1099在位)。[①] 此後,暫留開封一月有餘,遍訪了周圍寺廟,并與多位高僧講論佛法。9月20日,在主客員外郎楊傑的陪同下前往杭州,拜訪了杭州慧仁寺華嚴宗晉水法師凈源(1011—1088),并向其學習華嚴宗教義。12月28日,前往杭州靈芝寺,尋訪南山律宗的繼承者元照律師,請求學習律宗教觀。[②] 但是同年秋天,高麗宣宗(1084—1094在位)往北宋派遣了弔慰使和賀登寶位使的使節團[③],同時向北宋方面請求能盡快安排其親弟弟義天回國。高麗派遣的使節團一行在同年12月1日到達北宋首都汴京,謁見哲宗[④],轉達高麗宣宗的請求。爲此,宋哲宗將義天召還至首都開封,於是義天於元祐元年(1086)閏2月21日再次回到開封謁見哲宗。[⑤] 其後,義天與本國的使節團一起踏上了歸國之路,途中再次來到杭州。當使節團在杭州進行最後的回國準備時,義天再次拜訪了元照,并携《樂道集》向元照求作序文。[⑥] 即使在回國之後,義天也就大藏經的編纂問題與元照進行了書信交流。[⑦]

義天藉由其與元照的因緣,請他爲《樂道集》作序,於是便有了《高麗李相公樂道集序》。下面試做相關分析。

> 昔見海東使臣,經從(行)吾鄉名山勝概,率多題咏,觀其格致,則與夫大國文軌頗同。後見僧統所留篇什,語句平易,思味幽遠,復知僧統又知詩之深者。

"海東使臣,經從(行)吾鄉名山勝概,率多題咏"之語值得深思。義天於元豐八年(1085)訪問北宋,與宋麗兩國重新建交之時相隔14年,其間高麗使節團已經多次出使北宋。當時使節團多從明州(現浙江省寧波市)地區入宋,其後經由浙東運河到杭州,從杭州利用京杭運河前往楚州,從楚州利用洪澤湖前往泗州,從泗州利用汴河通過宿州、宋州(南京應天府)到首都汴京開封。[⑧] 歸

---

① 《續資治通鑑長編》卷三五八,文淵閣《四庫全書》本:"哲宗元豐八年七月癸丑,高麗國祐世僧統求法沙門僧義天已下十人朝見,進佛像經文,賜物有差。"

② 《卍新纂大日本續藏經》第59册1105經,東京:國書刊行會,1975—1989年,《芝苑遺編》卷下《爲義天僧統開講要義》:"高麗王子弘真祐世廣智僧統義天,同弟子壽良(介),航海求法,首登師門。元豐八年(1085)十二月二十八日,偕館伴主客學士楊傑就寺,請師陞座,發揚細要。義天矍然避席,作禮,請所著書歸遼東,摹板流通。講曰……近聞僧統已製布三衣,乃諸佛標識,出家正式,願將來還歸本國,以戒律住持,興隆三寶,令合國僧徒奉持衣鉢,稟戒律範,則佛日重曜,法輪再轉矣。"

③ 《高麗史》卷十《宣宗世家》:"宣宗二年八月辛未,遣户部尚書金上琦、禮部侍郎崔思文,如宋弔慰。工部尚書林槩、兵部侍郎李資仁,賀登極。"

④ 《續資治通鑑長編》卷三六二:"哲宗元豐八年,十二月辛酉朔,高麗國賀登寶位使通議大夫工部尚書林槩、副使太中大夫兵部侍郎李資仁以下,見於紫宸殿。"

⑤ 《續資治通鑑長編》卷三六九:"哲宗元祐元年二月己酉,高麗國祐世僧統求法沙門僧義天已下十人,朝見。"

⑥ 《芝園集》下《高麗李相公樂道集序》:"比以朝辭迴杭,艤舟府亨。"

⑦ 《大覺國師文集》卷十一《答大宋元炤律師書》。

⑧ 參見李錫炫《北宋代使行旅程行路考——宋入境以後를中心으로》,韓國:《東洋史學研究》114,2011年。

國時也同樣經由杭州到明州後回到高麗。杭州地區作爲使節團往來的必由之地,同時也是物産豐富、風光旖旎之地,佛教寺院雲集之所。使節團在回國之時爲了預備所需物資,必然會在此處停留較長時間。由此序可知,他們在杭州停留時,也會藉機游覽當地名勝,并留下了衆多的題咏之作。

事實上,高麗使節團在使行途中游覽各地名勝并留下題咏的事例比比皆是。如高麗文宗二十五年(熙寧四年,1071)和文宗三十三年(元豐二年,1079),朴寅亮(? —1096)分别以書狀官和副使之任兩次出使北宋。第一次使行,朴寅亮與使行團成員間的70餘篇唱和詩被收集編纂成《西上雜咏》,第二次使行,朴寅亮和金覲所著詩文被中國文人收集編纂刊刻成《小華集》,廣泛流傳。[①] 此外,文宗三十五年(元豐四年,1081),崔思齊、李子威一行的使節團訪問北宋時[②],恰逢宫中舉辦上元宴,神宗皇帝作詩,高麗使者和進之作也被收入《高麗詩》三卷中得以流傳。[③] 不僅如此,高麗使節團在歸國途中前往中國各地名刹爲北宋皇帝設祝壽齋[④],同時游覽了各地名勝,也留下了許多的題咏之作。

根據元照的表述,筆者推測上述高麗使節團的詩文流傳範圍較爲廣泛。[⑤] 並且,元照對高麗使節團在使行途中所作詩文的風格與中國人别無二致的評價也值得關注。透過當時北宋知識分子的評價,我們可以了解高麗文人的詩文創作能力。除了類似這樣從實際出發的客觀評價之外,當時北宋皇帝對發往高麗詔書的慎重態度也從側面印證了高麗文人的詩文創作能力。甚至還曾發生過官員因爲寫不好詔書而被罷免的事例。[⑥]

"後見僧統所留篇什",此處僧統指義天,但所指詩文具體是什麽却不得而知了。《爲義天僧統開講要義》中有如下内容:

> 嘗聞有詩云:"滿眼有誰知我意,沈吟却憶善財童。"又聞自號求法沙門,此見平生出家本志矣,輒以求法二字而爲頌曰:"僧統號求法,乃見出家心。未審以何求,爲求便等法。了知求即法,無復更他求。將求求佛

① 參見鄭墡謨《高麗朴寅亮的北宋使行與"小中華"意識》,《域外漢籍研究集刊》15輯,2017年6月。

② 《高麗史》卷九《文宗世家》:"文宗三十五年四月庚辰,遣禮部尚書崔思齊、吏部侍郎李子威,如宋獻方物,兼謝賜醫藥。"

③ 孫猛《郡齋讀書志校證》卷二十《高麗詩》,上海古籍出版社,1990年版:"右,元豐中高麗遣崔思齊、李子威、高琥、康壽平、李穗入貢,上元宴之於東闕下。神宗製詩,賜館伴畢仲行,仲行與五人者及兩府,皆和進。"

④ 《宋大詔令集》卷二三七《政事90·四裔·高麗》,《賜設齋祝聖回書》,文淵閣《四庫全書》本:"敕權知高麗國王事王徽。人使金良鑑等至,省所申奏,於大相國寺、興國寺、啓聖寺、泗州普炤(照)王寺、抗(杭)州天竺寺、潤州金山寺等,設齋祝聖事具悉……"

⑤ 趙鐘業編《修正增補韓國詩話叢編》第1卷,《補閑集》卷上,首爾:太學社,1996年版:"朴參政寅亮奉使入中朝,所至皆留詩。……行次越州,聞樂調中奏新聲,旁人曰:'此公詩也'。"這裏說的有人將朴寅亮的詩譜成新曲演唱的記録會證明高麗使臣詩文的流行程度。

⑥ 《續資治通鑑長編》卷二二七:"熙寧四年十月癸亥,知制誥王益柔,罷兼直學士院,以草高麗國答詔非工也。知制誥曾布,兼直學士院。"

法,何不自求求。”[①]

此處所載義天詩句,可能即在元照所言“僧統篇什”中,但遺憾的是這首詩並未收載於《大覺國師文集》中。而在《大覺國師文集》和《大覺國師外集》中也各收録了一首元照與義天之間的贈答之作,元照《大宋法慧寶閣沙門元炤上》:

聞説裁成應法衣,敢將盂錫眩威儀。君看宿覺歌中道,不是標形虛事持。[②]

對此,義天以《某伏蒙寶閣炤律師辱示佳篇仍以道具爲因固抒拙詩用伸紀德》作答:

内密圓修外糞衣,三千細行炳威儀。已顛大表今還樹,應是南山再秉持。[③]

從詩的内容來看,筆者推測這兩首詩應該是義天初次拜訪元照時,兩人相互贈答的詩歌。由此觀之,元照對義天詩“語句平易,思味幽遠”的評價與上述詩作的風格也不無關係。[④]

在評價完義天的詩文之後,元照記述了義天携《樂道集》來請自己作序的經過:

比以朝辭迴杭,艤舟府亨,忽持李相國詩集爲示。發卷一覽,愛其學贍而識遠,辭直而理詣。大率稽於釋典,宗於理性,皆超拔物外之論,非所謂世俗文筆也。處富貴而慕真寂,故以樂道命其題;居塵染而守清節,故以婆塞標其號。以夫道無不在,故其言觸事而發,隨物而應。存乎梗概,且録百篇,足以弘贊佛乘,啓迪來裔,豈與夫雕虫刻篆、嘲風咏月者同日而語哉!

如前所述,義天在杭州尋訪元照,向其請教佛法。期間,宋哲宗應高麗宣宗的請求,將義天召還,於是義天回到首都開封。義天在汴京向皇帝請辭後,與本國的使節團一起踏上了歸國之路,途中再次來到杭州。當使節團在杭州進行最後的回國準備時,義天再次拜訪了元照,并携《樂道集》向元照求作序文。“比以朝辭迴杭,艤舟府亨,忽持李相國詩集爲示”的詩句印證了這一事實。

值得注意的是,元照在閲覽《樂道集》後,對該書作出了評價。一是評其詩,“學贍而識遠,辭直而理詣”,“大率稽於釋典,宗於理性,皆超拔物外之論,

① 《芝苑遺編》卷之下《爲義天僧統開講要義》。

② 《大覺國師外集》卷十《大宋法慧寶閣沙門元炤上》。

③ 《大覺國師文集》卷十七《某伏蒙寶閣炤律師辱示佳篇仍以道具爲因固抒拙詩用伸紀德》。

④ 金富軾(1075—1151)在《靈通寺大覺國師碑》(許興植《韓國金石全文》中世・上,首爾:亞細亞出版社,1984年)中對大覺國師的詩文作出了“又其文辭,平澹而有味,故士大夫承風而披靡,稍厭彫琢而趣雅正焉”的評價。由是觀之,金富軾對於義天詩文的評價和元照的評價幾乎是一致的。崔滋(1188—1260)也在《補閑集》中提到金富軾《大覺國師碑》的評價之後,作出了“今得數詩嘗味之,文烈公‘平淡’之言信哉”的評價。

非所謂世俗文筆也”。二是解其題,“處富貴而慕真寂,故以樂道命其題”。三是釋其號,“居塵染而守清節,故以婆塞標其號”。由此看來,此書固以“樂道”爲名,作者的號中亦應有“居士”二字。

元照還特别强調《樂道集》所録的一百篇詩能夠弘揚佛教教理,啓迪後學,遠勝於拘泥於修飾字句或吟咏風月的詩作。可見李相國不僅有卓越的詩文創作能力,而且是個虔誠的佛教信徒,《樂道集》中收録的一百篇詩歌帶有較爲濃厚的佛教色彩。但是,我們也必須考慮到元照一定程度上是站在其佛教徒的立場上,以佛教的文學觀對李相國的詩文進行評判的。

序文的最後部分言:

> 然彼國文士,能詩者甚衆,而僧統獨愛此集,將命鏤板,流通於世,向所謂僧統知詩之深爲不誣矣。觀是詩者,當體斯意。

此處,元照强調説,雖然高麗文士中有衆多詩才出衆之人,但是義天唯獨喜愛《樂道集》,“將命鏤板,流通於世”。這不僅僅因爲義天自身深厚的文學修養,更多的是因爲其詩符合佛教的教理,義天想通過其刊行來傳播佛教教義。而閲讀此詩集之人也應當要體會到義天的這層深意。

綜上所述,義天於元祐元年(1086)回國途中再次經過杭州,便携高麗李相國的詩文集《樂道集》再次前往拜會元照律師,並請其爲之作序。由其序可知,李相國詩才卓越,且是一位忠實的佛教信徒,其《樂道集》收録了百篇帶有濃厚佛教色彩的詩作。而且,義天認爲《樂道集》中所收百篇詩文符合佛教教理,爲了能將其刊行推廣,便請求元照爲之作序。

那麽,在收到元照的序文後,《樂道集》實際的刊行和傳播狀況又如何呢?

三 李資玄的《追和百藥公樂道詩》

目前爲止,在現存的義天文集及與義天相關的著作中無法找到與《樂道集》有關的内容。因此,目前尚無法確認當時義天在收到《樂道集》的序文之後是否即刻將其刊行推廣。

當時舊法黨的核心人物蘇軾,强烈反對與高麗使節團的往來。他爲了哀悼杭州慧因院净源法師的去世,曾於元祐四年(1089)11月3日論及關於義天所派壽介等人的接待問題。在《論高麗進奉狀》可見相關記録:

> 一、福建狡商,專擅交通高麗,引惹牟利,如徐戩者甚衆。訪聞徐戩,先受高麗錢物,於杭州彫造《夾注華嚴經》,費用浩汗,印板既成,公然於海舶載去交納,却受本國厚賞,官私無一人知覺者。臣謂此風豈可滋長,若馴致其弊,敵國奸細,何所不至。兼今來引致高麗僧人,必是徐戩本謀。臣已枷送左司理院根勘,即當具案聞奏,乞法外重行,以戒一路奸民猾商次。①

① 《蘇軾文集》卷三〇《論高麗進奉狀》,孔凡禮點校《蘇軾文集》,中華書局,1986年。

文中描述了福建商人徐戩通過與高麗的私貿易往來,牟取私利的內容。蘇軾通過調查,發現徐戩先從高麗收受巨額錢物,在杭州刊行《夾注華嚴經》後,經海舶載去交納,同時又受到了本國的厚賞,但這一事實無人知曉。據《高麗史》載,義天回國後的第二年,即宣宗四年(1087)3 月,宋商徐戩等人來獻“《新注華嚴經》板”。[①] 又據蘇軾的另一記録,獻給高麗的“《新注華嚴經》板”2900 餘片,受酬答銀三千兩。[②]

此處所提及的傳來高麗的《新注華嚴經》板是義天在杭州慧因院聽净源法師講習華嚴大義所用,由净源法師將清凉大師澄觀講述的《八十華嚴經》的各類奏疏集録而成,共 120 卷 1 帙。義天爲了刊行《新注華嚴經》,事先將 3 千兩銀付給杭州當地的一流刻手,預訂了版刻。第二年 3 月宋商徐戩等人交納了 2900 餘片版刻。由此可知當時杭州地區的版刻技術及出版文化的發展樣態。因此,當時義天想要刊行《樂道集》,也有可能先在杭州版刻後再携入高麗。而義天從北宋回國之後,便主管高麗佛經的刊行工作,收集、整理和刊行了衆多的相關書籍。考慮到這些現象,義天“將命鏤板,流通於世”的《樂道集》之刊行也並非難事。

雖然在現存的文獻資料中,没有義天刊行《樂道集》的紀録。但是,仍能從其他文獻紀録中尋找到一些蛛絲馬跡。金富轍(1079—1136)《清平山文殊院記》一文值得關注:

> ……希夷子,即李公之長男,名資玄,字真精。……享年六十五。至建炎四年秋八月,特賜謚曰真樂公。所著文章,有《追和百樂公樂道詩》一卷、《南游詩》一卷、《禪機語録》一卷、《歌頌》一卷、《布袋頌》一卷。[③]

清平山文殊院是李資玄(1061—1125)隱居的寺院。金富轍這裏提到李資玄的著作裏面有“追和百樂公樂道詩一卷”。作品現已不存,因而具體内容無法得知。但是,通過此詩集書名,我們可以確定,當時確有“追和”對象的百樂公“樂道詩”存在。那麽,這裏的“樂道詩”與我們之前探討的《樂道集》又有何關聯呢? 還有,“百樂公”又是何人呢?

金富轍的《清平山文殊院記》刻於碑石之上,《真樂公重修清平山文殊院記》留存至今。但是經過兩文的對照發現,《東文選》中收録的“追和百樂公樂道詩一卷”,在實際碑文中却被刻爲“追和百藥公樂道詩一卷”。[④] 即,《東文選》中的“百樂公”實乃“百藥公”之誤寫,大概是在傳寫或刊行的過程中發生疏

---

① 《高麗史》卷第十《宣宗世家》:“宣宗四年三月甲戌,宋商徐戩等二十人來,獻新注《華嚴經》板。”

② 《蘇軾文集》卷三一《乞禁商旅過外國狀》:“元祐五年八月十五日,龍圖閣學士左朝奉郎知杭州蘇軾狀奏。檢會杭州去年十一月二十三日奏泉州百姓徐戩公案,爲徐戩不合專擅爲高麗國雕造經板二千九百餘片,公然載往彼國,却受酬答銀三千兩,公私並不知覺。因此搆合密熟,遂專擅受載彼國僧壽介前來,以祭奠亡僧净源爲名,欲獻金塔,及欲往此尋師學法。”

③ 徐居正等編《東文選》卷六十四,首爾:民族文化推進會影印本,1999 年。

④ 《韓國金石全文》中世·上《真樂公重修清平山文殊院記》。

漏所致。而百藥乃是李顗(1025—1077)的字[①],由此可知,"樂道詩"的作者當是李顗。

關於李顗其人,高麗文宗三十一年(1077)趙惟阜所著之《李顗墓誌銘》中有較爲詳細的介紹:

公即中書(李子淵)長子,受天地粹靈,風神秀異。幼嗜學,長工詩,若美景良辰,花朝月夕,必須命筆成篇,略無虛日。每一章一句出,無脛而走,疾於珠玉,人争傳寫,都下紙貴。觀其諷咏之旨,大義畢備,無蜂腰鶴膝之病,奚翅嘲風月弄花草而已哉。況至典墳無不探賾,其文足以華一國,其才足以取一第。然繇自賈誼之年,多相如之病,先公不許應擧之事,强令門蔭出身。[②]

李顗乃當時最大的門閥貴族仁州李氏李子淵(1002—1061)之長子,從小熱衷學問,文才出衆,尤擅作詩。[③] 趙惟阜評説他的文章包含大義,無不探求經典之深意,稱贊其文章足以光耀一個國家,其才學足以在科舉中登第。趙惟阜想要强調的是,雖然李顗最終依從父親的意願並未參加科舉,而是以門蔭入朝爲官,但不以科舉入仕並不代表他没有才學。

而在李顗的墓誌銘中還有一首題爲《叙懷》的悼亡詩,是李顗爲悼念先他而去的夫人而作。

三五年來養病姿,素飡君禄合人譏。稍同南國休文瘦,徒羨西河子夏肥。

只學因緣精進切,縱逢花酒極歡稀。今春偶失糟糠伴,梁上翻嫌雙燕飛。

據墓誌銘記載,李顗的夫人比他早 76 天離世。在此詩中,李顗没有過分表露出對夫人離世的哀痛。趙惟阜對這首詩也是贊不絶口,他評價道:"繇君先公七旬六日而亡,公悼往之,色不形于外,達觀之思,亞於鼓盆而吟,叙懷詩云……其落句之意,傍人聞之,尚猶悽愴,況於夫婦之間,能無念乎。嗚呼,四十年來業詩者,絶筆於此焉。"[④]

墓誌銘中所載的這首《叙懷》詩,將李顗的文學才能和感性思維展露無疑,同時蘊含了濃厚的佛教色彩。而李顗還是忠實的佛教信徒:

禄窮命盡,神佛難留,以五月十三日,薨于京城内佛恩寺……捐館之夕,無呻吟聲,盥手足,整衣冠,坐念阿彌陁佛名號,又以受菩薩八戒訖,伏枕而終,春秋五十有三。[⑤]

公自不惑之年,深信因果,奉公之外,讀大藏經爲身計,部秩一周,復

① 《韓國金石全文》中世·上《李顗墓誌銘》:"公諱顗,字百藥……"

②④⑤ 《韓國金石全文》中世·上《李顗墓誌銘》。

③ 趙惟阜在以韻文作成的銘文中以"詩高元白,筆妙鍾張"等評價來突出李顗的文才,認爲其詩可與中國的元稹、白居易比肩,書法也足以與鍾繇、張芝等妙。

而將半,若佛言不食冥祐可知。[①]

不僅如此,李顗亦曾官至相國:

年二十授内庫副使……五十一加中大夫中書侍郎同中書門下平章事判尚書兵部事西北面兵馬事兼西京留守使上柱國,僅三十年自郎署至于宰衡。

可知,李顗作有"樂道詩",篤信佛教,亦曾官至相國,這和元照所序《樂道集》的作者李相國十分相似。

李顗是李子淵的長子,而李子淵膝下育有 8 男 3 女,長女即是文宗的王妃仁睿太后,是順宗、宣宗、肅宗三位國王和義天的母親。因此,李顗和義天的母親仁睿太后是兄妹,那麽,李顗就是義天的舅舅。由此,基本可以斷定《樂道集》的作者就是李顗。然而,趙惟阜所著墓誌銘中從未提及《樂道集》及其他李顗所著的詩文集。這便意味著李顗生前從未編撰過詩文集,那麽,《樂道集》應是在李顗去世的 1077 年之後編纂而成的。

李資玄追和李顗《樂道集》而成的"追和百藥公樂道詩一卷"現已亡佚,其内容因此不得而知。但是,我們通過李資玄留有"追和百藥公樂道詩一卷"的記録可以推測,正如義天所期望的,李顗的《樂道集》刊行之後確實廣泛流傳於後進學子之間。[②] 而且,根據元照的序文,《樂道集》中收録了百篇李顗的詩文,因此,李資玄的"追和百藥公樂道詩一卷"中也應收録了詩百篇。對此,李朝初期的文人金時習(1435—1493)在清平寺逗留時所作的《清平寺》一詩值得關注:

寺前溪水響瑽琤,金碧高低鼓板鳴。雲碓自舂新壤粟,瓦爐閑煮老松苓。

庭前柏樹非餘境,窗外青山不世情。樂道百篇窮法理,無人唤起李先生。[③]

此首尾聯中的李先生即是指與清平山有深厚關聯的李資玄,且這裏的"樂道百篇窮佛理"即是指李資玄的"追和百藥公樂道詩一卷"。因此,此處也表明其中收録的詩有百篇,也可引爲旁證李資玄的"追和百藥公樂道詩一卷"的流傳。由此可知,李資玄和韻李顗《樂道集》中收録的所有詩歌而成的《追和百藥

---

① 《韓國金石全文》中世・上《李顗墓誌銘》。佛教華嚴宗有此説,唐澄觀《大方廣佛華嚴經隨書演義鈔》、法藏《華嚴經傳記》都記載,王子閣官劉謙之入山修道,賫此經一部,晝夜精懃,禮懺讀誦,并心祈妙德,以希冥祐,絶粒飲水,垂三七日。

② 但是,李資玄乃李顗的侄子,因此,一定程度上也不能排除其以抄本的形式看到《樂道集》的可能性。

③ 《梅月堂集》卷十三《關東日録・清平寺》,《韓國文集叢刊》第 13 册,首爾:民族文化推進會影印本,1999 年。

公樂道詩》一卷至朝鮮前期還有流傳。①

四 李資仁的北宋使行與《樂道集》

正如前文所述,元照在《樂道集》序文的最後部分强調,《樂道集》因爲符合佛教的教理,所以受到義天的青睞,義天也因此想將其刊行推廣。並且,我們通過李顗的墓誌銘,已經確認了他所具備的卓越詩才和虔誠的佛講信仰,也感受到了他的詩風和其中所蘊含的濃厚的佛教色彩。但是,義天計劃在收到元照的序文之後便將其付梓,只是單純地爲了傳播佛理嗎?針對這個問題,我們有必要先考察一下義天和李顗的關係。

正如前文所述,李顗是李子淵的兒子,而李子淵膝下育有8男3女。長子即李顗,長女即是文宗的王妃仁睿太后,是順宗、宣宗、肅宗三位國王和義天的母親。因此,李顗和義天的母親仁睿太后是兄妹,那麽,李顗就是義天的舅舅。在這樣的親戚關係之下,義天爲了能夠刊行李顗的遺稿《樂道集》,而向元照求序,應該並不只是單純地出於自己對詩文的愛好,或者是爲了推動佛理的傳播,其中多少也是有意藉刊行李顗的遺稿來取悦自己的母親仁睿太后,同時也有意藉此光耀外戚仁州李氏的家門。因此,爲《樂道集》的刊行求取序文就成了關係自己母親仁睿太后和仁州李氏家門體面的重要之事。

那麽,假設義天一開始就計劃要刊行舅舅李顗的《樂道集》,並將其帶到北宋的話,義天爲什麽不在1085年12月他第一次拜訪元照向其問法時請求作序,而要在臨近回國之時才提出請求呢?

上文也有所表述,高麗宣宗二年(1085)8月10日,高麗向北宋同時派遣了哀悼宋神宗駕崩的弔慰使和慶祝宋哲宗登基的使節團。使節團於同年12月1日抵達汴京開封,謁見了宋哲宗。并且,高麗宣宗通過使節團請求哲宗幫助其弟義天能早日回國。義天接到哲宗的傳召,再回到開封,與使節團衆人会合。其後,義天便隨高麗使節團一同踏上了回國之路,再次途徑杭州之時拜會了元照律師。

據史料記載,高麗兵部侍郎李資仁以賀登寶位使副使的身份參與了此次北宋使行。② 李資仁不是别人,正是李顗的長子,義天的表兄弟。義天和李資仁有親緣關係,同时又是當時高麗的王世子,自然能接觸到使節團的正使和副使等人,和李資仁共享一些與北宋有關的信息。

綜和以上這些基礎信息,可以做出如下推測:李資仁想要刊行父親的遺稿《樂道集》,出使北宋時也隨身携帶。義天在北宋的半年多時間内,與中國的知識界結下了廣泛的關係,當李資仁在開封遇到表兄弟義天時,便向其咨詢了刊

---

① 金時習和他同時代的文人金宗直在編纂《青丘風雅》時,收録了李資玄的詩《樂道吟》"家在碧山岑,從來有寶琴。不妨彈一曲,祇是小知音。"《韓國漢詩叢書》本,首爾:亞細亞文化社,1980年。由此可以推測,這本詩集在當時可能尚有流傳。

② 《高麗史》卷十《宣宗世家》:"宣宗二年八月辛未,遣户部尚書金上琦、禮部侍郎崔思文,如宋弔慰,工部尚書林槩、兵部侍郎李資仁,賀登極。"

刻父親的詩文集的相關問題,爲了“將命鏤板,流通於世”,順帶請求能否找人爲之作序。於是,義天在到達杭州之時,便攜詩集前去拜訪較有文學批評眼光的元照律師,請他爲之作序。

透過《樂道集》的相關信息,我們還可管窺當時以仁州李氏爲中心的高麗知識界的概貌。我們有必要注意到追和《樂道集》的李資玄也是仁州李氏,就李子淵的孫子。如前所述,李子淵膝下育有八男三女,李資玄是其第四子李顗的兒子。[①] 因此,李資玄即是李頲的侄子,是李資仁的堂弟,也是義天的表弟。義天寫給李資玄的詩仍流傳至今,詩中包含了義天的佛教思想及其對後學的勸誡之意。[②] 正如元照所言,這與義天刊行李頲的《樂道集》的意圖是一致的。最終,文才出衆的李頲的侄子李資玄爲了表達了對伯父的尊敬之情,追和了《樂道集》中收録的一百篇詩歌,同時也藉機盡情地發揮自己的文才。

五　結語

本文通過分析北宋元照所著的《高麗李相國樂道集序》,對高麗宰相李頲的《樂道集》的刊行經緯進行了剖析。義天爲學佛法越海來到北宋,其在北宋活動期間爲了刊行《樂道集》而請求元照律師爲之作序。針對這一點,筆者通過對文獻資料的整理,推測《樂道集》是由同年以副使之任參與北宋使行的李頲的長子李資仁帶入北宋提交給義天的。而且,義天從北宋回國之後,便主管高麗佛經的刊行工作,收集、整理和刊行了衆多的相關書籍。因此,義天想要刊行《樂道集》也並非難事。

當時,刊行本在高麗尚未開始普遍流通。除了重要的儒家和佛教經典之外,大部分書籍仍是以抄本的形式傳播。尤其是,從未出現過刊行個人詩文集的情况。依據文獻記載,在此之前僅編纂過崔承老(927—989)的《禁中雜著詩藁》、姜邯贊(948—1031)的《樂道郊居集》和崔惟善(? —1075)的《侍中集》等個人文集,但均未言及刊行之事。

但是,前幾次北宋使行途中流傳下來的《西上雜咏》和《小華集》等均在北宋編纂刊行。因此,李資仁可能也想藉此次北宋使行的機會,將父親李頲的《樂道集》刊刻出版。這也從另一個側面反映了北宋使行過程中的人際交流和當時新興出版文化的發達。《高麗李相公樂道集序》詳細介紹了《樂道集》的刊行經緯等情况,這些資料不僅在中韓兩國文學交流方面,而且在高麗個人詩文集的編撰和刊行方面都有極其重要的意義。

---

① 《韓國金石全文》中世 · 上《章和李公墓誌銘》:“……有子八人,長曰頲,檢校衛尉卿行尚書右丞知閤門事,次曰頔,殿中中少監,次曰碩,禮部員外郎,次曰顗,閤門祇侯出爲楊州使,次曰韶顯,少削周羅一捷于瑜伽業大選場爲大德,次曰顥,尚食直長同正,次曰顓,先公而逝,次曰顔,禮賓主簿同正員。女三人,並配至尊,長爲延德宫主王妃,大子及國原侯其子也。次爲壽寧宫主,朝鮮侯其子也。次爲崇慶宫主。世嗣繁延,家聲□赫,自有書契已來,未見踵於公而同日語者歟。”

② 《大覺國師文集》卷十九《寄玄居士》:“海印森羅處,塵塵大道場。我方傳教急,君且坐秡忙。得意應雙美,雜情即兩傷。圓融何取捨,法界是吾鄉。”

義天除了佛經注疏的收集外,還將高僧先哲關於華嚴宗的著作或要文按照類型分類,彙編成《圓宗文類》二十二卷。《圓宗文類》現存卷一、卷十四、卷二十二,在收録贊頌雜文類的卷二十二中,宋版本《杭州西湖昭慶寺結蓮社集》内所見錢易、蘇易簡、丁渭、宋白等的序文亦收録其中。由此可知,當時《杭州西湖昭慶寺結蓮社集》已經傳入高麗。以後,該書所收的詩常爲高麗文人所引用,可謂對高麗文壇産生了不小的影響。① 另外,義天及其弟子編撰的 250 卷《釋苑詞林》,收集了歷代佛教及相關雜文。現存五卷(卷一百九十一至卷一百九十五)收録了碑謁誌誄類,其中亦有不少是與義天同時代北宋文人的作品。尤其值得矚目的是,這一時期前後高麗文壇碑誌類文章大量湧現,而且文體也出現了很大的變化。這與當時唐宋古文從北宋的傳來及《釋苑詞林》所收碑誌類文章的影響不無關係。② 因此,義天入宋求法期間的《樂道集》刊行,以及各種詩文的收集、整理和編撰刊行工作,不僅對"北宋文學的東傳"這一中韓文學交流的角度,對韓國漢文學發展史也具有重要的意義。

(作者單位:南京大學外國語學院)

① 參見金程宇《韓國所藏"杭州西湖昭慶寺結蓮社集"及其文獻價值》,《中國學論叢》第 24 輯,高麗大學校中國學研究所,2008 年。

② 參見鄭墡謨《唐宋古文의初期受容樣相考—對北宋外交를中心으로》,《韓國漢文學研究》48 輯,2011 年 12 月。

古典文獻研究（第二十輯上卷）
Journal of the Institute for Chinese Classics Studies
Nanjing University
Volume 20, No.1 2017

朝鮮王朝正祖《詩經講義》研究*

付星星

一 正祖與《詩經講義》

正祖(1752—1800),名祘,字亨運,號弘齋,是朝鮮時代後期的賢明君主。正祖自幼酷愛讀書,八歲獲得世孫資格,他在祖父英祖大王的親自指導下研習儒家典籍,參加經筵日讲,如《承政院日記》英祖四十四年(1768)云:

> 致仁曰:"王世孫書筵所講《詩傳》,方將垂畢矣。以次序言,則似當講《周易》,而考之舊例,輒皆舍《周易》,而重講《四書》。今蕃則何以爲之乎?"上曰:"《周易》則姑似徑先,《四書》重講好矣。"①

可見,正祖的學習内容和學習次序,均由英祖親自規定。在英祖的悉心指導和朝廷大儒的培育下,正祖獲得了良好的儒家傳統文化教育。在十七歲的時候業已完成了對《詩經》的研習。如1768年《承政院日記》云:"嚴璘以侍講院言啓曰:'王世孫《詩傳》,今已畢講。因傳教以《孟子》重講之意,敢啓。'"②又據《承政院日記》英祖四十六年(1770)云:"李萬恢以侍講院言啓曰:'王世孫重講《書傳》,今已畢講,依傳教以《詩傳》繼講之意,敢啓。'"③次年《承政院日記》記載云:"李在簡以侍講(院)言啓曰:'王世孫重講《詩傳》,今已畢講,依傳教以《大學衍義》繼講之意,敢啓。'"④可知,正祖對《詩集傳》的系統學習達三年之久,他對《詩經》有了較爲深入的理解。

---

* 本文爲2014年國家社會科學基金一般項目"朝鮮半島《詩經》學史研究"(項目編號:14BZW025)階段性成果。本論文受貴州大學——孔學堂中華傳統文化研究院經費資助。

① 《承政院日記》第一二八〇册,英祖四十四年(1768)五月十一日,大韓民國文教部、國史編纂委員會編纂兼發行,1970年,第56頁。

② 《承政院日記》第一二八二册,第709頁。

③ 《承政院日記》第一三〇五册,第36頁。

④ 《承政院日記》第一三一五册,第563頁。

正祖在英祖朝的經筵活動中多次講習《詩經》,這爲他日後組織經筵講《詩》做了知識上的準備。正祖即位之後,延續了經筵日講的傳統,《詩經》也是經筵日講的重要内容。"經筵"一詞産生於中國宋代,"經",指經書,"筵",指竹席,引申爲座席。"經筵"字面意思是爲講經而設的講席。經筵講經最初出現在中國,指漢唐以來爲帝王講解經史及治國道理而特設的御前講席,在宋代被正式制度化,爲元、明、清三代所沿襲。① 古代中國作爲周邊國家的文化宗主國,在文化制度上影響周邊國家。朝鮮吸收并模仿中國的經筵制度,在高麗朝睿宗十一年(1116)設置寶文閣,招引有學之士爲國王講解經史典籍②,朝鮮的經筵制度肇始於此。

雖然經筵講經在高麗朝就已經出現,但是由於高麗朝重佛排儒,導致經筵活動並未盛行。李朝太祖李成桂於 1392 年立國,標志着朝鮮時代的開始,經筵講經制度也最終確立,并日漸繁興。《太祖實録》太祖元年(1392)云:"經筵官:皆兼掌進講經史。領事一,侍中已上;知事二,正二品;同知事二,從二品;參贊官五,正三品;講讀官四,從三品;檢討官二,正四品;副檢討官,正五品;書吏,七品去官。世子官屬,皆掌講學侍衛等事。"③又本年《太祖實録》記載:"諫官請日開經筵。上曰:'鬚鬢既白,不必會諸儒聽講。'諫官上疏曰:'恭惟殿下,自在潛邸,好觀書史;洎登大位,日講孜孜。其於窮理正心之學,修已治人之方,固已知之明,講之熟矣。臣等寡昧,何敢有所擬議哉? 然而經筵之設,徒有其名而未聞進講之時。'"④可見太祖李成桂開國之初就已經恢復了經筵制度,但是却並未付諸實踐。定宗李曔才開始真正實踐經筵制度,至世宗李祹即位之後,經筵制度才真正繁盛起來,世宗朝的經筵講經次數達一千八百九十八次之多⑤。金秀炅教授對朝鮮時期經筵制度有系統而精確的介紹,她將朝鮮時代的經筵講經分作三個階段,即太祖、世宗、成宗朝是經筵制度的確立期;宣祖、孝宗、肅宗朝是經筵制度的坎坷期;英祖朝是經筵制度的成熟期;正祖朝是經筵制度的變用期。⑥

正祖 1776 年即位,仍沿襲英祖朝經筵講經的制度,但正祖朝的經筵制度與傳統的經筵制度具有很大的差異。經筵的内容由以前針對帝王的教育與警戒變成了學術討論;經筵條問的對象在傳統經筵官的基礎上,增設抄啓文臣、

---

① 陳東《清代經筵制度研究》,山東大學 2006 年博士學位論文,第 1 頁。

② 《高麗史》卷七十六《百官志一》"寶文閣"條記載:"寶文閣,睿宗十一年,禁中作清燕閣,選置學士、直學士、直閣各一人,朝夕講論經書。學士視從三品,直學士視從四品,直閣視從六品。"《高麗史》中册,首爾亞細亞文化社,1972 年,第 669 頁。

③ 《朝鮮王朝實録一・太祖實録》卷一,太祖元年(1392)七月,(韓國)國史編纂委員會編纂,1968 年,第 23 頁。

④ 《朝鮮王朝實録一・太祖實録》卷二,太祖元年(1392)十一月,第 35 頁。

⑤ 南智大《朝鮮初期的經筵制度》,《韓國史論》第 6 輯,第 163 頁。

⑥ 金秀炅《韓國朝鮮時期〈詩經〉學研究》,北京大學 2010 年博士學位論文,第 28—41 頁。

奎章閣文士及地方儒生[1]。抄啓文臣主要負責條對正祖關於《四書》、三經及《春秋左傳》的問題,是經筵條問的主要對象。對抄啓文臣的教育主要分爲"講"和"制","講"是由奎章閣閣臣或正祖主持,抄啓文臣講論經史;"制"是由奎章閣閣臣或正祖主持,抄啓文臣以論辯的方式進行寫作。正祖經史講義所涉及的科目包括經學、史學和理學:經學有《四書》、三經和十三經總論;史學有《春秋左傳》、《通鑑綱目》;理學有《近思録》、《心經》。

《經史講義》由正祖的"條問"和抄啓文臣的"條對"組成。《經史講義》中的《詩經》部分就是《詩經講義》。收録了1781年、1783年、1784年、1789—1790年間,四次經筵活動中正祖的《詩經》"條問"和抄啓文臣的部分"條對"。

正祖所進行的四次經筵講《詩》,所選拔的抄啓文臣和條問數如下:1781年的抄啓文臣有:洪履健、李益運、李宗燮、李東稷、李顯默、朴宗正、徐龍輔、金載瓚、李祖承、李錫夏、洪仁浩、曹允大、李魯春,共計13名,正祖的條問爲98條。1783年的抄啓文臣有:李顯道、鄭萬始、金啓洛、金熙朝、李昆秀、尹行恁、成種仁、李晴、李翼晉、沈晉賢、徐瀅修、申馥、姜世綸,共計13名,正祖的條問爲52條。1984年的抄啓文臣有:李書九、韓商新、韓致應、鄭東觀、洪義浩,共計5名,條問爲61條。1789年的抄啓文臣有丁若鏞、尹寅基、沈能迪、金羲淳、金履喬、安廷善,共計6名。1790年的抄啓文臣有:趙得永、崔壁、宋知濂、李羲甲、鄭魯榮、金履載、李明淵、徐有榘、嚴耆、金達淳、洪秀晚、朴宗京。共計12名。1789至1790年間,正祖的條問共計587條。此外《詩經講義》還收録了正祖總經講義中的《詩經》提問,共計15條。

《詩經講義》的主要《詩經》注本是朱熹《詩集傳》和胡廣等所編之《詩傳大全》,正祖依據這兩個《詩經》注本,對《詩經》的基本問題、釋義、訓詁、名物、制度作了詳細的提問。

正祖對《詩經》的關注是以"條問"的方式呈現,這些"條問"反映了正祖的《詩經》學成就,具體表現在三個方面:開啓宏通多元的《詩經》研究風氣;恢復漢代《詩經》學强調現實、重視教化的經學傳統;將《詩經》與現實政治關聯,通過《詩經》釋讀來傳達政教思想。

二　宏通多元的《詩經》闡釋

正祖的條問大多是針對《詩集傳》而提出的,臺灣地區學者張寶三將正祖圍繞《詩集傳》的提問分爲六類:僅據朱《傳》之説以設問,未加以評論;指出朱子解《詩》自相歧異之現象;引他説與朱《傳》相較,未論其優劣,而以之設問;引他説與朱《傳》相較,謂朱《傳》爲優,且以之設問;引他説與朱《傳》相較,批評朱《傳》之

---

[1] 按:"抄啓文臣",是正祖1781年開始選拔的一批年輕才俊,選拔標準以學術實力爲基礎,不爲黨派、門閥所限。這些抄啓文臣是正祖振興學術,改革科舉制度和推行政治改革的得力助手。另外,這些不同的經筵講員所條對的科目也有所區分,抄啓文臣主要負責條對正祖在《四書》、三經及《春秋左傳》上的問題;奎章閣閣臣回答正祖關於《近思録》的問題;成均館儒生回答正祖關於《通鑑綱目》的問題;關東、湖南、關西、關北的儒生回答正祖總經部分的問題。

説,且以之設問;直指朱《傳》之説可疑,並以之設問。[①] 張寶三指出正祖時代《詩集傳》是科舉考試的標準,因此《詩經》研究以《詩集傳》爲主,正祖以《詩集傳》爲據設問也是此種《詩經》研究常態的反映,但是正祖在部分條問中對《詩集傳》的批評與懷疑透露出正祖並不以《詩集傳》作爲《詩經》解釋的唯一標準。[②] 本文認爲正祖《詩經》研究具有宏通多元的闡釋取向:他懷疑《詩集傳》,但不摒棄《詩集傳》;回歸《詩經》經學研究,但并又不專主經學研究,表現出漢宋兼采的《詩經》學闡釋取向。此外,正祖還廣泛吸收朝鮮本土學者的《詩經》研究成果。

正祖懷疑《詩集傳》的諸多解釋,但不廢棄《詩集傳》,而是將《詩集傳》作爲《詩經》研習的重要本子。他根據《詩集傳》的釋義還發現朝鮮《詩集傳》經文誤刻的情況。如《王風·君子于役》,正祖云:"羊牛下來,《注》曰:'羊先歸,而牛次之。'然則下章先言牛,何歟?"[③]正祖根據《詩集傳》"日夕則羊先歸而牛次之"[④],認爲此詩第二章所云"牛羊下來"相矛盾。正祖參照《詩集傳》經文與注釋之不符,判定兩者必有一誤。抄啓文臣金達淳作了正確的回答:"下章之先牛後羊,坊本之誤也。古本則上下二章皆作'羊牛下來'矣。"[⑤]指出朝鮮《詩集傳》刻本將第二章之"羊牛下括"誤刻爲"牛羊下括"。

正祖在《詩集傳》之外引用《毛傳》、《鄭箋》等《詩經》漢學的解釋。如《邶風·静女》"静女其變,貽我彤管"之"彤管",《毛傳》、《鄭箋》相同,將彤管解釋爲女史記事的赤管筆。[⑥] 而《詩集傳》却以"未詳何物,蓋相贈以結殷勤之意耳"[⑦]來解釋彤管,正祖對此表示不理解,並提出疑問云:

> "彤管"之爲赤管筆,女史之所執而記事者,已見於《左傳》所引此詩之三章杜預注[⑧],而《集傳》以彤管爲未詳者,何歟? 小注或稱鍼管,或稱樂管,又何所據歟?[⑨]

徐有榘對此回答道:

> 此詩舊説以爲陳静女之德,以示法戒,故彤管之爲女史之筆,自無可

---

① 張寶三《朝鮮正祖〈詩經講義〉論考》,《東亞〈詩經〉學論集》,臺大出版中心,2009 年,第 439—459 頁。

② 張寶三《朝鮮正祖〈詩經講義〉論考》,《東亞〈詩經〉學論集》,第 457—458 頁。

③ 正祖《詩經講義》,《韓國經學資料集成》第 75 册,韓國成均館大學校出版部,1995 年,第 386 頁。

④ (宋)朱熹《詩集傳》,上海古籍出版社,1980 年,第 43 頁。

⑤ 正祖《詩經講義》,第 386 頁。

⑥ 《毛傳》釋"彤管"云:"既有静德,又有美色,又能遺我以古人之法,可以配人君也。古者后夫人必有女史,彤管之法,史不記過,其罪殺之。后妃群妾以禮御於君所,女史書其日月,授之以環,以進退之。生子月辰,則以金環退之。當御者,以銀環進之,著于左手;既御,著于右手。事無大小,記以成法。"《鄭箋》云:"彤管,筆赤管也。"(唐)孔穎達《毛詩正義》,北京大學出版社,1999 年,第 174 頁。

⑦ (宋)朱熹《詩集傳》,第 26 頁。

⑧ 《左傳·定公九年》云:"《静女》之三章,取彤管焉。"杜預注云:"《詩·邶風》也。言《静女》三章之詩,雖説美女,義在彤管。彤管,赤管筆。女史記事規誨之所執。"左丘明傳、杜預注、孔穎達正義《春秋左傳注疏》,北京大學出版社,1999 年,第 1579—1580 頁。

⑨ 正祖《詩經講義》,第 357 頁。

疑。至于《集傳》定爲淫詩，則彤管二字於義無當，不得不以未詳爲釋矣。至於鍼管、樂管之説，秪因管字傅會，未必有的據。[①]

徐有榘從詩旨的角度分析諸家解釋，得出毛鄭重在闡釋静女之德，所以將“彤管”解釋爲女史之彤管；《詩集傳》將《静女》詩定爲“此淫奔期會之詩也”[②]，如果仍以女史充滿法誡的赤管筆來解釋彤管，就不合乎淫詩的詩旨。徐有榘的解釋是合理的，而正祖的提問，也在《詩集傳》之外提出了更多的釋義可能。

再如《王風・揚之水》，正祖問：

蒲，毛詩以爲草，鄭氏以爲蒲柳，《集傳》取鄭不取毛，何歟？二説皆可通，則不爲並載者，又何歟？[③]

《王風・揚之水》詩三章的前兩句分别爲：“揚之水，不流束薪”；“揚之水，不留束楚”；“揚之水，不流束蒲”。《毛傳》釋第三章“揚之水，不流束蒲”之“蒲”云：“蒲，草也。”[④]《鄭箋》云：“蒲，蒲柳也。”[⑤]《鄭箋》與《毛傳》相異，孔穎達解釋云：“以首章言薪，下言蒲、楚，則蒲、楚是薪之木名，不宜爲草，故易傳以蒲爲柳。”[⑥]朱熹也認爲“蒲”當爲木名，所以從《鄭箋》云：“蒲，蒲柳。”[⑦]正祖認爲“蒲”的兩種解釋是“二説皆可通”，此可見他兼采各家釋義的研究態度。

正祖引入焦延壽的《詩經》學觀點。如《周南・卷耳》，正祖云：

《卷耳》從朱子説，作后妃思文王之詩。則“陟彼崔嵬，我馬虺隤”是后妃之登高望遠也。或曰婦人之乘馬登山，無亦有未可者歟。夫卷耳，非后妃之所自采，而托言采之矣。乘馬、登山亦是托言，則無害歟？或曰：我所懷之人，苦行邁也，山可陟也，我馬可念也。此我，我人也。下我，我也。蓋以僕馬疲頓爲文王之驅馳歷險也，此説何如？《焦氏易林》云“玄黄虺隤，行者勞疲，役夫憔悴，踰時不歸”，以僕馬疲頓爲行役者之辭，厥惟久矣。我東先儒亦以爲文王之僕馬疲頓，而曰“如欲登高望遠，則語勢不宜”。如是拖長其言，似有味，而朱子《集傳》恐不可遽易，未知如何？[⑧]

正祖在《詩集傳》之外增加了漢儒焦延壽與朝鮮儒者的理解，將《詩集傳》所確定的抒情主體由后妃轉换爲行役之人，將托言轉换爲自道之詞。正祖引入的意見，也得到了文臣的響應，如金達淳答云：“僕馬疲頓之屬，之於后妃終有拖長之嫌。觀於末章僕痡云云，尤可知其非遠望，姑存或説，以備一義恐，未爲不可。”[⑨]

---

① 正祖《詩經講義》，第 358 頁。

② (宋)朱熹《詩集傳》，第 26 頁。

③ 正祖《詩經講義》，第 387 頁。此條，金履喬回答云：“上章之曰薪曰楚，皆是木屬，則不應於此章獨言柔弱之草，此《集傳》所以捨毛取鄭也。”正祖《詩經講義》，第 388 頁。

④⑤ (唐)孔穎達《毛詩正義》，第 259 頁。

⑥ (唐)孔穎達《毛詩正義》，第 259—260 頁。

⑦ (宋)朱熹《詩集傳》，第 44 頁。

⑧ 正祖《詩經講義》，第 275—276 頁。

⑨ 正祖《詩經講義》，第 276 頁。

正祖引用宋儒的《詩經》解釋[①]。如《周南·關雎》"參差荇菜"之"荇",《毛傳》云:"荇,接余也。……后妃有關雎之德,乃能供荇菜,備庶物,以事宗廟也。"[②]《詩集傳》的解釋與《毛傳》相同,亦云:"荇,接余也。"[③]但是正祖認爲以"柔順"解釋"荇菜"[④],更爲貼近詩義,但是《詩集傳》并没有吸收程子的解釋,正祖對此提問云:

荇菜,先儒多言取其柔順潔净,比后妃之德,而《集傳》不言者,何耶?[⑤]

徐有榘回答云:

諸儒所謂取其柔順潔净者,蓋本於程子之説,而《集傳》之不載,非謂其説之不可從也,蓋以非此詩大意而略之也。[⑥]

徐有榘認爲《詩集傳》不採用"柔順潔净"之意,是因爲朱熹認爲"柔順潔净"與《關雎》的主旨没有太大關聯。《詩集傳》不取程子的解釋,但是不能代表朱熹反對此説。徐有榘的解釋可以舉朱熹在《朱子語類》中援引程子的解釋爲據,他説:"荇菜是潔净和柔之物,引此起興,猶不甚遠。其他亦有全不相類,只借他物而起吾意者,雖皆是興,與《關雎》又略不同也。"[⑦]朱熹强調的是此處起興的荇菜具有柔順潔净之意,這與别處没有比喻意義的興是有區别的。可見,徐有榘的回答雖然語焉不詳,但是是有根據的。正祖在《詩集傳》之外引入程子的解釋,打開了文臣的思考範圍,同時呈現了不主一家一説的解釋方法。

正祖引用明代《詩經》學研究成果。如他在討論《周南·兔罝》之人是否爲文武兼備之士時引入了豐坊《申培詩説》的釋義。正祖云:

---

① 正祖在《召南·野有死麕》、《鄘風·柏舟》、《邶風·谷風》等詩中引入了嚴粲的《詩經》解釋。如《召南·野有死麕》,正祖云:"朱子嘗曰:《野有死麕》,潘叔恭謂强暴欲以不備之禮爲侵陵之具者,得之,而大旨則無此意,只以因所見以興其事而美之爲言,何歟? 華谷嚴氏云:《野有死麕》,人欲取其肉,猶以白茅包裹,有女懷春,彼吉士何不以禮取之,乃誘之乎? 此説與潘説,孰優歟?"沈能迪答云:"從潘説,則當作賦體;從嚴説,則當作興體。而《集傳》以興爲正義,以賦爲附説,潘嚴之優劣即此可決。"正祖《詩經講義》,第313—314頁。《邶風·谷風》正祖云:"'德音莫違',是婦人之德音歟? 是其夫之德音歟? 以葑菲之根惡,喻色衰;以其莖之美,喻德善,則似是言己之德音。而《日月》章'德音無良',《小注》嚴華谷并此章德音而言皆其夫待己之意。則是作其夫之德音,當如何看爲是歟?"李明淵回答云:"'德音莫違',專屬婦人;'德音無良',專屬良人。嚴説恐不可從。"正祖《詩經講義》,第337頁。《鄘風·柏舟》,正祖云:"嚴華谷以爲二《柏舟》用意皆在下句,《邶·柏舟》在於'亦汎其流',《鄘·柏舟》在於'在彼中河'。《邶·柏舟》之'亦汎其流',即無所依薄之意,可以興耿耿之隱憂。《鄘·柏舟》之'在彼中河',於兩髦之我儀,何所當歟? 似無意味,未知如何?"朴宗京答云:"《柏舟》之汎而在中河,猶女子之嫁而在夫家,如是看,則嚴説亦自有味。"正祖《詩經講義》,第365頁。

② (唐)孔穎達《毛詩正義》,第25頁。

③ (宋)朱熹《詩集傳》,第2頁。

④ 《二程遺書》云:"荇菜以興后妃之柔順。左右流之左右者,隨水之貌;左右采之者,順水而采之;左右芼之者,順水而芼之;皆是言荇菜柔順之貌,以興后妃之德。"(宋)朱熹編《二程遺書》卷十九。

⑤ 正祖《詩經講義》,第270頁。

⑥ 正祖《詩經講義》,第271頁。

⑦ (宋)黎靖德《朱子語類》卷八十一,中華書局,1986年,第2096—2097頁。

《兔罝》之野人，思皇之多士，其才之高下，有可言者，而干城也，楨幹也，亦有輕重之等歟？濟濟多士，文德之人；赳赳武夫，猛勇之姿，則各專文武而不得相通歟？抑秉文德者，兼敵愾之威；執椓杙者，備承佐之才歟？《申培詩説》云："《兔罝》，文王聞太顛、閎夭、散宜生之賢，而舉之。國人咏其事而美之。"兹三人者，名與十亂，才並四鄰，則《兔罝》之武夫，豈非文武備具之士歟？①

此處正祖所引《申培詩説》的觀點遭到了丁若鏞的反對②，但是他引入新的釋義，對於擴大朝鮮《詩經》研究的視域，提升朝鮮學者對於《詩經》的思考力度都是大有助益的。

正祖還引入朝鮮學者的《詩經》研究成果。如《王風·葛藟》，《詩集傳》釋《葛藟》云："興也。綿綿，長而不絶之貌。"③正祖引用朝鮮學者釋義云：

我東先儒有云："葛藟當在山谷，施延于河邊，以比離親戚托他人。"於取興曲折甚有味，朱子於此，略不言之者，何歟？④

"我東先儒"指的是金昌翕，金昌翕論此詩云："綿綿葛藟，當在山谷，施延于河邊，以比離親戚托他人，意義諧恊。"⑤金昌翕從詩句"綿綿葛藟，在河之滸"中讀出本應該生長在山谷之中的葛藟，今蔓延於河邊之地，比喻與親人離别。結合《葛藟》詩，朝鮮儒者的解釋是對《詩經》釋義的深層次探求，亦如丁若鏞的答語所云："東儒之説，取義恰當，可補《集傳》不盡釋之義矣。"⑥此外，正祖還在《邶風·終風》⑦、《衛風·淇奥》⑧、《鄭風·子衿》⑨等詩中引入了朝鮮學者的解釋。正祖細心探求《詩集傳》與諸家的不同之處，讓朝鮮文臣在《詩集傳》的釋

① 正祖《詩經講義》，第284—285頁。

② 丁若鏞反對《申培詩説》云："古之人身兼六藝，《兔罝》之人，未必非思皇之士；楨幹之材，未必非干城之器。高下輕重，有不須論。至若《申培詩説》，顛夭、散宜之説，蓋因墨子舉罝網之説而巧爲傅會者，恐不足據。"正祖《詩經講義》，第285頁。

③ (宋)朱熹《詩集傳》，第46頁。

④ 正祖《詩經講義》，第388頁。

⑤ 金鍾正《詩傳劄録》，《韓國經學資料集成》第71册，韓國成均館大學校出版部，1995年，第696頁。

⑥ 正祖《詩經講義》，第389頁。

⑦ 正祖云："'不日有曀'，《集傳》以'有'作'又'，又'曀'亦比人之狂暫開而復蔽也。莊公之狂果有暫開之時歟？其惠然肯來，亦可謂暫開之時歟？我東先儒以爲將有作，又未必然。不日，是非一日，言其久也，此説何如？"徐有榘答云："顧笑惠來，雖是暫開之時，而不日旋蔽，則正可見其狂蕩無常也。'有'之爲'又'，可徵於《尚書》'十有三年'之文，不日之爲，不終日，可證於《大雅》'不日成之'之句，《集傳》所釋，恐不可易。"正祖《詩經講義》，第329—330頁。

⑧ 正祖云："'重較'爲卿士之車，朱子用毛、鄭説。而我東先儒以爲未然，其説曰：重者，厚重也；較者，博大也。以其寬綽，故有弛張之時；以其重厚博大，故雖戲謔而不至於輕佻。今以卿士車插著於其間，脉理不貫，且'猗'字亦無安頓，此説似爲有理，未知何如？"丁若鏞答云："字書'較'訓甚多，而獨無博大之訓。且'較'之音角，本取車上角立之義，若訓博大，則當音校，不當音角，而今四句中綽、謔、虐，皆與角叶韻，則重較之爲車制無疑，東儒之説恐不可從。"正祖《詩經講義》，第377頁。

⑨ 正祖云："青青子衿，雖未見其必爲學校之詩，而亦未知其必爲淫奔之詩，我東先儒亦嘗疑之，未知如何？"安廷善答云："《集傳》雖以此篇爲淫詩，而後著白鹿洞賦有云'廣青衿之疑問'，則未始不取舊説也。"正祖《詩經講義》，第399頁。

義之外,關注更多的《詩經》解釋,打破了《詩集傳》一家獨尊的學術態勢。

三　《詩經》經學研究的回归

《詩經》最遲在戰國時期被確立爲儒家的經典著作[①],"經也者,恒久之至道,不刊之鴻教也。故象天地,效鬼神,參物序,制人紀;洞性靈之奥區,極文章之骨髓者也"[②]。將《詩經》與經國之大業相聯繫,是《詩經》由"詩"的文本而進入"經"的層面的關鍵,因此在古代中國《詩經》作爲"經學"的意義遠遠大於作爲"文學"的意義。《毛詩序》、《毛傳》、《鄭箋》、《毛詩正義》等是《詩經》經學研究的主體,强調《詩經》"經夫婦,成孝敬,厚人倫,美教化,移風俗"[③]的政治功用。"美刺"亦成爲《詩經》經學研究的重要元素。但是自魏晉南北朝以降,經學開始衰落,文學走向自覺。文人學士對《詩經》的態度從"經"的層面逐漸轉入"詩"的層面,開始從文學的角度來賞析評價《詩經》[④]。

至宋代,朱熹《詩集傳》雖然在内容上肯定《詩經》的經學意義,但是在研究方法上較爲偏重文學闡釋而减弱經學闡發,其最大的表徵就是廢除《詩序》[⑤],從《詩經》文本出發,以詩解《詩》。《詩集傳》自元代延祐以後被指定爲科舉考試的教科書,中國的士人出於功名俸禄的立場,奉《詩集傳》爲珍寶,不加指摘。明清以降,《詩集傳》藉助科舉的威權,籠罩學壇,漸成獨尊之勢。

朝鮮時代尊崇程朱理學,朝鮮學人在《詩經》研究上亦尊奉《詩集傳》爲不刊之宏論,并以崇仰的態度來研習《詩集傳》,謹遵朱氏家法,鮮有不同意見,《詩經》研究的方法較爲單一。正祖在文化上推行"文藝復興",接續被遺忘的《詩經》經學傳統,以《詩經》的經學研究來對抗以《詩集傳》爲中心的文學研究,試圖打破《詩集傳》一家獨尊的研究格局。下面擬以《詩序》的存廢之争、六義之"興"來探討正祖對《詩經》經學研究的回歸。

---

① 按《莊子·天運篇》:"孔子謂老聃曰:'丘治《詩》、《書》、《禮》、《樂》、《易》、《春秋》六經。'"王先謙《莊子集解》,中華書局,1987年,第130頁。又《荀子·勸學》云:"學惡乎始? 惡乎終? 曰:其數則始乎誦經,終乎讀禮。"(清)王先謙《荀子集解》,中華書局,1988年,第11頁。又湖北荆門郭店楚簡《六德》篇云:"觀諸《詩》、《書》,則亦在矣;觀諸《禮》、《樂》,則亦在矣;觀諸《易》、《春秋》,則亦在矣。"

② 黄叔琳注、李詳補注、楊明照校注拾遺《增訂文心雕龍校注》,中華書局,2000年,第26頁。

③ (唐)孔穎達《毛詩正義》,第10頁。

④ 張啓成教授將此一階段《詩經》文學研究的特徵概括爲四個方面,即"注重學習《詩經》的藝術技巧,賞析《詩經》的名篇佳句;從詩言志到詩緣情的轉化;對《詩經》部分詩旨的新探索;對後世文學與文體的影響"。張啓成《詩經研究史論稿新編》,貴州人民出版社,2011年,第127頁。

⑤ 按:朱熹早年尊奉《詩序》,後來受鄭樵《詩辯妄》的影響,對《詩序》的態度大變,以爲《詩序》乃村野妄人之所作,於是就把主張《詩序》的《詩集解》修改成罷黜《詩序》的《詩集傳》。朱熹云:"舊曾有一老儒鄭漁仲更不信《小序》,只依古本與疊在後面。某今亦只如此,令人虚心看正文,久之其義自見。蓋所謂《序》者,類多世儒之誤,不解詩人本意處甚多。且如'止乎禮義',果能止禮義否?《桑中》之詩,禮義在何處?"(宋)黎靖德《朱子語類》卷八十,中華書局,1999年,第2068頁。又朱熹云:"《詩序》實不足信。向見鄭漁仲有《詩辨妄》,力詆《詩序》,其間言語太甚,以爲皆是村野妄人所作。始亦疑之,後来子細看一兩篇,因質之《史記》、《國語》,然後知《詩序》之果不足信。因是看《行葦》、《賓之初筵》、《抑》數篇,《序》與《詩》全不相似。"《朱子語類》卷八十,第2076頁。

(一)《詩序》存廢之争

正祖《詩經》研究貫穿了對《詩序》的思考。在正祖十四年(1789)至十五年(1790)所進行的詩經講義活動中,他對《詩序》的基本問題作了系統的提問。正祖云:

> 《詩》其難解乎?曰難解也。朱子《集傳》訓釋備矣,而猶有難解者,何也?非風雅之體之難解也,非興比之義之難解也,非正變之調之難解也,非字句音韻之難解也,非鳥獸草木之名之難解也,惟《詩》中美刺之事有異同是非爲難解。舊説之可考據者有《小序》,而先儒之取捨,從違不同,當何所折衷而憑信歟?此其最難解者也。①

正祖認爲較諸《詩經》的章句字詞、風雅頌體例、比興、正變、音韻、名物而言,《詩經》中所承載的美刺之事,是最難也是最關鍵的問題,朱熹《詩集傳》在《詩經》訓釋上作了較爲完備的解釋,但是對於美刺之事却未作詳細的探究。正祖認爲《詩經》確實爲美刺之事的載體,但是作爲《詩經》美刺研究主體的《詩序》,被漢代以後的儒者作了不同面向的取捨,正祖希望找出一條正確理解並折中《詩序》的方法。他通過《詩序》探求《詩經》中的美刺隱喻,在方法論上,是漢代經學傳統的延續。同條正祖繼續問道:

> 夫詩人之有贊美之語者,固好賢樂善之心;而若其譏刺人者,非所謂敦厚温柔之教也。然以《序》中所説觀之,何其多譏刺之作歟?男女相悦之詩,亦以爲譏刺之詩,以《狡童》爲刺鄭忽,《將仲子》爲刺祭仲,青青子衿爲刺學校,若此類甚多,皆不可信歟?以贊美之辭而言,則漢之廣矣,不可作德廣之喻,《行葦》之牛羊勿踐履,不可作仁及草木歟?《魚藻》之王在在鎬,終不可作思武王之詩,《昊天有成命》終不可作周公告成功之詩歟?《碩人》、《載馳》、《定之方中》之外,《序》説皆不可從歟?②

《詩序》對《衛風·碩人》、《鄘風·載馳》、《鄘風·定之方中》等詩解釋可以通過《左傳》的記載來證明其釋義是有根據的,且《詩序》關於這些詩篇的解釋也得到了《詩集傳》的接受。正祖的疑問是,對於《詩序》中不能在《左傳》等史籍中找到印證材料的解釋,是不是都不可從呢?並列舉《鄭風·狡童》、《將仲子》、《子衿》、《周南·漢廣》、《大雅·行葦》、《小雅·魚藻》、《周頌·昊天有成命》等詩,説明僅僅通過經文文字,難以知曉其中所藴藏的美刺。

同條正祖又問曰:

> 朱子以爲,當以詩解《詩》,不可以《序》解《詩》。夫《小序》世傳子夏所作,子夏是親受於夫子者,則宜若可信,而朱子不取者,何也?朱子以《小序》謂非子夏作,何以知其非子夏所作歟?以文體之不類《樂記》、《儀禮》傳歟?以義理之謬戾非當日起余之見識歟?朱子嘗曰質之《史記》、《國

① 正祖《詩經講義》,第253—254頁。
② 正祖《詩經講義》,第254頁。

語》,然後知詩《序》之不足信。《史記》、《國語》之文可辨《詩序》之誤者,果指何語歟? 又曰古人已不曉《詩》意,《左傳》所載歌詩多與本意元不相關。夫《史記》、《國語》、《左傳》同是古史,而在《史記》、《國語》則信之,在《左傳》則不信,抑又何歟? 吕東萊《讀詩記》專信《詩序》,而朱子非之,至以爲毛、鄭之佞臣。後學之所尊信莫如朱子,則當從朱子,而且朱子之前不從《詩序》者歐陽公、蘇潁濱、鄭漁仲,從《詩序》者吕東萊一人,以衆寡而可決其得失歟?《小序》非子夏所作,則果是誰作歟? 東漢《儒林傳》云《小序》是衛宏作,而朱子以爲亦不是衛宏作,是二三人手而合成一序者。蓋以其零湊附會也,衛宏猶不爲,則况子夏乎? 朱子之論至此益嚴,而《小序》於是乎廢矣。近見一文字自燕中出來者,載其論詩説而曰:"漢魯國毛享[①]作《訓詁傳》以授趙國毛萇,時人謂之大小毛公,所由授受,則得之趙人荀卿而逆溯于根牟子、孟仲子、李克、曾申以及于卜氏子夏。子夏親見聖人者,總其删述之旨,爲之序論,以授門弟子。今世所習三百篇小序,雖繫毛公,實本諸子夏氏而立説者也。"觀此説則其叙來歷似爲該備,而與朱子説不同,且所謂毛享之作訓詁得之荀卿者,果何所據耶?《小序》真僞,固爲《詩》之一大疑案,然自朱子斷棄之後,宜可以破疑,而猶有後來紛紜,何以則痛加辨正,使讀《詩》者瞭然無惑歟? 願博古之君子,其詳講而明陳之。[②]

正祖首先指出《詩集傳》以詩解《詩》的方法是從文本出發,將《詩經》解釋的重心放在詩歌的層面,這與《詩序》旨在挖掘《詩經》背後之美刺意義具有很大的不同。正祖探尋朱熹廢《詩序》的原因大致有三:《詩序》非子夏所作;《詩序》文體非《樂記》之傳,義理又不精;《詩序》不合《史記》、《國語》的記載。正祖對朱熹的以上原因均有所懷疑,并在條問之末,引用對《詩序》的看法與朱熹相異的毛奇齡的説法。毛奇齡認爲《詩序》與《詩故訓傳》之作者同爲毛公[③]。毛公師從荀卿,荀卿以上的師從可以倒溯爲根牟子、孟仲子、李克、曾申以及於子夏,得出出於毛公之手的《詩序》其實淵源於子夏。正祖對朱熹與毛奇齡的説法,提出了很多質疑,而其中他最關心的則是《詩序》的作者是否爲子夏的問題,因爲子夏是孔子弟子中文學類的代表,而且《論語》中記載了孔子與子夏談論《詩經》的篇章,如果《詩序》果真爲子夏所作,那麽《詩序》就是孔子聖學之遺教,是不可廢除的。

以上正祖對《詩序》的基本問題作了提問,首先是如何折中《詩序》之美刺,其次《詩序》是否可從,再次是《詩序》的作者爲誰。抄啓文臣徐有榘回答道:

辨《詩》之道,當先辨《序》説之真僞。蓋《小序》之作久矣,傳授既遠,

① 按"享"當爲"亨"字之誤。

② 正祖《詩經講義》,第254—257頁。

③ (清)毛奇齡《詩札》云:"魯人大毛公毛亨作《故訓傳》,授之趙人小毛公萇,既而河間獻王得以獻之,始以萇爲博士,則是毛亨作《毛傳》,詎萇作耳?"文淵閣《四庫全書》本。

論說多歧，至今爲一大疑案。而臣則竊謂《序》說决不可廢。試以《序》說考之，其釋《鴟》與《金縢》合，釋《烝民》與《孟子》合，釋《由庚》六篇與《儀禮》合，釋《清人》、《皇矣》與左氏合。當漢之初，左氏諸書未盡行，而《序》說先與之合，其爲先秦之文，章章可明，而雖謂源流於子夏，亦可矣。且就聖問言之，《狡童》之指鄭忽，箕子《漸漸之歌》可參證也；《將仲子》之刺鄭莊，《左傳》、子展之賦可旁引也；青衿爲學者之服，則《子衿》之學校不修，自是實傳；祭畢無燕射之禮，則《行葦》之養老、行射未易遽斥；《魚藻》果非思武王之詩，則何以曰王在在鎬；《昊天有成命》定是頌成王之作，則何以在《我將》之前乎？至於《漢廣·序》德廣之喻，雖似臨文巧撰，而其下所謂化行江漢，固未始不見取於《集傳》。引而伸之、觸類長之，則三百十一篇之旨，無往非舊解之可從，而不但止於《碩人》、《載馳》之類而已也。若以爲文體冗雜，義理謬盭，則程子豈不曰："其文似《繫辭》，其義非聖人不能言也乎。"若以爲稽諸《史記》、《國語》，可知《序》說之誤，則抑《序》之與《國語》有異，雖是千慮之一失，而《那·序》之合於《國語》，《無衣·序》之合於《史記》，獨非朱子之所已許者乎？又若論從違之衆寡，則毛、鄭以下說詩之家莫不以《序》說爲主，而《集傳》之前，别立門户者惟蘇、鄭、歐陽數家而已，此多彼寡，一按可見。而《序》說之未易廢，抑亦百世之公議也。然則朱子所謂後儒傅會，特指其每篇首句下續申之説，或出於毛公、衛宏，而非真以《大序》、《小序》全歸之杜撰。况《柏舟》之仁人，《子衿》之學校，皆《辨說》之所深斥者，而及夫注《孟子》、作《洞賦》，并皆仍用舊說，則《辨說》一篇猶屬初年未定之論，苟或因此而遽廢《序》說，則恐非朱子意也。臣故曰：善讀《詩》者，必主之《集傳》，以求義理；本之《序》說，以考實蹟驗。之于詞氣，參之以比興，而以意逆志，不泥不虛，則自可以融然怡然，而《序》者之名字時世雖不論可也，何必如毛奇齡之徒，徒規規於傳授來歷爲哉！①

徐有榘的回答傳達出《詩序》不可廢的觀點，認爲善讀《詩經》的良方是參酌《詩集傳》與《詩序》，既主《詩集傳》以求義理，又主《詩序》以考實蹟驗。徐有榘不滿正祖對朱熹的批評，但作爲臣子，又不敢明斥其非，只能紆徐委婉地提出《詩集傳》、《詩序》同收并取的折中之策，這種折中其實還是在維護《詩集傳》。通過君臣兩人的問答，也可以看出，朱熹《詩集傳》在當時朝鮮學界具有霸權地位，即使正祖以君王之尊，也不易改變尊朱的《詩經》研究風潮，正祖回歸漢代經學傳統的努力，確實也遇到了尊朱學者的阻力。正祖君臣關於漢宋學術之争的背後，其實還隱藏着治統與學統的較量。

其次正祖對朱熹暗自從《詩序》的釋義作了提問。正祖認爲《詩序》不可廢，而《詩集傳》表面上廢除《詩序》，實則又沿用《詩序》的解釋。《詩集傳》陽反

① 正祖《詩經講義》，第257—261頁。

陰從《詩序》的態度,也曾遭到清儒姚際恒的尖鋭批评。[①] 正祖對朱熹這種暗從《詩序》的例子加以提問,如《鄭風·子衿》,正祖條問云:

《子衿》,《小序》以爲刺學校之作,朱子改作淫詩,而及作《白鹿洞賦》,則曰廣青衿之疑問,有若仍用《小序》之説者,何歟?[②]

《子衿》,《詩序》云:"刺學校廢也。亂世則學校不修焉。"[③]《詩集傳》云:"此亦淫奔之詩。"[④]又朱熹《白鹿洞賦》云:"朌黄卷以置郵,廣青衿之疑問。"[⑤]正祖認爲朱熹在《詩集傳》中以"淫奔"之詩釋《子衿》,而其《白鹿洞賦》中"廣青衿之疑問"却是用了《詩序》的意思。朱熹在二書中對《詩序》的態度截然相反,對此抄啓文臣李宗爕回答云:

《子衿》之詩,朱子所以改正舊説者,只以其詞氣儇薄,有非學校之詩也。至若"青衿"二字施之於章甫之士,亦無不可,而後儒之襲用既多,便成學宫應用之文字,則朱子以斷章取義之意,引用於鹿洞之賦者,恐無足怪矣。[⑥]

李宗爕用《朱子語類》中"《子衿》詞意輕儇,亦豈刺學校之辭"[⑦]來作答,并認爲以"青衿"指代章甫之士是後世的一種習慣性稱謂,而非朱熹援引《詩序》的釋義。李宗爕對此问题的婉曲回答,仍表现出對《詩集傳》的迷信,但并没有完全解除正祖的疑問,正祖又在十四年(1789)"條問"中問道:

青青子衿,雖未見其必爲學校之詩,而亦未知其必爲淫奔之詩。我東先儒亦嘗疑之,未知如何?[⑧]

抄起文臣安廷善答云:

《集傳》雖以此篇爲淫詩,而後著《白鹿洞賦》有云"廣青衿之疑問"則未始不取舊説也。[⑨]

對比安廷善與李宗爕的回答,可以看到安廷善的答案正是正祖四年前問題的另外一半,也就是説,在四年中,學者的學術態度已經發生了微妙的變化。安廷善將《子衿》的釋義重新引到《詩序》上,正祖雖没有對《子衿》詩旨應從《詩序》作必然之肯定,但是他的學術暗示却是達到了動摇《詩集傳》爲不刊之論的

---

① 姚際恒著、顧頡剛點校《詩經通論·詩經論旨》云:"(《詩集傳》)况其從《序》者十之五,又有外示不從而陰合之者,又有意實不然之而終不能出其範圍者,十之二三。故愚謂遵《序》者莫若《集傳》。"(清)姚際恒《詩經通論》,中華書局,1958年,第4頁。

② 正祖《詩經講義》,第55頁。

③ (唐)孔穎達《毛詩正義》,第313頁。

④ (宋)朱熹《詩集傳》,第54頁。

⑤ 朱傑人等主編《朱子全書》,《晦庵先生朱文公文集》卷一,上海古籍出版社、安徽教育出版社,2002年,第221頁。

⑥ 正祖《詩經講義》,第55—56頁。

⑦ (宋)黎靖德《朱子語類》卷八十,第2075頁。

⑧⑨ 正祖《詩經講義》,第399頁。

目的。正如金興圭所云:"正祖所代表的官方的開放性釋經態度,對朝鮮時代後期的《詩經》解釋具有不可忽略的轉折意義。"[①]

再如《魏風·伐檀》,正祖指出朱熹在《詩集傳》中不用《詩序》,而在《孟子集注》中援引《詩序》。如正祖九年(1784),條問云:

> 《伐檀》之《詩序》以爲在位貪鄙,無功受禄,故詩人刺之之詞。而《集傳》則謂:伐檀之人欲自食其力而不可得,寧窮餓而不悔,故詩人述其事而歎美之。且引徐稚之事以證之。蓋朱子之意全就一人厲志上説,而以《序》説爲未穩也。然其注《孟子》之"不素餐兮",云《詩·魏風·伐檀》之篇,無功而食禄,謂之素餐,則乃又引用《序》説矣。同出於朱子,而有此參商,學者將何所適從耶?且使此詩果爲一人厲志食力之辭,則古者一夫所受之田不過一廛百畝而已,安得曰"三百廛"、"三百億"、"三百囷"云爾乎,執此以究,則舊説所謂貪鄙受禄,庶或近之,而當以《孟子集注》爲朱子晚年定論耶?[②]

抄啓文臣韓商新對曰:"考之朱子年譜,《集注》之成在《集傳》既成後十二年,當以《集注》爲晚年定論,誠如聖教矣。"[③]在此問題上,抄啓文臣不再百般回護《詩集傳》,而是承認《詩集傳》中存在一些未成熟的思想,而這可以用朱熹稍晚的著作來校訂。可見,正祖通过他的政治权威和學术修养,促成了朝鮮文臣學术观念的转移,這在一定程度上,解除了《詩集傳》對當時學界的籠罩,促進了朝鮮學者對《詩集傳》態度的轉變,達到了重新樹立《詩序》經典詮釋地位的《詩》學階段。

(二)"興"的論争

"興"是《詩經》六義中争論最多的一類,正祖在《詩經講義》中很關注"興"的問題,并對之多次提問,這些提問大多數都是出於對"經學之興"與"文學之興"的模糊思考,因此本文試從《詩經》經學研究的角度來探討正祖條問中的"興"義問題。在正式引入正祖"興"義問題之前,先簡單梳理《詩經》學中"經學之興"與"文學之興"的嬗變。

1. "經學之興"與"文學之興"的嬗變

《文心雕龍·比興》篇云:"詩文弘奥,包韞六義,毛公述傳,獨標興體。"[④]《毛傳》注《詩》,首次標"興"116處。《鄭箋》以"興者,喻"的方式來解釋《毛傳》所標之興。孔穎達在《周南·螽斯》篇闢中對"興"有詳細的解釋,他説:

> 《傳》言興也,《箋》言興者喻,言《傳》所興者,欲以喻此事也,興、喻名異而實同。或與《傳》興同而義異,亦云興者喻,《摽有梅》之類也。亦有興也,不言興者,或鄭不爲興,若"厭浥行露"之類。或便文徑喻,若"褖衣"之

---

① 金興圭《正祖時代的"詩經講義"》,《韓國學報》1981年第7卷第2號,第107頁。

② 正祖《詩經講義》,第224—225頁。

③ 正祖《詩經講義》,第225頁。

④ 黄叔琳注、李詳補注、楊明照校注拾遺《增訂文心雕龍校注》,第456頁。

類。或同興,《箋》略不言喻者,若《邶風》"習習谷風"之類也。或疊傳之文,若《葛覃》箋云"興焉"之類是也。然有興也,不必要有興者,而有興者,必有興也。亦有毛不言興,自言興者,若《四月》《箋》云"興人爲惡有漸"是也。或興喻并不言,直云猶亦若者。雖大局有準,而應機無定。鄭云喻者,喻猶曉也,取事比方以曉人,故謂之爲喻也。①

孔穎達認爲《毛傳》、《鄭箋》關於"興"的解釋其實是"喻"的意思。如《周南·樛木》,《毛傳》釋章首"南有樛木,葛藟纍之"云:"興也。南,南土也。木下曲曰樛。南土之葛藟茂盛。"②《鄭箋》云:"木枝以下垂之故,故葛也藟得纍而蔓之,而上下俱盛。興者,喻后妃能以意下逮衆妾,使得其次序,則衆妾上附事之,而禮義亦俱盛。"③《毛傳》和《鄭箋》通過"興"的方式將《詩經》的經文與深刻弘大的道理相聯繫,正如劉毓慶所説:"在經典解釋系統中,興是一種解經方式,一個意義轉化機制。……如果從'詩'的角度看,《詩經》所表現的只是一種情懷。而要作爲'經',則它必須具體有深刻的内涵,與大事業、大道理聯繫起來,才能體現出她超越一般文學、文獻的價值意義。"④《毛傳》標"興",《鄭箋》以喻釋"興"是《詩經》經典解釋的一種方式,是透過《詩經》平常的文字與深刻的社會國家之道德倫理相聯繫的一種詮釋方法,此是《詩經》學上的"經學之興"。

作爲經學詮釋的"興",鄭玄并没有作過多的説明,只是以"興者,喻"的方式呈現。鄭玄《周禮》注中關於"六詩"⑤的注釋往往被用來解釋《詩經》學上的"六義"⑥。鄭玄《周禮注》"六詩"云:

教,教瞽矇也。風,言賢聖治道之遺化也。賦之言鋪,直鋪陳今之政教善惡。比,見今之失,不敢斥言,取比類以言之。興,見今之美,嫌於媚諛,取善事以喻勸之。雅,正也,言今之正者,以爲後世法。頌之言誦也,容也,誦今之德,廣以美之。鄭司農云:"古而自有風雅頌之名……時禮樂自諸侯出,頗有謬亂不正,孔子正之,曰比、曰興。比者,比方於物也;興者,托事於物。"⑦

《毛詩正義》運用鄭玄"六詩"注來解釋《詩大序》之"六義"云:

《大師》上文未有"詩"字,不得徑云"六義",故言"六詩"。各自爲文,其實一也。彼注云:"風,言聖賢治道之遺化。賦之言鋪,直鋪陳今之政教善惡。比,見今之失,不敢斥言,取比類以言之。興,見今之美,嫌於媚諛,

---

①②③ (唐)孔穎達《毛詩正義》,第44頁。

④ 劉毓慶《〈詩〉學之"興"的還原與背離》,《文學評論》2008年第4期,第22頁。

⑤⑦ (唐)賈公彦《周禮注疏》:"教六詩:曰風,曰賦,曰比,曰興,曰雅,曰頌。"北京大學出版社,1999年,第610頁。

⑥ 《詩大序》:"故詩有六義焉:一曰風,二曰賦,三曰比,四曰興,五曰雅,六曰頌。"(唐)孔穎達《毛詩正義》,第11頁。

取善事以喻勸之。"……鄭司農云:"比者,比方於物。"[1]諸言如者,皆比辭也。司農又云:"興者,托事於物。"[2]則興者起也,取譬引類,起發己心,詩文諸舉草木鳥獸以見意者,皆興辭也。……比之與興,雖同是附托外物,比顯而興隱。[3]

孔穎達認爲《周禮》之"六詩"與《詩經》之"六義"是由於"各自爲文"的緣故,所以産生了"六詩"與"六義"在文字上的不同,但其實一也。鄭玄《周禮注》"比"與"興"的區别在於詩歌表現的内容不同,一是"見今之失",一是"見今之美",但是把這樣一個注釋原則投諸於《毛傳》所標之"興"處,却不能盡符合"見今之美"的表述,如《邶風·柏舟》,《詩序》云:"言仁而不遇也。衛頃公之時,仁人不遇,小人在側。"[4]《毛傳》和《鄭箋》都是圍繞《詩序》而言,《毛傳》於"汎彼柏舟,亦汎其流"下注云:"興也。汎,渡貌。柏,木,所以宜爲舟也。亦汎汎其流,不以濟度也。"[5]《鄭箋》云:"舟,載物者,今不用,而與汎汎然俱流水中。興者,喻仁人之不見用,而與群小人並列,亦猶是也。"[6]《柏舟》詩屬於"興",但是全無良好政治可言,與《周禮注》"見今之美"不符。《毛傳》所標"興"的詩篇,如《邶風·緑衣》、《邶風·終風》、《鄘風·雄雉》、《鄘風·匏有苦葉》、《鄘風·谷風》、《小雅·節南山》、《小雅·小弁》、《小雅·谷風》、《小雅·蓼莪》等詩,《鄭箋》的解釋都没有"見今之美"之意。

徐復觀和現代大多數學者認爲這是鄭玄自相矛盾之處。[7] 但是從常理上來説,作爲經學大儒的鄭玄,不可能存在這樣明顯的疏漏之處。《周禮》中的"六詩"不能等同於《詩經》學中的"六義",劉毓慶云:"在鄭玄那裏,'六詩'之'興'與《毛傳》之'興'是有嚴格區别的。"[8]學者移用《周禮注》中的"興"來解釋《詩經》學中的"興",對其中的矛盾和不合之處繼續探索,這種探索的結果是將

① 按:此處龔抗雲等整理標點的《毛詩正義》鄭司農引文標點:"比者,比方於物。諸言如者,皆比辭也。據鄭玄《周禮注》引鄭司農的話只有"比者,比方於物"、"諸言如者,皆比辭也",此應爲孔穎達的疏文,據改。

② 按:此處龔抗雲等整理標點的《毛詩正義》鄭司農引文標點:"興者,托事於物則興者起也。取譬引類,起發己心,詩文諸舉草木鳥獸以見意者,皆興辭也。"據鄭玄《周禮注》引鄭司農的話只有"興者,托事於物",因此,"則興者起也。取譬引類,起發己心,詩文諸舉草木鳥獸以見意者,皆興辭也"是孔穎達的疏文,據改。

③ (唐)孔穎達《毛詩正義》,第11—12頁。

④ (唐)孔穎達《毛詩正義》,第113頁。

⑤ (唐)孔穎達《毛詩正義》,第113—114頁。

⑥ (唐)孔穎達《毛詩正義》,第114頁。

⑦ 徐復觀《釋詩的比興——重現奠定中國詩的欣賞基礎》云:"(鄭玄)他通常用一個"喻"字來説明興的意義。如葛覃'興者葛覃、延蔓於谷中,喻女在父母家,形體浸浸日長大也'。所謂'喻',即是'比',其間並無分别;於是他只好在詩的内容是'見今之失'或'見今之美'上作分别,這分明和毛傳所説的興,乃至默認的比,不能相應的。例如緊接在二南之後的《邶風》的《柏舟》、《緑衣》,毛傳皆以爲是興。但從毛傳,則一是歎仁人之不遇,一是莊姜之自傷,有什麼'見今之美'呢?除二南以外的興體詩,皆以爲怨悱之詞,占絶對多數,而《周南》的《螽斯》,分明是比,但絶非是'見今之失'的。"載林慶彰編著《詩經研究論集(一)》,臺灣學生書局,1982年,第69—70頁。

⑧ 劉毓慶《〈詩〉學之"興"的還原與背離》,第23頁。

《毛傳》、《鄭箋》中具有經學性質的"興"轉向創作角度的文學之"興"。所以孔穎達云:"興者,起也。取譬引類,起發己心,詩文諸舉草木鳥獸以見意者,皆興辭也。……比之與興,雖同是附托外物,比顯而興隱。"①宋儒進一步將"興"的特質定位在啓發人心的功效上,如吕祖謙《吕氏家塾讀詩記》云:"'興',孔氏曰:興者,起也。程氏曰:因物而起興,'關關雎鳩'、'瞻彼淇奥'之類是也。"②黄櫄《毛詩集解》:"興者,因物而感之謂也。"③范處義《詩補傳》云:"因感而興者,興也。"④强調的是"興"感發詩人創作的作用。朱熹將"興"定位在是文學創作的層面,《詩集傳》云:"興者,先言他物以引起所咏之詞也。"⑤《朱子語類》云:"《詩》之興,全無巴鼻。(振録云:'多是假他物舉起,全不取其義。')"⑥又云:"説出那物事來是興,不説出那物事是比"⑦,"比是以一物比一物,而所指之事,常在言外。興是借彼一物以引起此事,而其事常在下句。但比意雖切而却淺,興意雖闊而味長"⑧。朱熹關於"興"的理解亦不再是《毛傳》、《鄭箋》所用來詮釋經典的解釋方法,而成爲文學創作中的技巧。這是"興"從"經學之興"向"文學之興"的嬗變。現代學者徐復觀甚至將"興"解釋爲類似文學創作中的"靈感"⑨,也是屬於"文學之興"的研究。

2. 正祖關於"興"的提問

正祖《詩經講義》條問很關注"興"的問題,如在《周南・關雎》、《葛覃》、《桃夭》、《漢廣》、《邶風・燕燕》、《簡兮》、《新台》、《鄘風・柏舟》、《衛風・河廣》、《陳風・東門之楊》、《墓門》、《曹風・候人》、《小雅・伐木》、《南有嘉魚》、《采芑》、《周頌・振鷺》、《魯頌・有駜》等詩篇中,正祖就"興"的問題向群臣提問。

正祖關於"興"的發問大多是針對《詩集傳》而發,如《周南・葛覃》,《詩集傳》云:

> 賦也。……賦者,敷陳其事而直言之者也。蓋后妃既成絺綌而賦其事,追叙初夏之時,葛葉方盛,而有黄鳥鳴於其上也。⑩

① (唐)孔穎達《毛詩正義》,第11—12頁。

② (宋)吕祖謙《吕氏家塾讀詩記》卷一,文淵閣《四庫全書》本。

③ (宋)黄櫄《毛詩集解》卷一,文淵閣《四庫全書》本。

④ (宋)范處義《詩補傳》卷一,文淵閣《四庫全書》本。

⑤ (宋)朱熹《詩集傳》,第1頁。

⑥ (宋)黎靖德《朱子語類》,卷八十,第2070頁。

⑦ (宋)黎靖德《朱子語類》,卷八十,第2069頁。

⑧ (宋)黎靖德《朱子語類》,卷八十,第2069—2070頁。

⑨ 徐復觀《釋詩的比興——重現奠定中國詩的欣賞基礎》云:"興是一種'觸發',即朱傳的所謂'引起'。……興是内蘊的感情,偶然被某一事物所觸發,因而某一事物便在感情的震蕩中,與内蘊感情直接有關的事物,融合在一起,亦即是與詩之主題融合在一起。"載林慶彰編著《詩經研究論集(一)》,第77—79頁。

⑩ (宋)朱熹《詩集傳》,第3頁。

《毛傳》云：

> 興也。覃，延也。葛所以爲絺綌，女功之事煩辱者。施，移也。中谷，谷中也。萋萋，茂盛貌。①

《鄭箋》云：

> 葛者，婦人之所有事也，此因葛之性以興焉。興者，葛延蔓于谷中，喻女在父母之家，形體浸浸日長大也。葉萋萋然，喻其容色美盛。②

《詩集傳》以《葛覃》詩爲賦，而《毛傳》却以之爲"興"，各自爲異，正祖就這個問題問道：

> 此章《注疏》則以爲興，而《集傳》則以爲賦。蓋賦、比、興，《詩》之大義，而毛、朱之説率多相舛，其異同得失之旨，可以詳論歟？③

《詩集傳》認爲《葛覃》是后妃完成絺與綌兩種布的紡織後，追叙織布之前采葛的情景，那時正值初夏，葛葉茂盛，時有黄鳥鳴於其上。《詩集傳》認爲此詩是對事情的直接陳述，具有敷陳其事而直言之的性質，因此定爲"賦"，這樣的判斷是從詩歌創作的角度而定的。而《毛傳》和《鄭箋》理解此詩的角度與《詩集傳》完全不同，毛、鄭直接以葛生長的狀態，即"葛兮覃兮，施於中谷"，以葛葉茂盛而蔓延的樣子，來比喻后妃在父母之家逐漸長成的情景，正如孔穎達疏所云："言葛之漸長，稍稍延蔓兮而移於谷中，非直枝幹漸長，維葉則萋萋然茂盛，以興后妃之生，浸浸日大，而長於父母之家，非直形體日大，其容色又美盛當。"④着眼點不在文學創作而在道德生發。

正祖就《葛覃》詩《毛傳》與《詩集傳》一爲"興"一爲"賦"的不同進行提問，但遺憾的是，應對的文臣并没有將此問題作詳細的疏解，僅僅是盲目地遵奉《詩集傳》爲不刊之論⑤。

正祖對《詩集傳》中的"興"義提問，傳達出對《詩集傳》文學性"興"義的懷疑和思考，且有回歸《毛傳》等經學之興的趨向。下文以正祖對《周南・桃夭》的提問爲例，正祖在 1781 年、1783 年、1784 年之三次"條問"中都涉及《桃夭》詩"興"的問題。《桃夭》，《毛傳》和《詩集傳》都認爲此詩屬於興，但二者對"興"的解釋却不盡相同。爲了便於分析，兹分别輯録《詩集傳》、《毛傳》、《鄭箋》對《桃夭》詩的注釋，製表如下：

---

①② （唐）孔穎達《毛詩正義》，第 30 頁。

③ 正祖《詩經講義》，第 9 頁。

④ （唐）孔穎達《毛詩正義》，第 31 頁。

⑤ 此條洪仁浩回答云："《葛覃》章之爲賦、爲興，《疏》、《箋》、《集注》各有所主，而採葛即后妃儉德，則實是直陳其事者也。葛施、鳥鳴强引以后妃容色之漸盛，才美之漸達者，雖若起興，實則淺拙。朱子之不爲苟同，棄其紕繆者，概於此等處分曉矣。"正祖《詩經講義》，第 9—10 頁。

詩章	《詩集傳》	《毛傳》	《鄭箋》
桃之夭夭,灼灼其華。	興也。桃,木名,華紅,實可食。夭夭,少好貌。灼灼,華之盛也。木少則華盛。	興也。桃有華之盛者。夭夭,其少壯也。灼灼,華之盛也。	興者,喻時婦人皆得以年盛時行也。
之子於歸,宜其室家。	之子,是子也,此指嫁者而言也。婦人謂嫁曰歸。周禮仲春令會男女。然則桃之有華,正婚姻之時也。宜者,和順之意。室,謂夫婦所居。家,謂一門之内。	之子,嫁子也。於,往也。宜,以有室家無逾時者。	宜者,謂男女年時俱當。
桃之夭夭,有蕡其實。	興也。蕡,實之盛也。	蕡,實貌。非但有華色,又有婦德。	
之子於歸,宜其家室。	家室,猶室家也。	家室,猶室家也。	
桃之夭夭,其葉蓁蓁。	興也。蓁蓁,業之盛也。	蓁蓁,至盛貌。有色有德,形體至盛也。	
之子於歸,宜其家人。	家人,一家之人也。	一家之人盡以爲宜。	家人,猶室家也。

正祖六年(1781),辛丑"條問"云:

> (《周南·桃夭》)注説謂以灼灼喻婦人年盛,有蕡喻其有德,蓁蓁喻其容體之盛,此説似無害於理,而《集傳》并不取,只作因所見而起興,其故何歟?①

正祖八年(1783),癸卯"條問"云:

> 《關雎》之起興,取其摯而有别也。《樛木》之起興,取其下曲上附也。此以桃夭興之子者,亦必有所指,而《集傳》不言起興之義,直曰:因所見者,何也?《集傳》以爲《周禮》仲春會男女,然則仲春之時可以起興者,何物不可?而詩人之必取桃夭者,亦何義歟?②

正祖九年(1784),甲辰"條問"云:

> 《桃夭》,《集傳》引《周禮》仲春令會男女之文,以《桃夭》爲昏姻之時,然則此詩當作賦,而乃以爲興者何也?③

正祖就《詩集傳》關於《桃夭》興義的解釋,三次提問,提問的焦點主要集中在兩個方面。首先,是關於《桃夭》詩之桃、桃華、桃實、桃葉是否具有特定意義的問

① 正祖《詩經講義》,第13頁。
② 正祖《詩經講義》,第150頁。
③ 正祖《詩經講義》,第189頁。

題。《毛傳》認爲此四者是喻出嫁之女子，以“桃之夭夭，灼灼其華”比喻正直美好年華的女子恰逢吉時歸於夫家，以“有蕡其實”、“其葉蓁蓁”喻該女子不僅有美麗的容顏還有美好的德行。《毛傳》以比喻的解釋方式賦予了“桃夭”以特定的内涵，奠定了《桃夭》詩的經典意義。與之不同的是，《詩集傳》并没有以桃、桃華、桃實、桃葉來喻女子，没有將此四者與出嫁女子的容貌德行作意義上的勾連，只是作爲詩人“因所見而起興”的偶然之物來處理，祛除了《毛傳》所賦予桃、桃華、桃實、桃葉的經典意義。所以《詩集傳》所探索的角度是從詩人創作的角度進行的，是興的文學性解釋，這種解釋是對經學之興的否定，提升了《詩經》的文學價值，當然也削弱了漢儒賦予《詩經》的道德教化功能。

正祖對朱熹“因所見以起興”的説法表示懷疑，他認爲“此以桃夭興之子者，亦必有所指”①，正祖又云：“《集傳》以爲《周禮》仲春會男女，然則仲春之時可以起興者，何物不可？而詩人之必取桃夭者，亦何義歟”？②可見，正祖還是贊同《毛傳》的解釋，認爲《桃夭》以桃、桃華、桃實、桃葉作爲起興之物，是有具體而特定的象徵意義的，桃、桃華、桃實、桃葉都不是隨意選取的事物，因此正祖認爲：“以灼灼喻婦人年盛，有蕡喻其有德，蓁蓁喻其容體之盛，此説似無害於理。”③

其次，正祖認爲《詩集傳》對《桃夭》的解釋與“興”的創作手法不相符，正祖問道：

> 《桃夭》，《集傳》引《周禮》仲春令會男女之文，以《桃夭》爲昏姻之時，然則此詩當作賦，而乃以爲興者何也？且經傳所著昏姻之時，多有牴牾。《孔子家語》曰：“霜降而婦功成，嫁娶者行焉。”韓嬰曰：“霜降逆女。”此則以秋冬爲期也。《夏小正》曰：“二月綏多女士。”《白虎通》曰：“嫁娶以春者，爲其天地始通，陰陽交接之時也。”此則以仲春爲期也。後之論者或主《家語》、韓嬰之説，或主《夏小正》、《白虎通》之文，所據各異，莫之能一，今可以詳辨其得失耶？④

《詩集傳》云：“《周禮》，仲春令會男女。然則桃之有華，正婚姻之時。”⑤又云：“詩人因所見以起興，而歎其女子之賢，知其必有以宜其室家也。”⑥《詩集傳》所理解的《桃夭》是對婚禮場面的描述，并包涵有仲春令會男女的規定、盛開的桃華、出嫁的女子三個要素。再據《詩集傳》在《關雎》篇中所云：“興者，先言他物以引起所咏之詞也。”⑦又《朱子語類》云：“詩之興，全無巴鼻。”⑧朱熹對“興”的界定是從引起創作的角度而言，起興之物也是偶然之物，不參與詩篇意義的構成。《詩集傳》中“灼灼其華”的桃花是整個婚禮的重要組成部分，具有突出

①② 正祖《詩經講義》，第150頁。
③ 正祖《詩經講義》，第13頁。
④ 正祖《詩經講義》，第189—190頁。
⑤⑥ (宋)朱熹《詩集傳》，第5頁。
⑦ (宋)朱熹《詩集傳》，第1頁。
⑧ (宋)黎靖德《朱子語類》，第2070頁。

和表明婚姻時間的作用,即仲春時節爲"桃之有華,正婚姻之時"。正祖由此提出疑問,認爲《詩集傳》對《桃夭》的解釋更符合"賦"的性質,即"賦者,敷陳其事而直言之者也"①。此與《詩集傳》關於"興"的解釋不符,對此正祖繼續探討《桃夭》之詩是屬於"興",還是屬於"賦"的問題,並將此問題引申到《詩經》時代正常的婚配時間是秋冬之時還是仲春時節。只有確認婚姻的正常時間才能解決《桃夭》是桃花盛開的婚禮場面的如實描述,還是以桃夭寄托喻意。如果是前者,那麼《詩集傳》在《桃夭》詩的創作手法上應該是"賦"而不是"興"。

對於《詩經》中的正常婚配時間,有秋冬與仲春兩種不同的觀點。《毛傳》以秋冬行嫁爲婚姻正時。如《陳風·東門之楊》首章前二句"東門之楊,其葉牂牂",《毛傳》云:"興也。牂牂然,盛貌言男女失時,不逮秋冬。"②又《毛傳》以《桃夭》之"夭夭"爲少壯,"以有室家無逾時者"釋"宜其室家"之"宜",孔穎達疏云:"毛以爲少壯之桃夭夭然,復有灼灼然。此桃之盛華,以興有十五之十九少壯之女亦夭夭然,復有灼灼之美色,正於秋冬行嫁然。是此行嫁之子,往歸嫁於夫,正得善時,宜其爲室家矣。"③《毛傳》認爲婚嫁的正時是秋冬時節,且婚嫁女子年齡是在十五至十九歲之間。而對於因各種原因錯過婚期的大齡男女,則是採用《周禮·媒氏》所規定的時間,即"仲春之月,令會男女。於是時也,奔者不禁"④。《毛傳》認爲仲春行嫁非婚姻之正時,只是是爲了繁育後代而採取的變通之策,而秋冬時節才是婚嫁的正常時間。

但是《周禮》"仲春之月,令會男女",却被後世儒者誤以爲是婚姻之正時,《鄭箋》與《詩集傳》皆是信奉《周禮》之説的代表。如《鄭箋》在《召南·行露》、《鄭風·野有蔓草》等詩中都引《周禮》"仲春之月,令會男女之無夫家者",並且《鄭箋》還依《周禮》、《書傳》、《穀梁》、《禮記》,云男子三十而娶,女二十而嫁。可知《鄭箋》在婚嫁的年齡與婚嫁的時節方面,與《毛傳》迥然不同,孔穎達《毛詩正義》對此問題没有作出裁决,只是模糊地説:"毛、鄭别自憑據,以爲定解,詩内諸言昏月,皆各從其家。"⑤

關於當時的婚姻之正時問題,筆者認爲《毛傳》所云之"秋冬時節"更符合當時社會習俗。如《召南·摽有梅》末章云"摽有梅,頃筐塈之。求我庶士,迨其謂之"⑥。《毛傳》云:"不待備禮也。三十之男,二十之女,禮未備則不待禮會而行之者,所以蕃育民人也。"⑦清儒陳奂對"秋冬時節"爲婚姻正時有詳細的疏解,兹録於下:

> 莊二十二年《穀梁傳》:禮有納采、有問名、有納徵、有請期。四者備而後娶,禮也。不待備禮,言不待四者禮備,便行親迎,唯凶荒然也。《周禮·大司徒》以荒政十有二,聚萬民,十日多昏。鄭司農注云:多昏,不備

---

① (宋)朱熹《詩集傳》,第3頁。

②⑤ (唐)孔穎達《毛詩正義》,第446頁。

③ (唐)孔穎達《毛詩正義》,第47頁。

④ (唐)賈公彦《周禮注疏》,第362—364頁。

⑥⑦ (唐)孔穎達《毛詩正義》,第93頁。

禮而娶昏者多也。與此《傳》訓同。《傳》又本《周禮》會男女法,以申明不待備禮之義。乃統釋全章,非專釋末章。凡《傳》總釋有發見於章首者,又有發見於章末者,此其例矣。媒氏掌萬民之判,凡男女自成名以上,皆書年、月、日、名焉,令男三十而娶,女二十而嫁。凡娶判妻人子者皆書之。中春之月,令會男女,於是時也,奔者不禁,若無故而不用令春者罰之,司男女之無夫家者而會之。鄭注云:無夫家,謂男女之鰥寡者。案:男三十而娶,女二十而嫁。《禮記·曲禮》、《内則》、《大戴禮·本命》、《穀梁》文十二年傳、《尚書大傳》、《白虎通義》並有其文。《五經異義》、古春秋左氏説:二十而嫁,三十而娶,庶人禮也。《管子·入國》篇云:五日合獨。所謂合獨者,凡國都皆有掌媒,丈夫無妻曰鰥,婦人無夫曰寡。取鰥寡而合之,予田宅而家室之,三年然後事之,此之謂合獨。《管子》合獨,亦即行。《周禮》會男女法,古者未三十男亦行娶,未二十女亦行嫁。三十、二十爲年盡,若逾時無夫家,則爲鰥寡矣。嫁娶矣,秋冬爲正時,冰泮而殺止。仲春之月,爲昏盡。《周禮》於仲春會男女之無夫家者,以年盡之男女,於期盡之月行之。此雖禮不備,而亦會而行之者也。若遇凶荒,亦得行此。乃爲蕃育民人之法。《有狐·序》云:古者,凶荒則殺禮而多昏,會男女之無夫家者,所以蕃育民人也。《傳》義正本彼《序》爲説。《逸周書·繆匡篇》,大荒,嫁娶不以時。孔晁注云:不以時,秋冬也。媒氏會男女合之,亦此義也。①

可知婚姻的正時是"秋冬時節",仲春時節非婚姻之正時。《桃夭》詩雖以桃夭起興,並非如《詩集傳》所云是"然則桃之有華,正婚姻之時",秋冬之時,桃花尚未盛開,且詩人也不能夠同時看到盛開的桃花和豐碩的桃子,所以以桃夭起興是秋冬時節的想像之辭。《毛傳》以桃夭起興,以美麗的桃花來喻新嫁娘盛年出嫁,容顏正好,以桃實、桃葉來比喻她婚後宜室宜家的美好景象。

正祖提出此問題,抄啓文臣韓商新僅回答了婚嫁時節的問題,也認爲秋冬時節是婚姻正時②。正祖懷疑和追問《詩集傳》對《桃夭》詩"興"的解釋,透露出對《毛傳》"興"義的認同,認爲"(《毛傳》)此説似無害於理",在"興"的解釋上接受《毛傳》經學之興的解釋,而有意排斥朱熹《詩集傳》文學之興的解釋。

四 《詩經講義》中的政教思想與日常人生

《詩經》是中國第一部詩歌總集,其編訂的時間約在西周前期至春秋初期五百多年的時間範圍内。《詩經》最初被稱爲"詩"或"詩三百",至戰國末期獲得"經"的地位。春秋戰國時期對《詩經》的評價,大多是從政治、道德、倫理的角度進行的,《詩經》被賦予了社會政治、倫理道德的涵義。至漢代《詩經》被列爲五經之一,闡揚《詩經》中的政教意義成了漢代經學家的重要任務,正如《詩

① (清)陳奂《詩毛氏傳疏》,臺灣學生書局,1978年,第62—63頁。

② 抄啓文臣韓商新答云:"《家語》'嫁娶者行焉'之下又有'冰泮而農桑起,婚禮殺',於此二句,據此,則自九月至二月皆爲婚姻之期矣。"正祖《詩經講義》,第190頁。

大序》所云:"先王以是經夫婦,成孝敬,厚人倫,美教化,移風俗。"①

正祖在《詩經》講義活動中關注女性的婦德與婦功問題,從日用倫常處來論述《詩經》中的政治教化觀點。正祖關注婦功,如正祖二十五年(1790),庚戌條問云:

(《周南·芣苢》)此章大旨言化行俗美,室家和平,婦人無事,相與采此芣苢,而賦其事以相樂也。所謂"婦人無事者",是言婦人無憂愁勞苦之事歟?若曰無可爲之事,則雖室家和平,爲婦人者,豈無紡績、織紝、籩豆、酒醬之事?而暇及於微物之采取歟?且此詩只是一婦人之言,而謂之相與采以相樂者,何歟?②

宋知濂回答云:

明儒黄佐云:門庭之内,幸無係累;機杼之外,尚有餘閒。婦人無事之義,即此可知,而若以爲一婦人之事則恐失之偏矣。③

《詩集傳》釋《芣苢》云:"化行俗美,家室和平,婦人無事,相與采此芣苢。"④正祖以《詩集傳》中的"家室和平,婦人無事"發問,表達出他所認爲的婦女生活應該是進行紡績、織紝、籩豆、釀酒等事情的。正祖對《詩集傳》的解釋有春秋時代斷章取義的解詩意味,但也傳達出正祖所期望和規定的婦女日常生活是要認真完成紡織等婦功,而不是有閒暇時間摘采芣苢。對婦女行爲的規範亦是政教的重要内容。

正祖還將妻子遭丈夫抛棄與群臣遭國君棄逐相聯繫,如正祖二十五年(1790),庚戌條問云:

朱子以此棄婦比之於"士君子立身一敗,萬事瓦裂",蓋人臣進不以道,則終必擯斥;婦女嫁不以禮,則終必棄逐,爲人所賤惡。故也人君進其臣,男子取其婦,皆愛之也,而終乃斥棄之者,何也?愛而知其惡,即此心之本然,始雖迷惑,而終必覺悟故歟?⑤

正祖以《詩集傳》對《衛風·氓》的解釋提問。《詩集傳》釋《氓》云:"此淫婦爲人所棄,而自叙其事以道其悔恨之意也。夫既與之謀而不遂往,又責所無以難其事,再爲之約以堅其志,此其計義狡矣。以御蚩蚩之氓,宜其有餘,而不免於見棄。蓋一失其身,人所賤惡,始雖以欲而迷,後必以時而悟,是以無往而不困耳。士君子立身一敗,而萬事瓦裂者,何以異此。可不戒哉!"⑥《詩集傳》認爲此詩是女子以計謀迷惑蚩蚩之氓,待蚩氓之人悔悟之後,此女子不免有遭遺

① (唐)孔穎達《毛詩正義》,第10頁。

②③ 正祖《詩經講義》,第287頁。

④ (宋)朱熹《詩集傳》,第5—6頁。

⑤ 徐有榘回答云:"始雖以欲而迷,終必以時而悟。既有朱子明訓,臣無容更贅矣。"正祖《詩經講義》,第381頁。

⑥ (宋)朱熹《詩集傳》,第37頁。

棄的命運。《詩集傳》以女子之心術不正,導致了被抛棄的命運,由此聯想到士君子在價值觀上必須要處理好"立身",即安身立命的問題,並且需時時警戒,否則就會萬事俱敗。這是《詩集傳》"即其辭而玩其理以養心焉"的讀《詩》方式,其"'玩理'實際上是體味、尋求《詩》中的道德戒律,而'養心'則是從心中接受這些道德戒律,滌除與這些道德戒律相悖的東西,并以之指導自己立身處事"[①]。而正祖則將《詩集傳》從道德戒律的問題直接轉移到大臣出仕國君的問題上來,認爲大臣迷惑欺瞞國君而被暫時録用,却不以道侍奉國君,國君最終會幡然覺悟,并棄逐大臣。正祖將臣以道侍君的道理與夫妻聚散離合的日常人生相結合,以獨特的方式告誡大臣,政治訓誡意味非常濃厚。

正祖還就飲酒問題提問,如正祖二十五年(1790),以《周南·卷耳》發問,正祖曰:"我姑酌彼金罍,視其酒如萱草之忘憂矣。然聖人以酒成禮,合歡而已,未嘗爲解憂而飲也。蓋聖人之憂思,發而中節,何待酒力而排之哉?稱酒爲掃愁,帚者,特後世酒人之言。非聖人之事也,夫昏冥不知,而後可以忘憂,醉而昏冥,男子猶不可,况婦人乎?后妃性情之正,哀而不傷,則夫豈至於永傷而必酌兕觥而解之歟?此亦托言而非實有是事歟?"金履載回答:"此詩全篇皆是托言。《卷耳》之不盈,非真有袺襭之事;金罍之姑酌,非真有沽湑之事也。特不過假此而形容其憂勤之心耳。"[②]有周公作《酒誥》的意藴。

正祖還以婦人不可參與外事的問題進行提問,如正祖八年(1783),正祖以《大雅·綿》提問云:"此云'爰及姜女,聿來胥宇',婦人不與外事,則營邑營室,何必與姜女同之耶?"徐瀅修回答:"《皇矣》之詩曰'天立厥配,受命既固',營邑相宅是家國之大事,則夫以姜女之賢,獨不可以與聞之耶?蓋周家之治,多賴内助。此章之'聿來胥宇',即其一也,亂臣十人,邑姜與焉者,有自來矣。"[③]正祖以《詩經》中所包藴的平常人生提問,藉此傳達出濃郁的政教倫理思想。

正祖作爲朝鮮時代後期的賢明君主,他不僅在政治上建樹卓著,而且在學術上也頗多新見。由經筵講《詩》集結而成的《詩經講義》系統地反映了正祖的《詩經》學成就,其成就主要集中在以下三個方面:首先,正祖兼有帝王與經師之雙重身份,這種特殊的身份使他在《詩經》闡釋方法的選擇上,更爲宏通開明。既能擺脱經師家法師法的方法束縛,也能自覺地疏離帝王治經的過度功利化弊端,表現出融匯衆長而又緊密聯繫現實政治的特質。其次,作爲帝王的正祖雖然也强調漢宋兼采,但是在具體的《詩經》接受與闡釋過程中,他還是有意識地恢復漢代《詩經》學强調現實、重視教化的傳統。因此,在《詩序》的存廢問題,六義之興的釋讀問題等方面,正祖力圖打破朱熹《詩集傳》籠罩學壇的單一學術構型,重新接續發揚漢代經學傳統,一定程度上破除了朝鮮儒者對《詩

① 褚斌傑、常森《朱子〈詩〉學特徵論略》,《河北師範大學學報(哲學社會科學版)》,1998年第2期,第59頁。

② 正祖《詩經講義》,第277頁。

③ 正祖《詩經講義》,第171頁。

集傳》的迷信,拓展了朝鮮後期《詩經》學研究的格局。最後,正祖還從《詩經》中抽取出日常人生的倫理法則,比如從《碩人》、《燕燕》關於莊姜的歌咏中萃取出夫婦之道,從《芣苢》中引申出婦女宜勤勞不宜嬉游的婦功規訓等,借此實現移風易俗、化成天下的治國理念。

(作者單位:貴州大學文學與傳媒學院)

古典文獻研究（第二十輯上卷）
Journal of the Institute for Chinese Classics Studies
Nanjing University
Volume 20, No.1 2017

《易緯》篇目、流傳與輯佚的目録學考察

張學謙

漢代緯書絶大多數散佚於唐代，雖經後世學者鈎沉輯佚，仍僅餘斷簡殘句，難窺全貌，惟有《易緯》至今仍保存了較爲完整的篇目與文本。因此，《易緯》對研究漢代緯書的文本面貌自然有著不可替代的價值。對於《易緯》的篇目與流傳，以往的讖緯研究論著中大多都有論述①，但由於對一些目録類文獻存在認識上的不足，或是使用的目録文本不佳，導致結論有所偏差，不能準確反映出宋代以降《易緯》篇目的分合、流衍情況。同時，現在學界利用的《易緯》文本是乾隆間四庫館臣從《永樂大典》中抄出的《易緯》八種，但對於《大典》本的原始面貌和館臣的輯佚過程却缺乏研究，甚至都没有注意到《乾坤鑿度》、《乾鑿度》所在的《大典》殘卷尚存世間。所以，當前仍有必要從目録學上對《易緯》的篇目分合、流傳衍變及文本輯佚做一番細緻的考察。

一 隋唐時代《易緯》的篇目與分卷

現存隋唐目録對《易緯》的著録情況如下：

《隋書·經籍志》經部異説類：《易緯》八卷，鄭玄注。梁有九卷。

《天文要録·採例書名目録》：《易緯》六卷，鄭玄注。

《日本國見在書目録》經部異説家：《易緯》十卷，鄭玄注。

《舊唐書·經籍志》經部讖緯類：《易緯》九卷，宋均注。

① （日）中村璋八《緯書の基礎的研究·資料篇》第二章《各緯における諸問題》，東京：漢魏文化研究會，1966年，第390—404頁。（日）安居香山、中村璋八輯《緯書集成》之“解説”，河北人民出版社，1994年，第2—23頁。鍾肇鵬《讖緯論略》第二章《讖緯篇目及緯書解題》，遼寧教育出版社，1991年，第36—48頁。

《新唐書·藝文志》經部讖緯類:宋均注《易緯》九卷。①

可見諸目差異有二:一爲注者,或作鄭玄,或作宋均。二爲卷數,或六卷,或八卷,或九卷,或十卷。關於注者,唐玄宗開元以前的目録均作鄭玄。《隋書·經籍志》乃據《隋大業正御書目録》增損而成②,八卷本《易緯》大概是隋煬帝時東都觀文殿的藏書。③ 根據李鳳(622—674)自序,《天文要録》的奏上時間爲唐高宗麟德元年(664),反映了唐初的《易緯》面貌。藤原佐世(847—898)的《日本國見在書目録》成書於寬平三年(唐昭宗大順二年,891)④,雖然時代已届晚唐,但此目著録的唐代著述絶大部分成書於太宗至武周時期,甚至玄宗前後的著述也不多。⑤ 由此推測,此目著録的《易緯》很可能是玄宗之前的本子,所以注者與《隋書·經籍志》和《天文要録》一致。變化發生在玄宗開元間,《舊唐書·經籍志》全抄自開元間毋煚所撰《古今書録》,《新唐書·藝文志》所據則爲《開元四庫書目》⑥,二書皆作宋均注。開元三年,玄宗令馬懷素、褚無量整比内庫舊書,此後修成《群書四部録》二百卷,開元九年由元行沖奏上⑦,改鄭玄爲宋均或許與此次整理藏書、編纂目録的活動有關。但宋代目録又改作鄭玄注,南宋《中興館閣書目》説"宋注不傳"(詳見下文)。現存文獻徵引《易緯》,僅《文選·思玄賦》李善注引《乾鑿度》"五緯順軌,四時和栗。宋均曰:和栗,氣和而嚴正"一條提及宋均注。《舊唐書》和《新唐書》的著録令人生疑,有可能是沿襲唐開元間目録的錯誤。

至於卷數,歧異更爲紛紜,作九卷的最多,包括梁阮孝緒《七録》、《舊唐志》、《新唐志》,宋代的《崇文總目》亦是如此。此外,《隋志》八卷、《天文要録》六卷、《日本目》十卷,看不出什麼特别的規律。據《後漢書·樊英傳》李賢注,"七緯"中,《易緯》有《稽覽圖》、《乾鑿度》、《坤靈圖》、《通卦驗》、《是類謀》、《辨終備》六種。⑧《天文要録》作六卷,蓋即以一種爲一卷,而八卷、九卷、十卷之别,或爲其中各篇又有分卷所致。

---

① (唐)魏徵、令狐德棻《隋書》,中華書局,1973年,第940頁。(唐)李鳳《天文要録》,日本寶曆間鈔本,日本國立天文臺藏。(日)藤原佐世《日本國見在書目録》,見孫猛《日本國見在書目録詳考》,上海古籍出版社,2015年,第7頁。(後晉)劉昫等《舊唐書》,中華書局,1975年,第1982頁。(宋)歐陽脩、宋祁《新唐書》,中華書局,1975年,第1444頁。

② 余嘉錫《目録學發微》,中華書局,2007年,第119頁。

③ (清)姚振宗撰,劉克東、董建國、尹承整理《隋書經籍志考證》,清華大學出版社,2014年,第1012頁。

④ 孫猛《〈日本國見在書目録〉的成書年代及其背景》,《日本國見在書目録詳考·研究篇》,第2165—2179頁。

⑤ 孫猛《漢籍東傳與〈日本國見在書目録〉》,《日本國見在書目録詳考·研究篇》,第2156頁。

⑥ 余嘉錫《目録學發微》,第125—126頁。(宋)晁公武《郡齋讀書志》云:"《唐四庫書目》……有宋均注《易緯》。"(卷一,第7頁)(宋)馮椅《厚齋易學》附録一《先儒著述上·周易緯》云:"《唐四庫書》有宋均注。"《唐四庫書目》即《開元四庫書目》。

⑦ 余嘉錫《目録學發微》,第122—124頁。

⑧ (宋)范曄撰,(唐)李賢等注《後漢書》,中華書局,1965年,第2721頁。

二　宋至明代《易緯》的流傳與衍變

由於没有叙録體的隋唐目録傳世，今日難以詳考當時《易緯》的具體分卷情况，而宋代豐富的目録類文獻則爲我們細緻考察宋代《易緯》篇目的分合與流衍提供了可能。

北宋初，館閣所藏《易緯》尚存唐代之舊。仁宗慶曆元年(1042)成書之《崇文總目》著録“《易緯》九卷”(《厚齋易學》引作“《周易緯》九卷，漢鄭康成注”①)，又有“《周易乾鑿度》二卷”②，可見當時已有《周易乾鑿度》别出單行。雖然傳世《崇文總目》爲“紹興改定本”(簡本)，各書下叙録不存，無從知《易緯》各卷細目。但《中興館閣書目》著録《易緯》，叙録中引李淑《書目》(按即《邯鄲書目》)亦作九卷，“凡《乾鑿度》、《稽覽圖》、《通卦驗》各二，《辨終備》、《是類謀》、《坤靈圖》各一”③，即是各篇又有分卷。李淑(1002—1059)於仁宗景祐間曾奉命校定三館、秘閣書籍④，當曾見館閣所藏《易緯》，其《書目》著録篇卷當與《崇文總目》著録之館閣藏本一致。⑤ 可見宋初雖有《周易乾鑿度》之單行本，《易緯》九卷中仍存其篇，不失唐代舊觀。

其後館閣藏書有所散失，沈括《夢溪筆談》云：“今三館、秘閣凡四處藏書，然同在崇文院，其間官書多爲人盜竊，士大夫家往往得之。”⑥徽宗大觀四年(1110)秘書監何志同奏：“慶曆距今未遠也，按籍而求之，十纔六七，號爲全本者，不過二萬餘卷，而脱簡斷編、亡散闕逸之數浸多。”乃提議搜訪圖書，“視慶曆舊録(按即《崇文總目》)有未備者，頒其名數於天下……加意求訪。《總目》之外别有異書，并許借傳……上之策府”⑦。徽宗年間編成的《秘書省續編到

---

① (宋)馮椅《厚齋易學》附録一先儒著述上，文淵閣《四庫全書》本。

② (宋)王堯臣等編《崇文總目》卷一易類，明天一閣鈔本，寧波天一閣博物館藏。按：明天一閣鈔本爲今傳各本之祖本。朱彝尊從天一閣傳鈔一部，即《四庫全書》本之底本(翁方綱又從《歐陽脩集》和《文獻通考》等輯補序釋)。乾隆間汪炤又據朱彝尊鈔本傳鈔一部，即(清)錢東垣等撰《崇文總目輯釋》之底本(同時也參考了《四庫》本)。朱彝尊在傳鈔天一閣本時，增加了一些書名下原闕的撰者，改變了天一閣本的原貌。翁方綱在校録時即發現，叙録謂“不著撰人姓氏”，而朱氏鈔本却有撰人姓名，因而推測“恐是朱彝尊所加，非原本所有”。《四庫全書》本及《崇文總目輯釋》於“易緯九卷”下尚有“宋均注”三字，當即朱彝尊所加，非原本所有。參楊恒平《紹興改定本〈崇文總目〉現存版本考論》，《中國典籍與文化》2012年第4期。

③ 《玉海·藝文》引《書目》(按即《中興館閣書目》)，見(宋)王應麟撰，武秀成、趙庶洋校證《玉海藝文校證》卷一易“易緯”條，鳳凰出版社，2013年，第53頁。

④ (宋)王應麟撰，武秀成、趙庶洋校證《玉海藝文校證》，卷十八書目“景祐編三館秘閣書籍”條，第874頁。

⑤ 據《玉海·藝文》引《中興書目》，李淑《邯鄲書目》十卷撰於皇祐(1049—1053)中，見(宋)王應麟撰，武秀成、趙庶洋校證《玉海藝文校證》，第879頁。《直齋書録解題》卷八目録類亦載此書，有“皇祐己丑自作序”。(〔宋〕陳振孫撰，徐小蠻、顧美華點校《直齋書録解題》，上海古籍出版社，2015年，第231頁)

⑥ (宋)沈括《夢溪筆談》卷一故事一，上海書店出版社，2003年，第5頁。

⑦ (清)徐松輯《宋會要輯稿》崇儒四、職官一八，中華書局，1957年。

四庫闕書目》即“秘書省陸續採編到的四庫原闕圖書之目”[①],著録了北宋後期秘閣新增圖書,故基本不與《崇文總目》重複。其中易類有“鄭康成注《易通卦驗》二卷”,又有“《周易緯稽覽圖》一卷”[②],可見當時又有《通卦驗》、《稽覽圖》兩種别出單行。

靖康之變後,宋室南渡,圖籍散亡殆盡,故高宗紹興間著力訪求遺書。爲使各地有目可依,將《唐書藝文志》、《崇文總目》、《秘書省續編到四庫闕書目》中館閣“所闕之書,注‘闕’字於其下,鏤板降付諸州軍照應搜訪”[③]。檢今傳紹興改定簡本《崇文總目》,“《易緯》九卷”下即注有“闕”字[④],則此時北宋館閣所藏九卷本《易緯》已經不存。孝宗淳熙五年(1178)編成的《中興館閣書目》著録有:

> 《易緯》。案《隋志》“八卷,鄭玄注”,《舊唐志》“九卷,宋均注”,康成或引以解經。今篇次俱存,宋注不傳。李淑《書目》九卷,凡《乾鑿度》、《稽覽圖》、《通卦驗》各二,《辨終備》、《是類謀》、《坤靈圖》各一。今三館所藏《乾鑿度》、《通卦驗》皆别出爲一書,而《易緯》止有鄭氏注七卷:《稽覽圖》第一,《辨終備》第四,《是類謀》第五,《乾元序制記》第六,《坤靈圖》第七,二卷、三卷無標目。
>
> 《易乾鑿度》二卷。
>
> 《易通卦驗》二卷。
>
> 《稽覽圖》一卷。[⑤]

單行的三種,卷數與北宋時相同。現存《易緯》(不計宋人僞造者)中以此三種較爲完備,或即曾經單行之故。而重新收得的《易緯》則變爲七卷,篇目也發生了篡亂,其中不再有《乾鑿度》、《通卦驗》,而加入了宋人僞造的《乾元序制記》,卷二、卷三的内容也不明確,不復北宋九卷本之舊,内容或許也有殘損。《宋史・藝文志》易類有《易乾鑿度》三卷、《易緯》七卷、《易緯稽覽圖》一卷、《易通卦驗》二卷,云“並鄭玄注”[⑥]。元人所修《宋史・藝文志》,乃據宋代四修國史中的藝文志删併而成,而其中的《中興國史藝文志》又是據陳騤《中興館閣書目》、張攀《中興館閣續書目》及嘉定以前書編成。[⑦] 所以《宋史・藝文志》的著

---

① 張固也、王新華《〈秘書省續編到四庫闕書目〉考》,《古典文獻研究》第12輯,2009年。

② (宋)佚名編,(清)葉德輝考證《秘書省續編到四庫闕書目》卷一易類,《宋史藝文志附編》,商務印書館,1957年,第298、301頁。

③ (清)徐松輯《宋會要輯稿》崇儒四載紹興十三年向子固上言,但未言及《秘書省續編到四庫闕書目》。《玉海・藝文》卷十八書目云:“紹興初,再改定《崇文總目》、《秘書省續編四庫闕書》。”(〔宋〕王應麟撰,武秀成、趙庶洋校證《玉海藝文校證》,第882頁)(宋)章如愚《山堂考索》前集卷十八“聖翰門・書目類”所載略同。又(宋)陳振孫撰,徐小蠻、顧美華點校《直齋書録解題》卷八目録類載:“《唐藝文志》四卷,《新唐書》中録出别行。監中有印本。《崇文總目》一卷……題紹興改定。《秘書省四庫闕書目》一卷,亦紹興改定。其闕者,注‘闕’字於逐書之下。”(第230—231頁)

④ (宋)王堯臣等編《崇文總目》卷一易類,明天一閣鈔本,寧波天一閣博物館藏。

⑤ (宋)王應麟撰,武秀成、趙庶洋校證《玉海藝文校證》卷一易“易緯”條引,第53頁。

⑥ (元)脱脱等《宋史・藝文志》,中華書局,1985年,第5041頁。

⑦ 余嘉錫《目録學發微》,第133頁。

録與《中興館閣書目》基本一致，惟“《易乾鑿度》三卷”當是“二卷”之誤。

再看當時的民間收藏，晁公武所藏《易緯》包括“《周易緯稽覽圖》二卷、《周易緯是類謀》一卷、《周易緯辨終備》一卷、《周易緯乾元敘制記》一卷、《周易緯坤靈圖》一卷、《易通卦驗》二卷，右漢鄭玄注”，晁氏云：“李氏本注與《隋志》同，卷數與《唐志》同。家本蓋出李氏，獨不載《乾鑿度》二卷，而有《乾元敘制》一卷。”①所謂“李氏”當即李淑。晁氏認爲己藏本出於李氏，不確。從篇名看，前五種皆冠有“周易緯”三字，獨末種《易通卦驗》不同，或是某人將單行的《易通卦驗》二卷合於前五種之末。從前五種篇目看，晁氏藏本更接近於《中興館閣書目》著録的七卷本《易緯》。此外，晁氏還藏有單行的《易乾鑿度》二卷。② 又陳振孫《直齋書録解題》云：“《易緯》七卷，漢鄭康成注。其名曰《稽覽圖》、《辨終備》、《是類謀》、《乾元序制記》、《坤靈圖》。”③篇目及次序皆與《中興館閣書目》所載藏本一致，可見南宋流傳的《易緯》多是這種篇次的七卷本。鄭樵《通志・藝文略》載“《易緯稽覽圖》七卷，鄭玄注”，亦是這種七卷本，只不過誤以首篇《稽覽圖》統括書名而已。陳氏所藏單行本有《易稽覽圖》三卷、《易通卦驗》二卷、《易乾鑿度》二卷。陳氏謂“《易稽覽圖》三卷與上《易緯》前三卷相出入，而詳略不同”，則七卷本《易緯》之前三卷皆爲《稽覽圖》，《中興館閣書目》所謂無標目的卷二、卷三亦是《稽覽圖》。

宋代産生了兩種僞造的《易緯》，即《坤鑿度》二卷和《乾元序制記》一卷。據晁公武説，前者最早見於“元祐《田氏書目》，當是國朝人依托爲之”④。晁氏《郡齋讀書志》著録《田氏書目》六卷，云：“右皇朝田鎬撰。田偉居荆南，家藏書幾三萬卷。鎬，偉之子也，因成此目。元祐中，袁默爲之序。”⑤《輿地紀勝》有田偉的簡要介紹：“田偉，以燕人歸朝，得江陵尉，即占籍焉。建博古堂，藏書三萬七千卷，無重複者。黄魯直與其子(按，指田鈞)交游，曰：‘文書之富，未有過田氏者。’政和中詔求遺書，嘗上千卷，補三館之闕。”⑥田偉以契丹歸明人爲江陵尉在宋仁宗康定元年(1040)⑦，政和(1111—1117)獻書自爲田氏後人所爲。

---

① (宋)晁公武撰，孫猛校證《郡齋讀書志校證》，上海古籍出版社，2011 年，第 8—9 頁。

② (宋)晁公武撰，孫猛校證《郡齋讀書志校證》，第 7 頁。

③ (宋)陳振孫撰，徐小蠻、顧美華點校《直齋書録解題》卷三讖緯類，第 79 頁。

④ (宋)晁公武撰，孫猛校證《郡齋讀書志校證》，第 8 頁。

⑤ (宋)晁公武撰，孫猛校證《郡齋讀書志校證》，第 407 頁。《秘書省續編到四庫闕書目》作《荆南田氏書目》二卷(第 349 頁)，鄭樵《通志・藝文略》作《荆州田氏書目》六卷，《宋史・藝文志》作《荆州田氏書總目》三卷(第 5147 頁)。此目編纂當始於田偉，元祐中方由其子田鎬完成，故晁公武於此目下著“田鎬撰”，而在他書解題中又稱引“田偉《書目》”，並不矛盾。惟鄭樵《通志・藝文略》於此目下徑著“田瑋”，則略有不當。

⑥ (宋)王象之《輿地紀勝》卷六十五《荆湖北路・江陵府下・人物》，影印道光二十九年甘泉岑氏懼盈齋重刊文選樓影宋鈔本，中華書局，1992 年，第 2231 頁。《方輿勝覽》卷二十七《湖北路・江陵府・人物》所載與《輿地紀勝》略同而有小譌，當出一源，但無獻書事。(〔宋〕祝穆撰，〔宋〕祝洙增訂，施和金點校，中華書局，2003 年，第 486 頁)

⑦ (宋)李燾《續資治通鑑長編》卷一百二十七，作“田瑋”(中華書局，2004 年，第 3010 頁)。《郡齋讀書志》著録《匈奴須知》一卷，作“契丹歸朝人田緯”(第 284 頁)。田偉、田瑋、田緯爲一人。

而徽宗時編成的《秘書省續編到四庫闕書目》即著録有“蒼頡注《坤鑿度》二卷”[①],應該就是田家所獻,可見此書應當産生於北宋後期。

此書卷端題“包羲氏先文,軒轅氏演古籀文,蒼頡修”[②]。“坤鑿度”應該是最初的書名,爲的是與《易乾鑿度》二卷對應。[③] 直到尤袤(1125—1194)的《遂初堂書目》尚是如此。而此後的陳振孫《直齋書録解題》則作“《乾坤鑿度》二卷”,云“一作《巛(坤)鑿度》”。[④] 這種名爲“乾坤鑿度”的本子,卷上稱“乾鑿度”,卷下稱“坤鑿度”,黄震(1213—1280)所見即是此本。[⑤] 現存明《永樂大典》本、明范氏天一閣刊本、明末自得軒刊本等皆是如此。

《乾元序制記》最早見於《中興館閣書目》,已作爲一篇混入《易緯》之中,則産生時間大概在南北宋之交。《郡齋讀書志》、《直齋書録解題》亦有著録,《遂初堂書目》之《易緯》中當亦有其目。《四庫總目》疑此篇乃“後人於各緯中分析以成此書者”[⑥],張惠言謂“宋人鈔撮者爲之”[⑦],孫詒讓則明確指出“以古書援引之文推校之,前半當爲《是類謀》,後半當爲《坤靈圖》,蓋宋人得兩緯殘本,合編之,而妄題《乾元序制記》之名也”[⑧]。

總之,南宋時流傳的易緯有如下幾種:(一)《易緯》七卷,包括《稽覽圖》、《辨終備》、《是類謀》、《乾元序制記》、《坤靈圖》五篇。(二)《易乾鑿度》二卷。(三)《易通卦驗》二卷。(四)《易稽覽圖》一卷(又有三卷本)。(五)《乾坤鑿度》(原名《坤鑿度》)二卷。

經過元代,這五種中,除了單行本《易稽覽圖》不明外,其餘皆存。故明初修《永樂大典》,收入《乾坤鑿度》、《周易乾鑿度》(卷一四七〇八“度”字下),《易通卦驗》(卷次不明),《易緯》(卷一五二九七“緯”字下)。據《永樂大典目録》所載,卷一五二九七“緯”字下爲《易緯稽覽圖》[⑨],這是因爲首篇是《稽覽圖》,並非《大典》此卷僅收有《稽覽圖》一篇。雖然《大典》卷一五二九七已經不存,但《四庫總目》“易緯坤靈圖一卷”提要先引“《玉海》(按:實際爲《玉海》所引《中興館閣書目》)謂三館所藏有鄭注《易緯》七卷,《稽覽圖》一、《辨終備》四……《坤靈圖》七”,又云“《永樂大典》篇次亦然”[⑩],則《大典》此卷所載即《稽覽圖》至

① (宋)佚名編,(清)葉德輝考證《秘書省續編到四庫闕書目》卷一易類,第298頁。

② (宋)晁公武撰,孫猛校證《郡齋讀書志校證》,第8頁。

③ 《郡齋讀書志》載“《易乾鑿度》二卷”,亦題有“蒼頡修古籀文”字樣,或是時人受僞造《坤鑿度》的影響而誤添,或是晁公武誤記。(卷一易類,第7頁)

④ (宋)陳振孫撰,徐小蠻、顧美華點校《直齋書録解題》卷三讖緯類,第79頁。

⑤ (宋)黄震《慈溪黄氏日抄分類》卷五十七《讀諸子》“乾坤鑿度”條,影印上海圖書館藏元後至元三年刻本,《中華再造善本·金元編》,北京圖書館出版社,2005年。

⑥ (清)永瑢等《四庫全書總目》卷六經部易類六“易緯乾元序制記一卷”提要,影印清乾隆間浙江刻本,中華書局,1965年,第47頁。

⑦ (清)張惠言《易緯略義·自叙》,第1b頁。

⑧ (清)孫詒讓著,梁運華點校《札迻》卷一,中華書局,1989年,第29頁。

⑨ 《永樂大典目録》卷四十,影印道光間靈石楊氏刊《連筠簃叢書》本,《永樂大典》第十册,中華書局,1986年,第477頁。

⑩ (清)永瑢等《四庫全書總目》卷六經部易類六“易緯坤靈圖一卷”提要,第47頁。

《坤靈圖》五種，亦即傳自南宋的七卷本《易緯》，祇是内容上可能又有殘損。故《四庫總目》亦云："今略依原第編脊，蓋從宋時館閣本也。"除了《易緯》七卷（五種），《大典》所收《乾坤鑿度》、《周易乾鑿度》、《易通卦驗》原本應均爲單行本，仍大致保存了南宋的館閣藏本。但好景不長，至正統間修成《文淵閣書目》，僅存"《易乾鑿度》一部一册"，可見當時文淵閣内已無其餘各篇。

不同於内府藏書，在民間，《易緯》發生嚴重散佚的時間更早。南宋後期，黄震（1213—1280）尚見《乾坤鑿度》、《周易乾鑿度》、《易緯稽覽圖》、《易通卦驗》四種①，由宋入元的程龍（1242—1322，字舜俞）則説"今行于世，惟乾坤二《鑿度》"②，胡一桂（1247—1314）作"外篇解題"，僅能引馮椅、程龍之説，甚至連"尚存而未泯如《鑿度》"都"未及見焉"③，由元入明的王禕（1321—1373，字子充）也只提及"今《易緯乾鑿度》猶存"④。大概在元代，民間除了《乾坤鑿度》、《周易乾鑿度》二種，其餘各篇均已不存，内府雖有收藏，亦不爲人知。

由於《周易乾鑿度》與《乾坤鑿度》題名近似，彼此關係易致混淆，在南宋後期就有將二篇合爲一書者。如《黄氏日抄》以"乾坤鑿度"立目，先介紹《乾坤鑿度》"不知誰所作，矯黄帝而爲之言"云云，然後説"又有《周易乾鑿度》、《周易坤鑿度》二篇，又皆矯孔子而爲之言"⑤，顯然黄震所見本，前爲《乾坤鑿度》，後爲《周易乾鑿度》（又將《周易乾鑿度》二卷分别冠以"周易乾鑿度"、"周易坤鑿度"之名）。又如宋末元初的程龍云："乾坤二《鑿度》序稱包羲氏作，注稱其書謂'序乾坤之元體與易大行者也'。考其間有所謂太一九宫、卦宫、卦氣、月卦、爻位之法，與夫軌筞占筭之術、律暦相生之數，古今術家多用之，又似陰陽卜筮者流托爲包羲氏書以自神其説也。"⑥前引"注稱"文字見《乾坤鑿度》卷下，而"太一九宫"以下則明顯是《周易乾鑿度》的内容，可見也是合併的本子。《永樂大典》卷一四七〇八收《乾坤鑿度》，後接《周易乾鑿度》全文，但未標"周易乾鑿度"書名，二者間僅以"鄭玄注"三字區隔（詳下文），《大典》所據之本可能與程龍所見近似。此後，明代仍有合併二書的本子流傳，所以胡應麟明確指出："《周易乾鑿度》二卷，又《乾坤鑿度》二卷，今合爲一，實二書也。"⑦嘉靖中四明范氏天一閣刊有《乾坤鑿度》二卷、《周易乾鑿度》二卷，版心皆題"乾坤鑿度卷×"，卷端則分題：乾坤鑿度、乾鑿度卷上/坤鑿度卷下/周易乾鑿度卷上/周易乾鑿度卷下，可見是以"乾坤鑿度"之名統括二書，説明也是以二者爲一書。

---

① （宋）黄震《慈溪黄氏日抄分類》卷五十七《讀諸子》"乾坤鑿度"、"易緯稽覽圖"、"易通卦驗"三條。

② （元）胡一桂《周易本義啓蒙翼傳·外篇》，元刊本，日本國立公文書館藏，第4a—4b頁，引"程舜俞曰"。

③ （元）胡一桂《周易本義啓蒙翼傳·外篇》，第4b頁。

④ （明）王禕《青巖叢録》，《叢書集成初編》據《金華叢書》排印本，中華書局，1991年，第12頁。

⑤ （宋）黄震《慈溪黄氏日抄分類》卷五十七《讀諸子》"乾坤鑿度"條。

⑥ （元）胡一桂《周易本義啓蒙翼傳·外篇》引"程舜俞曰"，第3a頁。

⑦ （明）胡應麟《少室山房筆叢·丁部·四部正譌上》，上海書店出版社，2009年，第292頁。

附:《易緯》篇目流行圖(宋—明)

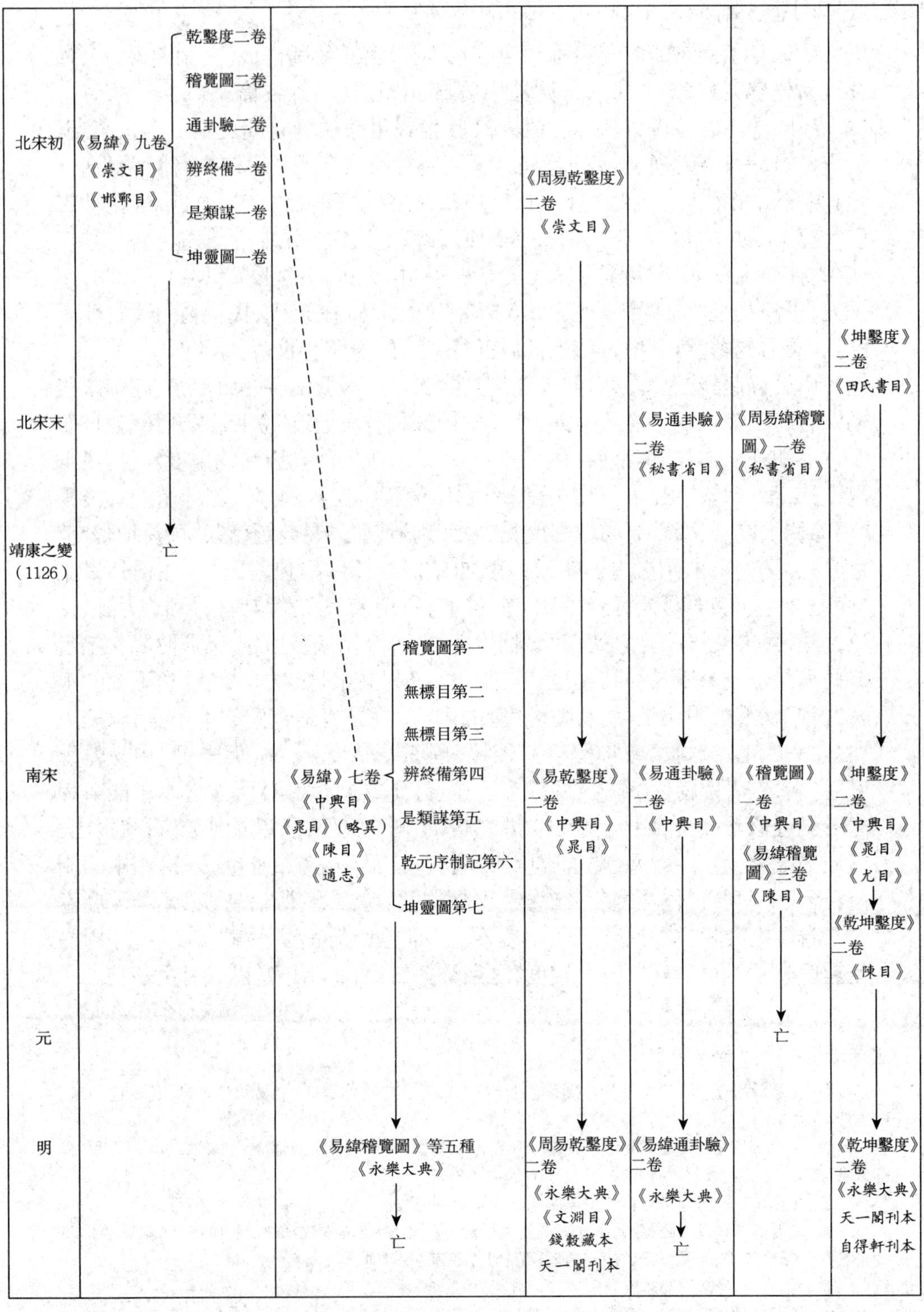
北宋初
北宋末
靖康之變
(1126)
南宋
元
明
《易緯》九卷
《崇文目》
《邯鄲目》
乾鑿度二卷
稽覽圖二卷
通卦驗二卷
辨終備一卷
是類謀一卷
坤靈圖一卷
亡
《易緯》七卷
《中興目》
《晁目》(略異)
《陳目》
《通志》
稽覽圖第一
無標目第二
無標目第三
辨終備第四
是類謀第五
乾元序制記第六
坤靈圖第七
《易緯稽覽圖》等五種
《永樂大典》
亡
《周易乾鑿度》二卷
《崇文目》
《易乾鑿度》二卷
《中興目》
《晁目》
《周易乾鑿度》二卷
《永樂大典》
《文淵目》
錢穀藏本
天一閣刊本
《易通卦驗》二卷
《秘書省目》
《易通卦驗》二卷
《中興目》
《易緯通卦驗》二卷
《永樂大典》
亡
《周易緯稽覽圖》一卷
《秘書省目》
《稽覽圖》一卷
《中興目》
《易緯稽覽圖》三卷
《陳目》
亡
《坤鑿度》二卷
《田氏書目》
《坤鑿度》二卷
《中興目》
《晁目》
《尤目》
《乾坤鑿度》二卷
《陳目》
《乾坤鑿度》二卷
《永樂大典》
天一閣刊本
自得軒刊本

三 《永樂大典》本《易緯》八種的輯佚

雖然除了《周易乾鑿度》、《乾坤鑿度》二種,《易緯》其餘各篇均亡佚於明初,但幸運的是,《永樂大典》中尚保留了其文本内容。清乾隆間修《四庫全書》時,四庫館臣將《永樂大典》中所存《易緯》輯出,即今日最常用的武英殿本《易緯》八種:《乾坤鑿度》二卷、《易緯稽覽圖》二卷、《易緯辨終備》一卷、《周易乾鑿度》二卷、《易緯通卦驗》二卷、《易緯乾元序制記》一卷、《易緯是類謀》一卷、《易緯坤靈圖》一卷。

《大典》本的辦理流程大致是:簽出佚書—抄出佚文(散片或散篇)—粘連成册(即輯佚稿本)—校勘並擬定提要—謄録成正本。[①]《武英殿聚珍版書》所收《易緯》八種[②],八篇提要校上時間皆爲乾隆三十八年四月,距本年二月開輯《大典》僅兩月。[③] 初期辦成之書,皆整部從《大典》中抄出者[④],成書較易。《易緯》各篇當即從《大典》某卷直接抄出,各篇之内不必編排,體量又小,故與《漢官舊儀》、《魏鄭公諫續録》、《帝範》爲第一批成書的四種《大典》本。

《易緯》八種的纂修官,除《易緯通卦驗》一種爲鄒炳泰外,皆爲閔思誠。鄒炳泰(1741—1820),字仲文,號曉屏,江蘇無錫人。乾隆三十七年進士,改翰林院庶吉士,散館授編修,充《四庫》館、《三通》館纂修,文淵閣校理。[⑤] 鄒氏《午風堂叢談》云:

> 《永樂大典》載《易緯》八種:《乾坤鑿度》二卷、《周易乾鑿度》二卷、《易緯稽覽圖》二卷、《易緯辨終備》一卷、《易緯通卦驗》二卷、《易緯乾元序制記》一卷、《易緯是類謀》一卷、《易緯坤靈圖》一卷。《坤靈圖》殘缺不完,僅存論乾、大畜、无妄卦詞及史注所引日月聯璧數語而已。《易緯通卦驗》,

---

① 張升《〈永樂大典〉流傳與輯佚研究》,北京師範大學出版社,2010 年,第 125 頁。詳細流程參見氏著《四庫全書館研究》第三章第二節《翰林院四庫館的辦書流程——大典本》,北京師範大學出版社,2012 年。

② 金簡提議以木活字排印各應刊之書的時間爲乾隆三十八年十月,三十九年四月字模製作完成,才開始擺印圖書。故首批四種(《易緯》、《漢官舊儀》、《魏鄭公諫續録》、《帝範》)皆爲乾隆三十八年武英殿刊刻,非活字本,當時亦無聚珍版之名。參見張升《四庫全書館研究》第九章《武英殿聚珍版叢書》,第 315—316 頁。

③ (清)鄒炳泰《午風堂叢談》卷二:"乾隆癸巳二月,上命大學士劉統勛等將《大典》内散篇纂集成書,總纂則紀編修昀、陸刑部錫熊,纂修三十人。余時爲庶常,亦膺是選。"(影印嘉慶刻本,《續修四庫全書》第 1462 册,上海古籍出版社,2001 年,第 186 頁。)又《大學士劉統勛等奏議定校核〈永樂大典〉條例並請撥房添員等事折》(乾隆三十八年二月二十一日):"今奉旨校核《永樂大典》……臣等謹遵旨於翰林等官内,擇其堪預分校之任者,酌選三十員,專司查辦,仍即令辦事翰林院。"(中國第一歷史檔案館編《纂修四庫全書檔案》,上海古籍出版社,1997 年,第 59 頁。)

④ 《諭内閣四庫全書處進呈各書疵謬疊出總裁蔡新等著交部察議》(乾隆三十九年十月十八日):"《永樂大典》内由散篇輯成者,此次始行呈進,辦理已經年餘。"(中國第一歷史檔案館編《纂修四庫全書檔案》,上海古籍出版社,1997 年,第 275 頁。)參見張升《四庫全書館研究》,第 86 頁。

⑤ (清)王引之《王文簡公文集》卷四《協辦大學士鄒公墓誌銘》,影印民國十四年羅氏鉛印《高郵王氏遺書》本,《續修四庫全書》第 1490 册。

余所纂也,曾以聚珍版印行,今是本絶難得矣。[1]

所言與殿本題署纂修官一致。閔思誠(1749—1788),字中孚,一字讀山,號義亭,浙江湖州府歸安縣人,閔鶚元次子。[2] 乾隆三十六年進士,授編修,官至刑部主事。

乾隆三十八年二月辦理《永樂大典》之初,纂修官定員爲三十人,負責從《大典》中簽出佚書。即先將《大典》原本分派給纂修官,由纂修官逐册閲讀,用事先製好的簽條標明該册需要輯佚的書名、頁碼及佚文條數,粘貼於各册之上(一般在内封),然後交謄録官謄寫。[3] 現存簽條中有一署"纂修官閔"者,即閔思誠,所簽爲卷一五〇七三至一五〇七五,知其簽書範圍在此前後。[4] 檢《永樂大典目録》,卷一四七〇八"度"字下爲《乾鑿度》、《坤鑿度》[5],卷一五二九七"緯"字下爲《易緯稽覽圖》[6],當皆是閔氏簽出。

今檢《大典》卷一四七〇八,大字標目"乾鑿度"下抄寫《乾坤鑿度》上篇,大字標目"坤鑿度"下抄寫《乾坤鑿度》下篇,書名"乾坤鑿度"皆爲朱筆。其後接抄《周易乾鑿度》,但無"周易乾鑿度"書名[7],僅題"鄭氏注"三字,亦未分卷。《四庫總目》所云"《永樂大典》遂合加標目"[8],即指《周易乾鑿度》與《乾坤鑿度》合抄,未另立標目。可見《乾坤鑿度》、《周易乾鑿度》皆閔思誠自《大典》卷一四七〇八輯出,殿本《周易乾鑿度》分上下二卷,實據錢穀本(雅雨堂本)。[9]《大典》卷一五二九七現已不存,但可知收有《稽覽圖》、《辨終備》、《是類謀》、《乾元序制記》、《坤靈圖》五種,是南宋館閣所藏七卷本《易緯》(説見上文)。

四　結語

通過對目録類文獻的細緻分析,我們可以獲知隋唐以來,尤其是宋代以降《易緯》流傳衍變的相當清晰的脈絡,其中有四個較爲關鍵的時間節點:

---

① (清)鄒炳泰《午風堂叢談》卷二,影印嘉慶刻本,《續修四庫全書》第1462册。

② 顧廷龍主編《清代硃卷集成》第二三一册浙江鄉試(乾隆戊子科),成文出版社,1997年,第257頁。閔氏卒年,史廣超據(清)邵晉涵《南江文鈔》考定爲乾隆五十三年,見氏著《〈永樂大典〉輯佚述稿》,中州古籍出版社,2009年,第98頁。

③ 張升《〈永樂大典〉流傳與輯佚研究》,第125頁、第130頁。

④ 張升《〈永樂大典〉流傳與輯佚研究》,第128頁。所列尚有"侍講鄒",簽書範圍爲卷四八九至六六六,認爲是鄒炳泰。但在《四庫全書館研究》中,張氏發現鄒氏不曾任侍講,"侍講鄒"當爲鄒奕孝。

⑤ 《永樂大典目録》卷三十九,《永樂大典》,第十册,第457頁。《大典》卷一四七〇七至一四七〇八一册,現藏中國國家圖書館(韻編:六暮)。

⑥ 《永樂大典目録》卷四十,《永樂大典》第十册,第477頁。

⑦ 1960年中華書局《永樂大典》套色縮印本(1980年中華書局單色拼版影印本仍據此本製版),"鄭氏注"三字上空闕,恰可容五字,本疑影印本套印時漏印"周易乾鑿度"朱文書名,然檢2003年北京圖書館出版社原大仿真影印本,此處確爲空闕,知《大典》原書當即如此。因此處無書名,故欒貴明《永樂大典索引》(作家出版社,1997年)未將《周易乾鑿度》編入。

⑧ 《四庫全書總目》卷六經部易類六"周易乾鑿度二卷"提要,第46頁。

⑨ 《四庫全書總目》云:"定其爲上下二卷,則從鄭樵《通志》之目也。"然僅據《通志·藝文略》著録二卷,並不能知曉從何處分卷,實際是根據錢本。

(一) 唐玄宗時期。關於《易緯》的注者,隋及唐初目録均作鄭玄,玄宗時所修目録則改爲宋均,疑有誤。漢代所傳《易緯》凡六種,隋唐目録著録卷數的歧異,應是其中各篇分卷不同所致,實際所含篇數當無區别。

(二) 兩宋之交。唐代所傳九卷本《易緯》散佚於此時,出現了新的七卷本《易緯》,宋人僞造的《乾坤鑿度》、《乾元序制記》也産生於此時。北宋初,館閣所藏九卷本《易緯》尚存唐代之舊,而此本散佚於兩宋之交。南宋初重新收得七卷本《易緯》,其中無《乾鑿度》、《通卦驗》,而篡入宋人僞造的《乾元序制記》。北宋初即有單行本《乾鑿度》,北宋末則又有《通卦驗》、《稽覽圖》别出單行,現存漢代《易緯》中即以此三種保存較爲完備。《乾坤鑿度》産生於北宋後期,初名《坤鑿度》,乃荆南田氏所獻。《乾元序制記》則産生於兩宋之交。

(三) 明代初期。南宋館閣所藏《易緯》至明初尚存内府,收入《永樂大典》。其中《稽覽圖》等五種即爲七卷本《易緯》,《乾坤鑿度》、《周易乾鑿度》、《易通卦驗》三種則據單行本,大致保存了南宋館閣藏本的舊貌。但南宋館閣所藏《易緯》原本的最終散佚也在此時(永樂至正統間),僅《乾坤鑿度》、《乾鑿度》二種尚有别本流傳。

(四) 清乾隆間。四庫館開輯《永樂大典》佚書,館臣閔思誠、鄒炳泰從《大典》中輯出《易緯》八種,收入《武英殿聚珍版書》、《欽定四庫全書薈要》、《欽定四庫全書》中,廣爲流布,及時保存了文獻,成爲今日《易緯》研究中的主要文本依據。

從以上《易緯》流傳衍變的脈絡中可以看出,今傳《易緯》八種雖經多次轉寫,仍大致反映了南宋館閣藏本的文本面貌。南宋人著作中所引《易緯》文字與今本基本一致,同樣説明了這一點。

(作者單位:北京大學中文系)

古典文獻研究（第二十輯上卷）
Journal of the Institute for Chinese Classics Studies
Nanjing University
Volume 20, No.1 2017

六朝至初唐“國史限斷”書寫體例的形成

王爾陽

魏晉之後,直到初唐,“國史限斷”是一個比較引人關注的話題。圍繞著它,西晉、劉宋、北齊等,都发生過大規模、甚至持續許多年的朝議。時人認爲,這是表現朝代及其開國君主們何時“受命”的重要手段。由此,“國史限斷”的體例,也就經歷了頗周折的形成過程。

一　六朝至初唐“國史限斷”的文本表現與源流

無論官修還是私撰,舉凡修史,必有其“史例”。正如唐人劉知幾所言:“夫史之有例,猶國之有法。”[①](《史通·內篇·序例第十》)史例規定了本書內部的大致格局,涉及對各種是非問題的表達方式,是《春秋》“微言大義”的一種延續。被它約束的既然是文本,則一切關於它的討論,都會在史書成品的字裏行間得到充分體現。

(一) 六朝至初唐時期“國史限斷”的文本表現

《晉書》卷四十《賈充傳附賈謐傳》曾提到晉武帝太康年間一次争議:

> 先是,朝廷議立晉書限斷,中書監荀勖謂宜以魏正始起年,著作郎王瓚欲引嘉平已下朝臣盡入晉史,于時依違未有所决。[②]

由此可知,西晉所謂本朝國史“限斷”,在最終形成的官修《晉書》文本上,會體現爲至少兩方面的表述模式:1) 以哪個年號“起年”,或曰“起元”,它集中體現在本紀的編年體例;2) 親歷魏晉之替的朝臣,是列名《魏書》,還是立傳於《晉書》,這是立傳規則。——前者側重表現君主的威權如何形成、“天命”從何而來,後者則側重大臣是“義止前朝”還是“志在創立”。[③] 後者常能與當時觀

---

① (唐)劉知幾撰、(清)浦起龍釋《史通通釋》卷四,上海古籍出版社,1978 年,頁 88。

② (唐)房玄齡等《晉書》卷四十《賈充傳附賈謐傳》,中華書局,1974 年,頁 1173—1174。

③ (梁)沈約《宋書》卷一百《自序附上〈宋書〉表》,中華書局,1973 年,頁 2467。引文出自此《表》對《宋書》限斷的討論,涉及晉末將相等的部分,原作“義止前朝”及“志在興復,情非造宋”。

念中"天命"何往相互詮釋,因此第二個問題又客觀上依附於第一個問題。正因爲此,"起元"成爲"國史限斷"争議焦點,可被借代來表示限斷問題。

當前述問題引發争議,所謂"國史"多爲紀傳體。因此我們將首先考察六朝人所作紀傳體史書。令人遺憾的是,這些文本,現已大多散佚,我們無法逐一確定其紀傳的具體表現形式。傳世者如蕭子顯所作《南齊書》,凡例部分也已不存。不過,沈約《宋書》的凡例和文本,如今還基本完整,《宋書》帝王本紀部分,通過叙事體例的細節,已使"限斷"要求得以明確體現。有它這個樣本,我們可以將其文本形式與凡例互相參照,嘗試重構出兩晉南朝史家處理"國史限斷"的實際手法。依《上〈宋書〉表》,該書在"起元"方面的限斷原則如下:

> 始自義熙肇號,終於升明三年。(沈約《宋書》卷一百《自序附上〈宋書〉表》,頁 2467。)

其書叙至劉宋永初元年,劉裕奪取帝位(或所謂"受東晉禪讓")之後,《宋書·武帝本紀下》乃至其他所有本紀,行文方式較前二卷明顯一變。此前叙事更詳,且更爲生動,置於紀傳體史書之内,又似列傳書法;之後則如《春秋經》:以此標識出皇權的徹底轉移。它是《宋書》用於表現"禪代"的方式。論及表現"起元",《宋書》則另有方案。

在《宋書》開頭兩卷《武帝本紀上》與《武帝本紀中》,都使用過一類編年叙事格式,即"年號+×年+×月+×日",並以干支記日期。這種模式衍生自"以事系日,以日系月,以月系時,以時系年"的《春秋》之法。它首先出現在晉安帝元興三年(公元 404 年)劉裕等人京口起兵當天。[①] 此日之前,本紀叙事方式與列傳無異,不編年,文字上看起來首尾連貫的不同事件之間,往往實際隔著較長的時間;在此之後,則逐年記事。概而論之,義熙之後、永初之前,《宋書》編年紀事,體如《左傳》。我們推測,該凡例應該是受到了西晉陸機《晉書限斷議》"三祖實終爲臣,故書爲臣之事,不可[以不]如傳,此實録之謂也。而名同帝王,故自帝王之籍,不可以不稱紀,則追王之義"[②]。這一意見的影響,并對陸機的方案作了改進,以求文本呈現的表達效果更加精密。京口起兵是劉裕從一介北府裨將走向最高權力的開始,即其帝業真正意義上的起點,因此六朝史家如沈約,便將之作爲劉宋一朝史書的編年起點。

綜上可以看出,《宋書》的文本體例,其實區分了"起元"和"禪代",是以"起元"預示劉宋將要建立,以叙事方式從近似《左傳》變爲近似《春秋經》,來呈現朝代的更迭:從"列傳"式躍遷到"編年",再從"傳"的形態躍升到"經",文體爲之兩變。

把文體變化的第一個轉捩點放在元興三年,此觀點可能來自劉宋史家檀道鸞:

---

① 參見(梁)沈約《宋書》卷一《武帝紀上》,頁 5。

② (晉)陸機著、劉運好校注整理《陸士衡文集校注》補遺卷三,鳳凰出版社,2007 年,頁 1265。案:《初學記》卷二十一引作"不可如傳",本集校勘記已指出。

先是元嘉中,使著作郎何承天草創國史。世祖初,又使奉朝請山謙之、南臺御史蘇寶生踵成之。六年,又以爰領著作郎,使終其業。爰雖因前作,而專爲一家之書。上表……於是内外博議,太宰江夏王義恭等三十五人同爰議,宜以義熙元年爲斷。散騎常侍巴陵王休若、尚書金部郎檀道鸞二人謂宜以元興三年爲始。太學博士虞龢謂宜以開國爲宋公元年。(沈約《宋書》卷九十四《恩倖傳·徐爰》,頁2308—2309。)

以"元興三年"爲始,並不符合前代慣以某些年號"起年"代指"限斷"的常例。於是《上〈宋書〉表》中,沈約客觀上還對前人觀點作了折衷。他在概括性的描述上,依然"起自義熙肇號"。不過,在實際書寫中,他也參考了檀道鸞的意見,實際上處理成了"元興三年爲始"。這是"起元"何年在《宋書》文本中最顯著的標志。

在其之後的南北朝史書與初唐史書,也出現同一種在特定時間節點"首次出現'年號+×年+×月+干支紀日'模式"的傾向;這些時間節點,也類如京口起兵之於劉宋,是可以被認爲所謂"王業"之始、皇權自此開始發生轉移的。譬如:

《南齊書》中,這個標志性格式,出現在劉宋元徽五年(公元477年)的七月,蕭道成廢殺皇帝劉昱①;《魏書》中,出現在其《太祖本紀》,北魏建國的道武帝登國元年(公元386年)②;成於初唐的《梁書》中,出現在蕭衍襄陽起兵的公元500年③;《陳書》中出現在陳霸先、王僧辯決戰在即的承聖四年(公元555年)④;《周書》中,則出現在北魏孝武帝出奔長安,北魏正式分裂的永熙三年(公元534年)⑤;乃至《隋書》中,出現在北周宣帝—静帝大象二年(公元580年)五月⑥。唐人《晉書》中,則落在曹魏齊王芳的嘉平元年(公元249年)⑦。

需要注意,《北齊書》傳本《神武本紀》爲後人所補,目前不宜作原體例推測之用。李百藥的父親李德林,曾堅持必須將北齊神武帝高歡所謂"天命"載入齊史。其所持意見,與魏收相同⑧,即"取平西胡之歲爲齊元"⑨,也與前文所引劉宋太學博士虞龢的方案相近,而與"八書"、"二史"中其他史書均有所不同。本文將在第二節詳細討論。

總之,前述這些,與賈謐提出的"泰始起元"(詳見第二節)皆明顯有别。由此可見,周一良先生"孫盛《晉陽秋》,王隱、虞預、臧榮緒諸家《晉書》,干寶《晉紀》都從司馬懿叙起,均見湯球輯本。唐修《晉書》中司馬懿父子三人都立本

① 參見(梁)蕭子顯《南齊書》卷一《高帝本紀上》,中華書局,1972年,頁10。
② 參見(北齊)魏收《魏書》卷二《太祖本紀》,中華書局,1974年,頁20。
③ 參見(唐)姚思廉《梁書》卷一《武帝本紀上》,中華書局,1973年,頁4。
④ 參見(唐)姚思廉《陳書》卷一《高祖本紀上》,中華書局,1972年,頁7。
⑤ 參見(唐)令狐德棻等《周書》卷一《文帝本紀上》,中華書局,1971年,頁13。
⑥ 參見(唐)魏徵等《隋書》卷一《高祖本紀》,中華書局,1973年,頁3。
⑦ (唐)房玄齡等《晉書》卷一《宣帝本紀》,頁17。
⑧ 參見(唐)魏徵等《隋書》卷四十二《李德林傳》,頁1195—1197。
⑨ (唐)李延壽《北史》卷四十七《陽休之傳》,中華書局,1974年,頁1727。

紀。看來賈謐意見未被以後史家所采用,實際仍是把斷限向前延伸了"[1]的判斷,實爲的論。

上文所列文本體例相同,皆爲紀傳體斷代史。其中《宋書》爲南齊敕撰;《魏書》爲北齊敕撰;梁、陳、北周、隋、晉諸書,爲初唐敕撰;私人撰述唯有梁時蕭子顯的《南齊書》。同爲私撰而跨越幾個朝代,初唐李延壽《南史》及《北史·隋本紀》與前述史書所採用的文本形式並無二致,在北朝周、齊方面亦然,唯具體"起元"節點判斷上,有異於《北齊書》與《周書》;《北史·齊本紀》同類節點,落在北魏普泰元年(公元 531 年)高歡受封渤海王之後的"四月癸巳,又加授東道大行臺、第一鎮人酋長"[2],此年高歡與尒朱兆正式決裂;《北史·周本紀》則落在孝武帝西奔長安被殺、北魏正式分裂後的公元 535 年[3],與《周書》所指關鍵事件時間接近,但略有先後。此類史書敘事節點,基本都可以同時看作新朝"受命"的起點。

劉宋徐爰指出:"晉祿數終,上帝臨宋,便應奄膺紘宇,對越神工……宜依銜書改文,登舟變號,起元義熙,爲王業之始,載序宣力,爲功臣之斷。"[4]李德林在討論"起元"問題時,也强調"大齊之興,實由武帝,謙匿受命,豈直史也"[5],并追舉前代故事,稱:"陸機稱'紀元立斷,或以正始,或以嘉平'。束晳議云'赤雀白魚之事'。恐晉朝之議,是并論受命之元,非止代終之斷也。"[6]可見最晚從西晉開始,一直到南北朝後期,以"起元"標識王朝所謂"天命"之始,即所謂"受命之元",也是當時絶大多數史家的共識。

另外,此類史書記到改朝换代之後,無一例外,也都存在文體再爲一變、出現類似《春秋經》寫法的現象。它們應該受到了沈約《宋書》體例的影響。上述諸紀傳體斷代史,除了北魏,都是通過政變——即所謂"外禪"[7]——得國,所以本朝史書"起元"於前朝,並且朝代更迭之前,都採用前朝年號編年。於是,在這些史書文本中,可以歸納出這樣一種規律,即:

1. "外禪"得來的江山,即"篡位者"的國史,起元前朝;敘至奪位之後,文體再變。

2. 自己打出來的江山,即"征服者"的國史,開國建號。

作爲"霸史"的唐修《晉書》載記,體例大多與第 2 點相近。

---

① 周一良《魏晉南北朝史學與王朝禪代》,《魏晉南北朝史論集續編》,北京大學出版社,1991 年,頁 109。引文中的孫盛《晉陽秋》、干寶《晉紀》爲編年類,非紀傳體史書,下文將有所涉及。

② (唐)李延壽《北史》卷六《齊本紀上·神武帝本紀》,頁 215。

③ (唐)李延壽《北史》卷九《周本紀上·文帝本紀》,頁 319。

④ (梁)沈約《宋書》卷九十四《恩倖傳·徐爰》,頁 2309。

⑤ (唐)魏徵等《隋書》卷四十二《李德林傳》,頁 1196。

⑥ (唐)魏徵等《隋書》卷四十二《李德林傳》,頁 1197。引文涉西晉部分標點因文意略有修改。

⑦ 參見干寶《晉紀論晉武帝革命》"堯舜内禪,體文德也,漢魏外禪,順大名也"句,及本句李善注引謝靈運《晉書·禪位表》,(梁)蕭統編、(唐)李善注《文選》卷四十九《史論上》,中華書局 1977 年影印本,頁 687。

(二) 六朝至初唐"國史限斷"方法溯源

沈約等人所採用的體例有其來源。除受陸機影響之外,比《宋書》年代稍早的范曄私撰《後漢書》,也將本紀編年體例第一次變化,即出現干支紀日的起點放在更始元年(公元 23 年)①;在光武稱帝之後,則出現編年體例的第二次變化,由類如《左傳》變爲類如《春秋經》。②《後漢書》敘事上溯到光武稱帝之前,可能是受到了張衡的影響。曾上書反對過圖讖泛濫的張衡,用於判定更始帝"君主身份合法性"的標准,是"人無異望";他的建議,則是"以更始之號建於光武之初",遂會涉及"**《光武本紀》起年更始**"還是起年建武等等一系列争論。③ 在東漢統治者看來,承認更始爲帝,無疑會將最終同更始决裂的劉秀,放到一個十分尷尬的位置上,這是他們無法允許的。然而,張衡的探索,顯然爲史界後來者提供了有益的參考思路:如何在歷史文本中,呈現"這一大類"君臣關係變化的事實。

更始與光武畢竟名義上都是劉家人,東漢建國名義上尚爲"中興"而非改朝换代。與此相反,漢魏禪代顯然更是"君臣關係發生變化"的一例。然而因爲原始文獻已然散佚,我們並不能十分確定,三國魏的史官如何在帝王本紀的具體編年方式上,來體現其春秋大義。到了西晉,作爲私家史著,陳壽《三國志・魏書》之首《武帝本紀》部分,是在漢獻帝初平元年(公元 190 年)之後,開始出現相對清晰的事件編年和月份;在此基礎上首次出現干支紀日,則在袁紹死後的建安八年(公元 203 年)。④ 本紀中不再插入傳記式敘事,則在曹丕登基的黄初元年(公元 220 年)之後。這種隨著皇權逐步轉移、量變引起質變,用"起元"來標識"天命"的寫法,是與《漢書》有所差異的。——

《漢書》編年起點在秦王子嬰向劉邦投降⑤,劉邦爲漢王也正在本年,其"稱元"屬於直敘其事的開國建號。漢代秦是武力推翻,並非所謂"外禪"。《漢書》首次出現"'年號+×年+×月+干支紀日'模式",是"(漢二年)二月癸未,令民除秦社稷,立漢社稷"⑥。無關漢人認爲的"高祖受命",也無關數年後的劉邦稱帝、建立"漢朝",標識的是劉邦正式重新參與天下逐鹿。《漢書》與六朝—初唐時期大多數紀傳體斷代史書的"起元"凡例並不完全相同。在劉邦稱帝之後,則《漢書》之《高帝紀》記事體例也爲一變,開始類似《春秋經》的本紀寫法,只是仍不時有敘事如傳的段落出現。⑦

如此,至少可以説明:由於"外禪"現象一再出現,最晚在西晉初期,帝王本紀敘事形式如何體現新内容、如何發明新體例,已引起史家中有識之士的思

---

① (劉宋)范曄著、(唐)李賢等注《後漢書》卷一上《光武帝紀上》,中華書局,1965 年,頁 4。

② 參見(劉宋)范曄著、(唐)李賢等注《後漢書》卷一上《光武帝紀上》,頁 22。

③ 參見(劉宋)范曄著、(唐)李賢等注《后汉書》卷五十九《張衡傳》,頁 1940。

④ (西晉)陳壽著、(南朝宋)裴松之注《三國志》卷一《魏書・武帝紀》,中華書局,1971 年,頁 6—23。

⑤ 參見(漢)班固撰、(唐)顔師古注《漢書》卷一上《高帝紀上》,中華書局,1962 年,頁 22。

⑥ (漢)班固撰、(唐)顔師古注《漢書》卷一上《高帝紀上》,頁 33。

⑦ 參見(漢)班固撰、(唐)顔師古注《漢書》卷一下《高帝紀下》,頁 51—80。

考。陳壽的處理方式,可能與三國魏以來"校驗名實"的風氣密切相關,也可能和成書於太康元年(公元 280 年)左右的杜預《春秋左氏經傳集解》,有著編排形式方面的互相影響。

《蜀書》中前述模式出現在劉備稱帝的公元 221 年[①];《吴書》中則出現在孫權稱帝的公元 229 年[②]。《三國志》明以魏爲正統,而暗中懷蜀,則此書記叙模式,與前述南北朝—初唐時期的史書起元規律完全一致,即:

1. 晉代以後所謂"外禪"得來的江山,即"篡位者"的國史,起元前朝;

2. 自己打出來的江山,即"征服者"的國史,開國建號。

爲保證季漢政權至少有霸朝定位,而不淪爲流寇之屬,寧認吴國同霸。陳壽心懷故國,却舍棄了在"起元"上做文章,而選擇以對魏蜀吴建國依據的不同記録方式,"運用了高超的春秋筆法,表達了他的天命觀念","運用讖緯與符瑞的書寫,隱秘地確立了尊蜀而抑魏、再抑吴的天命統緒"[③]。徐師興無在《分裂時代的英雄們》中已有非常精妙的呈現。

另外,雖然劉知幾批評過魏收全抄范曄[④],但顯然西漢建國方式更接近北魏實際情况,所以在"起元"方面,魏收更多參考了《漢書》的方式,形成了諸多史家中較爲獨特的寫法。

總之,六朝紀傳體史書所使用的模板,最初或來自陳壽或其前輩譬如班固、張衡的設計,形成了基本表達框架。它不分官修、私撰,較廣泛地分布於本時期傳於後世的文本中。

二 篡位者及其追隨者的修辭

篡位者可分兩類:父子兄弟接力奪取帝位者、親身篡權者。前者如西晉、北齊、北周,後者如江東宋、齊、梁、陳四朝,以及楊隋。作出前述區分,是因爲它關係到如何解讀本時期關於某些帝紀應當存或廢的討論。譬如宋、齊、梁、陳四《書》,之所以看起來容易被誤會成和征服者模板相似的"開國建號",即因爲開國皇帝系親身篡位者,"受命"在己,所以不必追溯而爲他父祖創立本紀。但如前所述,指示"起元"的文本體例變化,往往都出現在其建國之前。

圍繞對篡位者的書寫方式,先後形成過兩個分問題。其一,如何判斷一個朝代何時獲得"天命",這關係到如何描述它奪取帝位的過程;其二,如何描述這種"天命",即在記載某朝史事的紀傳體斷代史書中,是否需要在該朝真正建立之前,就廢棄使用前朝的年號。前一個問題出現和解决都在晉代;後一個問題首現於南齊,徹底解决則要到初唐以後。

---

① (西晉)陳壽著、(南朝宋)裴松之注《三國志》卷三十二《蜀書·先主傳》,頁 889。案:這句還是借助引用劉備《即位告天文》原文來呈示的。

② (西晉)陳壽著、(南朝宋)裴松之注《三國志》卷四十七《吴書·吴主傳》,頁 1134。

③ 徐興無《分裂時代的英雄們》,《文史知識》2016 年第 10 期,頁 109—111。

④ 參見(唐)劉知幾撰、(清)浦起龍釋《史通通釋》,頁 88。

與此伴生的問題,是當"天命"發生轉移,則抵制開國君主篡位這部分政敵的列傳,是否需要作爲所谓"開國群雄傳"[①]收入新朝國史。這個問題的提出是在南朝劉宋,實际解决則在南齊。西晉初期荀勖、王瓚默認爲一個問題的,在整個兩晉南北朝時期,實際是被分别厘清的。

(一)西晉"國史限斷"争議

西晉惠帝元康八年,以賈謐出任秘書監爲契機,一度塵封的"國史限斷",再次成爲話題。《晉書》卷四十《賈充傳附賈謐傳》:

> 先是,朝廷議立晉書限斷,中書監荀勖謂宜以魏正始起年,著作郎王瓚欲引嘉平已下朝臣盡入晉史,於時依違未有所决。惠帝立,更使議之。謐上議,請從泰始爲斷。於是事下三府,司徒王戎、司空張華、領軍將軍王衍、侍中樂廣、黄門侍郎嵇紹、國子博士謝衡皆從謐議。騎都尉濟北侯荀畯、侍中荀籓、黄門侍郎華混以爲宜用正始開元。博士荀熙、刁協謂宜嘉平起年。謐重執奏戎、華之議,事遂施行。[②]

可以看出,這個問題甫一提出,荀勖的觀點就是"正始起年",將晉朝官修史書的本朝起點,定在晉宣帝司馬懿剛受魏明帝顧命的齊王芳正始元年(公元240年);與他觀點分歧的王瓚,則把時間起點定在了高平陵政變發生的齊王芳嘉平元年(公元249年)。本階段兩派争執圍繞著司馬懿,主要是司馬懿何時"受命",或云"天命"在魏晉間如何發生了"轉移"。北齊时期的李德林對此曾有追述:"陸機稱'紀元立斷,或以正始,或以嘉平'。束晳議云,'赤雀白魚之事'。恐晉朝之議,是並論受命之元,非止代終之斷也。"[③]

荀勖是曹爽的故吏,後來纔投奔司馬氏。[④] 因此荀勖提議"正始起年",美化篡奪之外還有他自已的私心。周一良先生的《魏晉南北朝史學與王朝禪代》對荀勖家族心態有精到討論。[⑤]

惠帝元康八年,賈謐忽然提出新見,即:應以泰始起元。他把司馬炎的歷史地位也引入了討論,看來像仿照《漢書》斷代方式,但從朝臣和後人的眼中,原先已存在争議的晉之"天命",在賈謐的觀點中,是不是落實在司馬懿身上,恐怕都很成問題;同時,在泰始起元的條件下,司馬懿父子三人可以徹底斷入魏國歷史,晉朝國史不立其本紀,從而維持其魏臣形象,並且完全消解了晉朝國史編撰者藉助曲筆對司馬懿父子三人進行批判的可能性。

如此,當然把情况變得更加微妙。沈玉成先生即曾提出,這是爲了取消宣

① 此類列傳遵徐沖先生命名,參見徐沖《"禪讓"與"起元":魏晉南北朝的王朝更替與國史書寫》,《歷史研究》2010年第3期,頁104—117。

② (唐)房玄齡等《晉書》,頁1173—1174。

③ (唐)魏徵等《隋書》卷四十二《李德林傳》,中華書局,1973年,頁1197。標點略有調整,說明詳後。

④ 參見(唐)房玄齡等《晉書》卷三十九《荀勖傳》,頁1152。

⑤ 參見周一良《魏晉南北朝史論集續編》,北京大學出版社,1991年,頁108。

帝系諸王(包括齊王冏)問鼎帝位的可能性,連帶令賈氏集團永葆榮華[①];顧農先生也有類似判斷,并指出可以順便保障賈后養子(賈謐親弟)韓慰祖在皇位繼承權方面有競争力[②]。此外,賈謐外祖賈充與晉文帝司馬昭關係密切,與晉武帝司馬炎則相對微妙。突出武帝之天命,客觀上有利於塑造賈充當初明確支持司馬昭立長的政治敏感者形象。

在已有曹魏學者先例可參的情況下,太康時期並没有人提到泰始起元;本年已故的陳壽,在《三國志》中不爲司馬懿父子立傳,顯然計劃把他三人列入《晉書》的記叙範圍。反倒在惠帝朝賈后專政、賈謐“權過人主,至乃鏁繫黄門侍郎”[③]之後,方有起元泰始此議,很難令人不疑其是否同時具有某種個人目的,必定引起政敵各懷心事的抵制。

《晉書》卷五十五《潘岳傳》:“謐《晉書》限斷,亦岳之辭也。”[④]需要注意的是:雖然文辭由潘岳起草,然而“岳之辭”却非“岳之謀”。從此次争議對壘雙方的名單分析,我們甚至可以看出,賈謐方面完全是有備而來。其支持人員中:司空張華,爲和賈氏合作的朝臣;司徒王戎、領軍將軍王衍,爲賈氏/賈郭集團姻戚;樂廣爲賈充故吏,嵇紹係王戎故人之子,謝衡則因其子爲王衍“四友”可能的成員之一。姻戚、故人、門蔭不足而合作的名臣,鼎足而三,互爲呼應;玄、儒領域皆見代表,三公有其二,門下占四分之一:這樣一個成體系、有組織的團隊,有助於形成(並且確實形成了)輿論聲勢。嵇紹基於個人立場(争取嵇康不入晉朝國史的可能)支持賈謐的觀點。謝衡出現,則指示其家族目前聯繫密切的是哪個琅邪王氏支系。

相較而言,反對賈謐觀點者,即便荀氏子弟内部,也已存在觀點分歧;其内部結構,則因華混加入,顯得更加微妙。荀勖子孫繼續堅持荀勖的立場,晉武帝在位時,華混之父華廙曾拒絶荀勖替兒子向自己女兒的提親,以至他落難時,荀勖借故落井下石。[⑤] 到了晉惠帝初期,他又得罪了賈謐的父親韓壽。[⑥]由此,在舊冤家和新冤家之間,華混遠交近攻,表態反對新冤家;而荀勖一家的宗親和姻親,如支系不明的荀熙、至少與荀勖孫荀邃有姻親的刁協,則都折衷地選擇了不同於荀勖、更不同於賈謐的“(曹魏)嘉平起年”。可以發現:

1. 位高權重的争論參與者,集中在“泰始爲斷”和“正始開元”兩大陣營——這兩陣營,恰恰也是以賈謐(賈充/賈郭)和荀勖爲精神核心的兩個政治集團,一新一舊;

2. 荀勖方面的力量,看起來相對單薄。

---

① 參見沈玉成《“竹林七賢”與“二十四友”》,《遼寧大學學報》1990年第6期,頁44。

② 參見顧農《陸機生平著作考辨三題》,《清華大學學報(哲學社會科學版)》2005年第20卷第4期,頁66。

③ (唐)房玄齡等《晉書》卷四十《賈謐傳》,頁1173。

④ (唐)房玄齡等《晉書》,頁1504。

⑤ 參見(唐)房玄齡等《晉書》卷四十四《華表傳附華廙傳》,頁1260—1262。

⑥ 參見(唐)房玄齡等《晉書》卷四十四《華廙傳》,頁1262。

雙方都有自己的私心,而賈謐最後幾乎是强力推行自己的觀點。如前節所述,他的觀點也並没有被當時和後世廣泛接受。

當時直接負責國史修撰的,是著作郎陸機。① 在唐修《晉書》對參與朝堂争論者的記載中,陸機並未被直接點名,其《晉書限斷議》看起來也像在爲國史制定具體的凡例。除前文所引的《晉書限斷議》,另有北齊時期李德林答魏收書的間接轉述②,可證明陸機傾向荀家觀點,只是在荀勖家族和荀熙的意見之間,取舍有所不確定。這當然是在兩個曲筆方案中,選一個看起來糟糕程度偏輕一點的,也可想而知地引起了賈謐的嚴重不滿③,甚至報復舉動,包括阻止陸機所推薦的賀循升遷④。然而賈家既敗,其觀點又與當時史家普遍取向

---

① (唐)虞世南輯録、(清)孔廣陶等校注《北堂書鈔》卷五十七《設官部九・著作惣六十》中"陸機議晉書"條,引:"王隱《晉書》:'陸機字士衡,以文學爲秘書監虞濬所請,爲著作郎,議晉書限斷。'"學苑出版社 2015 年影印本,第 1 册,頁 433。案"惣"即有總説、總攬之意,前後所引亦皆爲大著作事,可知虞世南按其基於隋代(乃至初唐)文獻的判斷,陸機議晉書限斷,是以主持編撰者"著作郎"的身份參與。但陸機的這一身份,可能很快即發生變化。如《文選》卷十九束皙《補亡詩》李善注引王隱《晉書》:"賈謐請爲著作郎。"頁 272。此外,《北堂書鈔》卷六十九《設官部二十一・公府舍人》中"陸機以高賢"條,所引陸機《表詣吴王》有"相國參軍,率取臺郎;臣獨以高賢見取,非私之謂"等句(第 1 册,頁 523),可知陸機任趙王相國參軍前爲"臺郎"即尚書郎。按,(唐)房玄齡等《晉書》卷五十四《陸機傳》:"轉殿中郎。趙王倫輔政,引爲相國參軍。豫誅賈謐功,賜爵關中侯。"頁 1473。又同書卷四《惠帝紀》:"夏四月……癸巳,梁王肜、趙王倫矯詔廢賈后爲庶人,司空張華、尚書僕射裴頠皆遇害,侍中賈謐及黨與數十人皆伏誅。甲午,倫矯詔大赦,自爲相國、都督中外諸軍,如宣文輔魏故事,追復故皇太子位。"頁 96。相參可證,賈家敗亡前,陸機在殿中郎任上。因其職務之便,方可"豫誅賈謐"。陳君先生認爲:"據《北堂書鈔》卷六十九引陸機《詣吴王表》云:'相國參軍,率取臺郎,臣獨以高賢見取,非私之謂。'殿中郎屬尚書省,亦在臺郎之列。陸機在表文中將自己和臺郎區别開來,則相國參軍顯然不是轉自殿中郎,而當徙自著作郎。"參見陳君《釋"佇中區以玄覽"》,《文學遺産》2004 年第 5 期,頁 121。然所引《詣吴王表》原文詞句標點,或爲陳先生所加。它實際也可如本注前文所示標點,意即:1. 相國參軍人選,皆爲臺郎(,我是隨例被選);2. 趙王徵辟我,只是因爲我人太好,不是我跟他關係好。依文意及《晉書》本傳事件相關性揆之,恐怕這樣標點更爲合理。則陳先生所引"《資治通鑑》卷八十三則云相國倫以'殿中郎陸機爲參軍'"云云,温公當實未誤。

② (唐)魏徵等《隋書》卷四十二《李德林傳》,頁 1197。

③ 針對陸機意見,(唐)虞世南輯録、(清)孔廣陶等校注《北堂書鈔》卷五十七《設官部九・著作佐郎六十一》中"難晉書限斷"條,引"干寶《晉紀》:'秘書監賈謐請束皙爲著作佐郎,難陸機晉書限斷。'"頁 434。值得注意的是,此條之前,即有"束皙創三帝紀"條,引"《文士傳》云:'束皙元康四年晚應張華辟,入府匝月,除佐著作郎,著作西觀,造《晉書》,草創三帝紀。'"頁 434。可見賈謐提出"泰始起元"之前,西晉國史本來規劃有宣、景、文三帝紀,而且執筆人正是束皙。這一規劃,當然緣於之前"正始"、"嘉平"兩家無論何者成立,都不得不涉及三帝生平。賈謐刻意引束皙難陸機限斷,除了辯駁,還有强行扭轉束皙觀點以示威之意。(引文標點皆爲筆者所加。此《文士傳》當爲晉人張騭所作,其他諸家類書亦頗有引用,文字細節微有不同,參見周勛初先生《魏晉南北朝文學論叢》〔江蘇古籍出版社,1999 年,頁 94—121〕有專門輯考;本文所引部分文字,書中位於頁 115。)(唐)房玄齡等《晉書》卷五十一《束皙傳》:"轉佐著作郎,撰《晉書・帝紀》、十《志》,遷轉博士,著作如故。"頁 1432。恐對束皙本階段仕履叙述得過於粗略。

④ (唐)房玄齡等《晉書》卷六十八《賀循傳》:"然無援於朝,久不進序。著作郎陸機上疏薦循曰:'伏見武康令賀循德量邃茂,才鑒清遠,服膺道素,風操凝峻,歷試二城,刑政肅穆。……至於才望資品,循可尚書郎,訥可太子洗馬、舍人。此乃衆望所積,非但企及清塗,苟充方選也。謹條資品,乞蒙簡察。'久之,召補太子舍人。"頁 1824—1825。"久之"乃用,且太子舍人較尚書郎位低,是對賀循有意抑之。

不同[①],自然並不能長久。

(二)東晉史家否定"泰始起元"的實踐

"天命"固然是個美化篡奪的借口,然而無論"起元"正始還是嘉平,都無法回避司馬懿父子三人的本紀;寫到他們爲子孫篡權所做的一切准備,客觀上也因此終難避免。這應該是客觀存在的事實,面對史家可能的曲筆,所必然形成的一種無聲、無意識的反制。永嘉南渡之後,這種反制一定程度上變得更有意識。其原因在於:東晉君主與宣、景、文的關係,相比西晉有所不同。東晉帝室屬於宣帝伏夫人之子琅邪武王司馬伷一系,與景帝司馬師、文帝司馬昭等在血緣上相對疏遠。東晉初期慕容皝《上晉成帝表》已直稱文帝諱[②];穆帝、哀帝時期頗有直言"昭穆"者;東晉末宣帝、元帝諱皆在須避之列[③],但陶淵明的《贈長沙公》詩序也直稱文帝諱[④]:文帝諱不絶於書,足見本時期文帝諱與宣帝諱的不同待遇。東晉官方對其正統性來自宣帝的定位,是確保相當部分的東晉史家能將其著作起始時間上限溯至宣帝的一大前提。

東晉初外戚組成也頗微妙。司馬伷妻諸葛氏、元帝生母夏侯光姬,分别是司馬昭政敵諸葛誕的女兒和司馬師政敵夏侯玄的家族成員。前者惠帝末去世,後者活到了懷帝永嘉初,都有足夠時間對元帝施加影響:史載明帝頗有一段時間,不太明白自己祖宗如何發家的,乃至一旦對此表示出好奇,則立即因遭遇來自擔任其司徒兼當年太子太傅的王導正面回應,"覆面著床"而形成相當著名的典故[⑤],内中大概有元帝本人很少給兒子們講前輩故事以免尷尬的緣故。

王祥曾扮演過高貴鄉公曹髦的指導者。[⑥] 王導是王祥之弟王覽一系當時

---

① 以《晉書限斷議》言及三祖本紀與紀、傳文體等來看,西晉官方所修國史,應該采用的是紀傳體。由此,被《隋書・經籍志》著録於史部古史類、《舊唐書・經籍志》、《新唐書・藝文志》均著録於史部編年類的陸機《晉紀》(兩《唐書》目録均題之爲《晉帝紀》。由此推之,唐時及以後,對此書性質已産生多種理解;因爲體例發展成熟之後,紀傳體帝王本紀的文本形式,與編年體有明顯差異),應是西晉官修國史的補充,而非其草稿。(唐)房玄齡等《晉書》卷五十一《束皙傳》:"轉佐著作郎,撰《晉書・帝紀》、十《志》",頁1432;"皙才學博通,所著《三魏人士傳》、《七代通記》、《晉書・紀》、《志》,遇亂亡失。其《五經通論》、《發蒙記》、《補亡詩》、文集數十篇,行於世云。"頁1434。其遇亂亡失的著作,無一例外皆屬史部,可見對束皙的史學才能,當時學者普遍持懷疑態度,以致著作流布不廣,過江無存,《隋書・經籍志》更無著録;並依《隋書・經籍志》,《五經通論》不見著録,《發蒙記》同時入經部小學類和史部地理類,是爲"載物産之異"(頁983)的字書,《束皙集》入集部别集類。《補亡詩》則列於《文選》卷十九詩類之首。可見六朝人對束皙學問的存捨。以前文注釋所述賈謐曾請束皙難陸機限斷云云,此處所記載的《晉書》紀、志,更有可能是西晉官修國史的一部分;西晉官修國史或由束皙執筆,如後世"庾亮領著作,干寶司國史"的模式。

② 參見(唐)房玄齡等《晉書》卷一百九《慕容皝載記》,頁2819。

③ 參見(唐)李延壽《南史》卷二十五《王懿傳》,中華書局,1975年,頁671—672。

④ 參見(晉)陶淵明著、逯欽立校注《陶淵明集》,中華書局,1979年,頁18。

⑤ 參見《世説新語・尤悔第三十三》之七,(南朝宋)劉義慶著、(梁)劉孝標注,余嘉錫箋疏,周祖謨、余淑宜、周士琦整理《世説新語箋疏》卷下之下,上海古籍出版社,1993年,頁1054;(唐)房玄齡等《晉書》卷一《宣帝本紀》,頁20。

⑥ 參見(唐)房玄齡等《晉書》卷三十三《王祥傳》,頁988。曹髦被弑後,王祥處境和應激行爲都極尷尬。

的當家人。祥、覽支系的大多數人,與王戎、王衍等賈、郭姻親,血緣與情感都較爲淡薄,後來更反目成仇,乃至產生"王澄死於王敦之手,實際是王敦按王導指令行事"[①]的説法。當明帝在位之時及其之後,王氏家族巔峰期相去未遠,王導本人作爲明帝的指導者之一,既有師威,亦有實權。或許只有他當面對君主祖先提出直率的批評,才能令司馬紹不得不當場接受。而司馬紹的痛悔,對希望盡最大可能直筆書寫西晉建國過程的史家,實際上是利好消息。

目前可明確查證的、東晉有關國史限斷的較早嘗試,也恰多來自與王導關係密切的人員。

編年體中,類如干寶所著《晉紀》。

據張慶民先生考證,干寶首次以著作佐郎身份領國史,在元帝建武元年(公元317年,此時中書郎庾亮領著作[②]),尋轉尚書郎,又遷著作郎,仍領國史;因家貧離京外任,在明帝太寧二年(公元324年);赴任王導司徒右長史,在成帝咸和二年(公元327年),"蘇峻之亂"發生於本年十一月(《晉書》卷七《成帝本紀》);遷散騎常侍而再領著作,則可能在咸和九年(公元334年)。[③] 他得掌史職是因王導的舉薦,在司徒右長史任上與王導曾共患難,也曾以其府中上佐的身份,爲諸公府僚佐立職儀[④],輔佐府主爲戰後恢復秩序重建規矩:如此緊密的聯繫下,《晉紀》之寫作,最起碼可以認爲得到了來自王導的支持。中國歷史上空前絶後的王馬"共天下"格局,以及它帶給君主的心理陰影,這個時候却成了史家盡量直言的有力掩護。由是干寶《晉紀》"自宣帝迄于愍帝五十三年,凡二十卷"[⑤],以宣、景、文三帝不編年的方式,完成了向陸機《晉書限斷議》的第一次、也是來自編年體的致敬。

同時,《晉紀》行文,則藉助上溯至前代,而逆荀勖等人思路而行,得以在叙事中展開對晉朝創業之路的批判,贏得後世史家的稱贊。[⑥] 其文叙高貴鄉公被弑後,司馬昭欲作勢表態將調查此事、詢問陳泰應當問責何人時,明確寫出了陳泰"惟有進於此(賈充),不知其次"[⑦]的當面嘲諷,神情畢肖,很見人物風骨;其《晉紀論晉武帝革命》,便言"堯舜内禪,體文德也;漢魏外禪,順大名也"[⑧],表達出作者對魏晉之際所謂"禪代"的保留意見,同時區分了兩種不同的"禪讓",爲後代史家書寫類似改朝換代現象,實際解决了理論障礙;而在《晉

---

① 參見《世説新語·尤悔第三十三》之五,(南朝宋)劉義慶著、(梁)劉孝標注,余嘉錫箋疏,周祖謨、余淑宜、周士琦整理《世説新語箋疏》卷下之下,頁1052。劉孝標注頗用意氣,但未提出支持自己觀點的實證。

② 參見(唐)房玄齡等《晉書》卷七十三《庾亮傳》,頁1915。

③ 參見張慶民《干寶生平事跡新考》,《文學遺産》2009年第5期,頁72—81。

④ 參見(梁)蕭子顯《南齊書》卷十六《百官志》,頁1212—1213。

⑤ (唐)房玄齡等《晉書》卷八十二《干寶傳》,頁2150。

⑥ 參見周一良《魏晉南北朝史學與王朝禪代》,《魏晉南北朝史論集續編》,頁110。

⑦ 《方正第五》之八,劉孝標注引干寶《晉紀》,(南朝宋)劉義慶著、(梁)劉孝標注,余嘉錫箋疏,周祖謨、余淑宜、周士琦整理《世説新語箋疏》卷中之上,頁341。

⑧ (梁)蕭統編、(唐)李善注《文選》卷四十九《史論上》,頁687。

紀總論》中,干寶明以"周之興也"對比"晉之興也",極言姬周建國之路"積基樹本,經緯禮俗,節理人情,恤隱民事,如此之纏綿也",批評"宣景遭多難之時,務伐英雄,誅庶桀以便事,不及脩公劉太王之仁也。……二祖逼禪代之期,不暇待叁分八百之會也。是其創基立本,異於先代者也"[①]。大異前代哪怕遠支晉宗室以堯舜爲參考來評論禪代的常格[②],形成語氣十分微妙的諷刺。此書當時即被評價爲"直而能婉,咸稱良史"[③],寫作風格則由此可見一斑。

他甚至原文引用了《國語·周語三》中太子晉諫靈王的諍言——孫綽爲王導身後所作碑文,尚稱其"胄興姬文,氏由王喬"[④],明言此人以太子晉、乃至周王室的嫡系後人自居——太子晉在《晉紀總論》中的發聲、"周之興也"對"晉之興也"的不以爲然,都如角色扮演般再現了前述王導和司馬紹之間的對話場景,也在無形之中,構成了王導本人在場的象徵。

之前因畏勢或慕權而依附賈謐者的同類,此時則只會依附王導。

和干寶《晉紀》成書時間接近的,有虞預和王隱兩家《晉書》。此二書爲紀傳體,同樣上溯至宣帝時期,遵循了"正始起元"或"嘉平起元"的原則。有關這兩家《晉書》及其作者,已有曹書傑先生《王隱家世及其〈晉書〉》(《史學史研究》1995年第2期,頁23—30)和李寧波、唐燮軍兩先生《虞預及其〈晉書〉發微》(《古籍研究整理學刊》2012年第5期,頁57—62)等精到的專門考析。虞預先依附庾琛、庾亮父子,明帝後期即接替干寶領著作;"蘇峻之亂"中恰好在家,因此得與郡守王舒合作;在亂平以後,庾亮因其激發事變之責,引咎出鎮上游,虞預則轉而經由王舒追隨居中執政的王導,並歷顯職;在此期間,他私撰《晉書》而請教、參考過王隱著作,隨後又交結權貴,排斥王隱,幾令王隱《晉書》無成,還引發後世對其《晉書》是否抄襲王隱底稿的討論。王隱則得到庾亮的支持,終於完稿。[⑤] 雙方無論有意、無意,皆已卷入成帝時期日趨明朗乃至白熱化的王、庾之争。作爲三國時期並非本族顯要支系、新依附並且眼下尚有求於權貴的吴士,虞預對司馬懿的評價,相比干寶《晉紀總論》的"直而能婉",不能不顯得"婉而非直"。然而這兩家不約而同地上溯至宣帝時期,則恐怕正是因爲前文所述的:東晉帝室的血緣正統,來自宣帝而非文帝、武帝。

由此,無論出於直筆還是曲飾的目的,無論是受到哪個權貴保護、或者刻意依附某權貴,東晉初的史家群體,事實上已然完全否定了西晉賈謐集團的提議。此後如獨立史家孫盛的編年史《晉陽秋》等,也堅持了這一體例,由是可認爲它已成爲本時期編年、紀傳二體共有的主流"起元"守則。斷代史書由"受

① (梁)蕭統編、(唐)李善注《文選》卷四十九《史論上》,頁692。

② 西晉時期,即便同樣對魏晉"禪代"提出嚴厲批評,常用參考系依然是堯舜。因爲這是禪代的真正範式,而商周之際是所謂"革命"。參見(唐)房玄齡等《晉書》卷三十七《任城景王陵弟順傳》,頁1114等。

③ (唐)房玄齡等《晉書》卷八十二《干寶傳》,頁2150。

④ (唐)歐陽詢撰、汪紹楹校《藝文類聚》卷四十五《職官部一·丞相》引晉孫綽《丞相王導碑文》,上海古籍出版社,1965年,頁813。

⑤ 參見(唐)房玄齡等《晉書》卷八十二《王隱傳》,頁2143。

命”之時起元,到此基本形成了共識。干寶《晉紀》之後,分判“内禪”、“外禪”逐漸爲大家所接受,至劉宋元嘉初年,謝靈運奉敕修撰《晉書》,雖“粗立條流”而“書竟不就”(沈約《宋書》卷六十七《謝靈運傳》,頁1772),但從《文選》中干寶《晉紀論晉武帝革命》的“堯舜内禪,體文德也,漢魏外禪,順大名也”句下,仍可看到李善注引謝靈運《晉書·禪位表》:“夫唐虞内禪,無兵戈之事,故曰文德。漢晉外禪,有翦伐之事,故曰順名。以名而言,安得不僭稱以爲禪代邪?”[①]將干寶所指更加明確化。而與此伴生的、“大臣傳記如何斷代”的問題仍然懸而未決,歷史將把解決它的使命交給沈約。

(三)“開國群雄傳”之存廢:宋、齊國史書寫

面對朝代更迭,南朝史家十分清楚,自己筆下書寫的不過是“外禪”,而其標志則是“有翦伐之事”。由此書寫一朝開國史事,以彰顯篡位者也曾“脩太王、公劉之仁”的可能性,實際上已經被很大程度地消解,而更傾向記載“重大歷史轉折事件”。並且宋、齊、梁、陳四朝,都是開國君主本人完成權臣—霸朝—篡位過程,“起元”何時,在紀傳體斷代史的本紀中,也相對表現得不那麽突出。已在逐漸加强的南朝皇權,勢必選擇其他方面,來展示其存在感。

《宋書》卷九十四《恩倖傳·徐爰》記載了劉宋孝武帝大明六年的一次朝議。其時領著作郎、負責劉宋國史修撰的徐爰,上表追溯之前的史學發展,論述自己對國史修撰體例的設計思路,而後朝廷博議,孝武帝稱制臨決,過程和徐爰上表的原文均被《宋書》完整收録,可以幫助我們最大限度地還原當時語境。[②] 徐爰通過上表的第一段,回顧了之前史書的發展變遷,指出魏晉以來無論編年體還是紀傳體,都已形成“强調獲得‘天命’之始”的定例,並且把方法的上源一路推溯到前代對虞、夏、殷、周、兩漢的記述方式,以加强自己論斷的説服力:下文中“起元義熙,爲王業之始,載序宣力,爲功臣之斷”,就是承此而作出的劉宋國史限斷。同時他也援用《漢書》先書陳涉、《後漢書》先書更始、《三國志·魏書》先書董卓、袁紹爲例,認爲即便“事先歸於前録”,也只有“功偕著於後撰”才是正當、正確的,以此試圖證明“犯命干紀,受戮霸朝,雖揖禪之前,皆著之宋策”的合理性,尤其引人注目的,是他對更始的定位,和張衡、范曄等人皆不相同,但與劉宋孝武帝是一致的。[③] 這是依照己見對成例進行的修訂,亦即徐沖先生所指出的:徐爰試圖在本時期紀傳體王朝史中,也建立一種“開國群雄傳”模式。[④] 而徐爰的設想,事實上得到了劉宋孝武帝明確支持:他甚至下詔,將桓玄也加入徐爰《宋書》開頭的“開國群雄傳”内[⑤]。其目的,或爲令

---

① (梁)蕭統編、(唐)李善注《文選》卷四十九《史論下》,頁687。

② 參見(梁)沈約《宋書》,頁2308—2309。

③ 參見(梁)沈約《宋書》卷九十四《恩倖傳·徐爰》,頁2309。

④ 徐沖《“禪讓”與“起元”:魏晉南北朝的王朝更替與國史書寫》,《歷史研究》2010年第3期,頁104—117。本文對徐爰此表的解讀與徐先生大作不盡同,但支持他對徐爰《宋書》承擔意識形態功能的判斷。

⑤ 參見(梁)沈約《宋書》卷九十四《恩倖傳·徐爰》,頁2309。

本朝開國帝王的武功更加增色。

正如周一良先生等前輩早已指出的,東晉末年"統治階級與人民的矛盾和統治階級内部矛盾都很尖鋭,迫切需要改弦更張"[①]。劉裕因此望隆威赫,並且義熙北伐幾乎成功。然而劉宋至孝武帝大明六年(公元 462 年)時,一則北魏威脅並未解除,二則内部矛盾暗潮洶湧,所以他迫切需要重申劉裕當年的武功,來强調本朝獲得政權的合理與正當。但他和他支持的徐爰,事實上將謝混、郗僧施等前朝忠臣,也置入了本朝開國需要剿滅的"群雄"當中。原本理論上的兩朝"相生"變成了"相克",本朝的正統性,因此實際上受到了挫傷。但他們論述時,也可以徵引《漢書》等前例,對當時的史家來説,這的確成爲很難從根本上予以駁斥的棘手問題。

在這個時候,劉宋的太學博士虞龢,提出了"宜以開國爲宋公元年"[②]的構想。進入南齊之後,此方案則爲檀超、江淹主持修撰的南齊國史所繼承,並進而演變成"開元紀號,不取宋年",即從蕭道成受封齊公、建立"霸朝"、獲得他們眼中的"天命"眷顧時起元,且直接改用"齊公"或國號"齊"來紀年,南齊國史之史志亦"以建元爲始"[③]。這在劉宋孝武帝、徐爰觀點基礎上更進一步,目的依然是强化本朝的皇權,但方式有所不同。雖然它沿襲了干寶以來把史書時間起點定位在開國君王得位之前的傳統,但因爲使用了宋齊禪代發生前就將劉宋的昇明三年(公元 479 年)標記爲"齊元年"的刻意設計,其主要作用顯然是爲蕭道成歌功頌德,讓他獲得"天命"之後,提前擺脱劉宋之臣的定位,以淡化"篡位"的屬性。可以看出,檀超、江淹非常清楚前代形成的"内禪"、"外禪"之區别與功能,並著意要將其改造得有利於本朝皇權。他們試圖建構出一個"獲得天命,獨立的齊國成長起來,最終壓倒劉宋"的觀念樣式,賦予蕭道成類似"湯武革命"般的征服者形象,從而强化"外禪"之"翦除"。並且,蕭道成也默許這一行爲。南齊建立的過程,充滿了流血事件,事後的權力分配,又不能令當初的投奔者都感滿意,因此建國之初就形成了心思各異而爲數衆多的持不同政見者。蕭道成需要刻意强調"天命"的轉變,乃至提前開元建號,以便占領輿論高地,將這部分人的聲音排擠到邊緣。但實際上,他始終是由劉宋的臣子,轉而爲南齊的君王,過於强調其後來成爲君王的身份和地位,却罔顧當時還是宋臣的事實,顯然有違史家的原則。在這點上,檀超、江淹和後世受其影響的北朝史家魏收、李德林,並没有什麼本質的差異。只不過在蕭道成的本紀,檀超、江淹可能只需要讓國號提前數十天出現[④];而在北齊國史中,這個問題,將會體現得更爲充分和扎眼。

當時學者對國史體例的討論,而今可見寥寥,但多不及此。王儉爲左僕

① 周一良《魏晉南北朝史學與王朝禪代》,《魏晉南北朝史論集續編》,頁 112。

② (梁)沈約《宋書》卷九十四《恩倖傳·徐爰》,頁 2309。

③ 參見(梁)蕭子顯《南齊書》卷五十二《文學傳·檀超》,頁 891。

④ 蕭道成受封齊公、獲九錫,是在昇明三年三月甲寅(十二),奪取帝位在當年四月甲午(廿三),參見(梁)蕭子顯《南齊書》卷一《高帝紀上》,頁 14;卷二《高帝紀下》,頁 31。

射,駁議不言斷限;陸澄爲秘書監,史書未載一語。可以認爲,當時絶大多數學者,對前述問題仍然處在頭疼中。陸澄身處政治風暴相對外圍,或許對宋齊易代不便發表比較激進的觀點;而積極推動宋齊易代的王儉本人,顯然急需强有力的理論支持,以證明其行爲具有充分的“合理性”:這近似荀勖的心態。永明三年(公元 485 年),南齊建國子學,王儉爲祭酒,而陸澄爲博士,二人可以代表相當一部分南齊學者的主流意見。但前述南齊官方學者的這一默許,客觀上也默許了當朝皇權對前朝事實極其明顯的、觀念上的改造,因此可以説是放任形成了一個惡例。

同時期其他學者不可能完全坐視。此議後不滿十載,永明五年(公元 487 年),奉敕修撰《宋書》的沈約再次發出質疑。

《南齊書》卷五十二《文學傳・王智深》載:“世祖使太子家令沈約撰《宋書》,擬立《袁粲傳》,以審世祖。世祖曰:‘袁粲自是宋家忠臣。’”[①]此事與後文所載蕭賾干預《宋書》記劉宋孝武、明帝鄙瀆事,一般被認爲是本時期皇權加强的表現,同時體現出沈約面對帝王的謹慎;蕭賾對沈約立《袁粲傳》的認可,也尤其被認爲是南齊皇帝在刻意樹立忠臣典型,以博取大臣對本朝的忠誠。然而仔細琢磨,在南齊國史先動筆的情況下,袁粲立傳《宋書》還是《齊史》原本已經没有疑問。沈約此次專門請示蕭賾,恐怕不是針對袁粲一人,而是針對一大類人。

翌年《宋書》紀傳完成。沈約在《上〈宋書〉表》中遂明確提出:

> 桓玄、譙縱、盧循、馬、魯之徒,身爲晉賊,非關後代。吴隱、謝混、郗僧施,義止前朝,不宜濫入宋典。劉毅、何無忌、魏咏之、檀憑之、孟昶、諸葛長民,志在興復,情非造宋,今並刊除,歸之晉籍。[②]

由此,將前朝忠臣、前朝叛逆,無論是否與開國帝王劉裕發生沖突,一并斷出劉宋國史。在新情況出現,而前代成例近乎山窮水盡的時刻,沈約主動邀擊,援蕭賾“上諭”爲據自創新例,利用本朝皇權的力量,從而一舉解决了前朝皇權帶來的歷史遺留問題。

此外,沈約指出,其《宋書》“始自義熙肇號,終於昇明三年”[③]。

前文已提到,沈約《宋書》本紀的“起元”的標志,實際出現在義熙元年前一年。用此年而稱“始自義熙”,是沈約在致敬檀道鸞和最合適“起元”的表述之間盡力保持平衡。由此《宋書》沿用晉朝年號,呈現劉裕曾爲晉將的事實,而非提前以劉宋國號示人。同樣,劉宋的昇明三年,也並不是“齊元年”。沈約用他的書寫實踐,委婉地對南齊國史體例提出了不同意見。

顯然,沈約雖然利用本朝皇權,但並不欲完全服從本朝皇權。隨後的齊梁禪代,帶給在南齊已是“文宗”的沈約更加崇高的文壇影響力,而檀超身故,江

① (梁)蕭子顯《南齊書》,頁 896。
② (梁)沈約《宋書》卷一百《上〈宋書〉表》,頁 2467—2468。
③ (梁)沈約《宋書》卷一百《上〈宋書〉表》,頁 2467。

淹時已"才盡",沈約《宋書》的斷限體例遂壓倒南齊國史的體例,成爲當時最廣爲接受的紀傳體編寫模式。南齊皇孫蕭子顯《南齊書》同遵沈例,而檀、江《齊史》梁有隋亡[①],可想而知,《宋書》和《齊史》的體例,在梁朝後期影響已然遠不相同。由是,沈約同時回應了徐爰和檀超、江淹兩種皇權代言人的提案,成功地再次把紀傳體史書的斷限體例,最大限度拉回到遵循歷史本身。

自此之後,正如清人錢大昕所指出的,"自後南北八史列傳,祇述開國功臣,胥用沈法。至新、舊《唐書》乃復遵兩漢之例,以李密、王世充等列於功臣傳之前矣"[②]。實則兩《唐書》之例,乃因隋唐之際,確有如當年項羽、隗囂等的其他政權,與唐政權並立,是"沈法"遇到"兩漢之事"的自動失效。而在"南北八史"所覆蓋的時間區間內,除了魏收本可以將北方十六國各政權列於《魏書》功臣傳之前外,其他各朝,無論基於前文已提及的原因,還是爲著尊重前朝忠臣本心,也確實還是更適用"沈法"的。

(四)餘音:北齊史家的構想

身處齊梁時間坐標的下游,北齊史家群體可以同時面對的,是整個兩晉、大半個南朝乃至北魏時代,所有史家對此類問題的討論成果。與斷代史"起元"相關的兩個問題,一個基本解決於東晉,一個基本終結在南齊,文獻和成果,當時都足夠豐富,由此北齊史家可以放手對前人成果進行批判的審視學習。數百年的亂世行將結束,而總結的先聲已然呈現。

如前已述,處理並非禪代得位的"征服者"國史——《魏書》,魏收獨斷地使用了"建國開元"模式;但面對本朝如魏、晉般的父子兄弟接力奪位開國史,北齊史家不得不向包括《三國志》之《魏書》在內的漢魏禪代書寫、兩晉國史的魏晉之際敘述等等,尋求可供徵引的前例,以期證明本朝國史體例有淵源可循,在南北文化正統之爭愈演愈烈時,也可避免被南朝惡意嘲笑爲蠻夷的隱患。宋、齊、梁三朝的開國史書寫,只能被他們暫時擱置,不作爲主要參考對象。

北齊國史的"起元"討論,或曰論争,以《北史》卷四十七《陽尼傳附陽休之傳》所載:

> 魏收監史之日,立《神武本紀》,取平四胡之歲爲齊元。收在齊州,恐史官改奪其志,上表論之。及收還朝,敕集朝賢議其事,休之立議從天保爲限斷。魏收存日,猶兩議未决。收死,便諷動內外,發詔從其議。……凡此諸事,爲識者所譏。[③]

---

① 參見(梁)蕭子顯《南齊書》卷五十二《文學傳·檀超》,頁892;(唐)魏徵等《隋書》卷三十三《經籍志二·史部·正史類》,頁956。

② 《廿二史考異》卷二十四《宋書二》,(清)錢大昕著,方詩銘、周殿傑校點《廿二史考異(附三史拾遺、諸史拾遺)》,上海古籍出版社,2004年,頁421。原文豎排,標點作"……《新》、《舊唐書》……",本文改爲横排時,在此處有改動。

③ (唐)李延壽《北史》,頁1727。省略號所示被删除的是"識者所譏"但與本文主題無關的另兩事。

所謂"平四胡之歲",即高歡擊破尒朱兆、尒朱天光等之公元532年[①],翌年七月孝武帝元修西奔長安、北魏分裂[②];"天保"則是北齊開國君主、文宣帝高洋的年號,其元年爲公元550年。魏收在齊州,是北齊後主天統二年(公元566年),還朝則在天統四年(公元568年);魏收之亡故,是北齊後主武平三年(公元年572年)[③],即北周武帝建德元年。陽休之游説祖珽主持、其本人携其子也参與修撰的《修文殿御覽》,恰在本年編成奏上[④],而陸(步六孤)令萱[⑤]、和士開、高阿那肱、穆提婆、韓長鸞等,與祖珽等狼狽爲奸,已然大亂北齊朝綱[⑥]。陽休之"諷動"的所謂"内外",應該包括了這部分人。又過五年左右,建德五年十二月辛酉(十七,公元577年1月21日),即報周師入晉陽;建德六年正月甲午(二十,公元577年2月23日),高緯父子被擒,北齊亡。[⑦] 國史尚不遑修,由是陽休之的提議並未得到真正執行。

陽休之年輕時常與魏收一同執掌文章詔册,都很親近高家,但曾因疏曠泄密,得罪高洋,遭到貶斥,以高洋去世後陽休之自己的追憶,則"天保之世,魏侯(收)時遇甚深,鄙夫以衆人見待,佞哀詐泣,實非本懷"[⑧]。作史刻意突出高洋動機未必充足,真正深受高洋器重的反倒是魏收。而此二人之前也並未黨附君主之外的權貴。北齊後期的争論,實際由後主高緯敕命所引發,是有西晉、南朝先例可援的一次君權主導的討論,由此可基本排除其他權貴争鬥因素的干擾影響,大部分應該確實是陽休之和魏收之間有觀點分歧,小部分可能因爲他不喜歡魏收。但陽休之不惜要在魏收身後,借助亂朝佞幸之力,來强行推廣自己的意見,可見若以學術本身論,他這個在東晉已經基本被棄置的方案,想再爲衆人接受,輿論阻力是相當之大的。而陽休之此舉,北齊亡後即無下文不論,在當時也就遭到了北齊"識者"的普遍抵制。

魏收方面,爲了應對此番朝廷上的論争,與自己的朋友有過一些私下討

① 參見(北齊)魏收《魏書》卷十一《后廢帝安定王紀》,頁280;卷九十一《術藝傳·劉靈助》,頁1960;同卷校勘記〔八〕,頁1974;(唐)李延壽《北史》卷六《齊本紀上·神武帝本紀》,頁216—217。

② (唐)李延壽《北史》卷六《齊本紀上·神武帝本紀》,頁218。

③ 參見(唐)李延壽《北史》卷五十六《魏收傳》,頁2035、頁2037。魏收還朝是爲武成帝高湛的身後事,故而推測其還都實在北齊後主天統四年十二月辛未(初十,公元569年1月13日)至丙子(十五,公元569年1月18日)的五天時間内,參見(唐)李延壽《北史》卷八《齊本紀下·後主本紀》,頁290。魏收卒年,參見(唐)李延壽《北史》卷五十六《魏收傳》,頁2038。

④ 參見(唐)李延壽《北史》卷四十七《陽休之傳》,頁1726、1727;卷八《齊本紀下·後主本紀》:"(武平三年)八月……是月,《聖壽堂御覽》成,敕付史閣。後改爲《修文殿御覽》。"頁293。

⑤ 陸令萱應爲步六孤氏之考證,參見王怡辰《北齊後期的恩倖政治(561—577)》,《東魏北齊的統治集團》第五章,文津出版社,2006年,頁365。

⑥ 陸令萱又稱陸媪,爲北齊後主高緯乳母。以其爲代表的近倖集團干預北齊朝政,開始於武成帝高湛在世之日,尤甚於後主高緯親政之時,相關事跡散見於(唐)李延壽《北史》卷十四《后妃傳下》武成胡皇后、後主胡皇后、後主穆皇后(黄花)等傳,卷五十二《齊宗室諸王下·琅邪王儼傳》、卷四十七《祖珽傳》、卷五十五《馮子琮傳》等,以及卷九十二《恩倖傳》中和士開、穆提婆等人的傳記。

⑦ 參見(唐)令狐德棻等《周書》卷六《武帝本紀下》,頁98、100。

⑧ (唐)李延壽《北史》卷四十七《陽休之傳》,頁1726。有關陽休之得罪高洋而被貶,及陽休之因此被魏收嘲笑,發生幾次口頭沖突的記載,詳見同傳前後文,如頁1725。

論,譬如《隋書》卷四十二《李德林傳》有一段較長的文字,完整收録了魏收和李德林的兩組書信文字,試圖追述與最大限度地呈現魏收與李德林商量、討論的文本現場。[1] 不過即便如此,其實還原作用也是有限的。因爲從引文可以很明顯地看出,魏收提的問題和李德林的回復,並不完全絶對地一一對應。這説明一定有一些口頭討論,或魏收及其朋友、論敵已公開發布於朝野的文字,由於蕪雜或其他原因,被《隋書》編者篩選出了藉由史傳著録的行列。

在這組通信記録中,魏收開門見山,表示自已觀點在之前的所上之"議"中,都已陳述得很明確,但有一些相關細節,自己仍然理解或表達得不是很清楚,所以請李德林幫他梳理一下,並附上論争對方的觀點和表述,以備李德林作爲靶敵參考。[2] 李德林隨即針對魏收來函作了簡要解釋。魏收回復表示,李德林解釋之後他仍有不明白的地方,譬如"元年"和"一年"有什麽分别,是否包含春秋大義,因此請李德林再更具體地作些説明。[3] 由是李德林更加具體地給魏收提供了解答。這次討論的目的,乃是魏收去信所指出的:針對論敵陽休之及其支持者的觀點,做一些前期準備工作。他們討論的問題核心,是起元問題中的"元"有没有特殊含義。

"即位稱元"顯然應該是支持天保起元的陽休之陣營可能提出的質疑,針對的是他們試圖在北魏未亡時就提出"齊元年"這一方案。"非獨受終爲帝"稱元則是李德林的觀點。在第二封信開頭,李德林明確表示"一年"和"元年"在他看來没什麽差别,此後引用了兩個陽休之陣營(魏收第一封信所言之"或")的觀點,高歡"身未居攝"和"書元年者,當時實録,非追書也",並逐一駁斥,認爲他們的論述結構有重大缺陷,尾段則指出:按自己的意見,魏收議文本身也存在邏輯漏洞。陽休之陣營這兩個觀點,未必來自同一作者。而由於反駁對象不同、所針對的問題不同,李德林隨手所引用的前人文字或觀點,哪怕來自同一個作者,也可能出自不同著作,後人只能分别藉由上下文的語意來推測出處:這是我們需要留神的。[4]

從《北史·陽休之傳》與李德林第二封復信的行文中,則可更清晰地看出:魏收與李德林的觀點,是以北魏"平四胡之年"爲其北齊神武帝元年,直接廢棄北魏年號,以示"天命"已然轉移。他們於此提出一個獨斷設想。和前輩——南朝劉宋的博士虞龢、南齊的檀超與江淹一樣,這是爲了凸顯本朝統治者的皇權,並且與魏收推崇征服者英雄的一貫立場相符。這一設想有"來自南方"但未必樂意承認(在南方也已經被徹底駁倒消亡)的先例,也在體例上重新挑戰兩晉南朝以來反復鍛打形成的定例,意圖在史學領域樹立北朝自己的話語權威。所以魏收、李德林等人與陽休之等人的争議,是南齊檀超、江淹的模式與西晉賈謐的模式之間,在北齊的特殊語境下發生了衝突。它並不是西晉國史

① 參見(唐)魏徵等《隋書》,頁1195—1197。
② 參見(唐)魏徵等《隋書》卷四十二《李德林傳》,頁1195。
③ (唐)魏徵等《隋書》卷四十二《李德林傳》,頁1196。
④ 引文參見(唐)魏徵等《隋書》卷四十二《李德林傳》,頁1195—1196。

限斷争議的再現。

另外,絶大部分北齊學者,爲了建構自己的"正統"和東晉南朝的"僭僞",在整個争論過程中,有意不引齊梁成例,而直承三國西晉,希望另辟蹊徑。

無論如何,既然魏收、李德林等决定,將挑戰對象設定爲南渡之後形成的主流紀傳體史書寫作傳統,那麽必然也將導致他們把矛頭直指在此領域已被經典化的陳壽和陸機。因此李德林在第二封信的第一個問題裏,則指陸機援例有邏輯漏洞。平心而論,陸機解釋堯舜禪代和晉三祖差異的文字,邏輯確實有欠周密,更加穩妥的論述方式,是類似干寶區分"内禪"、"外禪"的概念細化;李德林站在後來者的角度,覺得數百年前先輩的工作有明顯不足,完全可以理解,何况他試圖證明的是篡位者高歡"與舜攝不殊",進而以此爲理由來廢棄北魏年號,在否定賈謐起元泰始之論的路上,走得比陸機及其同道更遠。他所指出的反面可能,完全基於魏齊之際拓跋皇帝不屈不撓與權臣争奪最高權力的實際經驗,但干寶及以後的東晉南朝史家依然可用"内禪"、"外禪"的分判來加以反駁,大約也正因爲此,他並没有引這部分史家的意見。他堅决不能接受陸機將禪位前起元,即"受命起元"模式,表述爲"或以正始,或以嘉平";他能接受的只有"晉宣帝元年"云云,非此即謬。這是他們真正的觀點。第二個問題裏,李德林則嘲笑了陳壽《三國志》、陸機《吴書》(也可能包括了《辨亡論》和《答賈長淵》中流露的情懷)乃至習鑿齒《漢晉春秋》的偏私"本國"之心,然而最起碼從第一節提到過的、陳壽的文例上看,李德林對陳壽的批評已帶上了他自己觀點的濾鏡。所謂"寧肯蜀主未立,已云魏武受命乎",無非是指《三國志·魏書·武帝本紀》稱曹操終於"魏王",仍用建安年號,不曾如魏收、李德林設想的北齊國史般"已建魏元";然而同書下卷蜀主未立,却已云曹丕受命,稱之爲帝,改元黄初。顯然李德林直覺陳壽會偏私故國,然而對其表現的位置和方式,在判斷上出了點問題。南朝劉宋的徐爰曾説過:"魏以武命《國志》,晉以宣啓《陽秋》,明黄初非更姓之本,泰始爲造物之末,又近代之令準,式遠之鴻規。"(沈約《宋書》卷九十四《恩倖傳·徐爰》,頁2309)這方面兩晉南朝其實已有定論。

北齊皇室本身父子兄弟接力篡位的特性,和北齊史家魏收、李德林等建立不同於兩晉南朝主流的史例這一急切願望,使得他們把更多的關注投向了西晉,而非東晉南朝史家。隨著北齊滅亡,陽休之的觀點不再有下文。魏收雖然亡故,但李德林得以先入北周,再入隋朝,奉詔修《北齊書》,雖然未成即逝,但初唐又敕命其子李百藥繼續他的工作。而讓北齊斷代史的"起元"問題徹底塵埃落定,還得等到修撰《北史》的初唐史家李延壽。

(五)總結與回望:初唐六朝史書寫及其影响

到了初唐貞觀朝,修梁、陳、北齊、北周、隋五朝史書與《晉書》,目的是總結歷史經驗教訓,形式上則不再多生波折,大致遵從前代成例。如前所述,《梁書》、《陳書》、《周書》、《隋書》和晚些成書的《晉書》,完全遵循了"沈法"即"沈約模式"。阮籍、嵇康等雖入《晉書》,但已是出於説明文化背景的考慮,並不作爲司馬氏的政敵扮演"開國群雄"角色。《北齊書》或許依然遵從了作者李百藥之父李德林的意見,不過他遇上了强勁的對手,即自撰《南史》、《北史》的李延壽。李延壽的著述之志,同樣承自其父,而其父李大師於隋唐之際,因爲站隊王世充、竇建德,唐初頗歷播遷之苦;不同於一般山東士人,出身“太和改制”名臣之一李沖的家族隴西李氏,李大師、李延壽父子對南北長期對立帶來的各種成見,實有嚴重保留[①];他們親歷的播遷之苦,也令他們對歷史上的同類人物,可有“理解的同情”。作爲成長在隋唐時期的史家,李延壽也不必如魏收、李德林等一般,以抗拒表達其面對“沈約模式”的焦慮。是以《南史》各朝限斷,與《宋書》、《南齊書》、《梁書》、《陳書》並無二致;《北史》、《隋本紀》限斷同於《隋書》;《周本紀》與《周書》在關鍵事件上判斷接近,不過將時間節點定在北魏分裂之後,而非孝武西奔之時;《齊本紀》則完全否定了“魏收—李德林模式”,回歸“沈約模式”,並將關鍵事件定爲高歡與尒朱氏決裂,並非高歡戰勝尒朱氏。《北齊書》唐後逐漸散佚,至今五十卷中,僅十七卷爲原文,且在北宋初已然如此;其亡失部分,反要後人依靠《北史》等加以補全。這未嘗不是唐代以來讀者選擇的結果。

三　小結

有關“斷限”表述方式的探討,到底可以告一段落。後人只需依照具體情況,對前例加以排列組合,如兩《唐書》斷限基本遵循“沈約模式”,以太原起兵開元,仍用隋煬帝大業年號;列傳則回歸兩《漢書》傳統。而在此之前的整個争論過程,時間縱跨數百年,幾乎全息影像般呈現了“西晉短暫大一統—東晉門閥政治—南北對峙—隋唐重歸大一統”的壯闊圖景,其中更隱現六朝史研究過去百年間許多重要課題的影子。我們可以簡單地把它們歸納爲三個階段:

(一) 兩晉時期:著重解決本紀“從何開始”

1. 問題提出:西晉荀勖家族的“正始/嘉平起元”之議,力圖上溯至魏晉之際最高權力逐漸發生轉移的時間起點,可能是爲了突出司馬懿,並給司馬家篡魏自立塑造“天命所歸”的依據;賈謐及其黨與爲主所提議的“泰始起元”,名義上是以魏晉“禪代”實現爲狹義“晉朝”的起點,效果上則突出司馬炎,並附帶塑造賈充及其一黨的重要性。爲了折衷二者,陸機嘗試將陳壽等人的私撰實踐引入官史修撰,提議在“起元”正始或嘉平的同時,正始或嘉平之後、泰始之前,使用“名爲本紀,而書如傳”的書寫方式,以示本時期最高權力轉移的量變並未達到引起質變。但這個提案被賈謐以威權强行否决。

2. 問題解決:東晉建立之後,因晉元帝的即位合法性來自宣帝,則必須選擇突出司馬懿;且東晉爲門閥政治鼎盛時期,史家也有更多空間對魏晉禪代提出批評——於是無論與王導關系親近的干寶,還是入劉宋後修《晉書》未就的謝靈運,都選擇了與西晉荀勖等人逆向的建構思路,即藉助“内禪”、“外禪”的分判,將本書叙事起始時間上溯到朝代建立之前的宣帝,以展開對晉朝皇族篡

① 參見(唐)李延壽《北史》卷一百《序傳・李大師》,頁3342—3343。

奪帝位的批判;本時期絶大多數史家,即便不欲或不能批判,但也依然將本書敘事起始時間上溯至宣帝。由之後范曄《後漢書》、沈約《宋書》等實踐看,最晚到南朝宋齊時期,西晉陳壽等個人實踐、陸機試圖引入官方國史修撰的體例,即帝王正式即位前"敘事如傳",已成爲史家公認的主流,無論其著作爲私撰還是奉敕。體現賈謐思路的束晳《晉書》帝紀,則在永嘉之亂後絶傳,並未形成足夠的影響。

(二)宋齊時期:著重解决列傳"從何開始"和起元"如何表述"

1. 問題提出:在干寶等人明確了魏晉以來所謂"禪代"均有"翦除"、"外禪"絶非如"内禪"般的和平演變之後,劉宋孝武帝、徐爰等人提出,將被開國君主打敗的政敵,均置於列傳之首,以模擬《漢書》等的"開國群雄傳"模式,突出可稱本朝君主建國基礎的武勳。南齊初檀超、江淹主持修本朝國史時,又提出棄用劉宋國號,提前使用國號"齊"開始紀元,其設計目的是在徐爰基礎上更進一步突出皇權,近似西晉時的荀勖思路但更明目張膽,頌美本朝統治者的"盛德"而放棄東晉以來建立的"批判立論"這一可能,並且導致本朝開國君主曾爲前朝大臣的事實被嚴重淡化。二者皆曲史學以阿皇權,唯方式有所不同,於義極未愜,但南齊當時的學者大多數對此没有提出明確的意見。

2. 問題解决:南齊永明時期,沈約作《宋書》特意請示齊武帝蕭賾,將被劉宋開國君主劉裕打敗的政敵,仍舊視爲本書"前朝"即東晉大臣乃至忠臣,並不列入《宋書》。此外,沈約在對起元的表述方面,則堅持了徐爰《宋書》的"起元義熙"表述和檀道鸞"起元元興三年"觀點的有機統一。雙管齊下,遂令《宋書》斷限體例最大限度地回到尊重事實。此後由於沈約本人的影響力,至初唐爲止,皆如清人錢大昕所言,紀傳體史書在不立"開國群雄傳"方面盡從"沈法",至兩《唐書》才因所敘之事有别於此而改變。蕭子顯《南齊書》等,則將沈約《宋書》對國史起元的表述方式一並繼承吸納。

(三)北齊—初唐時期:繼續處理本紀"本朝建國前是否使用前朝年號"

1. 問題提出:北齊時期,魏收提議以高歡擊敗尒朱兆等之年爲"齊高帝元年",往後不用北魏年號,直接默認北齊"受命"即已開國。李德林等認同並幫助魏收堅持這種觀點,而陽休之等人反對,爲了阻止魏收的提議,甚至使用了"在魏收逝世之後鼓動内外,阿附權貴,以推行觀點"的不當手法,試圖建立"北齊取代東魏之後開始建元"的斷限原則,但這將導致高歡和高澄的本紀不能出現在北齊史書中。此兩種觀點均基於與南朝尤其梁陳争奪正統的北朝立場,只采太和改制中流入北方的晉宋齊觀點,無視沈約已經取得的成果。魏收、李德林與檀超、江淹《齊史》面臨同樣的風險,比西晉的荀勖模式走得更遠,並不能充分體現"高歡、高澄時期,北魏(以及分裂之後的東魏)依然存在"這一事實,更試圖越過東晉宋齊,徑直接續西晉有關"國史限斷"的討論。而陽休之模式與西晉的賈謐模式有同種問題,即從文本結構上消泯對篡位者進行批判的可能性。

2. 問題解决:初唐高宗時,李延壽《北史》接受了東晉南朝最終形成的沈約模式,放棄了魏收—李德林模式,基本宣告南北史家在這個問題上正式達成一致。

由此,長達數百年的争論,基本可稱是塵埃落定。

我們需要注意:實際上,西晉陳壽《三國志》的文本,已經相對完整地,具備了後來這一模式全部主要特徵:本紀起元,它具有和沈約《宋書》等基本一致的文本表徵,以袁紹之死開元,以漢魏禪代開始正式編年——這是陸機維護過然而失敗,束晳使用過然而放棄,最後在東晉史家手中,得以再次實現的;列傳限斷,董卓袁紹等人居首,但如忠於魏室、反對司馬氏的“淮南三叛”王淩、毌丘儉、諸葛誕,乃至嵇康等人,則在《魏書》立傳——這是西晉嵇紹可能曾經顧慮過的,也是後來沈約等人所以特意利用君權的威勢争取回來的。兩《唐書》的體例,某種意義上,幾乎是對《三國志・魏書》體例的致敬和形式復歸。當然,其間已經至少經過了三起三落。陳壽當時並未言明、導致後世一度聚訟紛紜的問題,已經逐次辨明。不分南北,無論東西,各代學者文人,史部名家,紛紛參逐其間,争論往復,新見迭出,最後剩下的,却是最符合常人認識規律的一種模式。這似乎在意料之外,又確實在情理之中。

正如最初參與争論者之一,在評論其他人事時所言,“循心以爲量者存乎我,因物以成務者系乎彼。存乎我者,隆殺止乎其域;系乎彼者,豐約惟所遭遇”[①]。在上述過程中,並没有哪一個(或哪一種)力量,可以占據絶對主導的地位——黨附貴人者,湮滅於新貴人的威權;取媚帝王者,蕩然於新帝王的意志;争名求變,曇花一現:惟誠意向學者,終爲主流。

與此同時,我們還需要注意到另一個現象。即:這場曠日持久的争論,將各朝開國帝王“受命”的表現,無一例外地定位爲某個“關鍵性歷史事件”,比如重要對手的死去、重要戰役的開始,比如政權分裂,甚至弑君。它和各家史書叙事中間或出現的“災異”、“祥瑞”或其他神怪故事,乃至專門記叙此類事件的天文志、五行志、符瑞志等等,可以並行不悖,但並不具備同樣的意識形態功能。紀、傳叙事中的“祥瑞”或神怪故事,能令叙事生色,也可對帝王的“真命天子”屬性作强調,前人對此已經取得很多研究成果。天文志、五行志、符瑞志等,有其自身的意識形態建構作用,與“國史限斷”可以互相參照,有時也會和“國史限斷”一起,出現在對“國史”體例的朝廷大討論中,排序緊隨其後。

强調開國君主的“受命”云云,尤其是西漢哀、平以降兩漢讖緯家喜愛的話題,“受命”也往往伴隨著各種符讖。而在六朝,無論學者、權貴還是政權,對“國史限斷”都如此看重的情況下,“國史限斷”如此一以貫之地使用“關鍵性歷史事件”來標識開國君主的“受命”,這一重要概念内涵的轉换,就不能不令我們感到,這是魏晉六朝時期,史部從經部獨立出的過程中,**史學的自覺、玄學的影響,乃至外在的亂世争戰,以及經學本身的反思**,共同使之具有的一種更關

① (晉)陸機《豪士賦序》,(梁)蕭統編、(唐)李善注《文選》卷四十六,頁643。

注現實和"人"本身的傾向。在"國史限斷"上,他們可能試圖回到先秦用"人心"來體現"天命"的路子,而客觀上變成了"人力"即"天命"。無論如何,六朝到初唐的史家們,非常一致地把"人"留在了紀傳,而把"天"留給了相關史志。

(作者單位:南京大學文學院)

古典文獻研究(第二十輯上卷)
Journal of the Institute for Chinese Classics Studies
Nanjing University
Volume 20, No.1 2017

范曄《後漢志》篇目考

——兼説"蠟以覆車"與《後漢志》存佚*

于 溯

我們可以設想這樣一副後現代場景:建康城的街道上奔馳著一輛牛車,車頂罩著張大布,上面斑斑駁駁寫滿了范曄的《後漢志》。

這幅場景的文獻依據來自李賢爲范曄《後漢書》作的一條注:

> 范曄所撰十《志》,一皆托儼。搜撰垂畢,遇曄敗,悉蠟以覆車。宋文帝令丹陽尹徐湛之就儼尋求,已不復得,一代以爲恨。其志今闕。(《後漢書·獻穆曹皇后紀》章懷注引沈約《謝儼傳》,又見《册府元龜·國史部二》范曄條)①

那施蠟以覆於車上之物,確切説應該叫"幰",玄應《一切經音義》卷二二引《倉頡篇》謂"布帛張車上爲幰也"②。幰本身的作用是防曬,施蠟則是兼爲防雨。這樣一輛車跑起來,幰隨風鼓動有聲,就像潘岳《藉田賦》説的,"微風生於輕幰兮,纖埃起於朱輪"。如果不是出現《後漢志》那詭異的紋飾,倒也是個詩意的畫面③。

一 《後漢志》辨疑

衆所周知,范曄《後漢書》無志,今日所見之紀傳志俱全,乃是後人將司馬彪《續漢書》八志補入范書所成。但是所謂無志,是未寫還是未完成,是當時毀掉還是後來亡佚,這兩個問題,從古至今都有争議。引發第一個争議的文獻就

---

* 本文爲國家社科基金重大項目"中國古代文獻文化史"(10&ZD130)階段性成果。

① 《後漢書》卷一〇下,中華書局,1965年,頁458。(宋)王欽若等編纂《册府元龜》卷五五五,鳳凰出版社,2006年,頁6363。

② 徐時儀校注《一切經音義三種校本合刊》,上海古籍出版社,2008年,頁454。

③ 幰車的具體樣式,可參北魏司馬金龍墓出土通幰牛車漆畫屏風(現藏大同市博物館);南京雨花臺華爲工地出土南朝偏幰牛車畫像磚(現藏南京六朝博物館)。

是上引李賢注提到的《謝儼傳》,而首先發現問題的是洪邁。他認爲《謝儼傳》與《宋書・范曄傳》的記載不同:

> 曄獄中與諸甥姪書以自序曰:……欲遍作諸志,《前漢》所有者悉令備。雖事不必多,且使見文得盡。又欲因事就卷内發論,以正一代得失,意復未果。①

既然謝儼已經"搜撰垂畢",那就是《後漢志》將近完工;可范曄自云"意復未果",那就是《後漢志》從未動工。而且洪邁還指出,《宋書》並無《謝儼傳》,李賢又從哪裏看到了這個沈約《謝儼傳》?② 洪邁雖然只拋出問題而没有給出答案,但他的質疑足以導致後來很多學者對章懷所引《謝儼傳》所記載的内容抱審慎態度③,甚至有進而質疑《謝儼傳》文獻本身之真實性者④。《謝儼傳》情形如何,下文再進一步討論,但從《獄中與諸甥姪書》看,范曄有作志計劃而未能實現,這是没問題的。到蕭梁時代劉昭注范史,因已無志可注,遂取司馬彪《續漢書》八志注補之,昭有序云:

> 范曄《後漢》,良誠跨衆氏,序或未周,志遂全闕。……況曄思雜風塵,心橈成毀,弗克員就,豈以茲乎?……故《序例》所論,備精與奪,及語八《志》,頗褒其美。雖出拔前群,歸相沿也。又尋本書,當作《禮樂志》;其《天文》、《五行》、《百官》、《車服》爲名則同;此外諸篇,不著紀傳,《律曆》、《郡國》,必依往式。(劉昭《後漢書注補志序》)⑤

這裏有一條極重要的信息,即"又尋本書,當作《禮樂志》;其《天文》、《五行》、《百官》、《車服》爲名則同",也就是劉昭從《後漢書》紀傳中找到了范史五志的綫索。他依據的文獻應當是:

> 其職僚品秩,事在《百官志》。(《後漢書》卷一〇下《獻穆曹皇后紀》)
>
> 乃與公卿共議定南北郊冠冕車服制度,及光武廟登歌八佾舞數,語在《禮樂》、《輿服志》。(《後漢書》卷四二《東平憲王蒼傳》)
>
> 邕悉心以對,事在《五行》、《天文志》。(《後漢書》卷六〇下《蔡邕傳》)⑥

可見范志雖然"弗克員就",但也絶不止於空談,倘志的工作没有基本成型,很難想象紀傳一方能憑空先給出互見提示。當然,即便志的工作已"搜撰垂畢",也不能算"員就",何況在范曄原計劃中,志還有"因事就卷内發論,以正一代得

---

① 《宋書》卷六九,中華書局,1974年,頁1829。

② (宋)洪邁《容齋四筆》卷一,中華書局,2005年,頁641。

③ 如李慈銘謂"章懷謂托謝儼搜撰之言,恐都未確"(《越縵堂讀書記》卷三,中華書局,2006年,頁188)。金毓黻謂"其事之有無不可知"(《中國史學史》,商務印書館,1999年,頁73)。

④ 見譚緒纘《范曄不敢作志辨》,《中國歷史文獻研究集刊》第4集,湖南人民出版社,1984年,頁173—177。劉漢忠《説范曄〈後漢書〉之志》,《文獻》1997年第4期。

⑤ 中華本《後漢書》第十二册後附。

⑥ 《後漢書》,頁457、1433、1998。

失”的重要環節，照范曄對論的重視和自負看[①]，這部分內容他恐怕是要親自操刀、至少是親自統稿的，既身陷囹圄，事成泡影，豈不正是“意復未果”。所以“搜撰垂畢”和“意復未果”間有范曄語境和謝儼語境的差别，有積極詞彙和消極詞彙的差别，有結果描述和過程描述的差别，但是並没有必然的邏輯矛盾處。《獄中與諸甥姪書》、《謝儼傳》、《後漢書注補志序》三份文獻，其實是可以相互印證的。反過來説，如果没有《謝儼傳》，我們倒不好輕信劉昭找到的范志内證是可靠的：范史是抄撮衆家而成，李賢注常指出其中的前史痕跡[②]，要排除劉昭列出的五志内證並不是范曄忘記删掉的前史文字，最好的證據一是有《謝儼傳》“搜撰垂畢”説與之相呼應，二是《謝儼傳》恰是《皇后紀》“其職僚品秩，事在《百官志》”一句下的注文，也就是説致力於找出范曄抄前史痕跡的李賢，他也將“事在《百官志》”作范曄本文看待。

謝儼其人，則於史可徵，《南齊書·劉休傳》：

> 友人陳郡謝儼同丞相義宣反，休坐匿之，被繫尚方七年。孝武崩，乃得出。（事又見《南史·劉休傳》）[③]

又《宋書·王景文傳》載王彧求解揚州表：

> 比十七日晚，得征南參軍事謝儼口信，云臣使人略奪其婢。臣遣李武之問儼元由，答云：“使人謬誤。”（事又見《册府元龜·臺省部七》王景文條）[④]

又《後漢書·班固傳贊》“二班懷文，裁成帝墳”句章懷注引沈約《宋書》：

> 初，謝儼作此贊，云“裁成典墳”，以示范曄，曄改爲“帝墳”。[⑤]

綜合李賢所引本傳，謝儼先捲入范曄、劉義康案（445）；再捲入劉義宣之叛（454）；泰始七年（471。據《王景文傳》推得）又是劉休祐參軍。此人長隨親王、屢轉生機，但劉休祐這年二月即被殺，就不知後事如何了。值得注意的是，《後漢書·班固傳贊》注引的《宋書》内容，也不見於今本《宋書》及《南史》，它只能同出那神秘的《謝儼傳》；而且章懷兩引此傳的内容還是關聯的，都是在講修《後漢書》的事。我們現在知道謝儼對《後漢書》的參與並不限於十志，知道了范、謝合作傳贊的工作流程，這兩點，又可以和《史通》相印證：

> 至宋宣城太守范曄，乃廣集學徒，窮覽舊籍，删煩補略，作《後漢書》，凡

---

① 范曄《獄中與諸甥姪書》：“吾雜傳論，皆有精意深旨，既有裁味，故約其詞句。至於《循吏》以下及《六夷》諸序論，筆勢縱放，實天下之奇作。其中合者，往往不減《過秦篇》。嘗共比方班氏所作，非但不愧之而已。”《宋書》，頁 1830—1831。

② 參周一良《略論南北朝史學之異同》，《周一良全集》第 2 册，高等教育出版社，2015 年，頁 113。

③ 《南齊書》卷三四，中華書局，1972 年，頁 612。《南史》卷四七，中華書局，1975 年，頁 1179。

④ 《宋書》卷八五，頁 2181。《册府元龜》卷四六三，頁 5237。

⑤ 《後漢書》卷四〇下，頁 1387。

十紀、十志、八十列傳,合爲百篇。會曄以罪被收,其十志亦未成而死。[①]

劉知幾"乃廣集學徒"的説法不見其他史料,説明他有一個我們見不到的信息源,也可能還是《謝儼傳》。不過單憑據章懷兩引,也可以看出謝儼的史學是其本傳的主題之一。尤當留意者,十志不傳,社會輿論"一代以爲恨",這評價是出現在《謝儼傳》而不是《范曄傳》中的,人所共惜的,正是謝儼的史才。這裏還有一條信息很重要,即范曄作《後漢書》,是在他宣城太守任上組織的團隊作業,這種小史局式的工作方式,和前代修史者常據京師、執秘書、獨立或踵繼完成的方式是非常不同的。

《宋書》亡佚了一篇《謝儼傳》(此傳更可能是某合傳的一部分),這類情況對於南北朝諸史來説也不算罕見[②],哪怕章懷注只引及《謝儼傳》一次,我们通常的反應也是去輯佚,而不是疑僞。只有上下文不通,我們才考慮衍字;只有難於解釋,我們才想拋棄一個文獻。

給《後漢志》帶來第二個争議的文獻,是《南齊書·檀超傳》的一條記載:

建元二年(480),初置史官,以超與驃騎記室江淹掌史職,上表立條例……立十志,《律曆》、《禮樂》、《天文》、《五行》、《郊祀》、《刑法》、《藝文》依班固,《朝會》、《輿服》依蔡邕、司馬彪,《州郡》依徐爰。《百官》依范曄,合《州郡》。班固五星載《天文》,日蝕載《五行》;改日蝕入《天文志》。[③]

這裏面出現的"《百官》依范曄",洪頤煊認爲即是《後漢書·百官志》[④],王利器先生也據此判斷范志在齊尚存[⑤]。這種推測其實是不太可靠的:一來江淹就是劉昭表兄,《梁書》説昭"既長,勤學善屬文,外兄江淹早相稱賞"[⑥]。如果劉昭看到的范史是"志遂全闕",江淹能看到范志的可能性也不大。二來沈約《宋書》八志前有一篇總序檢討書志源流,隻字未及《後漢志》,説明沈約也從没見過范志[⑦];同樣地,蕭子顯《南齊書》諸志各有小序溯源,也不曾提到范志,而蕭子顯在作《南齊書》前,還曾"採衆家《後漢》,考正同異,爲一家之書",他對各種後漢史是非常熟悉的[⑧]。三來若"《百官》依范曄"所指是《百官志》,那麽

① 《史通·古今正史》,見(唐)劉知幾撰,(清)浦起龍釋《史通通釋》,上海古籍出版社,2009年,頁318。

② 就《宋書》而言,嘉祐初刻本即已非全帙,詳見余嘉錫《四庫提要辨證》卷三,中華書局,2007年,頁149。

③ 《南齊書》卷五二,頁891。

④ 見(清)洪頤煊《讀書叢録》卷二二"范書十志"條,《續修四庫全書》第1157册,上海古籍出版社,2002年,頁753。

⑤ 王利器《〈後漢書〉發微》,《傳統文化與現代化》1997年第5期。

⑥ 《梁書》卷四九《文學傳上》,中華書局,1973年,頁692。

⑦ 《宋書》卷一一《律曆志上·序》,頁204。按,據沈約《上宋書表》,齊永明六年(488)沈史紀傳完成奏上,但尚未有志。蘇晉仁先生認爲沈約完成八志已在梁天監間,説見《論沈約〈宋書〉八志》,收《周紹良先生欣開九秩慶壽文集》,中華書局,1997年,頁31—32。

⑧ 《梁書》卷三五《蕭子顯傳》,頁511。

將《百官志》與《州郡志》"合",又怎麽可能操作呢?

其實細讀檀表就能發現,《百官》和其他諸志並不在一個邏輯層面上,檀、江擬出的十志,是《律曆》、《禮樂》、《天文》、《五行》、《郊祀》、《刑法》、《藝文》、《朝會》、《輿服》、《州郡》,而《百官》位列第十一號文獻,作者的意思本就不是要立一個《百官志》,"《百官》依范曄"只是對《州郡志》作的一個補充説明,就像下文又對《天文》、《五行》作補充説明一樣。這裏的《百官》是一個要打入並且可以打入、充益《州郡志》的内容,所以我以爲它就是范曄的《百官階次》。

范曄有《百官階次》一卷,《隋書·經籍志》及兩《唐志》史部職官類均有著録[①]。蕭子顯《南齊書·百官志序》評騭各類職官書,恰有"蔚宗選簿梗槩,欽明階次詳悉"一句[②],"蔚宗選簿"即范曄《百官階次》,"欽明階次"指荀欽明的同名著作《百官階次》三卷,它也見録於上述《隋》、《唐》三志,位序在范曄《百官階次》後。檀、江規劃的十志並没有《百官》,但後來蕭子顯的《南齊書》設立此志,之前檀、江方案中擬以充益《州郡志》的《百官階次》,又成爲蕭子顯寫作《百官志》參考的一個前代文獻。

爲什麽檀、江試圖以《百官階次》的内容充益《州郡志》? 按《隋書·經籍志》史部職官類序:

> 今《漢書·百官表》列衆職之事,記在位之次,蓋亦古之制也。漢末,王隆、應劭等,以《百官表》不具,乃作《漢官解詁》、《漢官儀》等書。是後相因,正史表志,無復百僚在官之名矣。搢紳之徒,或取官曹名品之書,撰而録之,别行於世。宋、齊已後,其書益繁。[③]

這是講職官書和百官志的區别。二者性質有類似處,但選簿作爲實際工作手册,記録了任官者的情況,不似書志多記制度。[④] 比較班固《漢書》、司馬彪《續漢書》、沈約《宋書》、蕭子顯《南齊書》中的四篇地志,會發現一個重大不同:前二種基本不談職官;沈、蕭志多涉州治沿革,故每録前後刺史,沈志且是以太守、縣令之職官而非地名立目的。從檀、江表看,徐爰《州郡志》應該還是老傳統,而將職官書信息補入地志,應該正是從檀、江始有並且落實在江淹《齊志》中的新思路[⑤],沈、蕭二地志,也是順應著這個新變。

---

① 《隋書》卷三三,中華書局,1973年,頁968。《舊唐書》卷四六,中華書局,1975年,頁2000。《新唐書》卷五八,中華書局,1975年,頁1476。

② 《南齊書》卷一六《百官志》,頁311。

③ 《隋書》卷三三,頁969。

④ 關於這一點,可詳參中村圭爾《六朝官僚制的叙述》,原載《東洋學報》91卷第2號,2009年。中譯本見《魏晉南北朝隋唐史資料》第二十六輯,武漢大學文科學報編輯部,2010年。

⑤ 據《南齊書·檀超傳》,檀、江表立十《志》,經王儉議,改《朝會》爲《食貨》。超卒官,江淹撰成之。頁892。又《梁書·江淹傳》謂淹有《齊史》十志行於世,頁251。《隋書·經籍志》:"梁有江淹《齊史》十三卷,亡。"頁956。《史通·古今正史》:"《齊史》,江淹始受詔著述,以爲史之所難,無出於志,故先著十志,以見其才。"頁329。

二　《後漢志》篇目考

前引《獄中與諸甥姪書》云:“欲遍作諸志,《前漢》所有者悉令備。”可見《後漢志》至少涵蓋了《漢書》十志的項目。而前引劉昭《後漢書注補志序》意在解釋他爲什麽以馬志補范史:首先是因爲范曄本人對《續漢志》的評價很高;其次是劉昭從《後漢書》紀傳中找到了范曄五志的具體名稱,其中《禮樂》大致對應司馬彪之《續漢書·禮儀志》,另四志更與《續漢志》完全重名,可證范馬間有“相沿”關係。劉昭由此還做了一個推測,即范曄也必依司馬彪的“往式”設立《律曆》、《郡國》二志。但《續漢志》還立了一個《祭祀志》,此前班志也有相應的《郊祀》,劉昭却不説“《前漢》所有者悉令備”並且必依司馬彪“往式”的范書當有此志。

<table>
<tr><td>漢　志</td><td>禮樂</td><td>無</td><td>天文</td><td>五行</td><td>無</td><td>律曆</td><td>地理</td><td>郊祀</td><td>刑法</td><td>食貨</td><td>溝洫</td><td>藝文</td></tr>
<tr><td>續漢志</td><td>禮儀</td><td>輿服</td><td>天文</td><td>五行</td><td>百官</td><td>律曆</td><td>郡國</td><td>祭祀</td><td>無</td><td>無</td><td>無</td><td>無</td></tr>
<tr><td rowspan="2">後漢志</td><td>禮樂</td><td>輿服</td><td>天文</td><td>五行</td><td>百官</td><td>律曆</td><td>郡國</td><td>疑無</td><td>有</td><td>有</td><td>疑無</td><td>有</td></tr>
<tr><td colspan="2">卷四二《東平憲王蒼傳》:“乃與公卿共議定南北郊冠冕車服制度,及光武廟登歌八佾舞數,語在《禮樂》、《輿服志》。”</td><td colspan="2">卷六〇下《蔡邕傳》:“邕悉心以對,事在《五行》、《天文志》。”</td><td>卷一〇下《皇后紀》:“其職僚品秩,事在《百官志》。”</td><td></td><td></td><td></td><td></td><td></td><td></td><td></td></tr>
</table>

原因就在范志只有十篇。現在有了超出班志的《輿服》、《百官》,就已經是十二篇了,十二篇裏,最可能被范曄併省的是《溝洫志》和《郊(祭)祀志》。因爲就目前能見到的文獻看,《溝洫志》自《漢書》後即罷設,基本被地理志兼併;《郊(祭)祀志》可以單設,但也可以併入《禮樂》,像沈約《宋書》就做此處理。劉昭不説范曄有《祭祀志》,當是考慮到了這種合併的可能。這樣,《後漢書》十志應該是:

禮樂　輿服　天文　五行　百官　律曆　郡國　刑法　食貨　藝文

應該説,這基本是同時滿足“《前漢》所有者悉令備”和“必依(司馬彪)往式”的唯一方案了。其實只要有前一個條件限制,志的數目又確定是十個,這份清單能改動的空間就極小。

史之精義,無過乎志。范曄十志雖亡,現在名目既已排出,我們仍然可以就此討論一些問題。

首先是《藝文志》問題。在范史之前,謝沈《後漢書》、袁山松《後漢書》也都爲經籍設志,劉昭《後漢書注補志序》:

> 沈、松因循,尤解功創,時見改句,非更搜求,加藝文以矯前棄,流書品采自近録。初平、永嘉圖籍焚喪,塵消湮滅,焉識其限,借南晉之新墟,爲

東漢之故實,是以學者亦無取焉。[1]

這裏面提到的沈、松即謝沈、袁山松。“加藝文以矯前棄”,可見《漢書》以下,沈、松以上的諸家紀傳體後漢史都無《藝文志》[2]。在袁山松之後問世的後漢史,就是范曄《後漢書》了。范史依然設立《藝文志》,這也就是司馬彪《續漢志》明明没有《藝文志》,劉昭序還要專門去討論《藝文志》的原因:劉昭已推知范史有此一志,但司馬彪不之設,謝沈、袁山松設而不善,劉昭無計更取它書以注補范史,只能付諸闕如,所以才要特爲説明。

《漢書》以下,除了謝沈《後漢書》、袁山松《後漢書》、范曄《後漢書》、江淹《齊書》設有《藝文志》外[3],還有不少我們但知有志而未詳其細目的史籍,内中當然也可能有藝文志,可惜劉昭序的討論範圍僅限於後漢史,無法提供更多綫索。中古紀傳史多立八志(如司馬彪《續漢書》、沈約《宋書》、蕭子顯《南齊書》)或十志(如蔡邕《十意》、華嶠《漢後書》、束晳《十志》、范曄《後漢書》、魏收《魏書》、江淹《齊史》、唐修《五代史志》)[4],這是爲了數合《史》、《漢》之舊,而十志者設《藝文》的可能性當更大。

其次是南北書志立目差異問題。過去認爲南北史學在是否設立《食貨志》、《刑法志》上呈現出很大不同,北方史家編寫的《魏書》、《隋書》和新《晉書》都有此二志,而南方只知道江淹《齊史》二志齊備,何法盛《晉中興書》、臧榮緒

[1] 劉昭序中“藝文”、“書品”皆志名,説見《史通通釋》後附彭仲鐸《史通增釋》,頁 707。藝文爲《藝文志》之省無疑,因爲除劉昭序外,袁山松《後漢書》之《藝文志》又見《廣弘明集》卷三阮孝緒《七録序》:“固乃因《七略》之辭,爲《漢書·藝文志》。其後有著述者,袁山松亦録在其書。”又同卷阮孝緒《古今書最》録有“袁山松《後漢·藝文志》書”。(T52,p.0109,a01;p.0110,a05)“書品”之名不見他史,而南北朝人又有隨文改字以求語儷音諧的習慣,如魏收《前上十志啓》:“《河溝》往時之切,《釋老》當今之重,《藝文》前志可尋,《官氏》魏代之急。去彼取此,敢率愚心。”(《魏書》卷一〇四,中華書局,1974 年,頁 2331)即以“河溝”代“溝洫”。故“書品”是否志之本名,抑或“藝文志”之别名,兹謹存疑。又彭氏據《梁書·王僧孺傳》引任昉贈僧孺詩“……百行之首,立人斯著。子之有之,誰毁誰譽。修名既立,老至何遽。誰其執鞭,吾爲子御。劉略班藝,虞志荀録。伊昔有懷,交相欣勖。下帷無倦,升高有屬。嘉爾晨燈,惜余夜燭”,謂虞預《晉書》有《藝文志》,説亦當存疑。蓋“劉略班藝,虞志荀録”所涉四人似有年代先後之序,而虞預晚於荀勖。所謂虞志,或是指摯虞《文章志》;其用虞不用摯,亦由齊梁詩特重音聲耳。

[2] 這裏有志,已亡佚,故劉昭不清楚其具體設目的情況,如蔡邕爲《漢記》作的十意(《後漢書·蔡邕傳》:“前在東觀,與盧植、韓説等撰補《後漢記》,會遭事流離,不及得成,因上書自陳,奏其所著《十意》,分别首目,連置章左。”章懷注:“猶《前書》十志也。《邕别傳》曰:‘……有《律曆意》第一、《禮意》第二、《樂意》第三、《郊祀意》第四、《天文意》第五、《車服意》第六。’”)和華嶠《漢後書》的十典(《晉書》卷四四《華嶠傳》:“所撰書丨典未成而終,秘書監何劭奏嶠中子徹爲佐著作郎,使踵成之,未竟而卒。後監繆徵又奏嶠少子暢爲佐著作郎,克成十典……永嘉喪亂,經籍遺没,嶠書存者五十餘卷。”劉昭《後漢書注補志序》則稱其十典“於是俱絶”)。所以籠統地説謝沈、袁山松前的後漢史無《藝文志》是不準確的,只能説劉昭面對的現狀已是如此。

[3] 據《南齊書·檀超傳》,檀、江表經王儉議,最終省《朝會》而立《食貨》,因《朝會》“前史不書……此乃伯喈一家之言”。

[4] 諸史詳情《史通·古今正史》並浦起龍通釋、章宗源《隋書經籍志考證》(《二十五史補編》本,中華書局,頁 4945—4952。)

《晉書》各有《刑法》而已。[①] 不過現在我們又知道了范曄《後漢書》也兼設《食貨》《刑法》,那麽南北史學在此二志上的差異就没有那麽明顯了[②]。《後漢志》不僅增加了南方史學中《食貨》、《刑法》的權重,還讓南方《藝文志》多得一票,而北方史學在《隋志》即《五代史志》之前,現知只有宋孝王的《關東風俗傳》設立了《墳籍志》[③],南北《藝文》差異之大超過了《刑法》、《食貨》。情況雖然如此,亦未可説《五代史志》設立《經籍志》是遵循了某種南方史學傳統,畢竟判斷南北差異的材料仍嫌不足;或者説,判定南北史學是否有差異、史學是否有南北差異、史書間的差異究竟是一種個體性差異還是地域性差異的材料仍嫌不足。

第三是書志的因革問題。按《史通·書志》:

> 若乃《五行》、《藝文》,班補子長之闕,《百官》、《輿服》,謝拾孟堅之遺。王隱後來,加以《瑞異》。魏收晚近,弘以《釋老》。斯則自我作故,出乎胸臆,求諸歷代,不過一二者焉。[④]

可以看到,班固之後,書志立目的總體變革並不大。其實從范曄的"《前漢》所有者悉令備",王儉以"前史不書"爲由要求《齊書》罷《朝會志》而立《食貨》來看,書志遵從傳統、力圖涵蓋舊題的意識是很强的。雖然在這個大背景下,各家也自有取捨調整,偶爾也有《釋老志》那樣標新立異的篇目,但總乎沿多於革,更多的書志只是"或名非而物是,或小異而大同"[⑤]。書志更明顯變化,主要還是在體量上,章學誠就多次談過魏晉以下書志失《史》、《漢》綱舉目張之義,内容繁瑣,卷帙膨脹[⑥]。要之,漢唐書志未必有明顯南北差異,在立目上,大家都在貼近《史》、《漢》傳統,尤其是班固的傳統。所以後來鄭樵對班固的攻擊特别猛烈,多少也與他對書志獨有心得,而看不慣强勢的班固系有關[⑦]。

---

① 相關研究見胡寶國《漢唐間史學的發展》,北京大學出版社,2014年,頁176—177。另湯球認爲王隱《晉書》也有《刑法記》(見《九家舊晉書輯本》,《叢書集成初編》本,頁239—241),但王隱屬於南方史學北方史學,實無可無不可。

② 此外,《宋書》雖不立《刑法志》、《食貨志》,却不是没有相關内容,只是將其"隨流派别,附之紀傳"而已(見《宋書·律曆志序》),所以郝懿行《補宋書食貨志》、《補宋書刑法志》,用的都是《宋書》自己的材料(郝志見《二十五史補編》第三册)。沈約的這種處理方式,當和《宋書》只設八志,取捨當嚴有關。尤其值得注意的是,《宋書》在《沈曇慶傳》、《孔琳之傳》後的"史臣曰",極近《食貨志》之小序,這也可以看出史撰者對《食貨》並非無所措意。

③ 見《史通·書志》,《通釋》頁56。

④⑤ 《史通·書志》,《通釋》頁52。

⑥ 如《亳州志掌故例議上》云:"然遷、固書志,采其綱領,討論大凡,使誦習者可以推驗一朝梗概,得與紀傳互相發明,足矣。……自沈、范以降,討論之旨漸微,器數之加漸廣。至歐陽《新唐》之志,以十三名目,成書至五十卷,官府簿書,泉貨注記,分門别類,惟恐不詳。"類似的議論又見於《永清縣志六書例議》、《答甄秀才論修志第二書》、《修志十議》等。分見(清)章學誠著,葉瑛校注《文史通義校注》卷七、卷八,中華書局,2004年,頁811、746、825、847。

⑦ 參鄭樵《通志總序》,《通志二十略》,中華書局,1995年,頁5。

三 “蠟以覆車”的文獻學解讀

自秦始皇以來,想毀書,最簡單快捷的辦法就是燒。南北朝紙逐漸成爲主要書寫載體,燒起來更加高效。前秦史官記苟太后幸李威事,苻堅怒而焚其本。[①] 北魏陳奇因爲學術爭論得罪學閥游雅,雅乃“取奇所注《論語》、《孝經》焚於坑内”[②]。梁武帝時,吴均表請撰齊史,乞給起居注、群臣行狀,武帝説:“齊氏故事,布在流俗,聞見既多,可自搜訪也。”實是婉轉否定了吴均的計劃,不幸均未能領會,撰三十卷《齊春秋》成,“帝惡其實,詔燔之”[③]。

與竹木、紙不同,帛貴重異常,所以也長期作爲實物貨幣使用。故劉向校中秘書,皆先書竹,改易刊定,方以上素。[④] 漢末張芝“凡家之衣帛,必書而後練之”[⑤]。帛書既貴重,就不容易遭遇惡意焚毀,而往往能得到再利用。《漢書》載劉歆嘆揚雄《太玄經》將爲後人“用覆醬瓿”,則劉歆所見《太玄》當是帛書[⑥],覆醬瓿也是廢物利用的一個思路。又《後漢書·儒林傳》:

> 及董卓移都之際,吏民擾亂,自辟雍、東觀、蘭臺、石室、宣明、鴻都諸藏典策文章,競共剖散,其縑帛圖書,大則連爲帷蓋,小乃制爲縢囊。[⑦]

“大則連爲帷蓋”,即將帛書連綴做成車帷車蓋。至於車幰,用帛量可能更在帷蓋上,晉武帝之叔司馬肜自詡清廉,理由就是他“以衣補幰”,身居高位的太宰梁王尚且在幰上做姿態,也可見此物之不菲。[⑧] 在幰車流行的時代,有批量待銷毀的帛書,改做成幰,像謝儼那樣,也算符合生活邏輯。

所以“蠟以覆車”事也透露出了《後漢志》的物質載體信息,這部分志只能是書於帛上的,這也再一次説明謝儼負責的部分已經定稿,正如劉向定本始上素一樣。

中古時期,帛書並没有因爲紙的流行而遽然廢棄不用,曹丕曾把他的《典論》和及詩賦作品送給孫權和張昭,孫權給的是帛書本,張昭給的是紙本。[⑨] 唐裴行儉擅草書,高宗給絹素百卷,讓他在上面草書一部《文選》。[⑩] 這都可見相對於竹紙,帛代表著定本、高端本,是文本的終極形態和文獻的終極載體,因

---

① 《史通·古今正史》,《通釋》頁 333。

② 《魏書》卷七二《儒林傳》,中華書局,2017 年,頁 1995。

③ 《史通·古今正史》,《通釋》頁 329。

④ 《文選》卷二九張協《雜詩十首》李善注引《風俗通》,《宋尤袤本文選》第八册,國家圖書館出版社,頁 57。

⑤ 《三國志》卷二一《杜摯傳》裴注引《文章敘録》,中華書局,1982 年,頁 621。

⑥ 《漢書》卷八七下《揚雄傳》,中華書局,1962 年,頁 3585。可茲比對的是,《齊民要術》記載的作酢法,醋缸就要“綿幕瓮口”。(北魏)賈思勰著,石聲漢校釋《齊民要術今釋》卷八,中華書局,2009 年,頁 762。

⑦ 《後漢書》卷七九,頁 2548。

⑧ 《晉書》卷三八《梁王肜傳》,中華書局,1974 年,頁 1128。

⑨ 《三國志》卷二《文帝紀》裴注引胡沖《吴曆》,頁 89。

⑩ 《舊唐書》卷八四,頁 2802。

此也往往是“唯一”的一本。

謝儼將帛書本《後漢志》“蠟以覆車”,又別無複本傳世,自此范志的實情就是“其志今闕”、“志遂全闕”,糾纏這旋滅之文完成與否,其實没有太大意義。所值得深究者,一是《後漢志》的具體篇目是什麽,這是牽扯學術史的大問題;二是范曄和謝儼的合作方式是什麽,這是涉及史學編纂的大問題;三是“蠟以覆車”具體指什麽,這是牽扯文獻史的大問題。這三個問題,全賴章懷注保留的兩處《謝儼傳》才得以疏解一二。然而,我們不知道《謝儼傳》的作者在寫到《後漢志》被“蠟以覆車”時,頭腦中有没有閃過《後漢書》中描繪的那個“大則連爲帷蓋,小乃制爲縢囊”的慘烈場景;或者范曄寫作《儒林傳》之時,能否逆料自己期待甚高的十志也將成爲車輿配件。歷史開的玩笑,其殘酷總超乎人的想象。

附記:本文在修訂過程中,相關材料論點曾與雠温社許志强、鄧瑋光、姚樂、聶溦萌、陸帥、劉萃峰諸君反覆討論,受惠良多,特致謝忱。

(作者單位:南京大學古典文獻研究所)

古典文獻研究（第二十輯上卷）
Journal of the Institute for Chinese Classics Studies
Nanjing University
Volume 20, No.1 2017

丘象升簡譜*

胡春麗

丘象升(1629—1689),字曙戒,號南齋,淮安山陽人。順治十二年(1655)進士,歷仕順治、康熙二朝,官翰林編修、瓊州府通判、武昌府通判等。能詩,與弟象隨並稱"二丘"。其人名位雖不顯赫,但仕履所及,遂與金堡、梁佩蘭等遺民,王士禛、汪琬等文壇大家,閻若璩、毛奇齡等著名學者,宋犖等顯宦,均有交游,頗能反映清初之政治環境與士林生態。本譜即因此而作,略叙家世之後,即逐年排比事行,俾學人有所取焉。

丘象升,字曙戒,號南齋,淮安山陽人。

王士禛《帶經堂集》卷六十九《蠶尾文》五《承德郎大理寺左寺副前翰林院侍講丘公墓誌銘》(以下簡稱《丘公墓誌銘》):"公丘氏,諱象升,字曙戒,世爲山陽人。"

李澄中《白雲村文集》卷二《侍講丘公傳》:"公諱象升,字曙戒,别號南齋,淮安山陽人。"

馮景《解春集文鈔》卷十二《山陽丘公曙戒傳》:"公姓丘,名象升,字曙戒,淮安山陽人。"

鼎革後,益發憤讀書,旁及詩歌、古文。

王士禛《丘公墓誌銘》:"亂定,益發憤讀書,旁及詩歌、古文,皆有神解。"

順治八年,貢入太學。順治十一年,中順天鄉試。順治十二年,聯捷成進士,改内翰林弘文院庶吉士。

王士禛《丘公墓誌銘》:"順治辛卯,貢入太學。甲午,中順天鄉試。明年乙未成進士,改内翰林弘文院庶吉士。"

---

* "丘"因避諱作"邱"字,"王士禛"因避諱作"王士禎",本文一律改回本字。

順治十四年,授編修。十五年,充會試爲同考官。十六年,進侍講。

王士禛《丘公墓誌銘》:"丁酉,授編修。戊戌,會試爲同考官,所得二十有八人,率當世名士。己亥,進侍講。"

順治十七年,降調瓊州府通判。

王士禛《丘公墓誌銘》:"庚子三月,以才堪外任,調瓊州府通判。"

按,丘象升以侍講放外任,開詞林未有之例。鄧之誠《清詩紀事初編》卷五:"初以編修補瓊州通判,開詞林未有之例,同於遷臣謫官,必有排擠傾陷之者。後改武昌通判,入爲寺丞,終不復原官。傳、志不言其故,或有所劫,不敢言也。"

著有《鷇音集》、《入燕集》、《嶺海集》、《白雲草堂集》,彙爲《南齋詩集》。

王士禛《丘公墓誌銘》:"所著《鷇音》、《入燕》、《嶺海》、《白雲草堂》諸集,多至數十卷。"

與弟象隨齊名,號爲"二丘"。

王士禛《丘公墓誌銘》:"與弟象隨齊名,號爲'二丘'。"

曾祖嵩,縣諸生。

王士禛《丘公墓誌銘》。

祖廩皇,贈朝議大夫。

王士禛《丘公墓誌銘》。

父俊孫,明崇禎癸未進士,歷官山西布政使司,分守冀寧道右參政。

王士禛《丘公墓誌銘》。

母張氏。

王士禛《丘公墓誌銘》。

汪琬《堯峰文鈔》卷十一《布政使司參政丘公墓誌銘》:"配張氏,累封淑人。"

兄弟九人。

汪琬《堯峰文鈔》卷十一《布政使司參政丘公墓誌銘》:"生子九人。……長子象觀,次象恒,俱諸生,早卒。象升,順治乙未進士,大理寺寺副,前翰林院侍講。象隨,拔貢生,御試博學宏詞翰林院檢討。象益,諸生。俱張淑人出。象艮,歲貢生,候補訓導。長庚,殤。同升、如升,俱國學生,候補序班。俱側室管氏出。"

妹十一人。

汪琬《堯峰文鈔》卷十一《布政使司參政丘公墓誌銘》:"長女適貢生王

家植，次適貢生劉芳譽、翰林院侍讀喬萊、候補理問尚玉弼、蔭生王裕德。俱張淑人出。次適國學生杜象昭，諸生喬蓋、潘閎盛，國學生陳模、沈泙，幼許諸生楊斐蒨，俱管氏出。”

娶楊氏，封安人。

王士禛《丘公墓誌銘》：“娶楊氏，封安人。”

子七。

王士禛《丘公墓誌銘》：“子七人：達、過、邁、遠、迥、述、迪。過出爲兄後，邁嗣爲宫洗子，達、遠皆早卒。”

女六。

王士禛《丘公墓誌銘》：“女子六人：適楊雯、李師翔、周雲書、劉繼祖、喬崇烈、周允學。”

明思宗崇禎二年　　後金天聰三年己巳(1629)　　一歲

七月二十二日，生。

王士禛《丘公墓誌銘》：“生以明崇禎己巳七月二十二日。”

是年，親朋年歲之可考者：

父俊孫二十四歲。閻爾梅二十七歲。靳應昇二十五歲。陳台孫十九歲。杜濬十九歲。方文十八歲。周亮工十八歲。龔鼎孳十五歲。胡介十四歲。閻修齡十三歲。劉昌言十三歲。鄧漢儀十三歲。張養重十三歲。張新標十一歲。施閏章十二歲。龔賢十二歲。陸求可十三歲。孫治十一歲。陸嘉淑十歲。方亨咸十歲。孫枝蔚十歲。李爵九歲。劉謙吉八歲。毛奇齡七歲。沈荃六歲。汪琬六歲。杜首昌一歲。朱彝尊一歲。

明思宗崇禎三年　　後金天聰四年庚午(1630)　　二歲

十一月二十七日，妻楊氏生。

王士禛《丘公墓誌銘》：“娶楊氏，封安人。……生以明崇禎庚午十一月二十七日子時。”

丘眺生。

明思宗崇禎四年　　後金天聰五年辛未(1631)　　三歲

弟象隨生。

明思宗崇禎十六年　　清崇德八年癸未(1643)　　十五歲

父俊孫中進士。

汪琬《堯峰文鈔》卷十一《布政使司參政丘公墓誌銘》:"府君舉崇禎癸未科進士。"乾隆《江南通志》卷一百二十三《選舉志》:"(癸未科楊廷鑑榜)丘俊孫,山陽人。"

與張養重入縣學爲諸生。

王士禛《丘公墓誌銘》:"年十五爲諸生。"

張養重《古調堂集》卷首先生序:"余總角即與虞山同補博士弟子員。"

明思宗崇禎十七年　清世祖順治元年甲申(1644)　十六歲

弟象隨入京。

丘象隨《西軒甲申集·入京見兩大人呈諸兄弟》。

遭兵亂,先生與家人相失。逃歸,夜陷湖中,浮沉數里不死。

王士禛《丘公墓誌銘》:"遭兵亂,與家人相失。逃歸,夜陷湖中,浮沉數里不死,若有神助。"

父俊孫授户部主事兼兵部職方司主事,督四鎮餉。

汪琬《堯峰文鈔》卷十一《布政使司參政丘公墓誌銘》:"府君舉崇禎癸未科進士,明年,授户部主事兼兵部職方司主事,督四鎮餉。"

與仲兄象恒隨父出京督餉。

丘象隨《西軒甲申集·送二兄久也三兄曙戒從大人出京督餉》。

清世祖順治二年　南明弘光元年乙酉(1645)　十七歲

弟象隨聞揚州城破,不得先生消息。

丘象隨《西軒乙酉集·聞揚州城破不得二兄久也三兄曙戒消息》。

弟象隨奉母避亂城西山中。

丘象隨《西軒乙酉集·奉母避亂城西山中》。

父俊孫榷滸墅鈔關。

乾隆《江南通志》卷一百五《職官志》:"(滸墅鈔關)丘俊孫,淮安人,進士,順治二年任。"

與長兄象觀至金陵。

丘象隨《西軒乙酉集·大兄霖川三兄曙戒至金陵宅舍》。

洪昇生。

清世祖順治三年　南明弘光二年丙戌(1646)　十八歲

父俊孫司後湖圖籍。

汪琬《堯峰文鈔》卷十一《布政使司參政丘公墓誌銘》:"明年,司後湖圖籍,閲二年。"

清世祖順治五年　南明弘光四年戊子(1648)　二十歲

同弟象隨集桐園。

丘象隨《西軒戊子集·仝三兄曙戒桐園即事》。

父俊孫改刑部郎中。

汪琬《堯峰文鈔》卷十一《布政使司參政丘公墓誌銘》:"至京師,改刑部,歷官郎中。"

是年前後,入望社。

李元庚《望社姓氏考》。

清世祖順治六年　南明魯監國四年　永曆三年己丑(1649)　二十一歲

與大兄象觀、弟象隨桐園聽雨。

丘象隨《西軒己丑集·同大兄霖川三兄曙戒桐園聽雨》。

清世祖順治七年　南明魯監國五年　永曆四年庚寅(1650)　二十二歲

作《揚州感舊》詩,弟象隨作詩和之。

丘象隨《西軒庚寅集·和三兄曙戒揚州感舊》。

大兄象觀卒。二兄象恒卒。

丘象隨《西軒庚寅集·哭大兄霖川》、《遥哭二兄久也二首》。

清世祖順治八年　南明魯監國六年　永曆五年辛卯(1651)　二十三歲

大妹歸王氏。

丘象隨《西軒辛卯集·送大妹于歸王氏》。

貢入太學,弟象隨作詩送之。

丘象隨《西軒辛卯集·送三兄曙戒之燕二首》。
按,王士禛《丘公墓誌銘》:"順治辛卯,貢入太學。"

與張養重同硯席,成金石交。

張養重《古調堂集》卷首先生序:"又八年而同研席,遂爲金石交。"

清世祖順治九年　南明魯監國七年　永曆六年壬辰(1652)　二十四歲

春,歸里,弟象隨作詩志喜。

丘象隨《西軒壬辰集·喜三兄曙戒歸里三首》。

秋,之揚州,弟象隨作詩送之。

丘象隨《西軒壬辰集·送三兄曙戒之揚州》。

萬壽祺卒。馮景生。

清世祖順治十年　南明魯監國八年　永曆七年癸巳(1653)　二十五歲

初春,父俊孫出守漢陽。

丘象隨《西軒癸巳集·聞家大人出守漢陽》。

隨父赴任漢陽,弟象隨作詩送之。

丘象隨《西軒癸巳集·送三兄曙戒隨任漢陽》。

在漢陽署中。弟象隨作詩寄懷。

丘象隨《西軒癸巳集·懷三兄曙戒楚中》。

冬,自漢陽歸里省母。

丘象隨《西軒癸巳集·喜三兄曙戒歸自漢陽省母》。

招李挺秀等同集。

丁晏《山陽詩徵》卷十李挺秀《丘曙戒歸自襄南招集》。

清世祖順治十一年　南明永曆八年甲午(1654)　二十六歲

春,赴順天鄉試,弟象隨作詩送之。

丘象隨《西軒甲午集·送三兄曙戒之燕》。

中順天鄉試。

王士禛《丘公墓誌銘》:"甲午,中順天鄉試。"

戴簡庭下第歸,作詩送之。

《南齋詩集·送戴簡庭下第歸》。

聞弟象隨下第,作詩寄慰。

《南齋詩集·寄舍弟季貞下第》。

清世祖順治十二年　南明永曆九年乙未(1655)　二十七歲

春,中進士,改內翰林弘文院庶吉士。

王士禛《丘公墓誌銘》:"明年乙未成進士,改內翰林弘文院庶吉士。"

夏日,有詩遣懷。

《南齋詩集·夏日館中遣懷》。

弟象隨屢作詩寄懷。

丘象隨《西軒乙未集·泊吴門懷三兄曙戒燕中》、《寄三兄曙戒四首》、《寄三兄曙戒》、《楚行登舟北寄三兄曙戒》。

步魏象樞韻咏螢火。

《南齋詩集·咏螢火步魏給諫環溪韻》。

將迎母入京,聞弟象隨往漢陽省父不果。

《南齋詩集·將迎太夫人入京聞舍弟季貞往省漢陽不果》、丘象隨《西軒乙未集·罷楚行寄三兄曙戒》。

五弟象益卒。

丘象隨《西軒乙未集·哭五弟中行六首》。

清世祖順治十三年　南明永曆十年丙申(1656)　二十八歲

元旦,有詩書懷。

《南齋詩集·丙申元旦》。

登毗盧閣。

《南齋詩集·登毗盧閣》。

春夜,有詩和陸石齋。

《南齋詩集·春夜月下和陸石齋二首》。

首夏,弟象隨至京。

《南齋詩集·喜舍弟季貞至燕三首》、丘象隨《西軒丙申集·抵三兄曙戒寓宅》。

病中,李保庵見過,兼送之備兵荆西。

《南齋詩集·病中李保庵年伯見過兼送備兵荆西》。

弟象隨輯望社諸人詩爲《淮安詩城》,爲作序。

丘象隨輯《淮安詩城》卷首先生序:"詩之貴乎選也,愈選則愈精。……知白傳意者乃可以讀淮上之詩矣。"

張新標罷歸,作詩送之。

《南齋詩集·送張考功鞠存罷歸》、丘象隨《西軒丙申集·慰張鞠存左遷》。

六月,弟象隨歸里,作詩送之。

《南齋詩集·送舍弟季貞南歸》。

弟象隨有詩寄懷。

丘象隨《西軒丙申集·既别三兄曙戒下舟感寄》。

沈荃分憲大梁,作詩送之。

《南齋詩集·送沈繹堂先生分憲大梁》。

九月九日,退朝,憶弟象隨。

《南齋詩集·九日退朝憶舍弟季貞》。

與潘從事南歸。

《南齋詩集·與潘從事南歸》。

歲暮,有懷故園。

《南齋詩集·歲暮有懷故園》。

羅篁庵南歸,作詩送之。

《南齋詩集·奉贈學士羅篁庵年伯南歸》。

京邸度除夕,有詩書懷。

《南齋詩集·丙申京邸除夕》。

清世祖順治十四年　南明永曆十一年丁酉(1657)　二十九歲

元日,早朝賜讌。

《南齋詩集·丁酉元日早朝賜讌恭述》。

散館,授編修。

王士禛《丘公墓誌銘》:"御試屢在高等,賜宴賜衣,寵賚甚厚。丁酉,授編修。"

有詩贈嚴海及。

《南齋詩集·與嚴海及》。

時雨,作詩紀之。

《南齋詩集·時雨恭紀》。

余雁峰同嚴古峰之東省,作詩送之。

《南齋詩集·送余雁峰同嚴古峰之東省》。

弟象隨赴漢陽省親。

丘象隨《西軒丁酉集·漢陽署見家大人得真字二首》。

趙開雍司李兖州,作詩送之。

《南齋詩集·送趙五紘司李兖州》。

弟象隨赴京途中,有詩寄先生。

丘象隨《西軒丁酉集·途中寄三兄曙戒》。

季夏,弟象隨至京。

丘象隨《西軒丁酉集·三兄曙戒署中夕雨偶占》。

夏杪,戴簡庭招集徐家亭子,與弟象隨俱有詩和謝起秀韻。

《南齋詩集·夏杪戴簡庭招集徐家亭子和白下謝二峰夫子韻》、丘象隨《西軒丁酉集·戴簡庭招集徐氏水亭和謝二峰夫子》。

爲金浩然畫《報國寺松圖》題詩。

《南齋詩集·題金浩然畫報國寺松圖》、丘象隨《西軒丁酉集·題金浩然畫報國寺古松圖》。

七夕,與謝起秀、陳台孫、弟象隨雨集限韻。

丘象隨《西軒丁酉集·病後七夕同謝二峰夫子陳階六家三兄曙戒雨集限韻》。

八月一日,聞雁,與弟象隨限韻賦詩。

《南齋詩集·八月一日聞雁與舍弟季貞限韻》、丘象隨《西軒丁酉集·聞雁與三兄曙戒限韻三首》。

同館鄧鍾麟新婚,作詩贈之。

《南齋詩集·贈同館鄧玉書新婚》。

九月,弟象隨出京迎母就養京邸,途中有詩寄先生。

丘象隨《西軒丁酉集·静海迎母入燕即寄三兄曙戒》。

初冬,弟象隨出都,有詩留别先生。

丘象隨《西軒丁酉集·初冬出都留别三兄曙戒二首》。

謝起秀與弟象隨南歸,作詩送之。

《南齋詩集·送謝二峰夫子同舍弟季貞南歸二首》。

方文入京,有詩贈先生。

方文《嵞山集・北游草・贈丘曙戒秘書》。

按,李聖華《方文年譜》"順治十四年"條:"十月一日,抵京。"

從弟眺卒,作詩哭之。

《南齋詩集・哭從弟子高》、丘象隨《西軒丁酉集・哭從兄子高二首》。

清世祖順治十五年　南明永曆十二年戊戌(1658)　三十歲

元日,奉母獻歲。

《南齋詩集・戊戌元日奉母獻歲》。

靳應昇入都廷試,作詩贈之。

《南齋詩集・喜靳茶坡入都廷試》。

按,丘象隨《西軒戊戌集・送靳茶坡北上》,知靳應昇本年赴京。

薛鼎臣歸鹽城,作詩送之。

《南齋詩集・送薛給諫式九歸鹽城二首》。

黄宣泰使東郡,便道歸里,作詩送之。

《南齋詩集・送黄行人蘭巖使東郡便道歸里二首》。

三月,任會試同考官,得士二十八人。

王士禛《丘公墓誌銘》:"戊戌會試,爲同考官,所得二十有八人,率當世名士。"

法式善《清秘述聞》卷十三:"(順治十五年戊戌科會試)編修丘象升,字曙戒,江南山陽人,乙未進士。"

初秋,方文南歸,有詩留别先生。先生作詩送之,兼懷弟象隨。

方文《嵞山集・北游草》戊戌《留别丘曙戒秘書》、《南齋詩集・送方爾止南歸兼懷舍弟季貞》。

同館史大成歸養,作詩送之。

《南齋詩集・送同館史及超歸養》。

老母南歸,作詩送之。

《南齋詩集・恭送老母南歸》。

按,丘象隨《西軒戊戌集・送外祖又參張太公入燕將偕家母南還》和《恭請家母還里》,知本年母隨外祖南還。

弟象隨有詩寄懷。

丘象隨《西軒戊戌集・寄家三兄曙戒》。

除夕,作詩志感。

《南齋詩集·戊戌除夕》。

清世祖順治十六年　南明永曆十三年己亥(1659)　三十一歲

陞侍講學士。

王士禛《丘公墓誌銘》:"己亥,進侍講。"

同館沈青城還吴下,作詩送之,附寄家書。

《南齋詩集·送同館沈青城還吴下附寄家書》。

父俊孫左遷。

丘象隨《西軒己亥集·聞家大人左遷漫呈二首》。

赴報國寺看海棠。

《南齋詩集·報國寺看海棠》。

暮春,弟象隨有詩寄懷。

丘象隨《西軒己亥集·寄三兄曙戒二首》。

寒食,遥奠先伯兄象觀、五弟象益,兼傷仲兄象恒。

《南齋詩集·寒食賜酒奉歸遥奠先霖川伯兄中行五弟兼傷久也仲兄》。

周元相入都,作詩贈之。

《南齋詩集·周左台夫子入都賦呈》。

有詩報謝起秀。

《南齋詩集·報謝二峰夫子》。

得淮酒,同周元相、從兄小修開飲。

《南齋詩集·得淮酒同周左台夫子家從兄小修開飲》。

夏,弟象隨寄詩至,報父俊孫歸里事。

丘象隨《西軒己亥集·報家三兄曙戒寄呈家大人歸里原韻三首》。

早秋,同項景襄、耿近龍、楊名耀過陳台孫槐軒,有懷胡簡敬。

《南齋詩集·早秋同項眉山耿近龍楊修埜過陳階六槐軒有懷胡又弓》。

秋,弟象隨有詩寄懷。

丘象隨《西軒己亥集·寄三兄曙戒五十四韻》。

程封南歸,作詩送之。

《南齋詩集·送程伯建南歸》。

秋日,過草橋園。

《南齋詩集·秋日過草橋園二首》。

同徐越、金星貢、王益朋、從兄小修集草橋園,限韻賦詩。

《南齋詩集·豐臺尋菊還過望仙樓集草橋園同徐山琢金式庵王石農家從兄小修限韻三首》。

有詩贈王益朋。

《南齋詩集·贈王石農》。

陸求可有寄書。

陸求可《陸密庵文集》卷四《與翰林丘曙戒書》。

清世祖順治十七年　南明永曆十四年庚子(1660)　三十二歲

三月,左遷瓊州府通判,將離京,有詩答别諸館丈。

《南齋詩集·赴瓊州答别諸館丈》。

按,王士禛《丘公墓誌銘》:"庚子三月,以才堪外任,調瓊州府通判。"

龔鼎孳、弟象隨、張養重聞謫倅瓊州消息,作詩慰之。

龔鼎孳《定山堂詩集》卷二十七《丘曙戒侍講謫倅瓊州》、丘象隨《西軒庚子集·坐湖上聞家兄曙戒外調》、張養重《古調堂集·丘曙戒侍講左遷瓊州别駕二首》。

赴任瓊州,徐元文、李繼白、王士禛作詩送之。

徐元文《含經堂集》卷一《送丘曙戒侍講倅瓊州》、李繼白《望古齋集》卷五《送丘曙戒内翰别駕瓊州》、王士禛《帶經堂集》卷十一《送丘曙戒侍講謫判瓊州兼寄姚子上推官二首》。

與王益朋同舟南旋。

《南齋詩集·南旋喜王石農同舟二首》。

舟泊天津,有詩酬同年孟宗舜。

《南齋詩集·舟泊天津酬同年孟亦若》。

晚泊安陵驛,有詩志感。

《南齋詩集·晚泊安陵驛》。

雨次東昌,登望岳樓不果。

《南齋詩集·雨次東昌登望岳樓不果》。

六月,方文聞先生外轉,悵然有詩。

方文《嵞山續集·魯游草》庚子《聞陳階六給事丘曙戒編修俱外轉悵然有作》。

七夕,泊董口。

《南齋詩集·七夕泊董口對月》。

秋,弟象隨有詩寄懷。

丘象隨《西軒庚子集·客金陵寄三兄曙戒》。

同舟王益朋、馬義徵、從兄小修於河口別去。

《南齋詩集·同舟王石農馬義徵家從兄小修於河口別去》。

中秋前一夕,招望社諸子集放生池,限韻賦詩。

《南齋詩集·中秋前一夕招望社諸子集放生池限亭船二韻》。

晚秋,與弟象隨、望社諸子集湖心寺前樓,限韻賦詩。

《南齋詩集·秋日望社諸子招集湖心寺前樓限韻》、丘象隨《西軒庚子集·晚秋望社諸子招同家三兄曙戒集湖西樓二首》、張養重《古調堂集·同社招曙戒季貞集湖心寺》。

冬日,倪之煌招同馬駿、程淞、弟象隨集一草亭。

丘象隨《西軒庚子集·冬日倪天章招同馬西樵程婁東家三兄曙戒集一草亭》。

清世祖順治十八年　　南明永曆十五年辛丑(1661)　　三十三歲

之瓊州任,拜辭父母。

《南齋詩集·拜辭兩大人赴海南》。

之瓊州任,弟象隨作詩送之。

丘象隨《西軒辛丑集·送三兄曙戒之瓊州任》。

二月,張養重隨先生赴任瓊州。

張養重《古調堂集·將之嶺南拜別老母兼示妻子》。

夜集通州彭彥伯署中。

《南齋詩集·通州彭彥伯署中夜集》。

夜泊江口,有詩抒懷。

《南齋詩集·夜泊江口》。

過金陵,有詩志感。

《南齋詩集·金陵偶感》。

秦郵道中,亦有詩。

《南齋詩集·秦郵道中》。

花朝,泊廣陵,與張養重、弟象隨分韻賦詩。

《南齋詩集·花朝泊廣陵與張虞山舍弟季貞分韻》、丘象隨《西軒辛丑集·花朝泊廣陵與張虞山家三兄曙戒分韻》、張養重《古調堂集·花朝泊廣陵》。

有詩留別孫枝蔚、龔賢。

《南齋詩集·留別孫豹人龔半千》、丘象隨《西軒辛丑集·送三兄曙戒至江都留別孫豹人龔半千》、張養重《古調堂集·舟中留別孫豹人龔半千》。

孫枝蔚作詩送別。

孫枝蔚《溉堂前集》卷五辛丑《送丘曙戒侍講赴嶺南》。

弟象隨送之京口。

丘象隨《西軒辛丑集·京口送別張虞山同家兄曙戒之瓊州》、張養重《古調堂集·京口西發別季貞却歸淮上》。

與張養重、弟象隨登金山。

《南齋詩集·登金山同張虞山舍弟季貞》、丘象隨《西軒辛丑集·登金山同張虞山家三兄曙戒作》。

於鄧尉山送閻修齡北歸。

《南齋詩集·於鄧尉送閻牛叟北歸二首》。

在京口,與張養重、王融生、弟象隨飲江岸酒家。

丘象隨《西軒辛丑集·同張虞山王融生家兄曙戒飲江岸酒家》。

在京口,留別王融生。

《南齋詩集·京口留別王融生用姚山期起句》。

江上,與弟象隨別。

《南齋詩集·江上答別舍弟季貞二首》、張養重《古調堂集·江上觀曙戒季貞別》。

將别，弟象隨作詩贈之。

丘象隨《西軒辛丑集・京口别三兄曙戒賦呈二首》、《再呈三兄曙戒》。

與弟象隨别去，復招之與語。

丘象隨《西軒辛丑集・三兄曙戒别去復相招與語口占》。

雲陽道中，弟象隨有詩相寄。

丘象隨《西軒辛丑集・雲陽道中呈三兄曙戒》。

泊雲陽，弟象隨有詩呈之，兼示張養重。

丘象隨《西軒辛丑集・泊雲陽呈家兄曙戒暨張虞山》。

次毗陵，同張養重、弟象隨俱有詩。

丘象隨《西軒辛丑集・春社毗陵晚晴同張虞山家三兄曙戒作》。

春分日，與弟象隨舟中作詩。

丘象隨《西軒辛丑集・春分日與三兄曙戒舟中作》。

與弟象隨夜話。

丘象隨《西軒辛丑集・與三兄曙戒夜話賦呈二首》。

上巳，吕城道中，與張養重、弟象隨有詩紀事。

丘象隨《西軒辛丑集・吕城道中上巳同虞山暨家兄曙戒作》。

同張養重登迴瀾閣，和弟象隨壁間韻。

《南齋詩集・同張虞山登迴瀾閣和舍弟季貞題壁韻》、張養重《古調堂集・登迴瀾閣見丘季貞題壁詩同曙戒次韻》。

游石鐘山，逢談允謙。

《南齋詩集・游石鐘山》題下注曰："是晚，逢談長益。"張養重《古調堂集・石鐘山逢談長益》。

暮春到初夏，經安徽至江西，途中與張養重俱有詩紀事。

《南齋詩集・望小孤山》、《望匡廬》、《鄱陽曲二首》、《章江送春》、《臨江偶成》、《新淦聞笛》、《峽江三首》。張養重《古調堂集・鄱陽湖》、《樵舍驛》、《滕王閣》、《玉笥山看雲》、《晚次新淦》、《金川聞笛》、《廬陵蚤發》。

行至吉水，忽雨，步龔鼎孳韻。

《南齋詩集・吉水忽雨步龔芝麓宗伯韻》。

過十八灘，有詩志感。

《南齋詩集・過十八灘雜詩三首》、張養重《古調堂集・十八灘雜詩三首》。

過虔州,有遣興詩和張養重。

張養重《古調堂集·虔州遣興》、《南齋詩集·贛江遣興和張虞山》。

自南康入大庾,有詩書懷。

《南齋詩集·自南康入大庾路僅百里舟行五日江山偪側雜志觸目二首》、張養重《古調堂集·南康縣至大庾路僅百里舟行五日江山偪側雜志觸目二首》。

雨中,同張養重聽鷓鴣。

張養重《古調堂集·雨中同曙戒聽鷓鴣》。

過南安,晚眺。

《南齋詩集·南安晚眺》。

與張養重入廣東,俱有詩紀事。

《南齋詩集·過梅嶺二首》、《登觀音巖》、《清遠峽二首》、《過佛山》、《嶺南口占三首》、《羊城旅夜用張虞山韻》、《過小塘咏荔支》、《腰古驛》、《立將公舍》、《立將曉發》、《曉發抵黄牛灣》、《陽春山行》。張養重《古調堂集·梅嶺雜咏》、《彈子機》、《泊瀧頭硬灘》、《望夫山》、《英德夜泊》、《清遠峽》、《佛山》、《羊城懷古》。

夏,過海幢寺訪金堡,與之定交。

《南齋詩集·海幢寺訪澹歸上人》。

金堡《徧行堂文集》卷二《大雅説爲丘曙戒别駕贈别》:"余以歲辛丑交于丘子曙戒,見其眉宇間澹如耳。是時從翰林出通守璚州,既無通守氣,亦未始有翰林氣。"

金堡作詩送先生赴瓊州任。

金堡《徧行堂詩集》卷六《送丘曙戒太史之瓊州即用前韻》題下注曰:"丘以侍讀外轉别駕。"

高凉道中遇方國棟,雨至率别。

《南齋詩集·高凉道中遇方干霄雨至率别》。

與金鉉别於嶺西。

《南齋詩集·嶺西别金冶公大參》。

晚泊遂溪舊縣港口。

《南齋詩集·晚泊遂溪舊縣港口》。

張養重偶啖檳榔，衣染紅跡，因憶丘象隨送別詩有“檳榔滿口血染衣”句，因作詩寄丘象隨，先生有和詩。

張養重《古調堂集·偶啖檳榔衣染紅跡因憶丘季貞送別詩有檳榔滿口血染衣之句賦寄》、《南齋詩集·舍弟季貞送别張虞山有檳榔滿口血沾衣之句偶拈誌感》。

秋，至海南。

《南齋詩集·秋日海南漫興二首》、張養重《古調堂集·海南秋興五首》。

三十三初度，張養重作詩贈之。

張養重《古調堂集·海南篇爲曙戒生日》。

甫至任，值黎酋叛，先生設伏擒斬，張養重作詩歌之。

張養重《古調堂集·平黎曲》。

馮景《解舂集文鈔》卷十二《山陽丘公曙戒傳》：“公判瓊，職在撫黎，而黎酋數叛。公謂吏民曰：‘此積弱之漸也，不可徒以文諭，我當振旅以出，然後以恩懷之。’請於上官，報可，遂簡兵設伏，擒其倡亂者，黎酋懾服。”

甫到海南，缺裁，將歸里，有詩寄弟象隨。

《南齋詩集·北發寄季貞弟》。

中秋，途次雷陽。

《南齋詩集·雷陽中秋》。

同張養重登白藤山。

《南齋詩集·同張虞山步白藤山》、張養重《古調堂集·登山有感》。

九日，過端州，與陳晉明、張養重飲古崧臺。

《南齋詩集·端州九日與陳康侯張虞山飲古崧臺》。

同陳晉明、張養重登七星巖。

《南齋詩集·登七星巖同陳康侯張虞山二首》、張養重《古調堂集·登七星巖》。

復過海幢寺，澹歸禪師留齋。

張養重《古調堂集·海幢寺澹歸師留齋》。

泊觀音巖，聽張養重彈琴。

《南齋詩集·泊觀音巖聽張虞山彈琴》。

過曹溪水口，不得登南華寺。

《南齋詩集·過曹溪水口不得登南華寺》。

過英州,楊柱臣贈石,作詩謝之。

《南齋詩集·英州謝楊汝鄰贈石》。

舟下十八灘,有詩志感。

《南齋詩集·舟下十八灘》。

舟過樅陽,有懷方文。

《南齋詩集·望樅陽懷方爾止》。

過真州,次壁上韻。

《南齋詩集·真州次壁上韻》。

冬,抵里。

《南齋詩集·冬歸二首》。

按,張養重《古調堂集》卷首先生序:"其情志凝結,尤在嶺海一行,往返經年,歷舟車二萬餘,飲食起居,山川雲樹,作息必偕,形忘神洽,幾不知有兩人。"

清聖祖康熙元年　南明永曆十六年壬寅(1662)　三十四歲

將入覲,於河北別諸兄弟。

《南齋詩集·河北別諸兄弟》。

同年宋德宜南還,遇之半城。

《南齋詩集·半城遇同年宋蓼天南還》。

邸夜,孫一致、金星賁過訪。

《南齋詩集·邸夜孫惟一翰讀金式庵舍人見過》。

夏,出都。

《南齋詩集·出都》。

南還,途次上谷。

《南齋詩集·上谷旅夜見月》。

宿新樂縣署,有詩感懷。

《南齋詩集·宿新樂公署感懷次壁上韻》。

新樂知縣林華皖陞萬州牧,作詩送之。

光緒《新樂縣志》卷六丘象升《再答壁韻送新樂令林君陞萬州牧》。

夏日,過晉州。

《南齋詩集·夏日晉州作》。

在晉州,有詩留别崔爾仰。

《南齋詩集·晉州别崔子高》。

抵里,張養重作詩贈之。

張養重《古調堂集·丘曙戒覲回入里》。

《嶺海詩》成,胡介、澹歸和尚(金堡)、靳應昇爲作序。

載《南齋詩集》卷首。

按,胡介《旅堂詩文集·丘曙戒張虞山嶺海詩序》:"子、丑之間,侍講左遷瓊州司馬,而處士從之游。"

招方文話舊,方文有詩贈先生。

方文《嵞山再續集》卷四壬寅《丘曙戒侍講招飲話舊贈此》。

《三入燕集》成,弟象隨、張養重爲題詩。

丘象隨《西軒壬寅集·題家三兄曙戒三入燕集後二首》、張養重《古調堂集·題曙戒三入燕詩後》。

靳應昇爲《三入燕集》作序。

《南齋詩集》卷首靳應昇序曰:"《三入燕集》者,丘子曙戒第三次游都門之詩也。"

冬,赴粤,有詩留别諸親友。

《南齋詩集·平河橋荅别諸親友次程婁東韻二首》。

按,平河橋,在今山陽縣平橋鎮。

冬,於召伯埭逢張養重、弟象隨。

《南齋詩集·召伯埭逢張虞山舍弟季貞》、丘象隨《西軒壬寅集·邗江道中逢三兄曙戒入粤》、張養重《古調堂集·邗江道中適丘曙戒入粤》。

招同鄭掌和、龔賢、孫枝蔚、陳允衡、朱克生、黄申、弟象隨泛舟紅橋。

《南齋詩集·紅橋招同鄭掌和龔半千孫豹人陳伯璣朱秋崖黄甫及張虞山舍弟季貞泛舟》、丘象隨《西軒壬寅集·三兄曙戒招同鄭掌和龔半千孫豹人陳伯璣朱秋崖黄甫及紅橋泛舟限韻》、張養重《古調堂集·丘曙戒招同鄭掌和龔半千孫豹人陳伯璣朱秋崖黄甫及紅橋泛舟》。

邗江冬夜,作詩留别弟象隨、張養重,弟象隨作詩送之。

《南齋詩集·邗江留别張虞山舍弟季貞》、丘象隨《西軒壬寅集·邗江冬夜送三兄曙戒入粤》。

雨中望燕子磯,有懷王士禛。

《南齋詩集·雨中望燕子磯有懷王阮亭》。

聞吴翩罷澄邁北歸,途中未值。

《南齋詩集·聞吴羽三罷澄邁北歸途中未值》。

過虔州,有詩贈楊天柱。

《南齋詩集·虔州與楊天柱大令》。

過南安,有詩贈趙開雍。

《南齋詩集·南安與趙五絃郡丞》。

過南雄,立春,有詩書懷。

《南齋詩集·南雄立春》。

守歲平圃,有詩志感。

《南齋詩集·平圃守歲二首》。

靳應昇卒。(李聖華《方文年譜》卷七)

清聖祖康熙二年癸卯(1663)　　三十五歲

弟象隨入京途中,有詩寄懷先生。

丘象隨《西軒癸卯集·客路懷家兄曙戒》。

尹瀾柱歸粤東,弟象隨作詩送之,兼憶先生。

丘象隨《西軒癸卯集·送尹瀾柱歸粤東兼憶家三兄曙戒》。

弟象隨過其舊宅,有詩抒懷。

丘象隨《西軒癸卯集·過三兄曙戒舊宅》。

寒食,訪梁佩蘭、程可則、王震公,不遇。

《南齋詩集·寒食訪梁芝五程周量王震公諸子不遇》。

同金堡、程可則、王鳴雷、梁佩蘭、梁蘭友、阿字無和尚夜話。

金堡《徧行堂詩集》卷二《丘曙戒太史過訪海幢將歸風雨大作同程周量中翰王震生梁芝五孝廉梁蘭友文學阿字首座夜話各賦七言古詩》。

徐乾學游粤,互有詩贈答。

《南齋詩集·與徐健庵孝廉》、徐乾學《憺園文集》卷三癸卯稿《贈丘曙戒》。

冬,將還朝,金堡作文贈别。

金堡《徧行堂詩集》卷六《留别曙戒》題下注曰:"時曙戒亦將還朝。"

按,金堡《徧行堂文集》卷二《大雅説爲丘曙戒别駕贈别》:"時康熙癸卯冬,曙戒將還朝,余將還丹霞,書此爲别。"

清聖祖康熙三年甲辰(1664)　三十六歲

二月,在海南,王如錫重刻《東坡養生集》,先生爲作序。

王如錫《東坡養生集》卷首先生序曰:"……於是摭其書之近于調攝者,分類而纂集之,嗣見王君武工所編適獲我心,因述臆見,謬加評閲。……康熙甲辰春二月之朔淮陰丘象升書於嶺南公舍。"

春,弟象隨望先生粵東消息不至。

丘象隨《西軒甲辰集·望三兄曙戒粵東消息不至》。

春日,自粵東赴京改補。

《南齋詩集·春日自粵東赴京改補登舟有作》。

有詩答同年安九埏。

《南齋詩集·答安靖九》。

與郭堯功同過嶺上訪金堡,金有詩贈别。

《南齋詩集·嶺上訪澹歸》、金堡《徧行堂詩集》卷六《重别曙戒》。

按,金堡《徧行堂詩集》卷六《曙戒度嶺雨中過訪》詩中注曰:"郭堯功同來。"

與郭堯功、安九埏、宋子章登滕王閣,分韻賦詩。

《南齋詩集·登滕王閣》題下注曰:"時郭堯功招集安靖九、宋子章分賦。"

夏,歸里,弟象隨作詩志喜。

丘象隨《西軒甲辰集·喜三兄曙戒歸里四首》。

毛奇齡流亡淮安,與先生昆仲結獻紵之好。

毛奇齡《西河合集·牘劄·寄丘學士》:"避人淮市,得與伯仲結獻紵之好。"

按,同治《重修山陽縣志》卷二十一:"康熙二三年閒,蕭山毛奇齡以避難來。"知毛奇齡本年至淮安。

招毛奇齡飲於宅中,奇齡有詩贈先生。

毛奇齡《西河合集·排律一·飲丘象升學士賦贈》。

六月二日,張養重客閩南,夢先生。

張養重《古調堂集·六月二日夢丘曙戒因感舊事六首》。

按,丘象隨《西軒甲辰集·送張虞山入閩兼懷高雲客》,知張本年赴閩。

張養重家書至閩,聞先生還里,作詩相寄。

張養重《古調堂集·家書聞丘曙戒還里即寄》。

冬,倪之煌招同陳子九、弟象隨等集一草亭。

《南齋詩集·倪天章招同陳子九王任公舍弟季貞夕飲一草亭有憶靳茶坡》、丘象隨《西軒甲辰集·倪天章招同陳子九僧聞善家三兄曙戒集一草亭二首》。

程可則舟過淮安,適兵至不泊,以詩遺先生,兼期北赴,先生賦詩答之。

《南齋詩集·程周量舍人舟過吾郡適兵至不泊以詩見遺兼期北赴率爾答之二首》。

胡介卒,先生歲賙恤其寡女。

王士禛《丘公墓誌銘》:"與人交,不以生死易心。錢塘胡介歿,有寡女,不遠千里,歲賙恤之,久而不衰。"

范良卒。

清聖祖康熙四年乙巳(1665)　　三十七歲

元旦,有詩書懷。

《南齋詩集·乙巳元旦》。

元日,弟象隨有詩呈之。

丘象隨《西軒乙巳集·元日呈家兄曙戒》。

弟象隨喜得兒,有詩呈先生。

丘象隨《西軒乙巳集·喜得褒兒賦呈家三兄曙戒》。

夏,將南游,弟象隨作詩送之。

丘象隨《西軒乙巳集·送家三兄曙戒南游》。

過龍興寺訪白夢鼎。

《南齋詩集·過龍興寺訪白孟新承示新詩》。

喬萊招寓陶園,適汪懋麟見訪,留同小飲。

《南齋詩集·喬石林招寓陶園適汪季角見訪留同小飲》。

嘉慶《揚州府志》卷三十四《古跡志五》:“(寶應縣)陶園,喬可聘晚年築以課子。”又民國《寶應縣志》卷二《建寘志》:“陶園,在城内官巷北,喬侍御課子處。古藤一株,蔭覆其上,後侍讀萊買宅城中,與園止一巷隔。侍讀歸田後,築過街小樓通之,賓客往來,咸萃於此。”

孫一致過訪,留飲。

《南齋詩集·孫惟一翰讀過訪留飲》。

客新安,弟象隨作詩懷之。

丘象隨《西軒乙巳集·憶家三兄曙戒客新安》。

范周過淮訪先生,不值。

魏憲《百名家詩選》卷四十三范周《淮上訪丘曙戒不遇》。

過寧國,龔鯤招飲疊嶂樓。

《南齋詩集·過寧國龔扶萬太守招飲疊嶂樓》。

趙朗招飲許氏山亭,復同謝起秀、王益朋、金誠、趙端泛汶溪。

《南齋詩集·趙天醉招飲許氏山亭復泛汶溪同謝二峰夫子王石農金于民暨令姪又吕諸子四首》。

秋,入都補官,弟象隨作詩送之。

丘象隨《西軒詩集》卷六乙巳《送三兄曙戒北上》。

雨行泰安道中,有詩書懷。

《南齋詩集·雨行泰安道中》。

追哭靳應昇。

《南齋詩集·追哭靳茶坡》。

秋,同孫光祀、伊闢、綦汝楫、曹申吉集胡簡敬署中。

《南齋詩集·同孫怍庭伊翕庵綦松友曹澹餘諸同年集胡又弓署中》。

過綦汝楫陶月亭。

《南齋詩集·過綦松友陶月亭奉和原韻》。

與從弟象豫南歸。

《南齋詩集·同從弟慎庵南歸》。

有詩答别胡從中、程淞、閻修齡、閻若璩。

《南齋詩集·答别胡天仿程婁東閻再彭百詩諸子》。

清聖祖康熙五年丙午(1666)　　三十八歲

二月,途次郯城,有詩懷古。

《南齋詩集·郯城懷古》。

途中,有詩酬孫一致。

《南齋詩集·途中酬孫惟一翰讀》。

花朝,次河間,有詩遣懷。

《南齋詩集·花朝次河間遣懷》。

綦汝楫作詩相贈,以詩答之。

《南齋詩集·酬綦松友學士見贈二絶句》。

秋,赴武昌别駕任,張養重作詩送之。

張養重《古調堂集·送丘曙戒補倅武昌》。

與弟象隨於邗江夜别。

丘象隨《西軒丙午集·邗江夜别三兄曙戒赴武昌二首》。

七月,招同孫枝蔚、韓魏、汪懋麟、汪耀麟登平山堂,分韻賦詩。

汪懋麟《百尺梧桐閣詩集》卷四丙午《丘曙戒侍講招同豹人醉白家兄叔定泛舟登平山堂用山色有無中爲韻分得無字》、孫枝蔚《溉堂續集》卷一丙午《初秋同汪叔定季甪韓醉白陪丘曙戒太史泛舟城西游諸園林過紅橋觀荷晚登平山堂時河水大漲分韻得山色有無中五首》。

七月九日,過汪耀麟、汪懋麟愛園,作詩贈之。

《南齋詩集·七夕後二日過愛園贈汪叔定季甪》。

嘉慶《揚州府志》卷三十《古蹟志一》江都縣:"愛園,汪耀麟之居,耀麟有《愛園唱和詩》。"

與王士禄、汪耀麟、汪懋麟於愛園樓上夜話,時王士禄先别。

《南齋詩集·愛園樓上與王西樵汪叔定季甪夜話時西樵先别悵然作》。

汪懋麟作詩送先生赴武昌府通判任。

汪懋麟《百尺梧桐閣詩集》卷四丙午《送曙戒侍講出判武昌》。

初冬,江行,有詩志感。

《南齋詩集·初冬江行》。

再登迴瀾閣,見徐乾學和弟象隨題壁詩,再以詩和之。

《南齋詩集·再登迴瀾閣見徐健庵和舍弟季貞題壁詩率爾再和之》。

過皖城,有詩寄陳美典。

《南齋詩集·皖城却寄陳碧涵》。

清聖祖康熙六年丁未(1667)　　三十九歲

春,張養重赴楚,先生招飲,留宿署齋。

張養重《古調堂集·將之楚留别同學諸子》、《爲丘曙戒招飲留宿署齋》。

春,之洞庭,張養重作詩送之。

張養重《古調堂集·送丘曙戒之洞庭》。

臨洞庭,懷金星貢客常德、胡虞野客衡陽。

《南齋詩集·臨洞庭懷金式庵常德胡虞野衡陽》。

署齋初成,先生讌集同人。

張養重《古調堂集·丘曙戒署齋初成讌集同人》。

春日,署中與吴珊、李房六、宋子章閒坐。

《南齋詩集·春日署中與吴嵩三李房六宋子章閒坐》。

夏,弟象隨赴武昌省先生。

丘象隨《西軒丁未集·將赴武昌别徐山琢時亦北入都》。

夏,病起,招謝起秀、閻天一、閻洞、張養重、張睿、李鎧、黄之翰集東堂。

丘象隨《西軒丁未集·家兄曙戒病起招謝二峰夫子閻天一錦濤張虞山涵白李公鎧黄大宗集東堂》。

八月,張養重歸里。

丘象隨《西軒丁未集·送别張虞山》。

重九,秦惕庵歸毗陵,作詩送之。

《南齋詩集·九日送秦惕庵夫子歸毗陵》。

與曹申吉登黄鶴樓。

魏憲《百名家詩選》卷十一曹申吉《雨中晚登黄鶴樓同丘曙戒别駕》。

冬,弟象隨將歸,有詩留别先生。

丘象隨《西軒丁未集·東歸奉别三兄曙戒四首》。

暮冬,弟象隨抵里,有詩寄先生。

丘象隨《西軒丁未集·抵里寄三兄曙戒四首》。

從兄嘉會卒。

丘象隨《西軒丁未集·哭從兄嘉會二首》。

清聖祖康熙七年戊申(1668)　　四十歲

春,張養重有詩寄懷。

張養重《古調堂集·懷丘曙戒鄂渚二首》。

放舟武昌北,時奉檄督運北上。

《南齋詩集·武昌北放舟》題下注曰:"時奉檄督運北上。"

花朝,酬宋犖招陪陳奕禧、陶漢爲、吕季成。

《南齋詩集·花朝酬宋牧仲通守招陪陳謙六陶漢爲吕季成諸使君》。

雨阻磨盤洲,宋犖餉以藕粉、瓜絲,作詩謝之。

《南齋詩集·雨阻磨盤洲宋牧仲餉以藕粉瓜絲謝之》。

與吕季成别於煙水亭後八日,復遇老鸛口,同過宋犖舟,各出新詩相示。

《南齋詩集·於煙水亭别吕季成八日矣復遇老鸛口同過宋牧仲舟各出新詩相示即用季成韻》。

宋犖招同吕季成登岸小飲。

《南齋詩集·宋牧仲招同吕季成登岸小飲》、宋犖《綿津山人詩集》卷五《舟泊老鸛口與丘曙戒登岸小飲》。

同宋犖、吕季成游宋氏山林,憩積真寺後圃。

《南齋詩集·同宋吕諸使君游宋氏山林憩積真寺後圃》。

宋犖招集識舟亭。

《南齋詩集·是日牧仲招集識舟亭五首》。

光緒《重修安徽通志》卷四十八:"識舟亭在蕪湖縣鶴兒山,俯瞰大江,舊名八角亭,王思任榷關時易今名。"

便過里門,張養重投詩贈之。

張養重《古調堂集·丘曙戒轉運楚糧過里門投贈二首》。

招吕季成、宋犖、張養重飲宴。

張養重《古調堂集·丘曙戒席上贈衡州吕季成黄州宋牧仲二别駕》題下注曰:"時吕公北上,宋公返南。"

清聖祖康熙八年己酉(1669)　　四十一歲

泊燕子磯,月下過弘濟寺,訪蒲庵上人。

《南齋詩集·泊燕子磯月下過弘濟寺訪蒲庵上人和舍弟季貞壁上韻》。

三月,過揚州,與宋犖、汪懋麟、喬萊、韓魏、泛舟紅橋,兼懷王士禛。

《南齋詩集·己酉三月再泛紅橋同宋牧仲汪季甪喬石林韓醉白兼懷王阮亭諸君三首》。

按,宋犖《漫堂年譜》"八年己酉"條:"正月,督漕艘過淮,自樊口溯流而上,時武昌别駕丘曙戒象升亦督漕同行。"

與宋犖、宋師祁、鄭僑生、汪懋麟、喬萊觀查繼佐女樂。

《南齋詩集·同宋牧仲宋中郎鄭有四汪蛟門喬石林觀查伊璜女樂》。

按,徐釚《詞苑叢談》卷九:"浙中查伊璜妙解音律。其家姬柔些,尤擅絶一時。廣陵汪舍人蛟門製《春風裊娜》遺查君,兼贈柔些。"金埴《不下帶編》卷六:"康熙初間,海寧查孝廉伊璜繼佐家伶獨勝,雖吴下弗逮也。嬌童十輩,容並如姝,咸以些名。有'十些'班之目。"

同弟象隨招楊名耀、陸求可、陳台孫、張養重、杜首昌、喬萊陪周亮工、宋犖夜飲南齋書室。

《南齋詩集·同舍弟季貞招張虞山喬石林陪周櫟園宋牧仲夜飲》、丘象隨《西軒己酉集·周櫟園宋牧仲宴家兄曙戒南齋書室》、周亮工《賴古堂集》卷十《丘曙戒季貞招同宋牧仲陳階六張鞠存楊修野陸咸一張虞山杜湘草諸君子宴集即席得鴻字》。

普應庵拜先兄象觀柩。

《南齋詩集·普應庵拜先大兄霖川柩》。

爲馬駿聽山堂題詩。

《南齋詩集·題馬西樵聽山堂》。

夏,赴京,張養重作詩送之。

張養重《古調堂集·雨後舟中與丘曙戒共榻話别》。

泊滄州,有詩志感。

《南齋詩集·泊滄州》。

中元,至京,遲葉雷生不至,悵然有懷。

《南齋詩集·中元坐雨遲葉蕃仙不至夜霽月明悵然有懷》。

秋日,招王弘撰、葉雷生、彭桂、彭再宓、李枝翹、吴瑛、吴珊集天壇李道士亭子。

《南齋詩集·秋日招華陰王山史會稽葉蕃仙溧陽彭爰琴再宓同郡李條侯吴姬望嵩三集天壇李道士亭子》、魏憲《百名家詩選》卷八十一葉雷生《己酉秋日丘内翰曙戒招集天壇李道士亭子分賦得七言古》、丁晏《山陽詩徵》卷十吴珊《秋日集飲天壇李道士亭子》。

將歸武昌任,有詩酬别陳敳永。

《南齋詩集·酬别陳學山學士》。

秋,王弘撰歸華陰,於報國寺送之。

《南齋詩集·秋日報國寺送王山史歸華陰》。

將出都,阮晉夜至話别。

《南齋詩集·將出都阮鶴緣夜至話别》。

南歸至河口,有詩書懷。

《南齋詩集·南歸至河口》。

母病,便道歸里。

李澄中《白云村文集》卷二《侍讲丘公傳》:"侍講公倅武昌,時以轉漕,便道過里門。"

冬,將還武昌,弟象隨作詩送之。

丘象隨《西軒己酉集·送三兄曙戒之武昌即用其自悔前韻》。

與弟象隨别後,適阻風雪,復還省母。

《南齋詩集·與舍弟季貞别後旋以詩至適阻風雪即還省母》。

舟阻二鋪,再還省母。

《南齋詩集·濬淺舟阻二鋪再還省母》。

舟阻平橋,再還省母。

《南齋詩集·舟阻平橋再還省母》。

按,李澄中《白云村文集》卷二《侍讲丘公傳》:"值母病,徘徊久之,母課諭以王事,不可久留。公嘗藥,痛哭而去。行二十里,復返,嘗藥,仍痛哭去。明日,行五十里,又馳歸,至遠不及返,乃已。"

冬晚,泊秦郵,劉文炤、王維弘過訪。

《南齋詩集·晚泊秦郵劉雪舫王維弘見過》。

瓜州望月,同友人賦詩。

《南齋詩集·瓜州望月仝友人賦》。

有詩寄懷張養重。

《南齋詩集·懷張虞山》。

清聖祖康熙九年庚戌(1670)　四十二歲

夏,吴亢宗至楚,訪先生於署中。

《南齋詩集》卷首吴亢宗序曰:"庚戌夏,僕以先兄之戚,告哀於楚。……至鄂渚,揖淮陰丘曙戒先生於郡署。"

觴吴亢宗於黄鵠磯,亢宗作詩謝之,先生作詩酬之。

《南齋詩集》卷首吴亢宗序曰:"既數日,觴僕於黄鵠磯,僕爲詩以謝,辱以詩酬。"

《西清焚餘草》成,吴亢宗爲作序。

《南齋詩集》卷首吴亢宗序曰:"又越數日,而先生出其前後所著詩若干卷,屬僕删定且督以言。"

汪懋麟有詩寄懷。

汪懋麟《百尺梧桐閣集》卷八庚戌《賦得江漢思歸客寄曙戒侍講》。

母張氏卒,丁艱歸里。

丘象隨《西軒辛亥集·行路》詩中注曰:"先慈見棄,倏忽一年。"王士禛《丘公墓誌銘》:"庚戌,以内艱歸。"知本年母張氏卒。

清聖祖康熙十年辛亥(1671)　四十三歲

丁内艱家居。
舊疾作,弟象隨往楚求醫。

丘象隨《西軒辛亥集·過亳梁拜皇覺寺中》題下注曰:"時居母憂,以家兄曙戒舊疾作,往楚求醫。"

孫枝蔚游淮安,與張養重、趙朗同飲南齋。

孫枝蔚《溉堂續集》卷四辛亥《與張虞山趙天醉飲丘曙戒季貞家夜歸同坐野航》、張養重《古調堂集補逸·偕孫豹人趙天醉飲丘曙戒家夜歸坐野航作》。

清聖祖康熙十一年壬子(1672)　四十四歲

丁内艱家居。

蕭雲從卒,作詩輓之。

《南齋詩集·輓蕭尺木》。

按,陸心源《三續疑年録》卷八:"蕭尺木,七十八,雲從。生萬曆二十四年丙申,卒康熙十二年癸丑。"江慶柏《清代人物生卒年表》:"蕭雲從:萬一九—康七(1591—1668)。"兩書所載蕭氏生卒出入較大。丘象升《南齋詩集》未繫年,此詩排在《人日江行》、《午日張鞠存吏部飲餞東溪》前,據次年譜,知《午日張鞠存吏部飲餞東溪》作於康熙十二年,則《人日江行》亦當作於康熙十二年。《輓蕭尺木》排在《人日江行》前,當作於康熙十一年壬子,姑繫於此。

重登識舟亭。

《南齋詩集·重登識舟亭》。

江上望九華山。

《南齋詩集·江上望九華》。

除夜,途次八里江。

《南齋詩集·八里江除夜與友人》。

劉昌言卒。周亮工卒。子炯生。

清聖祖康熙十二年癸丑(1673)　　四十五歲

元日,奉命將赴闕補官。

丘象隨《西軒癸丑集·元日》題下注曰:"時先慈服闋,三兄曙戒奉嚴命將赴闕補官。"

上巳,與岳峻極、蕭惟豫、弟象隨夜集。

丘象隨《西軒癸丑集·上巳岳于天招同蕭介石家三兄曙戒夜集》。

與陸求可、徐越、張新標、胡從中、馬駿、張養重、程淞、阮晉、蔣楷社集黄宣泰止園,限"青"字。

劉謙吉《雪作鬚眉詩鈔》卷六《陸咸一少參徐山琢侍御張鞠存吏部丘曙戒太史胡天倣馬圖求孝廉張虞山程婁東阮鶴緱蔣荆名文學社集黄民部蘭巖止園限青字》、丘象隨《西軒癸丑集·黄大宗止園得青字》。

五月五日,將入都補官,張新標、劉謙吉餞之東溪。

《南齋詩集·午日張鞠存吏部飲餞東溪》、劉謙吉《雪作鬚眉詩鈔》卷六《鞠存席上送丘别駕曙戒北上限鵰字》、丘象隨《西軒癸丑集·張鞠存東湖席上送家兄曙戒入燕》。

馬駿招集西閣,再送先生赴都。

丘象隨《西軒癸丑集·馬西樵招集西閣再送家兄曙戒》。

弟象隨再作詩送先生赴都。

丘象隨《西軒癸丑集·庭前再送三兄曙戒》、《再送家兄曙戒過公路浦》。

艤舟湖心寺,哭亡兒達。

《南齋詩集·艤舟湖心寺哭亡兒達》。

與弟象隨別於湖心寺。

《南齋詩集·湖心寺再別舍弟季貞》。

途次濟寧,舟中苦熱。

《南齋詩集·濟寧舟中苦熱》。

弟象隨歸後,懷先生不已。

丘象隨《西軒癸丑集·送別家兄曙戒既歸有懷不已再用前韻四首》。

聞伊闢還歷下,悵然作詩寄懷。

《南齋詩集·途次聞伊翕庵銀臺還歷下悵然奉懷》。

途次東昌,於來青禪院納涼。

《南齋詩集·東昌來青禪院納涼》。

夏杪,至京,張養重過訪敘舊。

張養重《古調堂集補逸·丘曙戒初至都門過訪敘舊》。

初秋,李霨招集心遠堂,留連竟日。

《南齋詩集·初秋高陽李相國招集心遠堂留連竟日即席賦呈》。

新秋,與張養重、杜首昌夜話。

杜首昌《綰秀園詩選·新秋夜話張虞山丘曙戒同用謝惠連秋懷韻》。

七夕,同張養重用陸機韻擬《迢迢牽牛星》。

張養重《古調堂集·七夕同丘曙戒擬迢迢牽牛星用陸平原韻》。

同杜首昌於香山來青軒夜話。

杜首昌《綰秀園詩選·同丘曙戒侍講香山來青軒夜話》。

登石景山浮圖,值四十五初度,張養重、杜首昌作詩賀壽。

張養重《古調堂集·丘曙戒生日》、杜首昌《綰秀園詩選·石景山浮圖值曙戒生日》。

新秋,嚴沆招同孫光祀、陳敳永、項景襄、秦鉽諸同年讌集。

《南齋詩集·新秋嚴灝亭招同孫怍庭陳學山項去浮秦補念諸同年讌集》。

有詩寄姜仲吉、介眉兄弟。

《南齋詩集·感舊寄姜仲吉介眉兄弟》。

游西山諸景。

《南齋詩集·往游西山道中作》、《香山寺》、《自香山寓目永感表忠善應承恩諸寺作》、《法海寺》。

中秋後一日,鄉人偶集寓齋。

《南齋詩集·中秋後一日喜鄉人偶集寓齋》。

有懷弟象隨。

《南齋詩集·懷舍弟季貞》。

重陽前一日,集杜首昌寓,有懷故園。

《南齋詩集·重陽前一日集杜湘草寓有懷故園》。

九月九日,同張養重、杜首昌登慈仁寺毗盧閣。

張養重《古調堂集補逸·九日同丘曙戒杜湘草登慈仁寺毗盧閣限秋字》。

秋暮,將返里,李雷中餞席,偶得"紅亭酒罷唱驪歌"句,張養重、杜首昌作詩和之。

《南齋詩集·秋暮李雷中餞席偶得紅亭酒罷唱驪歌句張虞山杜湘草相率拈和因足成之》、張養重《古調堂集·李雷中舍人席上送丘曙戒旋里》。

冬,離京返里,途次定州,有詩志感。

《南齋詩集·定州道中》。

有詩和安九埏。

《南齋詩集·和安靖九》。

同安九埏游甘泉庵。

《南齋詩集·同安靖九游甘泉庵》。

雪夜,望黎陽。

《南齋詩集·雪夜望黎陽》。

至濬縣，客從弟象豫署中。

《南齋詩集·至濬縣從弟慎庵署中二首》。

與閻爾梅、郜焕元、黄石笥、劉元徵、張鴻儀過臨濟寺談詩。

閻爾梅《白耷山人詩集》卷六上《丘曙戒郜(郜)凌玉黄石笥劉夢闇張起陸過臨濟寺譚詩》。

按，閻爾梅《白耷山人詩集》卷六上《題臨濟寺》題下注曰："在大名舊城西，亦名興化，寺主僧號斷指。"

冬夜，同郜焕元、吴學炯等同集劉元徵齋。

魏憲《枕江堂集》卷七《夜集劉夢闇齋頭同丘曙戒郜凌玉吴星若令弟仲廸叔同分得五微》。

冬，别同年安九埏、劉元徵南歸，忽盜警，復留一日。

《南齋詩集·别同年安靖九劉夢闇南歸忽盜警復留一日》。

龔鼎孳卒。

清聖祖康熙十三年甲寅(1674)　　四十六歲

游鉢池山，尋王喬煉丹處。

《南齋詩集·鉢池山用劉良繡韻》。

按，丘象隨《西軒甲寅集·鉢池尋王喬煉丹處和劉良繡二首》，象升和詩亦當作於本年。

三月三日，與劉謙吉宴集思園。

劉謙吉《雪作鬚眉詩鈔》卷四《三月三日思園讌集和丘曙戒太史二首》。

夏至後一日，招繆彤、徐元美、馬駿、許國璠宴集。

丘象隨《西軒甲寅集·夏至後一日家兄曙戒招集繆念齋徐松岑馬西樵許奂若同用陽字》。

游揚州，韓魏邀泛紅橋，因憶舊游諸子。

《南齋詩集·韓醉白邀泛紅橋因憶舊游諸子》。

過劉瑄緑筠草堂。

《南齋詩集·過劉昭華緑筠草堂》。

秋日，陸求可招泛郭家池。

《南齋詩集·秋日陸咸一招泛郭家池》。

九月五日,與弟象隨、張應錫、馬駿、吴璜、吴珊、劉珵等集劉琯緑筠草堂。

《南齋詩集·重九前四日同舍弟季貞攜酒過劉昭華緑筠草堂集超宗兼庵西樵姬望嵩三限筠字,時兼庵先去》、丘象隨《西軒甲寅集·重九前四日與家兄曙戒携酒同馬西樵吴姬望崧三劉超宗集劉昭華緑筠草堂二首》。

清聖祖康熙十四年乙卯(1675)　四十七歲

人日,集止園,有懷陳台孫客隴右、程淶客平谷。

《南齋詩集·人日集止園懷陳階六隴右程濰東平谷》、丘象隨《西軒乙卯集·人日集止園有懷陳階六隴右程濰東平谷》、陳台孫《鶡笑齋詩集·黄大宗人日止園社集分韻賦詩懷余及濰東和大宗韻》。

初春,招張纘孫、張天經、馬駿、陳漪亭、吴璜、吴珊、弟象隨小集。

丘象隨《西軒乙卯集·初春雪夜家兄曙戒招武林張宗緒孝孺同馬西樵陳漪亭吴姬望崧三小集》。

病中,問弟象隨西軒梅花。

《南齋詩集·病中問舍弟西軒梅花》。

立秋日,於南齋植桂。

《南齋詩集·立秋日南齋植桂》。

清聖祖康熙十五年丙辰(1676)　四十八歲

陳台孫南歸,作詩懷之。

《南齋詩集·懷陳階六南歸》。

許虬之山陰,作詩送之。

《南齋詩集·送許竹隱之山陰》。

客京,逢周正紀、張新杼入都,作詩贈之。

《南齋詩集·喜周子戴、張岵思入都》。

喜方亨咸入京,作詩贈之。

《南齋詩集·喜方邵村入京用梁恒山大司農韻》。

弟象隨有詩寄懷。

丘象隨《西軒丙辰集·寄家兄曙戒四首》。

中秋,有詩寄弟象隨,象隨作詩答之。

丘象隨《西軒丙辰集·答家兄曙戒中秋見寄》。

秋日,與白夢鼐、王日藻集王熙怡園。

《南齋詩集·秋日王慕齋大司馬招同白仲調王印周集怡園二首》。

九月三日,與方亨咸、宋犖夜集王士禛宅。

《南齋詩集·九月三日王阮亭夜集方邵村宋牧仲清言雅致不似身在長安分贈三絕句》。

冬,南歸,途中詩次吳珊韻。

《南齋詩集·南歸道中次吴崧三韻》。

除夜,抵里,同兄弟、子姪侍父宴飲。

丘象隨《西軒丙辰集·除夜同兄弟子姪趨庭侍飲時兄北道新歸》。

清聖祖康熙十六年丁巳(1677)　　四十九歲

三月晦日,同弟象隨及諸子姪夜坐河橋,用賈島起句。

《南齋詩集·三月晦日用賈島起句》、丘象隨《西軒丁巳集·三月晦日同家兄曙戒勅思舍弟褒思姪過見□邁河橋夜坐再用賈島句》。

觀徐越家樂。

《南齋詩集·觀徐山琢家樂》。

有詩酬山曉晢禪師。

《南齋詩集·酬山曉晢禪師》。

弟象隨入都。

丘象隨《西軒丁巳集·七月一日抵都下作》。

九日,弟象隨客京,作詩寄懷。

《南齋詩集·九日懷舍弟季貞二首》。

有詩贈閻修齡。

《南齋詩集·贈閻再彭二首》。

《七入燕詩》成,張新標爲作序。

《南齋詩集》卷首張新標序曰:"余讀丘太史《七入燕詩》,而知其性情爲不可及也。……遄歸,投我以《七入燕草》。"

補官赴京,途中登泰山。

《南齋詩集·瞻岱》。

有詩酬林方庵。

《南齋詩集·酬林方庵》。

冬,弟象隨返里,别於乾濕橋。

丘象隨《西軒丁巳集·乾濕橋别家兄曙戒》。

守歲燕邸,有詩書懷。

《南齋詩集·燕邸守歲》。

清聖祖康熙十七年戊午(1678)　　五十歲

元月,清廷詔徵博學鴻儒,命内外諸臣薦舉海内名士,羅秉倫薦舉弟象隨。

秦瀛《己未詞科録》卷二:"丘象隨,字季貞,號西軒,江南山陽人。……由監察御史羅秉倫薦舉。"

補大理寺左寺副。

王士禛《丘公墓誌銘》:"戊午,起補大理寺左寺副。"

弟象隨應徵入都,宿先生宅中。

丘象隨《西軒戊午集·入都抵家兄曙戒宅》。

閏三月三日,與諸僚友宴集,有詩和白夢鼐。

《南齋詩集·閏三月三日集諸僚友奉和白仲調》。

訪汪琬於竹林寺。

《南齋詩集·訪汪鈍翁竹林寺中》。

八月,父俊孫七十三初度,朱彝尊作詩祝壽。

朱彝尊《曝書亭集》卷十著雍敦牂《丘漢陽壽詩二首》。

按,汪琬《堯峰文鈔》卷十一《布政使司參政丘公墓誌銘》:"生於前明萬曆丙午年八月初二日。"知先生父俊孫本年八月七十三初度。

九日,與舒章、弟象隨、張鴻烈、李鎧赴裕親王樂比園登高,有詩和張鴻烈。

《南齋詩集·九日樂此園登高和張毅文》、丘象隨《西軒戊午集·九日舒南宫招集樂比園登高》。

按,毛奇齡《西河合集·排律六·遥同淮上諸公九日游裕親王園林登高限韻得徒字》序曰:"予於九日過舒南宫舍人邸舍,值淮上丘學士兄弟、李明府、張孝廉諸公,車馬四集,將以是日游裕親王園林,作題糕之會。呼予共載,予適以他集,不能從。"知諸人同集裕親王樂比園登高。

秋夕,弟象隨、蔡任齋、倪長犀、閻若璩、李鎧、張睿、張鴻烈集宅中,舒章、喬萊繼至。

丘象隨《西軒戊午集・秋夕蔡任齋倪六通閻百詩李公凱張涵白毅文過家兄曙戒草堂舒南宫喬石林繼至留飲》。

冬,同弟象隨、嵇宗孟、張新標、張鴻烈、閻若璩、李鎧游天寧寺塔。

丘象隨《西軒戊午集・題天寧寺塔與嵇子震張鞠存毅文閻百詩李公凱家兄曙戒得齊字》。

冬,宋犖視榷贛州,作詩送之。

《南齋詩集・送宋牧仲比部之贛州榷關四首》。

除夕,同弟象隨、子迥、姪過、姪邁守歲京邸,有懷父俊孫及諸弟。

《南齋詩集・同舍弟季貞子迥姪過邁京邸守歲有懷家大人適手書至併憶六弟止所暨兩幼弟》、丘象隨《西軒戊午集・除夕同家兄曙戒京邸守歲時兒邁姪過迴俱侍側接家大人書》。

嚴沆卒。

清聖祖康熙十八年己未(1679)　　五十一歲

上元日,同弟象隨携兒姪輩游西苑。

丘象隨《西軒己未集・上元同家兄曙戒携兒邁姪過迴游西苑時兒生日既歸作》。

作《趙母貞節詩》。

《南齋詩集・趙母貞節詩》。

初夏,與弟象隨、陳鈺、何崑嵐、閻若璩、李鎧、張鴻烈過王熙豐臺别墅看芍藥。

《南齋詩集・初夏同人過王慕齋大司馬别墅看芍藥二首》、丘象隨《西軒己未集・初夏同陳冰壑何崑嵐閻百詩李公凱張毅文家兄曙戒豐臺看芍藥二首》。

孫枝蔚亦應鴻博試至京,先生招飲宅中。

孫枝蔚《溉堂後集》卷二己未《飲丘曙戒季貞寓齋題查一瞻畫》。

按,"一瞻"當作"二瞻",乾隆《江都縣志》卷二十七:"查士標,字二瞻,休寧人,居江都。以書著名,尤長於畫。"查士標善畫,與詩題合。

五月五日,招諸人集白雲草堂,送孫枝蔚、鄧漢儀還里。

《南齋詩集・午日雨中招諸子集白雲草堂送孫豹人鄧孝威兩舍人還山同用李屺瞻韻二首》、丘象隨《西軒己未集・午日雨集家兄曙戒白雲草堂送孫豹人鄧孝威應詔還山用李屺瞻韻二首》、孫枝蔚《溉堂後集》卷二己未《午日雨中丘曙戒廷尉招同諸子飲白雲草堂時余同鄧孝威南還兼承即席贈别之作賦此奉酬》。

孫枝蔚歸里,再以詩送之。

《南齋詩集·再送孫豹人》。

蔣應泰出守河南,作詩送之。

《南齋詩集·送蔣彙征守河南》。

按,雍正《河南通志》卷三十六《職官七·各府知府》:“(河南府)蔣應泰,直隸大興人,貢監,康熙十八年任。”

秋日,有詩寄翁世庸。

《南齋詩集·秋日感懷寄翁東山》。

七夕前一日,陸嘉淑、徐無動先後過白雲草堂,同陳鈺、弟象隨縱談竟夜。

《南齋詩集·七夕前一日陸冰修、徐無動先後過白雲草堂同陳冰壑舍弟季貞縱談竟夜》、丘象隨《西軒己未集·七夕前一日陸冰修陳冰壑范次丞徐無動集家兄白雲草堂留飲得長字》。

陸嘉淑爲《入燕》諸集作序,蓋在此際。

《南齋詩集》卷首陸嘉淑序曰:“曙戒遂裒其《入燕》諸集示之,亦以弁語見屬。”

七月二十二日,五十一初度,弟象隨、陳鈺、徐無動、閻若璩、喬萊、李鎧、張鴻烈、金人望會飲白雲草堂。

丘象隨《西軒己未集·陳冰壑徐無動閻潛丘喬石林李公凱張毅文金道州皆故鄉親舊也家兄曙戒生日會飲白雲草堂從午過夜半凡三送客冰壑故下榻東偏無動道州亦俱不歸予亦忘風塵牛馬長安市上矣四首》。

秋,李因篤辭官歸養,作詩送之。

《南齋詩集·送李天生辭官歸養二首》。

弟象隨飲白雲草堂。

丘象隨《西軒己未集·白雲草堂飲酒歌》。

中秋,與陳鈺、弟象隨對酒。

丘象隨《西軒己未集·中秋與陳冰壑家兄曙戒對酒作》。

喬萊作《秋日閒居詩》,先生依韻和之。

《南齋詩集·秋日閑居和喬石林三首》。

按,毛奇齡《西河合集·五言律詩六·和秋日閒居詩十首》序曰:“同年喬編修示《閒居詩》屬和。嗟乎!我乃無居,時借寓王光禄宅。因於奔走之暇，陸續和此，悉依原韻，見者毋哂爲不聞，乃可耳。”施閏章《學餘堂詩集》卷三十二《秋日閒居和同年喬石林編修韻》、王項齡《世恩堂詩集》卷六己未《和喬石林秋日閒居韻十首》、丘象隨《西軒己未集·秋日閒居用喬石林韻十首》。

除夕，同弟象隨守歲京邸。

《南齋詩集·己未除夕同舍弟季貞守歲二首》。

張新標卒。方享咸卒。陸求可卒。馬駿卒。

清聖祖康熙十九年庚申(1680)　　五十二歲

春，丁煒之任贛南道，作詩送之。

《南齋詩集·送丁雁水分巡南贛》。

按，丘象隨《西軒庚申集·送丁雁水之贛南兼懷魏叔子》、徐釚《南州草堂集》卷七庚申《送丁鴈水僉憲之任贛南二首》，先生詩亦當作於本年。

弟象隨歸省，相別京師。

丘象隨《西軒庚申集·別家兄曙戒歸省》。

招蔣槃飲署中，席上送夏葛民之蜀參軍幕。

蔣槃《天涯詩鈔》卷三《丘曙戒太史席上送夏葛民之蜀參軍幕府限秋川二字》。

中秋，有詩書懷。

《南齋詩集·中秋坐月三首》。

期李鎧游黑龍潭。

《南齋詩集·期李甥公凱游黑龍潭》。

秋，吴儀一自奉天抵京，作詩志喜。

《南齋詩集·喜逢吴瑹符》。

按，章培恒《洪昇年譜》“康熙十九年庚申”條：“秋，吴儀一自奉天來京……已而儀一赴徐州，有《送吴舒鳧之徐州》詩。”知吴本年秋至京。

重九前一日，張茂節招同王之楨、楊名耀、胡簡敬、譚漢倬、劉始恢、崔西琬、李鎧、程天式、胡鎮瀛、張我烜豐臺看菊。

《南齋詩集·重九前一日張蔚宗大令招集豐臺看菊》、蔣槃《天涯詩鈔》卷三《重陽前一日大興令張蔚宗招同王徵君筠長楊太常修野丘侍講曙戒胡學士又弓譚學正漢倬劉廷評价人崔鴻臚西琬李翰林公凱程中翰天式胡明經鎮瀛張公子我烜豐臺尋菊》。

重陽日,與王之楨、李鎧、崔西琬、徐錦瑞登慈仁寺毗盧閣,分韻賦詩。

蔣楛《天涯詩鈔》卷三《重陽日同王筠長丘太史曙戒李翰林公凱崔西琬徐錦瑞登慈仁寺毗盧閣分得十五成》。

重九日,楊名耀乞假歸里,作詩送之。

《南齋詩集・九日送楊修野太常假歸二首》、蔣楛《天涯詩鈔》卷三《重九日送楊修野太常乞假歸里和丘曙戒太史原韻》。

作《懷人》詩六首。

《南齋詩集・懷人六首》。

黄之翰卒。

清聖祖康熙二十年辛酉(1681)　　五十三歲

元旦,有詩寄弟象隨,弟有詩酬之。

丘象隨《西軒辛酉集・酬家兄曙戒元旦見寄》。

立春日,弟象隨復有詩寄懷。

丘象隨《西軒辛酉集・立春日寄家兄曙戒》。

九日,弟象隨再以詩寄懷。

丘象隨《西軒辛酉集・九日與陳冰壑小飲兼懷家兄曙戒》、《秋盡夕與陳冰壑對酒懷家兄曙戒二首》。

六弟象艮下第,作詩慰之,兼送其南歸。

《南齋詩集・慰六弟止所下第南歸》。

有詩贈周天游。

《南齋詩集・與周紫海二首》。

除夕,弟象隨作詩見懷,先生以詩答之。

丘象隨《西軒辛酉集・除夕》、《南齋詩集・答舍弟季貞除夕見懷》。

清聖祖康熙二十一年壬戌(1682)　　五十四歲

劉沁區南歸,作詩送之。

《南齋詩集・送劉水心南歸》。

有詩答張雲翼。

《南齋詩集・答張又南大廷尉二首》。

七月十七日,妻楊氏卒。

王士禛《丘公墓誌銘》:“娶楊氏……卒以康熙壬戌七月十七日申時。”

秋,念父俊孫年高,以病請歸,劉謙吉作詩送之。

劉謙吉《雪作鬚眉詩鈔》卷八《送丘曙戒寺副假歸七首》。

按,李澄中《白雲村文集》卷二《侍講丘公傳》:“壬戌,以病假歸養。”王士禛《丘公墓誌銘》:“壬戌,公念參政公春秋高,以病請歸。”

晚泊戴家閘,望鄭際泰舟不至。

《南齋詩集·晚泊戴家閘望鄭珠江屈鵝潭舟不至》。

與劉氵心區夜坐西軒。

《南齋詩集·與劉水心西軒夜坐》。

同劉氵心區送丘元武之揚州。

《南齋詩集·同劉水心送柯村弟之揚州限拈字》。

清聖祖康熙二十二年癸亥(1683)　五十五歲

初夏,李房六、黄羲文見過,留同劉氵心區小酌。

《南齋詩集·初夏李房六黄羲文見過留同劉水心小酌率拈少陵句》。

秋,弟象隨至京補官。

清聖祖康熙二十三年甲子(1684)　五十六歲

花朝,弟象艮北上,招集同人送之。

蔣楛《天涯詩鈔》卷四甲子《花朝丘曙戒太史招集同人送令弟止所北上余訾先慈葬未赴》。

湯斌巡撫江南,作詩贈之。

《南齋詩集·贈湯潛庵閣學巡撫江南四首》。

乾隆《江南通志》卷一百十二《職官志》:“湯斌,字孔伯,睢州人,康熙二十三年由内閣學士擢江蘇巡撫。”

童求上人還閩,作詩送之。

《南齋詩集·送童求上人還閩時住湖心寺》、杜首昌《綰秀園詩選·送童求禪師之閩和丘曙戒侍講韻》。

夏,徐越招同劉氵心區、吴璜、杜首昌集華平園觀荷。

《南齋詩集·徐山琢少司馬招同劉水心吴姬望杜湘草集華平園限磯字》、杜首昌《綰秀園詞選》之《一寸金·徐山琢司馬招同丘曙戒諸子宴華平園觀荷》。

張養重易簣之前二日,先生與之訣别,張以所著《古調堂集》相托。

張養重《古調堂集》卷首先生序:"予適抱疴陳情歸里,得與虞山永訣於易簣之前二日,起端坐,手《古調堂集》,謂畢世精神惟此而已。"

李霨卒。沈荃卒。

清聖祖康熙二十四年乙丑(1685)　　五十七歲

父八十懸弧,囑汪琬作壽文,因琬病未果。

汪琬《堯峰文鈔》卷十一《布政使司參政丘公墓誌銘》:"康熙二十四年,予既里居,府君適年八十,寺副先生以書屬予叙其壽,予病不果爲。"

清聖祖康熙二十五年丙寅(1686)　　五十八歲

孫枝蔚游淮安,相晤舟中。

孫枝蔚《溉堂後集》卷六丙寅《舟中晤丘曙戒太史有感而作》。

秋,陳台孫爲《南齋詩集》作序。

載《南齋詩集》卷首。

十月初六日,父俊孫卒,年八十一。

王士禛《丘公墓誌銘》:"丙寅,參政公棄養。"汪琬《堯峰文鈔》卷十一《布政使司參政丘公墓誌銘》:"卒於康熙丙寅年十月初六日,壽八十有一。"

汪琬爲父誌墓。

汪琬《堯峰文鈔》卷十一《布政使司參政丘公墓誌銘》:"明年秋,府君遽捐館舍,寺副衰絰踵門,又以誌銘見屬,予遂不敢復辭。"

清聖祖康熙二十六年丁卯(1687)　　五十九歲

弟象隨丁外艱家居。

丘象隨《西軒丁卯集·居廬》。

春,與洪昇晤於蘇州,風雪中同游皋橋。

洪昇《稗畦集·寄丘曙戒寺丞》中有"皋橋風雪憶追游,把袂深宵話旅愁"句。

按,章培恒《洪昇年譜》"康熙二十六年"條:"尋赴蘇州,晤丘象升,於風雪中同游皋橋。"

秋,洪昇有詩寄懷先生。

洪昇《稗畦集·寄丘曙戒寺丞》。

按,章培恒《洪昇年譜》"康熙二十六年"條:"秋,以詩寄丘象升。"

孫枝蔚卒。湯斌卒。閻修齡卒。宋德宜卒。

清聖祖康熙二十八年己巳(1689)　六十一歲

季夏,病中,較刻靳應昇、張養重遺集成,兼爲作序。

王士禛《丘公墓誌銘》:"既病,猶較刊靳應昇、張養重遺集。刻成,慨然曰:'吾乃今可報亡友於地下矣。'"

張養重《古調堂集》卷首先生序:"……顧生平未了事種種,良友遺書其一也。比歲,藉錢唐馮山公、常熟朱雪鴻兩先生選其尤者,得五百餘首,急授之梓。……時爲己已季夏,予卧病且半載。……同學弟丘象升拜撰。"

十一月初三日,卒於里第,年六十一。

王士禛《丘公墓誌銘》:"丙寅,參政公棄養,甫終制而公病,遂不起,年甫六十有一。……卒以康熙己巳十一月初三日。"

陸嘉淑卒。

參考文獻

丘象升《南齋詩集》,清康熙三十四年刻本
丘象隨《西軒紀年集》,清稿本
丘象隨《淮安詩城》,揚州古舊書店,1980
張養重《古調堂集》,民國抄本
陳台孫《鷃笑齋詩集》,清同治抄本
方文《嵞山集》,清康熙二十八年王槩刻本
龔鼎孳《定山堂詩集》,清康熙十五年吴興祚刻本
徐元文《含經堂集》,清刻本
徐乾學《憺園文集》,清康熙刻冠山堂印本
李繼白《望古齋集》,清順治刻本
金堡《徧行堂集》,清乾隆五年刻本
毛奇齡《西河合集》,清康熙書留草堂刻本
王士禛《帶經堂集》,清康熙五十年程哲七略書堂刻本
李澄中《白雲村文集》,清康熙刻本
汪琬《堯峰文鈔》,《四部叢刊》景林佶寫刻本
蔣椲《天涯詩鈔》,清康熙三十三年丘如升刻本
馮景《解舂集》,清乾隆盧氏刻《抱經堂叢書》本
胡介《旅堂詩文集》,清康熙刻本

陸求可《陸密庵詩集》,《清代詩文集彙編》第 59 册

汪懋麟《百尺梧桐閣詩集》,《四庫全書存目叢書》本

孫枝蔚《溉堂集》,清康熙刻本

周亮工《賴古堂集》,康熙十四年周在浚刻本

宋犖《西陂類稿》,清文淵閣《四庫全書》本

宋犖《綿津山人詩集》,中央民族大學圖書館藏清康熙刻本

劉謙吉《雪作鬚眉詩鈔》,清康熙刻本

杜首昌《綰秀園詩選》,清乾隆刻本

杜首昌《綰秀園詞選》,清乾隆刻本

閻爾梅《白耷山人詩文集》,清康熙刻本

魏憲《枕江堂集》,清康熙十二年有恒書屋刻本

朱彝尊《曝書亭集》,《四部叢刊》景清康熙本

陳維崧《湖海樓詩集》,清刊本

湯斌《湯子遺書》,清同治九年刻本

方象瑛《健松齋集》,《四庫全書存目叢書》本

尤侗《于京集》,清康熙丙寅周君卿刻本

王頊齡《世恩堂詩集》,《四庫全書存目叢書補編》本

潘耒《遂初堂集》,清康熙刻本

嚴繩孫《秋水集》,清康熙雨青草堂刻本

徐釚《南州草堂集》,清康熙三十四年刻本

李良年《秋錦山房集》,《四庫全書存目叢書》本

袁佑《霽軒詩鈔》,清康熙五十六年陸師等刻本

施閏章《學餘堂詩集》,清文淵閣《四庫全書》本

洪昇《稗畦集》,古典文學出版社,1957

王如錫《東坡養生集》,康熙刻本

魏憲《百名家詩選》,清康熙魏氏枕江堂刻本

乾隆《江南通志》,清文淵閣《四庫全書》本

雍正《河南通志》,清文淵閣《四庫全書》本

嘉慶《揚州府志》,清嘉慶十五年刊本

光緒《重修安徽通志》,清光緒四年刻本

光緒《新樂縣志》,清光緒十一年刻本

民國《寶應縣志》,民國二十一年鉛印本

章培恒《洪昇年譜》,上海古籍出版社,1979

李聖華《方文年譜》,人民文學出版社,2007

宋犖《漫堂年譜》,清宋氏温堂鈔本

張宗友《朱彝尊年譜》,鳳凰出版社,2014

拙著《汪懋麟年譜》,復旦大學出版社,2014

李元庚《望社姓氏考》,《國粹學報》第七十一期

法式善《清秘述聞》,清嘉慶四年刻本
徐釚《詞苑叢談》,清《海山仙館叢書》本
金埴《不下帶編》,中華書局,2005
秦瀛《己未詞科録》,清嘉慶刻本
丁晏《山阳詩徵》,清光緒刻本
鄧之誠《清詩紀事初編》,上海古籍出版社,1965
江慶柏編著《清代人物生卒年表》,人民文學出版社,2005
張慧劍編《明清江蘇文人年表》,上海古籍出版社,1986
錢大昕《疑年録》,清嘉慶刻本
錢椒《補疑年録》,清道光刻本
吴修《續疑年録》,清嘉慶刻本
陸心源《三續疑年録》,清光緒五年刻本
張惟驤《疑年録彙編》,民國十五年小雙寂庵刊本

(作者單位:復旦大學出版社)

古典文獻研究（第二十輯上卷）
Journal of the Institute for Chinese Classics Studies
Nanjing University
Volume 20, No.1 2017

北大漢簡《妄稽》篇綴合與編聯初探*

朱 遂　　謝 坤

2015年10月,《北京大學藏西漢竹書(肆)》出版,其中收録有一篇重要的漢代俗賦《妄稽》。① 該篇文獻由87枚竹簡構成,其以漢代家庭、女性與婚姻爲主題,與漢樂府名篇《孔雀東南飛》相比頗爲相近。② 對於該篇文獻,整理者已經做了非常好的整理工作。但是由於整篇文獻殘缺嚴重,且無直接的傳世文獻可資對照,也使得《妄稽》篇在文本整理、文義理解方面尚有繼續探索的空間。筆者在核對原圖以及查閲相關文獻的基礎上,共發現其中有4組殘簡能夠拼合,並對其中的1處簡序進行了調整,希望能對《妄稽》篇的研究有所裨益。下面分别叙述。

一 簡25＋簡26＋簡41＋簡27

《妄稽》第25、26、27號簡釋文作(下引簡文儘量用通行字):

> 周春聞之,喜而自幸。入(納)妾之日,妄稽不台(怡),魿(鱗)(簡25)
>
> 若陵(鯪)鯉,色若腐蚚。諕(號)譁(呼)哭泣,音若皋(嗥)牛。□□☐(簡26)
>
> □□若盜,笑謂周春:"來與我相貌。"齒若胳(豬)骨,口類變(癵)條(修)。大(太)息歌詠,謬謬爰恤。(簡27)

整理者指出,三支簡均爲對妄稽容貌醜陋的描寫,是可信的。需要注意的是,簡26下端殘缺,其所記内容並不完整,該簡似有進一步綴合的可能。

---

* 基金項目:中央高校基本科研業務費專項資金項目"元典關鍵字研究的學術路徑與方法論探索"(批准號:2015111010201)。

① 北京大學出土文獻研究所《北京大學藏西漢竹書(肆)》,上海古籍出版社,2015年,第57頁。文中所引釋文、圖版皆引自該書,不另注。又,何晉先生對《妄稽》篇内容亦有介紹,可參《北大漢簡〈妄稽〉簡述》,《文物》2011年第6期。

② 何晉《文學、家庭和女性——以〈妄稽〉和〈孔雀東南飛〉的比較爲例》,《浙江學刊》2014年第3期。

在《妄稽》篇中,第 41 號簡也是描述人物外貌的相關記録(此人當是妄稽),其釋文作:

〼瞻諸,前龜後陫,曲指蠲踝,穜(腫)朏廢腤,目(簡 41)

整理者原將該簡置於簡 40 和簡 42 之間,但其與二者均不能直接連讀,因此我們懷疑簡 41 的位置可能存在疑問。又,簡 41 上端殘缺,其紋路、書寫風格均與簡 26 相近,且兩支簡的茬口處亦能吻合。將簡 41 與簡 26 拼合後,可拼出一支整簡,其長度約爲 32 釐米,正與《妄稽》篇其他整簡相當。

綜合來看,簡 41 當能與簡 26 綴合(見後圖 1)。二者拼合後,應置於簡 25 和 27 之間,其連讀釋文作:

周春聞之,喜而自幸。入(納)妾之日,妄稽不台(怡),鹷(鱗)(簡 25)若陵(鯪)鯉,色若腐蝦。謕(號)謼(呼)哭泣,音若皋(嗥)牛。□□(簡 26)瞻諸,前龜後陫,曲指蠲踝,穜(腫)朏廢腤,目(簡 41)□□若盜,笑謂周春:"來與我相貌。"齒若腊(豬)骨,口類變(癵)絛(修)。大(太)息歌詠,謬謬爰恤。(簡 27)

如此,則四支簡文意順暢、内容完整。再觀察四者的簡背劃綫,可見其連屬緊密(見下圖),亦可爲證。①

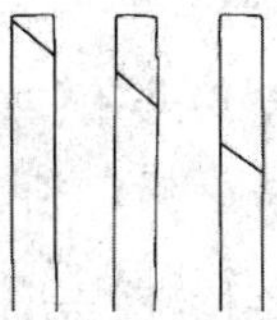

簡 25+(26+41)+27 背劃綫

簡 26 與簡 41 綴合後,將對個别疑難字的理解有所助益。如"瞻諸"一詞,原無説。新綴合後,可知其當用來形容人容貌醜陋。余曉春先生將"瞻諸"讀作"蟾諸",並認爲"瞻諸"前一字爲"若"字②,大概是可信的。《馬王堆帛書·養生方》云:"益産者食也,損産【者色】也,是以聖人必有法廁(則):一曰僥〈麇〉䚡(角),二爰(猿)據,三曰蟬傅,四曰蟾者(諸)。"③其中的"蟾者(諸)",也即蟾蜍。而"若"前一字,則可能是"狀"。簡 23 中有"狀若揃斷",與之頗類,可參看。

① 張傳官先生認爲簡 42 與 41 似連讀,其内容均爲描述眼睛,亦有道理。但由於簡 42 首尾皆殘、缺文亦多,且簡背處無劃痕,因此這一判斷可能還需進一步的檢驗。可參張傳官《北大漢簡〈妄稽〉拼綴、編聯瑣記》,復旦大學出土文獻與古文字網,2016 年 7 月 13 日,http://www.gwz.fudan.edu.cn/Web/Show/2858

② 余曉春《北大漢簡〈妄稽〉初讀》討論帖,簡帛網"簡帛研讀"版塊,第 23 樓"余曉春"跟帖,2016 年 6 月 5 日,http://www.bsm.org.cn/bbs/read.php? tid=3371&page=3

③ 裘錫圭主編《長沙馬王堆漢墓簡帛集成(陸)》,中華書局,2014 年,第 62 頁。

二　簡71＋簡50＋簡47

《妄稽》第49、50、51號簡釋文作:

妄稽不自射(謝),竊笑有(簡49)

▨亦不賓,未肯聽女(汝)。若快女(汝)心志,我幾(豈)得少處。捕遂卒之。增詰(簡50)

焉復蘇。慮聞一里,遬(速)若建鼓。朝噒聲聲,當門塞户。(簡51)

其中簡50上端殘斷,整理者認爲其内容是妄稽與他人的對話,應可信。但若將簡50置於簡49和51之間,則其前後連讀皆不暢,因此我們懷疑原編聯順序恐有不妥。

《妄稽》篇第71號簡爲下端殘缺,其釋文作:

胅下。大(太)息若雷,流涕若雨。春▨(簡71)

對比簡50與簡71,可以發現兩支殘簡的紋路、文字書寫皆相似,茬口處亦能較好地吻合。二者拼合後爲一支完整的簡,其長度約爲31.9釐米,正與《妄稽》篇其他整簡相當。因此,兩支簡當能綴合(見後圖2)。拼合後的釋文作:

胅下。大(太)息若雷,流涕若雨。春(簡71)亦不賓,未肯聽女(汝)。若快女(汝)心志,我幾(豈)得少處。捕遂卒之。增詰(簡50)

新綴合後其文義連貫,當爲妄稽在控訴周春的背棄行爲,且其前後文句皆押魚部韻,可爲綴合佐證。又,勞曉森先生曾指出,簡71的位置有誤,並認爲簡69、70、72、73可以連讀①,當可信從。前文已指出,簡50放置在簡49和簡51之間,亦恐存在問題。那麽,簡71＋50該放置在何處呢?我們認爲,該簡應調整至簡47之前,則簡(71＋50)＋簡47的釋文連讀作:

胅下。大(太)息若雷,流涕若雨。春(簡71)亦不賓,未肯聽女(汝)。若快女(汝)心志,我幾(豈)得少處。捕遂卒之,增詰(簡50)□之,□擊搗之,隨而猶之,執而㝈之,楬解□之,虞士乃三旬六日焉能起。辯(遍)告衆人,拜請馮(朋)友。(簡47)

簡(71＋50)＋47＋48＋49背劃綫

① 勞曉森《北大漢簡〈妄稽〉編聯一則》,復旦大學出土文獻與古文字網,2016年6月7日,http://www.gwz.fudan.edu.cn/Web/Show/2821

可以發現，將其連讀後語句通順、詞義通暢。又，簡(71＋50)＋47＋48＋49的背劃綫亦十分連貫(如上圖)，可爲此編聯佐證。此外，文中所鋪陳“捕遂卒之”、“增詰□之”、“□擊擣之”、“隨而猶之”、“執而窌之”等詞，皆是妄稽對虞士的欺辱行爲，其語言風格近似，連讀亦無礙。

三　簡83＋簡84

《妄稽》第83號簡是由兩則殘簡拼合而成，其釋文作：

周春大浦(怖)，趣召虞士：遫(速)之我舍⍁(簡84)

整理者指出，“由形制及文字書體看來應屬於《妄稽》，其位置暫不能肯定”①。觀察其內容，可知該簡所記爲周春與虞士的對話。另外，在《妄稽》篇中還有一支位置難以確定的83號簡，其釋文作：

⍁蘄笞而笞，蘄⍁(簡83)

將兩支殘簡對比可知，二者的竹簡紋路、書寫風格均相同，茬口處亦能較好地吻合，拼合後可復原“舍”字，兩支殘簡當能綴合(見後圖3)。新綴合後的釋文作：

周春大浦(怖)，趣召虞士：遫(速)之我舍(簡84)，蘄笞而笞，蘄(簡83)

由於相關信息的缺失，該簡在《妄稽》篇中的具體位置暫難以確定，但據已有信息來看，大概可以推知此事發生在虞士被妄稽笞打之後，與周春對虞士進行保護有關。

四　簡85＋簡86

《妄稽》篇中有以下兩支殘簡，其釋文作：

⍁冬(終)不予汝相畱，女(汝)冥冥不我聽，□⍁(簡85)

⍁春謀矣，朝獾出棄，莫(暮)趣遂去。女(汝)枕春之臂。宿遂其(簡86)

整理者已指出簡86爲妄稽與虞士的對話，惜未對簡85與簡86之間的關係作進一步説明。今核驗原圖，發現兩支殘簡的紋路、書體皆相似，茬口處亦能較好地吻合，二者當可綴合(見後圖4)。拼綴後其文義連貫，且茬口拼合後能夠復原“與”字②，可爲佐證。如此，則二者拼合後的釋文作：

⍁冬(終)不予汝相畱，女(汝)冥冥不我聽，與(簡85)春謀矣，朝獾出棄，莫(暮)趣遂去。女(汝)枕春之臂。宿遂其(簡86)

---

① 《北京大學藏西漢竹書(肆)》，第76頁。

② 《妄稽》簡中“與”字一般作(簡18)，可參看。

由於該簡上端仍有部分缺失,其完整内容暫不得而知。[①] 但從已有釋文來看,可以推測其内容大致與妄稽對虞士的抱怨有關。具體而言,或許是周春如何親近虞士而冷落並拋棄妄稽的細節。

茬口位置圖			
 簡 26 簡 41	 簡 71 簡 50	 簡 83 簡 84	 簡 85 簡 86
圖 1	圖 2	圖 3	圖 4

① 張傳官先生指出,簡(85+86)似可與簡(71+50+47+48+49)連讀。見《北大漢簡〈妄稽〉拼綴、編聯瑣記》,復旦大學出土文獻與古文字網,2016 年 7 月 13 日。按:此連讀意見,文義基本可通,但視其簡背劃綫,似不能判斷其是否能夠連屬,姑暫存疑。

綴合全圖			

圖 1	圖 2	圖 3	圖 4

附記：本文寫作中曾得到何晉先生的幫助，匿名審稿專家也提供了非常中肯的修改意見，在此一併感謝。唯文中一切疏失，皆由本人承擔。

（作者單位：四川大學文學與新聞學院、武漢大學歷史學院簡帛研究中心）

古典文獻研究（第二十輯上卷）
Journal of the Institute for Chinese Classics Studies
Nanjing University
Volume 20, No.1 2017

吐魯番出土晉史殘卷再考*

聶溦萌

1972年吐魯番阿斯塔那151號墓出土一批寫本殘片，經整理者拼接復原，得到了一件存86行、行約23字的寫本①。寫本既無首尾亦無題，1983年的釋文本《吐魯番出土文書》第四册在發表其録文時定名爲“古寫本《晉陽秋》（?）殘卷”，1994年圖文本《吐魯番出土文書》亦沿用此題。圍繞寫本是否是《晉陽秋》，學界有不少討論，町田隆吉、岩本篤志皆認爲尚無足夠證據斷定爲《晉陽秋》，應以保守稱作“晉史”爲宜②。本文也同意町田、岩本的立場，暫籠統稱之爲“晉史”。

寫本殘存内容爲晉惠帝永康元年（300）三月至四月賈后殺愍懷太子於許昌、趙王倫又廢殺賈后及朝臣諸事，在編年記事中混有人物傳記，記載的詳細程度超過流傳至今的唐修《晉書》。同時，寫本不避隋唐諱字，陳國燦、李征認爲寫本字體“有六朝前期特徵”，町田隆吉也認爲寫本“與吐魯番出土的十六國時代寫經的書體類似”。③ 寫本記載了一些傳世文獻中未見的重要史事，又是極爲難得的中古史書文本實物，對西晉史、史學史、歷史文獻學等的研究都具有重要價值。

寫本殘損情況較爲嚴重，幾乎没有整行保存，在整理組拼接殘片、進行録

---

* 本文爲2016年度教育部人文社會科學重點研究基地重大項目北京大學中國古代史研究中心“中國中古史籍與史料的整理與研究”（項目編號：16JJD770004）的階段性研究成果。

① 唐長孺主編《吐魯番出土文書》[貳]，文物出版社，1994年，第112—115頁；國家文物局古文獻研究室等編《吐魯番出土文書》第四册，文物出版社，1983年，第199—206頁。

② 町田隆吉《補修吐魯番出土〈晉史〉残卷》，《東京學芸大學附属高等學校大泉校舎研究紀要》第8卷，1984年；岩本篤志《敦煌・吐魯番発見〈晉史〉寫本残卷考》，《西北出土文獻研究》第2號，2005年。參與整理工作的陳國燦、李征發表論文對定名爲《晉陽秋》有詳細討論（陳國燦、李征《吐魯番出土東晉（?）寫本〈晉陽秋〉殘卷》，《出土文獻研究》第1集，文物出版社，1985年，第152—158頁；後收入陳國燦《陳國燦吐魯番敦煌出土文獻史事論集》，上海古籍出版社，2012年，第15—23頁）。饒宗頤則以此爲基礎發表了關於《晉陽秋》的論考（饒宗頤《敦煌與吐魯番寫本孫盛〈晉春秋〉及其“傳之外國”考》，《漢學研究》第4卷第2期）。

③ 見上引陳國燦、李征論文與町田隆吉論文。

文的基礎上,町田隆吉與王素都對寫本内容進行了復原①。町田補修的範圍僅限與傳世史料字句相合之處,王素則網羅了各種可與寫本内容比照的文獻,對寫本進行了全面的考證和擬補。經過這些工作,零散的殘片已基本成章,可以通讀。不過,由於此前工作的難點與重心在逐字逐句的梳理,難免對文本整體的結構與體例有所忽視。在前人工作的基礎上,通過理解寫本前後文的叙述邏輯、結構、體例,可以對寫本文本進行補充討論,同時也可以深入追蹤當時史家如何根據不同類型的資料、以一定的體例規則編纂一部史書。本文先梳理寫本内容並重新討論少數具體文字的擬補,再對寫本整體的編纂過程、方法作綜合討論。本文中的"原録文"指《吐魯番出土文書》[貳]録文,所有圖版亦據此書,"原擬補"指王素先生《吐魯番所出〈晉陽秋〉殘卷史實考證及擬補》一文,不再一一出注。本文正文引録寫本文本時,以"□"表示寫本闕字;字外加"□"表示據殘筆補出的文字②;其餘擬補文字括注於"〔 〕"中。附録抄録《吐魯番出土文書》[貳]録文,並附出了一些傳世文獻中的相關段落,以便讀者參考。

一　文本考證與叙述結構分析

以下首先對寫本的文本進行全面清理,以明確其叙述邏輯、層次結構、體例特徵。寫本記事大致可以劃分爲九段,儘管各段需要討論之處多寡不一,但爲清晰起見,下文的論述也按這九段進行劃分,各小標題中寫明段落大意及所對應的行數。

(一)太子舊党密謀起兵(1—10 行前半)

本段記載太子被廢,朝臣多同情太子,其舊部司馬雅、許超等游説孫秀,希望倚仗趙王倫廢賈后、復太子,並聯絡了殿中諸人。至第 8 行"皆以爲然"以前,寫本都與《晉書》卷五九《趙王倫傳》及卷五三《愍懷太子傳》的相關記載字句基本相同。第 8 行後半至 10 行前半對上文提及的張林、張衡、路始三人作簡短介紹,傳世文獻中未見這種叙述安排。不過,這種在叙事中隨時對人物進行介紹的體例在當時史書中常見,無論編年、紀傳體史書皆可有此類做法。

關於寫本第 3 行"還宣〔太〕子與王妃書",原擬補參考《御覽》引《晉惠帝起居注》"愍懷以體上白絹單衣一領,因士寄與妃"③,認爲佚文的"士寄"即《趙王倫傳》的"殿中中郎士猗",亦即寫本第 2 行上部的"殿中〔典〕兵中郎濟",此人從太子至許昌,還宣太子書。一方面,圍繞賈后殺太子、趙王倫殺賈后一系列事件涉及的人物姓名,在各種傳世文獻與寫本之間都没有出現過如此複雜的異文情況;同時核對宋本《御覽》,"領"與"寄"間只是約兩字空白,《御覽》原

---

① 町田隆吉文見前注。王素《吐魯番所出〈晉陽秋〉殘卷史實考證及擬補》,《中華文史論叢》1984 年第 2 輯,後收入《漢唐歷史與出土文獻》,紫禁城出版社,2011 年,第 352—368 頁。

② 王素文中僅論述了擬補方案,未重新謄寫。本文引録王素擬補時,對文中提到有原件殘墨可據的文字則在字外加框。

③ 《太平御覽》卷六九三《服章部》,中華書局,1960 年,第 3095 頁下欄。

文是否有“士寄”之名似可懷疑。從事態發展看,《趙王倫傳》中的士猗是太子舊人,當時不大可能再有機會接近太子。《愍懷太子傳》載太子被廢,先從東宫徙至金墉,再徙至許昌,都由身爲賈后姻親的東武公澹領兵防送,到許昌後,還專門“令治書御史劉振持節守之”①,可見對太子防衛之嚴。在這種情勢下,不應允許太子的舊宿衛隨至許,還爲太子傳遞信物和書信。總之,《惠帝起居注》佚文所載與寫本此處的情節不一定是對應的。不過寫本中出現的“殿中典兵中郎濟”確實在傳世文獻中難以找到其他對應人物,對於寫本中是誰還宣太子書的問題,恐怕還要存疑。

(二) 孫秀的謀劃(10 行後半—21 行前半)

本段叙述了孫秀的全盤謀劃,他故意拖延舉兵行動、泄露風聲,以促使賈后先殺太子。本段叙述可以分爲三層,第一層是總述,第二層倒叙了此前孫秀的全盤計畫及其促使太子被廢的行動,第三層再詳細叙述孫秀泄露舉兵的風聲而促使賈后殺太子。

第一層總述一句即第 10 至 11 行的“〔事將〕尅期,而秀等以太子〔還宫,己必不〕得志,〔乃〕不即决,謀〔遂〕泄。”補出的文字爲原擬補参照《晉書》記載所補。

關於第二層,這裏首先要對寫本第 11—14 行的文字擬補再作探討。原擬補指出此節“係倒述孫秀早期的陰謀及其對以後政變的計畫。史籍没有相應、系統的文字可以印證,但其事並非完全無徵”。原擬補参考《通鑑》、《晉書》各傳,將此節補全爲兩個分句,分别叙述“倫初入洛陽時孫秀的陰謀”和“秀恐事泄而欲政變的計畫”:

11 (前略)初,秀陰謀逆亂,〔勸趙王倫親善〕

12 賈后,〔勸〕后增疾太〔子〕,故構令成太子罪。今〔廢賈后,若謀泄,〕

13 則天下〔更〕怨毒以己,□倫乘此釁,得奮其詐,〔害太子,廢賈后,〕

14 除執〔政〕,然後濟〔倫謀〕纂。(後略)

這一擬補嘗試在第 13 行第 9 字上遇到困難,因而懷疑原文有所脱漏。

造成第 13 行一字未能補出的根本原因,應是原擬補對第二分句内容的構想受到《晉書·趙王倫傳》所載孫秀之語的影響,邏輯較爲複雜,與寫本殘損字數不多的情况形成矛盾。而且寫本 13 行第 7 字“以”旁注一“巳”或“己”字(見圖 2),敦煌吐魯番寫本旁注含義的靈活也給擬補帶來很大干擾。原擬補將此字釋爲“已”,加在“以”字之下,即將此句理解爲孫秀先前勸趙王倫諂事賈后、

① 《晉書》卷五三《愍懷太子傳》,中華書局,1974 年,第 1460 頁。關於東武公澹與賈后之親,《晉書》卷三八《武陵王澹傳》云:“澹妻郭氏,賈后内妹也。”見第 1122 頁。

誣陷太子,恐怕這些事情在廢賈后以後敗露,會引來天下人對"己"方的怨毒。但是,寫本下一句是"□倫乘此釁,得奮其詐",對"此釁"比較順暢的理解應是指上句"天下"的"怨毒",那麽"怨毒"就應是針對賈后一方,這與將旁書之字理解爲"己"方矛盾。此字在原録文中作"已",而旁注除了可能是加字,也可能表示替换,甚至像寫本這樣位於文字正右方的旁注,以表示替换的可能性爲高[1]。也就是説,還可以理解寫本是用"已"代替"以"字。與此同時,第 12 行 16 字雖然原録文與原擬補皆作"今",但從圖版看應是"令"字(見圖 3)[2],改變這兩個關鍵字的釋讀,進而將這一小句補全爲"令賈后廢殺太子,則天下之怨毒已甚"這樣的語句,便能夠與下句"倫乘此釁,得奮其詐"較好地銜接。

不過,如果將第 16 字改補爲"令",則與前句"故構令成太子罪"之"令"字頗爲重復。"故構令成太子罪"一句也不夠通順,其中的"令"字是因爲殘有人字頭的筆劃而補出。中古文獻中有"構會"一詞,如《三國志》卷五二《吴書 · 顧譚傳》有"寄父子益恨,共構會譚"[3],《晉書》卷八一《桓伊傳》有"以安功名盛極,而構會之,嫌隙遂成"[4]等,則寫本此處更可能爲"構會"。"故構會成太子罪"七字,似乎當與前一字連讀成爲一組四字句,或可補"故"前一字爲"因"。再向上回溯,因爲 12 行前部及 11 行末殘缺處過多,又没有較爲相近的傳世記載,可以有太多種補字的辦法,很難坐實,要之,其大意當如原擬補所言,是孫秀勸趙王倫親善賈后,參與廢太子之謀。

綜上,重新擬補、點斷 12 行後半及 13 行前半的文字,可以作:

12 (前略)〔因〕故構會,成太子罪,令〔賈后廢殺太子,〕

13 則天下〔之〕怨毒已〔甚,〕倫乘此釁,得奮其詐,(後略)

以這一邏輯擬補此句,可以在遵守寫本每行字數的前提下讀通。

寫本中"初"字有標志倒敘或插敘段落的體例意義。依照原擬補的方案,11 行"初"字的這一體例意義不明顯,更像是與下文"今廢賈后"(12 行末原擬補所補)相對。根據上文重新思考原擬補中未能補出的一字,可以發現自"今廢賈后"至"怨毒以已"一段擬補的方向有誤,重新擬補後,"初"字便並非與下文相對,而是作爲本段第二層(11 行至 19 行)倒敘的總的標志。這層倒敘又可分爲兩部分,一是以上討論的 11—14 行所述的孫秀全盤計畫,二是此前發生的孫秀密謀推動賈后廢太子的具體過程,即第 14 行"時后屢遣"至第 19 行

[1] 關於敦煌寫本的抄寫體例,張涌泉指出:"一般來説,脱字通常補在其前一字的右下側,而旁注正字則多在誤字的右側,二者位置略有不同。"他也指出位置不是判斷補脱或改正的絶對根據,"應進一步參酌文意來定奪"(張涌泉《敦煌寫本文獻學》,甘肅教育出版社,2011 年,第 318—319 頁)。在吐魯番寫本晉史中,將旁注理解爲補脱所造成的文意的阻礙,已見上述。

[2] 從圖版看,"令"字的末筆雖然不完整,但確實存在,且倒數第二筆爲横折,因此也不會是人字頭兩横一豎的"今"字。

[3] 《三國志》卷五二《吴書 · 顧譚傳》,中華書局,1971 年,第 1230 頁。

[4] 《晉書》卷八一《桓伊傳》,第 2118 頁。

的"故遂廢太子"。

本段第三層(19、20行)"太子既廢,秀又令(下殘)"諸語又回到了前文叙述的時間順序中,即太子被廢以後,本層對第一層所謂"謀□泄"的具體情況進行了叙述,即孫秀令人散布殿中人將舉兵迎還太子的謡言,從而使賈后决心殺掉太子以絶後患。

本段值得注意的叙述體例,一是總分結構,二是第二層以"初"字起首的插叙。

(三) 賈后派人殺太子于許昌宫的具體經過(21行後半—25行前半)

這段文字之内没有總分或插叙的層次。關於其文字與叙述邏輯,有兩點需要討論。

一是對原擬補在第21行補出"三月乙亥"這一日期的再考慮。寫本21行下半至22行上半謂賈后遣人殺太子,原擬補補爲:

21 (前略)使太醫令程〔據合藥,三月乙亥,使〕

22 黄門孫慮煞太子〔於許〕。(後略)

補出這句的依據是《晉書·愍懷太子傳》云:"賈后聞之憂怖,乃使太醫令程據合巴豆杏子丸。三月,矯詔使黄門孫慮齎至許昌以害太子。"[①]寫本行文與此傳接近,但不是完全相同。原擬補在壓縮字數的同時,還補入了"乙亥"這一日期,依據是王隱《晉書》佚文中"三月"下有"十四日",轉寫爲寫本例用的干支形式,即爲"乙亥"。

因爲現存文獻不能與寫本文字嚴格對應,一般來説也就無需細究擬補的字詞,但是補出部分的"三月乙亥"對探討編年體例非常重要,因此有必要謹慎一些。從圖版看(見圖5),第21行最下殘留的"程"字與第22行最下的"午"、第23行最下的"慮"基本齊平,都是第17字。這幾行所存部分疏密差距不大,在第22、23行之下分别補出五字和六字,而21行下却補出八字,明顯過多。參照前後所存的文字,不補出時間亦可成句,且原擬補爲加入月日,已將其他文字壓縮至最簡。即便寫本此處原有時間,也不應是月日齊全的"三月乙亥"四字之多。

第二個問題是原擬補在本段第22至23行補出了兩處災異記載。原擬補據原件殘墨確認第22行殘存的最後兩字應是"壬午",其下一字還殘留左上一小部分。原擬補根據《晉書·惠帝紀》載"三月,尉氏雨血",《五行志中》又以此爲太子冤死之兆[②],認爲這處殘墨即"尉"字,全句應補爲"壬午尉氏雨血",其後一字與23行首兩字相連,當是"甲申夜",並認爲這句與"壬午尉氏雨血"類似,都是記災異天變以警喻人事。不過,"甲申夜"後僅可容下一字,對於描述

① 《晉書》卷五三《愍懷太子傳》,第1462頁。

② 《晉書》卷四《惠帝紀》,第96頁;同書卷二八《五行志中》,第866頁。

災異而言似過少,原擬補未能補出;第 22 行“壬午”下的殘筆視爲“尉”字亦有可疑(見圖 5)。唐修《晉書·惠帝紀》將災異與賈后殺太子兩事相連記載,儘管《五行志》證明這兩件事之間有事理上的關聯,但從帝紀的敘述結構上説,這兩條記載彼此獨立——敘事的碎片化正是帝紀體例的重要特徵。帝紀和《五行志》簡略支離的敘述,相較一般史傳的敘述體系頗爲不同,寫本明顯應接近於後者,而且寫本的原擬補工作也已經在正史列傳中找到了很多文本層面的參照。結合列傳記載,可以對寫本本段的文字與敘述重新進行討論。

正史列傳如何處理災異記載與太子被殺事件的記載呢?唐修《晉書》卷五三《愍懷太子傳》中與太子廢死有關的災異,或是出現在敘述太子被廢以前,或是出現在敘述太子被廢與被殺兩事之間,並未直接插入對任何事件的具體敘述中。與唐修《晉書》的《愍懷太子傳》有密切史源關係且敘述體系相仿的還有《御覽》卷四一八《皇親部·太子三》引録的王隱《晉書》大段佚文。從其內容及出處的特殊位置,可以判斷這段引文來自王隱《晉書》中的愍懷太子傳記,且不是單獨節引某一段落,而是兼顧傳記首尾完整的摘抄。在這段引文中,也出現了天文災異的記載,總計有七條之多,其中包括唐修《晉書·愍懷太子傳》中的災異事件,也包括唐修《晉書》帝紀及志書中提到的“尉氏雨血”,然而這些災異記載全部位於對賈后廢太子過程的具體敘述之前。相比帝紀或志書,上述兩種《愍懷太子傳》與寫本的敘述體系、文本源流更加接近,而它們都没有將關於災異的記載插入到對具體事件的敘述中間,這對於考慮寫本的文本更具參考價值。

進一步分析幾種愍懷太子傳記對愍懷之死具體過程的記載,可以提出擬補寫本的新方案。唐修《晉書》卷五三《愍懷太子傳》載:

> (A) 賈后聞之憂怖,乃使太醫令程據合巴豆杏子丸。三月,矯詔使黄門孫慮齎至許昌以害太子。初,太子恐見酖,恒自煮食於前。慮以告劉振,振乃徙太子于小坊中,絶不與食,宫中猶於牆壁上過食與太子。慮乃逼太子以藥,(B) 太子不肯服,因如厠,慮以藥杵椎殺之,太子大呼,聲聞於外。①

原擬補還指出《御覽》卷七六二引王隱《晉書》也記載了太子之死:

> (A) 賈后使小黄門孫慮徙愍懷太子于坊中,不與食。乃劫服杏子黑丸,其夜薨。(B) 或傳太子不肯服藥,伺至厠,以藥杵擣害之,唤聲聞於外。②

我們先比較這兩種記載的敘述結構。以上兩種記載中被分别標示爲(A)與(B)的部分,儘管字數多寡有異,但所述情節基本可以相應。兩種記載的主要差别在於情節(A)與情節(B)的銜接關係:唐修《晉書》中(A)與(B)順承連貫,

---

① 《晉書》卷五三《愍懷太子傳》,第 1462 頁。

② 《太平御覽》卷七六二《器物部》,第 3383 頁下欄。

而王隱《晉書》佚文在(A)與(B)之間有"或傳",整段的結構就變成先叙述從孫慮來到許昌至太子被害的總體過程,再具體寫出太子被殺時的細節。比較唐修《晉書》與王隱《晉書》的這兩種叙述結構,前者應較晚出,是對後者叙述的進一步整合。不過,原來的文本不應比整合後的文本大爲簡潔,王隱《晉書》佚文之所以較爲簡短,應是類書引録時造成的。

這樣,我們得到了關於愍懷太子被殺的新舊兩類記載。寫本中有"或曰",暗示其叙述的重迭,屬王隱《晉書》佚文所代表的早期叙述結構的特徵。模仿這一叙述結構,既然寫本"或曰"之前第22行已經説孫慮"絶太子食",則此下理應繼續交代至太子最終被殺。22行末所殘應是説孫慮逼太子服毒,首字有左上部,從圖版看應是横豎交叉的筆劃(見圖5),此字或即與佚文相同的"劫"字,此下所殘除末字爲"甲申"之"甲"字外,僅餘三字的位置,難以容下具體的藥名,大約只是"令服藥"一類的籠統叙述。22行末至23行初"甲申夜",與《惠帝紀》稱賈后矯詔殺太子的癸未日僅差一日①,由於史籍中的日期在改編過程中常常因爲數位易訛或不同寫法的轉換而出現誤差,一日之差可以接受,因此推斷寫本此處應是説太子于甲申夜"薨"(或"卒")。如此,寫本中的缺字都可以較爲通順地補出。

不過按照這種方式擬補也有一些疑問,按王隱《晉書》佚文的説法,太子被"劫服杏子黑丸"後在"其夜"即卒,而寫本22行如爲"壬午",是在甲申前兩日。或許是寫本就是記載太子服毒後兩日方卒,但也可能"午"字之前有所殘泐的字不是"壬",亦即壬午這一日期不成立(例如可能是"正午"),或者寫本在絶食與太子卒之間的情節並不是逼迫太子服毒等。由於暫時找不到其他印證,姑且存疑。要之,此處所殘文字,當不是如《晉書·惠帝紀》所載的災變,而應是對太子被殺過程的正面、具體的記載。

(四)孫秀、趙王倫起兵前夕(25行後半—30行前半)

寫本在記載太子被殺與趙王倫起兵的具體經過之間,還有一系列較爲零散的記載,大體是趙王倫起兵前夕之事。姑且將這些記載作爲一段,並分爲並列的三層。

第一層爲25行後半至26行,雖然只殘留了很少的文字,但其中包括"路始"與"閭和"兩個人名,與傳世史料印證,可以推知此句應記載孫秀與殿中人約定起兵。

第二層爲27行前半的"四月辛〔卯〕朔,日有食之"。

第三層記載張華拒絶了孫秀的聯絡、又拒絶了遜位的建議,爲此下記載張華死於政變做出了鋪墊。

(五)趙王倫起兵,攻入宫中(30行後半—36行前半)

本段以"癸巳"開始,承接上文"四月辛卯朔",明確記載了趙王倫起兵爲四月癸巳日。參照《晉書》等傳世史料,可知此段記載趙王倫矯詔許三部司馬以

① 《晉書》卷四《惠帝紀》,第96頁。

爵賞,率領他們進攻宫城,斬關開門而入,宫内又有王輿、謝惔接應。

本段第 34 行中部有"以白虎幡率厲將",後殘約六字,原擬補參考《晉書·職官志》記載白虎幡爲夾護乘輿之旗,補"將"後兩字爲"夾護",實應以作"士"字爲宜。"率厲"爲率領鼓舞之意,用例如《晉書·卞壼傳》謂卞壼"力疾而戰,率厲散衆及左右吏數百人,攻賊麾下"[1],又如《吴隱之傳》"及盧循寇南海,隱之率厲將士,固守彌時"[2]。關於白虎幡,《晉書·職官志》確實稱"武帝每出入,〔陳〕勰持白獸幡在乘輿左右,鹵簿陳列齊肅",但白虎幡也有其實際的指揮之用,《職官志》其後就記載武帝出獵欲合函,當時陳勰以都水使者散從,而特詔"勰舉白獸幡指麾,須臾之間而函成"[3]。

本段體例上值得注意的是在最後補充了王輿、謝惔的簡短事迹,與第一段記載張林、張衡、路始其人的體例相同。

又按,自本段開始籠統而言都是記載趙王倫起兵廢賈后、殺大臣的情形,但因記載詳細,篇幅較長。爲了論述方便,自此開始分段較細,分段依據在此稍作説明。趙王倫政變的實際情況十分複雜,寫本的記載也很豐富,但還是有一條若隱若現的叙事綫索,即趙王倫的行動。寫本在趙王倫矯詔起兵、入宫門、陳兵馬道南、坐端門的幾步政變推進中填充了對各方行動及背景事件的記載。因此以下第六、七段的劃分主要是根據"趙王倫陳兵馬道南"和"倫坐端門,屯兵北向"兩條記載。

(六)趙王倫陳兵馬道南,使齊王冏入中宫廢賈后(36 行後半—41 行前半)

本段分三層。第一層簡明地叙述了事件經過:趙王倫使齊王冏入中宫,與内應駱休控制了惠帝,因而廢賈后。第二層以"初"字起首,插叙了齊王與賈后的仇隙,這是趙王倫使齊王冏廢后的背景。第一、二層之間的文字有所殘缺,原擬補在此補出的内容存在問題。下面對相關文句的擬補進行討論。

本段開始至第 38 行"帝曰"以上的部分,殘餘的字句幾乎與《晉書·趙王倫傳》相同,問題主要圍繞"帝曰"。原擬補的方案是:

> 36 (前略)倫陳兵馬[道]南,使游擊將軍[齊]〔王冏將三部司〕
>
> 37 馬百〔人入〕中宫,華林[令]黄門駱休爲内應,〔迎帝幸東堂,遂廢〕
>
> 38 皇后〔爲〕[庶]人。帝曰:"[賈]〔后〕[與]齊王嫡母 (後略)

自第 38 行"帝曰"以下,原擬補認爲是"記惠帝所説倫遣齊王冏廢賈后的原因的話",並根據"曰"下與"齊"上的殘墨,在這之間補出"賈后與"三字。但是寫本殘存的上下文看不出有人與惠帝對話,而且惠帝不惠,自始至終近於傀儡,很難想像他在這樣政變的場合下會有什麽主動的發言,借惠帝之口交代賈后與齊王冏糾葛的情節顯得很突兀。

---

① 《晉書》卷七〇《卞壼傳》,第 1872 頁。

② 《晉書》卷九〇《良吏·吴隱之傳》,第 2342 頁。

③ 《晉書》卷二四《職官志》,第 741 頁。

寫本多次出現以“初”字起首插入背景介紹的體例,本段先記載齊王冏廢賈后,又記載齊王冏之母與賈后的仇隙,也很可能採用這種體例。參照圖版(見圖4),原來視爲簡體“與”字的殘筆,恰好也符合寫本中常用以標志插叙的“初”字。這樣一來,“帝曰”二字就應劃入前面對齊王入中宫廢后的叙述中。原擬補對37行下殘部分是完全按照《趙王倫傳》補出7字,但如果將其中的“遂廢”改爲“請廢”,則下句可補爲“帝曰‘可’”,“可”字也符合殘墨筆勢(見圖4)。在“曰”與“齊”之間所殘字數上,原録文作兩字,原擬補則視爲三字。不過對比圖版中38行與37行文字的位置,38行“曰”字在37行“華林”兩字之間;38行“齊”字較37行“門”字略高,可知“曰”與“齊”之間融下兩字較爲從容,三字則頗擁擠,僅補“可初”兩字應可接受。

根據以上的討論,第一、二層交接處可重新擬補爲“請廢皇后〔爲〕庶人,帝曰可。初,齊王嫡母 (後略)”。第二層是以“初”字開始的一段插叙,叙述趙王倫用齊王冏廢賈后的背景原因,即齊王嫡母與賈后母女的仇隙。

第二層寫本的文字殘損較爲嚴重,第38行“齊王嫡母”之下還殘缺約八字,第39行前部也僅存“母還□反相讎恨□□□□倫”幾字。如原擬補所指出的,《惠賈皇后傳》在記載賈后被廢時僅云“后與冏母有隙,故倫使之”①,而没有具體説明是怎樣的仇隙,對我們理解殘文斷句的幫助十分有限。原擬補聯繫齊王攸還國之事,認爲38行“嫡母”下殘墨爲“少時”二字,39行“母還”下爲“國”字,此句謂齊王嫡母少時本與賈后相善,後因還國而“反相仇恨”,這些解讀也比較牽强。

唐修《晉書·賈充傳》末云:

> 初,充前妻李氏淑美有才行,生二女褒、裕,褒一名荃,裕一名濬。父豐誅,李氏坐流徙。後娶城陽太守郭配女,即廣城君也。武帝踐阼,李以大赦得還,帝特詔充置左右夫人,充母亦敕充迎李氏。郭槐怒,攘袂數充曰:“刊定律令,爲佐命之功,我有其分。李那得與我並!”充乃答詔,托以謙沖,不敢當兩夫人盛禮,實畏槐也。而荃爲齊王攸妃,欲令充遣郭而還其母。……充自以宰相爲海内準則,乃爲李築室於永年里而不往來。荃、濬每號泣請充,充竟不往。會充當鎮關右,公卿供帳祖道,荃、濬懼充遂去,乃排幔出於坐中,叩頭流血,白充及群僚陳母應還之意。衆以荃王妃,皆驚起而散。充甚愧愕,遣黄門將宫人扶去。既而郭槐女爲皇太子妃,帝乃下詔斷如李比皆不得還,後荃憤恚而薨。②

賈充先娶李氏爲妻,所生之女荃爲齊王攸妃,亦即寫本所説的齊王冏嫡母;後來賈充又娶郭氏,生賈后。郭氏堅决拒絶賈充迎還李氏,齊王妃姐妹力争不果,齊王妃爲此“憤恚而薨”,這就是齊王冏與賈后之間的家仇。

① 《晉書》卷三一《惠賈皇后傳》,第966頁。
② 《晉書》卷四〇《賈充傳》,第1171—1172頁。

儘管可以借助《賈充傳》的記載確認寫本這兩行的大致内容,但由於殘損過多,又没有真正文本意義上的參照文獻,寫本所殘的大量具體文字目前難以補出。關於有殘墨的少數幾字,原録文在 39 行補出一“反”字(見圖 6),原擬補在 38 行“嫡母”之下補出“少時”兩字(見圖 7),但都與上引《賈充傳》所載不合,恐非。39 行第 11 字殘留右下部(見圖 8),原擬補擬爲“齊王不平”的“平”字,但殘字右上部一撇一點的組合十分明顯,更像“卒”字。作“卒”字也可與《賈充傳》“荃憤恚而薨”的記載印證。

本段第三層補充了關於廢后的兩個細節,一是尚書郎師曻的被殺,二是賈后向惠帝求情。

本段在體例上值得注意的,一是總分結構,二是第二層以“初”字起首的插敘。

(七) 趙王倫坐端門,處分賈后及其黨羽(41 行後半—59 行前半)

本段是寫本各所有段落中篇幅最長、結構層次最爲複雜的。第一層爲 41 行中下部的“倫坐端門,屯兵北〔向〕”。此後七層叙述了趙王倫對各方的處置,有些層内還可以進一步區分層次。

第二層記載送賈后於金墉城,只有第 41 行下部至 42 行上部的“〔遣尚書和郁〕等持〔節〕送後於金墉城”一句。

第三層記載收後宫中賈后親党趙粲、賈午、午女等,也只有第 42 行下部至 43 行上部“收趙粲、賈午、午女〔……〕暴室考竟”一句,中間殘缺大約六字。

第四層記載殺諸大臣張華、裴頠、解結、賈謐等,自第 43 行“以詔”開始至第 48 行中下部結束,結構較爲複雜,需結合對擬補的討論重新梳理。總體來説,本層具有總分結構,先是總述誅殺張華等大臣,又分别記載了與賈謐、裴頠、張華被殺相關的情形。總起一句即寫本第 43 行後部“以詔諸大臣”以下至第 44 行。如原擬補指出的,可以作爲此節重要參照的是《晉書·趙王倫傳》與《太平御覽》引《晉朝雜事》的兩段記載。《趙王倫傳》云:

> 仍收補賈謐等。召中書監、侍中、黄門侍郎、八坐皆夜入殿,執張華、裴頠、解結、杜斌等,於殿前殺之。①

《御覽》卷六四六引《晉朝雜事》云:

> 收中書監張華、侍中賈謐、尚書解結、侍郎杜斌等,斬之于東鐘下。②

寫本的叙述與上引兩段不完全相同,第 43 行末殘缺的人名和官名參考上下文較易確認,而 44 行末所殘則没有確切的對照,可以推知的一點是,上引兩條材料都提及賈謐,寫本下文也叙述賈謐被殺之事,則殘缺處應有關於賈謐的文字。原擬補此段作:“以詔諸大臣司空、中書監、壯武公〔張華,侍中、尚〕書僕

---

① 《晉書》卷五九《趙王倫傳》,第 1599 頁。

② 《太平御覽》卷六四六《刑法部》,第 2893 頁上欄。

〔射〕、巨鑣公裴頠,尚書解結,黄門侍郎杜斌〔及賈謐等入,執之。〕"如此擬補有兩點可以斟酌:一是"以詔諸大臣"云云語氣不很通順①;二是列舉諸人時皆舉官銜,只有賈謐單稱姓名,且即便如此,44行末補出的"及賈謐等入執之"共七字,也超出了所殘字數②。

從上下文的叙述看,此下至第48行數句分别是叙述賈謐、裴頠、張華三人被殺的細節,而此句一氣列出張華、裴頠、解結、杜斌的人名,則此句應是對此事件的總述。按照原擬補對此節的理解,"以詔諸大臣"的"以"字顯得冗餘,但如果將"諸"視爲相近的"誅"字的訛寫,"以詔"便可以讀通,第43—44行全句謂憑藉詔書誅殺大臣張華等人,句末即第44行末應以列舉賈謐及其職銜結束,而不需補"入執之"三字,在字數上也更爲合理。

綜上所述,對寫本43至44行可擬補爲:"以詔(諸)〔誅〕大臣司空、中書監、壯武公〔張華,侍中、尚〕書僕〔射〕、巨鑣公裴頠,尚書解結,黄門侍郎杜斌,〔侍中賈謐。〕"這樣擬補後第43、44行皆爲22字,與每行平均字數基本符合。結合上下文看,此句是本層總述,列舉所殺大臣官爵姓名。之後一句記載賈謐奔逃呼救而被殺的情形;再後一句記載對裴頠兒子的原赦;再後幾句記載張華被殺前與張林的對話。

張華死前的對話從46行後半殘去的部分開始,至48行前部結束,殘存文字與《晉書·張華傳》及《御覽》卷六四六引《晉朝雜事》載張華將死時與張林的對話相似③,可知46行末至48行所載即此事。但47行前部的"林指曰'在此'"不對應《張華傳》的記載,寫本細節當與之有所不同。原擬補認爲這裏有"兩問兩答",涉及趙王倫、張林、張華三人,將46行下部擬補作"初,司空被收,趙王倫問曰:'張華何在?'張",後接寫本47行前部的"林指曰'在此'"。但此下内容據殘存字句可以確定是張華與張林的對答,即張華責問張林是否要殘害忠良,而張林斥責張華阿意苟免,此上若出現趙王倫,似嫌突兀。《張華傳》云張華質問張林,而"林稱詔詰之"④。受此啓發,寫本張林云"在此"之所指或是詔書,則46行下部殘缺的内容可能是張華責問張林收捕大臣是否有詔命。

第五層記載賜賈后死,對應第48行後部及49行前部。這裏雖然殘損也較多,但因49行上部有"書劉弘、典台事程咸以"的字樣,可以與《惠賈皇后傳》記載趙王倫矯詔賜死賈后之事對應。對此下殘缺的文句,原擬補爲"持節賫金屑酒賜賈后死",其中"持"字有殘墨。不過,"以持節"的説法很少見,而從

① 在"以詔諸大臣"之上的第42行下半至43行上部,據殘文可知是收捕宫中賈氏黨羽趙粲、賈午、午女等付"暴室〔考〕竟",這與詔令諸大臣入宫没有因果聯繫,則"以"字似不應理解爲銜接前後兩句的"從而"之意。

② 43行"公"字下補入五字,全行共22字,與寫本平均每行字數符合。據圖版(見圖1),44行"斌"字位置在前一行"公"字之下,則此行所殘字數,當在4至5字爲宜。

③ 《晉書》卷三六《張華傳》,第1074頁;《太平御覽》卷六四六《刑法部》,第2893頁上欄。

④ 《晉書》卷三六《張華傳》,第1074頁。

圖版看,“以”字下殘墨雖然與“持”字右半“寺”字上部的筆劃相似,但位置居中,與寫本他處出現的右半有“寺”字的“持”、“侍”等不同(參見表 1)。這處殘墨或許是“毒”,謂“以毒酒”或“以毒藥”之類賜賈后死。

第六層記載族滅賈氏黨羽韓壽、趙浚等。這一層内也有總分結構,先總述被殺之人,再分述他們爲何成爲賈氏黨羽,最後又有總述。

開頭總述一句對應 49 行末尾至 51 前部,雖然殘損較多,但擬補較爲明確。一是《晉書·趙王倫傳》有“誅趙粲叔父中護軍趙浚及散騎侍郎韓豫等”[①]之語,與寫本文字相似;二是寫本下文第 53 行有“浚兄虞女粲”云云,提示前文已出現“趙浚”之名,因此在這部分中應補出趙粲叔父趙浚之名。此句大致可補爲:“〔……〕韓壽弟散騎侍郎〔預、……中護軍趙浚,〕皆族滅之,賈氏之黨〔……〕。”

此後分别插敘趙浚、諸韓與賈氏的淵源,以解釋他們何以被族滅。原擬補對這些記載的理解皆有偏差,以下依次討論。

寫本第 52 行首爲“母子形於言色”六字,應與 51 行下半所殘部分連爲一句。此下至 55 行前半所載爲趙粲等爲賈妃求情之事,其中殘存“且賈妃雖妒婦”六字,與《晉書·惠賈皇后傳》所載的求情之語可以對照[②],而該傳在此前是叙述賈氏殺孕妾,因此使武帝産生了廢黜賈氏的想法。原擬補參考這些記載,將 51 行後半至 52 行前半補全爲“初,賈后爲太子妃,嘗殺人,郭槐母子形於言色”。但最後的“郭槐母子形於言色”之語顯然不夠通順,寫本存有的“母子形於言色”六字,其實很難置於《惠賈皇后傳》的叙述體系之中。

《惠賈皇后傳》後所附的《謝夫人傳》記載武帝以才人謝玖賜惠帝,有孕,“賈后妒忌之,玖求還西宫,遂生愍懷太子”。又云“賈后不聽太子與玖相見,處之一室,及愍懷遇酷,玖亦被害焉”[③]。可見有賈后嫉恨愍懷太子母謝夫人之事。由此可知,寫本 51 行下部所殘當謂賈后爲太子妃時,忌憚謝氏、愍懷“母子,形於言色”。

賈后觸怒了武帝,又有人爲賈后求情,這一段文字寫本殘損也較嚴重,但至少留下了“浚兄虞女粲”(即趙粲)與“吴太妃”(吴王晏之母)兩個人名,《晉書·惠賈皇后傳》記載的這一情節則僅及趙粲。如上所述,“浚兄虞女粲”的表達是爲了與上文列舉的被族滅者有趙浚相呼應,寫本這裏記載趙粲爲賈后求情一事也是爲該事提供背景。

此後應是解釋韓氏與賈氏的淵源,但寫本相關文句殘損嚴重,行文又不與傳世文獻對應,不參考寫本上下文就很難理解。第 56 行“故粲”以前十字當與 55 行下部殘缺的文字相連爲一事,原録文在“帝”下注稱“疑此處有訛脱”,原擬補僅在 55 行末補“又嘗議”三字,而没有討論 56 行“帝”前所殘之字。

---

① 《晉書》卷五九《趙王倫傳》,第 1599 頁。
② 《晉書》卷三一《惠賈皇后傳》,第 964 頁。
③ 《晉書》卷三一《謝夫人傳》,第 968 頁。

本層總述提及“韓壽”,如果從與此相關的方向考慮,此處殘文提到“立世子”,又提到賈充之名,可以聯想到賈充以外孫賈謐爲世子的風波,這正能夠解釋韓氏何以捲入這場動亂。《晉書·賈充傳》載:

> 及薨,(郭)槐輒以外孫韓謐爲黎民子,奉充後。……(韓)咸等上書求改立嗣,事寢不報。槐遂表陳是充遺意。①

賈充與郭槐之女賈午嫁給韓壽,生子韓謐。太康三年(282)四月賈充薨,無嗣,欲以外孫韓謐爲嗣,此事雖然引起朝臣争議,但後來武帝下詔確定了韓謐的嗣孫地位,韓謐也改姓賈。寫本55行後部及56行“立世子”應爲一小句,交代賈充欲取賈午子韓謐立爲世子;56行“充稱□帝”中所缺可能是“之”、“諸”一類的字。但唐修《晉書》所載關於賈充立嗣的争端發生在賈充死後,是郭槐提議、武帝下詔定奪,而如上對56行的理解是賈充在世時已向武帝作此請求。不過這類故事也很可能有多種版本流傳。

綜上,重新梳理本層即第49行末至57行的敘述,可以分爲四個小層次:第一小層是49行末至51行中部,總述族誅賈后親黨之事;第二小層是51行後部至55行前部,插敘趙粲、吴太妃與賈后的淵源;第三小層是55行後部至56行前部,插敘賈謐及韓氏與賈后的淵源;最末的“故粲〔……〕以舊恩,遂豫成亂謀”一句殘缺較多,但似乎是再次總結趙氏、韓氏因爲與賈氏的“舊恩”而成爲了賈后黨羽,回應第一小層的總述。

第七層對應第57至59行,記載趙王倫殺解系兄弟,並插敘他們之所以結怨。原擬補據《晉書·解系傳》的兩段材料將此節補全爲:

> 57 (前略)〔又〕煞前雍州刺史〔解系。初,孫秀與系争〕
>
> 58 軍事,華等直系,〔故〕倫陷系、結以〔秀擾亂關中,在都議秀罪,謂〕
>
> 59 疏當遣出,故及於難。 (後略)

對於解系兄弟與孫秀、趙王倫結怨,《解系傳》云:“倫信用佞人孫秀,與系争軍事,更相表奏。朝廷知系守正不撓,而召倫還。系表殺秀以謝氐羌,不從。倫、秀譖之,系坐免官,以白衣還第,闔門自守。”又《解系附結傳》云:“孫秀亂關中,結在都,坐議秀罪應誅,秀由是致憾。”②都説解系兄弟表請殺孫秀,這一要求雖然没有實現,但導致朝廷徵趙王倫還京,這個過程與“遣出”並不相合,而且“疏當遣出”一語本身也難以讀通。這四字在公布的圖版中十分模糊(見圖10),但“當”與“書”、“遣”與“遺”皆字形極近③,有原録文因字跡不清辨認失誤或者原寫本已經訛寫的可能,如果四字是“疏書遺出”,則似乎可以解釋。傳世

---

① 《晉書》卷四〇《賈充傳》,第1171頁。

② 《晉書》卷六〇《解系傳》,第1631—1632頁;同卷《解系附結傳》,第1633頁。

③ 另據《敦煌俗字典》,敦煌寫本中“當”字小字頭的兩點常相連似小横,則整體字形與“書”字更爲接近。參見黄征《敦煌俗字典》,上海教育出版社,2005年,第76頁。

文獻中雖然很少見到“疏書”，但有“書疏”一詞指書信。包括政治、軍事鬥争中相互聯絡、策劃甚至是交通情報的密函，都可以稱爲“書疏”。如《三國志·魏書·董昭傳》載董昭陳時弊云“往來禁奥，交通書疏，有所探問”[①]，同書《趙儼傳》裴注引《魏略》謂李通不通於袁紹，“及紹破走，太祖使人搜閲紹記室，惟不見通書疏”[②]，《晉書·譙王承傳》載王敦遣魏乂攻譙王承時“送所得台中人書疏，令乂射以示承”[③]，這樣的“書疏”最後往往成爲區别敵我的證據。雖然《解系傳》稱解系、解結上表請殺孫秀，但這些表奏不一定公開，即便公開，表面上也没有引起朝廷要誅殺孫秀的决定，可能在這些表奏之外，還有其他激怒孫秀、趙王倫的證據，因此寫本稱某種“疏書遺出，故及於難”。《晉書·張華傳》載：“初，趙王倫爲鎮西將軍，撓亂關中，氐羌反叛，乃以梁王肜代之。或説華曰：‘趙王貪昧，信用孫秀，所在爲亂，而秀變詐，奸人之雄。今可遣梁王斬秀，刈趙之半，以謝關右，不亦可乎！’華從之，肜許諾。”[④]雖然不知游説張華的人是誰，但可以看出孫秀最危險的處境是張華與梁王肜定議，在梁王肜入關中代趙王倫時殺掉孫秀，只是後來梁王肜没有執行。藩鎮交代的殺伐屬於機密，亦即朝廷(或僅是其中一部分大臣)殺孫秀的决定不是公開的，孫秀、趙王倫當時未必知道全部内幕，後來相關的文書、信件流出，他們可能才意識到真實的事態，從而更痛恨解系兄弟。

另外，如果這樣理解“疏書遺出”四字，第 58 行“倫陷系、結以”之後的擬補也要略作調整。因爲此行殘損部分需要交代關於“疏書遺出”的前情，所以“倫陷系、結以”之下需要較快結句，這種要求也可以滿足，如接“重刑”、“逆亂”等詞皆可通。

以上對本段七層的内容逐一進行了解説。七層中，第四、六、七層之内還有總分(或總分總)的結構：第四層分述了與賈謐、裴頠、張華被殺相關的情形；第六層分述了趙浚、韓壽被滅族的背景原因；第七層分述了解系兄弟被殺的背景原因。第一、二、三、五層的結構單純，基本相當於前述幾層的總述部分。總的來看，這一段無論是層與層之間，還是每層内的分述，都是以人物爲單位區分。由此可見，寫本雖然是編年記事，但也受到了以人物爲中心的記載的影響。

(八) 下詔大赦(59 行後半—70 行上部)

在叙述了趙王倫起兵廢賈后、誅殺大臣及賈氏黨羽後，寫本云“甲午，詔曰”，並長篇引録了詔書文字。這一部分每行上半殘留，因此還能夠大致瞭解詔書内容。

甲午詔書的具體文字雖不見於文獻，但其事在史書中有所記載。原擬補指出《晉書·惠帝紀》所載趙王倫矯詔内容有三項，而《趙王倫傳》僅載其中的

① 《三國志》卷一四《魏書·董昭傳》，第 442 頁。
② 《三國志》卷二三《魏書·趙儼傳》，第 669 頁。
③ 《晉書》卷三七《譙王承傳》，第 1106 頁。
④ 《晉書》卷三六《張華傳》，第 1073 頁。

令趙王倫輔政及封拜官爵一項[①],並認爲殘卷所存的詔書内容即是《惠帝紀》餘下的“大赦”與“追復太子”兩項。

推測此詔不涉及《趙王倫傳》所載内容應可成立,但此詔恐怕没有包含“大赦”與“追復太子”之事。詔書殘文第61行有“華專權”,應是問罪張華,65行有“構煞太”,應是罪責賈郭殺太子之事,67行“與朕協勢”、69行“子惟城”(當謂宗子維城),應是表彰身爲宗室的趙王倫清君側的功績。可見詔書是先數張華等人之罪,再表彰趙王倫之功,對此次政變及涉及的人物給予官方定論,並大赦,即塵埃落定、安穩人心之意。詔書的現存部分没有封拜趙王倫的明確痕跡,各行殘缺的字數恐怕也不足以容納他此時獲得的頭銜。同時,殘存部分中也没有空間容納追復太子的内容。

因爲此詔的主旨是給新舊兩黨定性,穩定大局,那麽緊隨此詔之後插入張華小傳,而不是在上文記載張華被殺時,或待下文將趙王倫、孫秀的一系列處分敘述完畢後再插入,也就可以理解了。還可以推測,在張華小傳之後,很可能還有其他同時遇難的大臣的小傳。

(九)張華小傳(70行後半—殘卷結束)

上面通過探討寫本中甲午詔書的内容,已經説明了爲何將張華的傳記附載於此。此傳有部分文字可以與《晉書·張華傳》及其他傳世文獻進行對比,町田隆吉和岩本篤志已經進行了細緻討論。這裏再對兩處殘文進行討論。

第77行後部“初秀等謀”至80行前半“俄而難作”之間,記載了趙王倫政變之前關於張華的一段對話,儘管寫本上文及傳世文獻中也記載了好幾種類似的故事,但都與這裏的記載細節不同。從殘存文字可以判斷,這裏記載的是政變前有人勸説張華,而張華引某事作爲回答,没有聽從其勸説。第79行殘存有“魏明帝”及“關中”兩個關鍵字,原擬補據此推測其事可能是指太和二年春魏明帝欲西征,而朝臣皆謂不可,並補79行中部一句爲“時遠〔近群臣〕皆謂爲〔不可伐〕”。但此事看不出與張華當時的處境有明顯聯繫,不知張華何以引此回應勸告,因此對擬補方案可再斟酌。

寫本此事在傳世文獻中找不到文本意義上的參照,再加上文字殘損較多,亦不知勸誡者爲誰,只能從所存部分稱“初秀等謀”云云判斷應發生在孫秀趙王倫等謀廢賈后時。因此即便是作史事的考證,也較有難度。考慮與寫本此事類似的事件,可以發現還有兩種關於他人勸誡張華的記載,一是寫本及《張華傳》中已記載張韙以中台星坼勸張華遜位而不果之事,此外,《張華傳》還載有劉卞以計干張華而不見用一事,謂賈后廢太子以前,劉卞勸張華聯合太子先廢賈后,而張華認爲此計亦終難全濟,未採取行動[②]。這兩事都反映了張華身處元康之末以來的政治漩渦中,因“權戚滿朝,威柄不一”[③]而不願輕舉妄動的

① 《晉書》卷四《惠帝紀》,第96頁;同書卷五九《趙王倫傳》,第1599頁。

② 《晉書》卷三六《張華傳》,第1073頁。

③ 《晉書》卷三六《張華傳》所載張華答劉卞語,第1073頁。

立場,與寫本此處所載雖然具體事實不同,但意圖表達的張華的態度很可能是一致的,也可以算作當時政治傳聞同事異辭的一種形式。因此,這一意涵可以作爲進一步考證寫本内容的提示。

另一方面,寫本明確有"魏明帝"和"闕中"兩詞,指向魏明帝西征闕中一事,而此事中還有一插曲。據《三國志·魏書·明帝紀》載,當時明帝于正月丁未幸長安,四月丁酉方還宫。裴注引《魏略》曰:"是時訛言,云帝已崩,從駕群臣迎立雍丘王植。京師自卞太后群公盡懼。及帝還,皆私察顔色。卞太后悲喜,欲推始言者,帝曰:'天下皆言,將何所推。'"[①]《魏略》記載中的魏明帝的處境與態度,與上述張華的處境與態度有相通之處。魏明帝在長安時,京師出現了皇帝已崩的謡言,但後來没有出現大亂,明帝亦未追究,張華或借此比喻時局,認爲當時形勢複雜,千鈞一髮,雖有各式傳言,但若盡力維持,或可平穩過渡。第79行可據此大意重新擬補。同行上半的"魏明帝業闕中"六字實難通曉,"業"字或是"幸"之訛(參見圖9)[②]。第80行首"山之"二字亦顯然不與下文"俄而"相接,但也不似句末,恐怕有脱字。這裏應是張華之語的最後,原擬補認爲此謂"岐山之勝",但根據以上所述的理解方案,這裏可能謂"泰山之安"。

又,第80至81行記載了張華死後家中財産唯有藏書之事,參照《晉書·張華傳》"雅愛書籍,身死之日,家無餘財,惟有文史溢於機篋"[③],原擬補將寫本補全爲:"華身〔死,家〕口薄閲,家[無]〔餘財,惟有文史溢〕于枷藏。"其中"家口薄閲,家無餘財"兩句略嫌艱澀。

"薄閲"即"簿閲",指根據簿記檢視,從當時情勢考慮,應是趙王倫、孫秀誅殺張華並夷其三族後,遣人至其家簿閲財産,也就是抄家。"簿閲"的類似用例在唐修《晉書》記載石崇之死時也曾出現,石崇欲圖孫秀、趙王倫,事泄被殺,《石崇傳》云"有司簿閲崇水碓三十余區,蒼頭八百餘人,他珍寶貨賄田宅稱是"[④]。因此"簿閲"之上應斷句,即以"華身□□口"爲一句。檢視圖版(參見圖11),"口"字確然無疑,但在此處實在難以理解。《張華傳》云"身死之日",寫本"口"字也很可能是"日"字之訛。綜上,可補寫本全句爲:"華身〔死之〕(口)〔日〕,薄閲,家[無]〔餘財,惟有文史溢〕于枷藏。"

二　寫本中的插叙

寫本一個值得注意的叙述特點是插叙,頻繁的插叙會使時間感模糊。較

---

① 《三國志》卷三《魏書·明帝紀》,第95頁。

② 據《敦煌俗字典》,敦煌寫本中"幸"字下部的"幹"有寫作三横一豎者,則與"業"字更爲相似。(黄征《敦煌俗字典》,第459頁)"幸"的類似字形在中古碑刻中亦多見,參見臧克和主編《漢魏六朝隋唐五代字形表》,南方日報出版社,2011年,第222頁。

③ 《晉書》卷三六《張華傳》,第1074頁。

④ 《晉書》卷三三《石崇傳》,第1008頁。

爲嚴格的編年體史書對於時間明確且較爲重要的事件一般會按照時間排列，在時間順序與叙事連貫性之間，編年體史書一般優先考慮前者。殘卷也大體是按照時間次序記事，但所見的插叙内容都没有與前文呼應的提示，是這些插叙事件發生的時間不在該書的記述範圍之内，還是該書並非嚴格按照時間次序編排？上文已經逐一指出了插叙的段落，下面對這些段落所載事件再進行探討，瞭解它們的發生時間和事件性質，從而對寫本史書叙事編次的原則有更深入瞭解。

寫本殘卷的開始，是愍懷太子被廢後其舊黨欲起兵復太子，並與孫秀、趙王倫聯絡，但孫秀却有自己的計畫，遂故意拖延、微泄其謀，即第 11 行上部的"不即決，謀□泄"之語。在此之下，寫本插入了很長一段内容，直到第 19 行云"太子既廢，秀又令(下殘)"，配合第 20 行有"當起兵如許"等字樣，可知是具體叙述孫秀在太子被幽禁於許昌後，又令人散布有人將起兵迎還太子的謡言，這才接回到第 11 行"不即決，謀□泄"的叙述，並繼續講述孫秀最終促使賈后鴆殺太子。那麽，在 11 至 19 行之間插入的内容是怎樣的呢？它們總體可以分爲兩段：一是以"初，秀陰謀逆亂"云云插入叙述了孫秀的全盤計畫(第 11—14 行)，如何欲挑撥賈后、太子，使趙王倫從中得利；二是以"時後屢遣宫(下殘)"至"遂廢太子"一段叙述了孫秀實施第一步計畫的具體經過(第 14—19 行)，即散布謡言，促使賈后廢黜太子。這裏插叙的兩事，如果從一般的編年體的標準來看，似乎都可以獨立叙述，而不應與殺死太子合爲一條。即便退一步説，插叙的前半内容，即孫秀的全盤謀劃，可能缺乏明確時間點而需要附於他事叙述；但至少插叙的後半内容即太子被廢，是一件極其重大也應能知曉具體時間的事件，有必要也有可能被獨立繫於相應時日叙述。而且，太子被廢與被殺有三個多月間隔，通過《晉書・惠帝紀》、《通鑑》的記載，其間發生有太子之子的亡故[1]，也是較爲重要且相關的事件。

寫本第 38—39 行追溯了齊王冏與賈后的宿怨，是附在叙述齊王冏帶兵入中宫廢賈后時。據《晉書・賈充傳》，齊王冏嫡母與賈后分别是賈充前妻與後妻之女，兩房之間有激烈矛盾。而自從後妻之女即後來的賈后被武帝立爲太子妃，齊王冏之母徹底喪失了抗争的可能，遂"憤恚而薨"[2]。賈氏立爲太子妃在武帝泰始年間(265—274)，這距離賈后在惠帝時掌權又被廢，相距數十年。

寫本在記載盡滅賈氏親黨後，在第 51—57 行追溯了趙粲、吴太妃、諸韓等與賈后的淵源。趙粲、吴太妃在武帝之時對當時還是太子妃的賈氏有保護之力。唐修《晉書》對賈后被立爲太子妃、謝氏爲太子(即惠帝)生子(即愍懷太子)、賈妃地位不穩等事，記載頗多，這些是影響到武帝以後政治走向的重要事件，如果是編年體的晉史，似乎應在它們本來發生的時期進行獨立記載，而不是僅在賈后被廢殺後給予簡單追述。與此類似，以韓謐繼賈充爲嗣發生在賈

① 《晉書》卷四《惠帝紀》，第 96 頁；《資治通鑑》卷八三晉惠帝永康元年，第 2637 頁。

② 《晉書》卷四〇《賈充傳》，第 1171—1172 頁。

充在世或剛去世時,賈充卒于武帝太康三年(282)四月[①],而寫本也是在賈后被廢殺後才予以交代。

寫本記載殺解系兄弟後,插叙了解氏兄弟與孫秀、趙王倫的宿憾。元康六年(296)五月關中匈奴叛,解系與孫秀、趙王倫因軍事更相表奏,致趙王倫被征還京,對此《解系傳》云"朝廷知系守正不撓,而召倫還"[②],"朝廷"當指張華、裴頠等人[③]。這些事情,距賈后被廢也有數年。

綜觀以上四處插叙,基本是可以確定獨立時間點且頗爲重要的事件。尤其是對於相隔三個月、各自有明確日期的太子被廢和太子被殺兩事,將前者的細節作爲後者的背景予以插叙,如果以一般編年史的標準來看較難理解。其餘三處插叙屬於武帝及惠帝前期史事,與寫本殘存部分所載的時間也相隔較遠。總之,寫本的叙述更專注於一個主題事件,對時間順序的把握則較爲靈活。同時,儘管寫本的很多内容可以與傳世文獻對照,但插叙部分却多與傳世文獻的叙述不同,亦即這些叙述安排很可能是寫本較爲獨特之處,也是其作者拼綴史料、重新叙述的結果。

三　以人物爲中心的記載在寫本編纂過程中的作用

整理者已經指出寫本是混有人物傳記的編年體史書,但在理解、分析寫本的具體内容後,會發現寫本與人物傳記相關的因素絶非附有張華傳記一點而已,寫本的叙述整體上也明顯呈現出以人爲中心的叙述結構與以事(時間)爲中心的叙述結構之間的交融。兩種叙述結構的交融,必然是後來史家重行編纂的結果,簡單來説,是將原有的叙述拆分爲許多零件,再以新的邏輯和結構進行組裝。從寫本的具體内容上,可以感到其作者對所據材料的分割、重組頗爲細緻。

寫本以人物爲中心進行叙述,在上述第七段表現得特别明顯。第七段記載趙王倫政變後的諸項處置,其叙述不是嚴格按照事件的發生先後順序,而主要是根據不同人物分别叙述。此段内後五層分别記載幽禁賈后、收捕後宫的賈氏黨羽、誅殺大臣、賜賈后死、殺賈氏黨羽、殺解系兄弟,各層與人物的對應關係十分明顯。更值得注意的是,從寫本第五段開始叙述趙王倫政變,一直是以趙王倫爲中心,"事"的綫索較爲明顯,事件經過的順序也與傳世史料差異不大。第六段與第七段前兩層依然如此,而從第七段第三層開始,叙事多不依時間先後,變爲平鋪開來分頭叙述各方人物的情况。這裏先結合其他史料,説明從第七段第三層開始寫本叙述未依時間順序之處。

一是寫本各種收補、誅殺賈后黨羽及大臣的記載都在幽禁賈后於金墉一

① 《晉書》卷三《武帝紀》,第73頁;同書卷四〇《賈充傳》,第1170頁。

② 《晉書》卷六〇《解系傳》,第1631—1632頁。

③ 《晉書·張華傳》也記載了張華欲令代趙王倫鎮關中的梁王肜殺孫秀以謝關中之事(《晉書》卷三六《張華傳》,第1073頁)。關中叛、徵還趙王倫的時間見《晉書》卷四《惠帝紀》,第94頁。

事以後,而《晉書·趙王倫傳》反稱幽禁賈后在收捕宫中後黨及誅殺大臣的"明日"[①]。金墉城在洛陽城外,政變者應該在牢固掌控局面後才會將賈后送至金墉城,《趙王倫傳》的記載是合理的。同時,寫本中對大臣、賈后及其黨羽被殺的敘述都在"癸巳"與"甲午"之間,亦即兩天之内,恐怕也非實情。例如賈后之被賜死,在《晉書·惠帝紀》中有明確的日期[②],已經在趙王倫起兵的癸巳日以及甲午下詔以後數日。其餘諸人被殺的時間史料並無明確記載,其中地位重要者理應迅速被殺,但其他一些人物似未必皆要在兩日内處置完畢。

寫本誅殺大臣一層之内,對賈謐、裴頠、張華三人的分述也很不協調,對賈、張皆是詳載被殺之狀,對裴頠則是説"原其二子",這顯然是由人及事,而非由事及人。這種敘述面貌應是後來作者將對幾個人物的記載從它們原來的敘述中抽出,再綴合於此的結果,綴合的邏輯在於三項記載大體都與三人之死相關。綴合之後,雖然大致都是圍繞誅殺大臣一事,但敘述上呈現不協調,或者可以稱爲支離感。

總的來説,政變時的各項處置應該因時制宜,其實際過程不可能如寫本五個層次之齊整。那麽,追求政變實情的敘述應該是怎樣?《晉書·惠賈皇后傳》的一個段落似乎有所啓發。該傳記載了一些賈后被廢時的具體情形,其中一段説賈后被帶至宫西,"見謐屍,再舉聲而哭遽止"[③]。在寫本中被區分爲兩個層次的廢賈后與誅大臣(賈謐),在這一敘述中交織在一起。這裏不討論其事實的正確與否,但這種敘述,與寫本所呈現的依類排比錯落有致的結構不同。

從上面這些情况來看,寫本第七段前兩層與其上文應是來源於一種對趙王倫政變經過的敘事記載,從趙王倫起兵動員依次敘述至幽禁賈后。此後編纂者則參考了很多以相關人物爲中心的記載,加以綴合,形成了第七段後五層。

寫本所載的不少内容都可與傳世文獻參照,其中張華與其子韙對話的故事就是如此。這類名人軼事一般很難確定其時間點,如何編次這樣的内容也能夠突顯編纂者的思路。對比寫本與唐修《晉書》、《通鑑》對這一記載的位置安排,也能看出寫本的敘述摻有以人物爲中心的因素。寫本第 27—30 行記載張華與其子韙的對話,張韙因中台星坼的災變勸説張華遜位,張華不從。寫本的這段對話在張華拒絶孫秀邀約的對話之後,兩段對話都没有具體時間,但其後緊接著的是敘述癸巳日趙王倫起兵的過程,由此推斷,是因爲兩段對話都表現了張華在事變前夕的態度,所以放在對事變的正式敘述之前。而唐修《晉

① 《晉書》卷五九《趙王倫傳》,第 1599 頁。

② 《晉書》卷四《惠帝紀》永康元年四月云"己亥,趙王倫矯詔害賈庶人于金墉城",第 96 頁。《資治通鑑》也把此事單作一條,根據四月己亥這一時間排在當年第 10 條。《資治通鑑》卷八三晉惠帝永康元年,中華書局,1956 年,第 2643 頁。

③ 《晉書》卷三一《惠賈皇后傳》,第 966 頁。

書·張華傳》也是將這兩段對話相次,與寫本做法相似。[①]

唐修《晉書》對此事没有記載明確時間,諸家舊晉史佚文中,《開元占經》卷六七引王隱《晉書》載有此事,亦未言具體時間[②],或許這一記載本來就是欠缺明確的時間坐標。但是,《通鑑》借助來源有所差異的天象記録爲此事找到了時間座標。《宋書·天文志》云:"晉惠帝永康元年三月,妖星見南方,中台星坼,太白晝見。"[③]《晉書·惠帝紀》云:"三月,尉氏雨血,妖星見於南方。"[④]《通鑑》將以上兩處所見三月災異合而爲一,再補入《晉書·張華傳》所載的與中台星坼有關之事,並以"三月"作爲這一條目的繫時依據。[⑤] 這種現象如果只是獨立發生,或許應看作不過是寫本不瞭解某個細微事件的具體發生時間,是在史實認知層面與《通鑑》的差異。但結合上文所述寫本對時間之外的叙述邏輯的重視、受到以人物爲中心的編排方式的影響,則不能認爲寫本此處與《通鑑》的差異、與唐修《晉書》的相似是偶然。同時,這一相似不是僅僅指向唐修《晉書》,唐修《晉書》是繼承自舊晉史中的紀傳體史書,尤其是臧榮緒《晉書》和王隱《晉書》,甚至還可追溯至更早的以人物爲中心的記載。總之,這處叙述仍然顯示出寫本與以人物爲中心的西晉歷史叙述的聯繫。

餘　論

本文首先對吐魯番出土晉史寫本的文本進行了全面清理,在理解文字的基礎上明確了它的叙述結構,再以結構、體例爲綫索探討寫本的編纂過程。可以發現,寫本雖然大體爲編年繫事,但在以時間爲序的叙述主幹之上附加了大量圍繞個人的記載。這一方面説明寫本是經過了多重編纂的文獻;另一方面説明它背後的原始記載有不少是以人物爲中心,可能是别傳、家傳、正史列傳,甚至也可能是小説軼事。這些記載來自不同體系,因此後來的編纂者儘管進行了頗爲精細的拆分加工,力圖將它們組織在新的結構與邏輯之中,但還是無法完全將它們融爲一體。

隨著簡帛典籍的不斷發現,研究先秦文獻的學者逐漸認識到對於先秦史書而言,有一種掌故類文獻極爲重要,一般稱爲"語"或"事語"。《左傳》、《國語》、《國策》等都出自這類文獻,諸子書乃至後世的辭賦、類書也與它們有一定關係。[⑥] 近來還有學者徑稱這類以短章形式獨立存在的"事語"爲一種"公共素材",是先秦秦漢間諸子記事、説理的重要資源。[⑦] 類似的現象在中古時期

---

① 《晉書》卷三六《張華傳》,第1074頁。

② 《開元占經》卷六七《石氏中官·三台占》,《影印文淵閣四庫全書》子部第807册,臺灣商務印書館,1986年,第657頁。

③ 《宋書》卷二四《天文志二》,中華書局,1974年,第700頁。

④ 《晉書》卷四《惠帝紀》,第96頁。

⑤ 《資治通鑑》卷八三晉惠帝永康元年,第2637—2638頁。

⑥ 李零《簡帛古書與學術源流》,生活·讀書·新知三聯書店,第202、278頁。

⑦ 徐建委《戰國秦漢間的"公共素材"與周秦漢文學史叙事》,《中山大學學報》(社會科學版)2012年第6期。

的文獻世界中同樣存在。中古史書有“八家後漢書”、“十八家舊晉史”之稱,後漢魏晉的歷史經過了反復編纂,作品數量繁多,被《隋志》劃爲“雜史”的不少史書也應被計入同一隊列。這些史書編纂者的工作實際是在近似的資源庫中進行編輯加工——對比今天存世的《晉書》、《世説新語》以及前人所輯諸家舊晉史,立刻能夠發現大量類似的内容會出現在多種文獻中,又常常略有變化。但存在於《世説》或類書、舊注中的舊史佚文都是片段,今人只能看到這些片段之間的異同,無法了解它們在史書中原本的環境,也就難以具體了解當時史家如何進行編纂工作。從這個角度來看,吐魯番寫本提供了一種包含有多個完整情節、能夠反映原書結構體例的晉史文本,而且内容也多能與今存文獻對比,彌足珍貴。藉由吐魯番寫本,可以了解當時史家如何分割、重組素材,編成新的史書。通過這類深入細節的考察,或可對中古時期“史學”與“史部”的發展提出新的問題。

附録一:

圖 1:第 43、44 行所存部分下端

圖 2:第 12、13 行間夾字

圖 3:第 12 行第 16 字

圖 4:第 38 行 7—10 字

圖 5:第 21、22、23 行所存部分下端

圖 6:第 39 行“相”及其上殘墨

圖 7:第 38 行“嫡母”及其下殘墨

圖 8:第 39 行第 11 字殘筆

圖 9:第 79 行“業關中”

圖 10:第 59 行上四字圖 11:第 80 行“口”字

附録二:

表 1　第 49 行第 10 字殘筆與寫本“持”、“侍”、“毒”的對比

第 49 行第 10 字殘筆	第 44 行“黄門侍郎”	第 71 行“不持少操”	第 13 行“怨毒”

附録三:

説明:以下抄録《吐魯番出土文書》[貳]提供的寫本録文。原録文中有乙正、重文符號處皆徑轉寫,不再保留符號。寫本每行約 21—23 字,殘缺較多時僅括注“上殘”、“中殘”或“下殘”,不注明具體字數。

寫本的一些段落與傳世文獻非常接近,前人已經指出,本文未再作討論。爲便於讀者把握寫本内容,對本文討論未能涉及之處,將傳世文獻中與寫本文本十分相近、且有一定規模的段落附於録文之下。

1　廢,天□爲之憤　(下殘)

2　壓中□兵中郎濟　(下殘)

3　還宣□子與王妃書　(中殘)　心。超、雅説秀曰:“中

4　宫兇妒無道,與賈　(中殘)　太□,今國□儲副,社稷

5　將危,大□□起事□□□□事中宫,與賈郭親善,太子

6　之廢,□云與知,一旦□□□必豫及□先謀之。”□□於倫,

7　倫納焉,□告通事令□□□、省事張衡、兼壓中□御史

8　殷渾、□衛司馬督□□等,皆以爲然。林,常山人張□□

以上可參《晉書》卷五九《趙王倫傳》(亦見卷五三《愍懷太子傳》):

時左衛司馬督司馬雅及常從督許超……與殿中中郎士猗等謀廢賈后,復太子……乃説倫嬖人孫秀曰:"中宫凶妒無道,與賈謐等共廢太子。今國無嫡嗣,社稷將危,大臣將起大事。而公名奉事中宫,與賈、郭親善,太子之廢,皆云豫知,一朝事起,禍必相及。何不先謀之乎?"秀許諾,言於倫,倫納焉。遂告通事令史張林及省事張衡、殿中侍御史殷渾、右衛司馬督路始,使爲内應。

9　之曾孫,□車騎主□□。衡,趙王在鄴,以奸利□孫□□

10　善。始,路蕃之弟子。□□尅期,而秀等以太子　(下殘)

11　得志□不即决,謀□泄。初,秀陰謀逆亂　(下殘)

12　賈后□□增疾□□故構□成太子罪。今　(下殘)

13　則天下□怨毒以（已）□倫乘此釁,得奮其詐　(下殘)

14　除執□□後濟□□篡。時后屢遣宫　(下殘)

15　市道,聽察群言。□妹午及趙粲亦數　(下殘)

16　人,以參審風謡。秀知其然,乃使其私豎　(下殘)

17　説皇后妬而太子非皇后所生,憂怖不自　(下殘)

18　后。午、粲及諸宫人聞之,還白后。后既聞　(下殘)

19　言益□,故遂廢太子。太子既廢,秀又令　(下殘)

20　者,尅□當起兵如許迎□或未兵杖　(下殘)

21　又懼□欲速煞太□□□衆望。使太醫令程　(下殘)

22　黄門孫慮煞太子□□。慮至,絶太子食。□午　(下殘)

23　申夜□。或曰,太子慮見鴆,常煮食於前。及慮　(下殘)

24　□乃□太子如厠,於□□杵歐而煞之。太子大　(下殘)

25　□。太子既卒,賈后表　(下殘)

26　路始、右□次飛督閭和　(下殘)

27　四月辛□朔,日有食之。孫秀　(下殘)

28　危,趙□欲與公共匡朝廷。司空　(下殘)

29　吐言□此乎。司空□子韙曰:中　(下殘)

30　天道玄□,當修德以應之。癸巳,　(下殘)

以上可參《晉書》卷三六《張華傳》:

少子韙以中台星坼,勸華遜位。華不從,曰:“天道玄遠,惟修德以應之耳。不如静以待之,以俟天命。”

及倫、秀將廢賈后,秀使司馬雅夜告華曰:“今社稷將危,趙王欲與公共匡朝廷,爲霸者之事。”華知秀等必成篡奪,乃距之。雅怒曰:“刃將加頸,而吐言如此!”不顧而出。

31 司馬曰:中宫與賈謐等煞吾 (下殘)

32 中宫□□定賜若爵 (下殘)

以上可參《晉書》卷五九《趙王倫傳》:

至期,乃矯詔敕三部司馬曰:“中宫與賈謐等殺吾太子,今使車騎入廢中宫。汝等皆當從命,賜爵關中侯。不從,誅三族。”

33 入,因□□吏車輦截闕開門。倫帥梁王 (下殘)

34 壁上□兵將軍王□、謝恢以白虎幡率厲將 (下殘)

35 孝廉□通事令史,稍遷爲將軍。恢者,本 (下殘)

36 之孫□。倫陳兵馬道南,使游擊將軍 (下殘)

37 馬百□□中宫,華林令黄門駱休爲内應, (下殘)

38 皇后□庶人。帝曰□□齊王嫡母 (下殘)

以上可參《晉書》卷五九《趙王倫傳》:

倫又矯詔開門夜入,陳兵道南,遣翊軍校尉、齊王冏將三部司馬百人,排閤而入。華林令駱休爲内應,迎帝幸東堂。遂廢賈后爲庶人,幽之于建始殿。

39 母還□反相讎恨□□□卒。倫 (下殘)

40 之入,尚□郎師景露□請手詔,斬以徇 (下殘)

以上可參《晉書》卷五九《趙王倫傳》:

尚書始疑詔有詐,郎師景露版奏請手詔。倫等以爲沮衆,斬之以徇。

41 帝,人□□婦,不能救耶。倫坐端門,屯兵北 (下殘)

42 等持□送后于金墉城。收趙粲、賈午、午女 (下殘)

43 暴室□竟。以詔諸大臣司空、中書監、壯武公 (下殘)

44 書僕射、鉅鹿公裴頠,尚書解結,黄門侍郎杜斌 (下殘)

45 賈謐走入西鐘下,唤 (中殘) 牽□斬之。皆 (下殘)

以上可參《晉書》卷四〇《賈謐傳》:

走入西鍾下,呼曰:“阿后救我!”乃就斬之。

46 頠功臣後,原其二子。 (下殘)
47 林指曰:在此。司空曰:□害忠良 (下殘)
48 争,阿意苟勉,何以爲忠 (下殘)
49 書劉弘、典臺事程□以 (下殘)
50 韓壽弟散騎侍郎 (下殘)
51 皆族滅之,賈氏之黨 (下殘)
52 母子,形於言色。武帝 (下殘)
53 之。浚兄虞女粲爲 (下殘)
54 之吴太妃□叩頭流涕 (下殘)
55 耶! 且賈妃雖妬,婦 (下殘)
56 立世子有疑議充稱□帝。故粲 (下殘)
57 以舊恩,遂豫成亂謀。□煞前雍州刺史 (下殘)
58 軍事,華等直系,□倫陷系、結以 (下殘)
59 疏當遣出,故及於難。甲午,詔曰:朕以不德 (下殘)
60 闇,實任楊□,□作奸慝,既 (下殘)
61 華專權,漸再□□,遂 (下殘)
62 永制,專樹異姓,公前 (下殘)
63 丹書之制,而弼違 (下殘)
64 閡而不周,吾不明之 (下殘)
65 勸獎妬忿,構煞太 (下殘)
66 德,而兇黨復教内立 (下殘)
67 震發,與朕協勢,群奸翦 (下殘)
68 人,更擇良妃,備列六宫,皆 (下殘)
69 子惟城,其大赦天下,增位二等,使 (下殘)
70 七廟。華字茂先,范陽 (下殘)
71 志好學,不持□操。初□□□□人劉□□□欽 (下殘)
72 以其子妻之。欽數稱□,拜佐著作郎。太祖如長 (下殘)
73 郎從軍,掌書疏表檄,太祖善之,還即正。晉興 (下殘)
74 華博學洽聞,圖籍無不貫練。世祖嘗問漢事 (下殘)
75 萬户,華畫地成圖,應對如流,雖張安世不 (下殘)
76 之。還中書令,加散騎□侍。在朝忠肅,謀謨慎 (下殘)

以上可參《晉書》卷三六《張華傳》(又頗見於《世説》劉注、《書鈔》、《初學記》、《御覽》等引諸舊晉史佚文,可參町田隆吉及王素論文):

華少孤貧,自牧羊,同郡盧欽見而器之,鄉人劉放亦奇其才,以女妻焉。……盧欽言之於文帝,轉河南尹丞,未拜,除佐著作郎。頃之遷長史,兼中書郎。朝議表奏,多見施用,遂即真。晉受禪,拜黄門侍郎,封關内侯。華强記默識,四海之内,若指諸掌。武帝嘗問漢宫室制度及建章千門萬户,華應對如流,聽者忘倦,畫地成圖,左右屬目。帝甚異之,時人比之子産。數歲,拜中書令,後加散騎常侍。

77 其闕,軍國政事,多所□□。初,秀等謀 (下殘)

78 聞群小欲爲不善公曰:□□□□。華對 (下殘)

79 魏明帝業關中,時遠□□□□謂爲 (下殘)

80 山之。俄而難作。華身□□ロ薄閱家無 (下殘)

81 于枷藏。好屬文,而無□難之才。其《鷦鷯□》 (下殘)

82 化之多端,播群形於□類。惟鷦鷯之微蟲,亦攝 (下殘)

83 翩翻之陋體,無玄黄以自貴,毛弗施於器用,肉弗 (下殘)

84 鷶過猶俄翼,尚何懼罿罻。翳薈蒙籠,是焉 (下殘)

85 飃揚,翔不翕習。其□□□,其求易給,巢林不過 (下殘)

86 □數粒。栖無所滯游 (下殘)

(作者單位:南京大學歷史學院)

古典文獻研究（第二十輯上卷）
Journal of the Institute for Chinese Classics Studies
Nanjing University
Volume 20, No.1 2017

稀見《朝野僉載》十卷本價值考論

趙庶洋

張鷟《朝野僉載》是一部重要的唐代筆記，其中記録的唐代前期朝野史事對於研究唐代歷史、文化、文學都有很高的史料價值，歷來受到學者重視。可惜的是，此書原本亡佚已久，傳世版本中以明陳繼儒輯《寶顔堂秘笈》普集即第四集所收六卷本（以下簡稱"寶顔堂本"）較爲通行，目前學術界出版的多種點校本均以此本爲底本進行整理[①]。此本之性質乃是輯本，余嘉錫在《四庫提要辨證》中已經指出[②]，趙守儼經過逐條核對之後進一步指出：

> 校勘時發現，六卷本全據《太平廣記》輯録……今六卷本中，有幾條是天寶以後，乃至中唐以後的事，爲張鷟所不及見。這些條目，大概都是它書誤入的。其中有的是輯録《寶顔堂》本的人誤抄（如卷二"陽城拜諫議大夫"條，《廣記》明明注云"出《國史補》"）；有的可能是編撰《廣記》時錯注出處，以訛傳訛。有幾條僅僅是稱謂不合（作者卒開元中，有的地方却用了"玄宗"的謚號），或所叙時間不對（如出現了"天寶"年號），這些大概又是傳抄中寫錯的，不能因此否定它是《僉載》之文。[③]

除確認此本乃後人從《廣記》中輯出外，還澄清了此前比較模糊的問題，如六卷本中混入他書文字乃是後人誤抄或《廣記》原本誤注，並非輯録者有意爲之，這些失誤均與《廣記》有著密切聯繫，證實六卷本確是從《廣記》中輯録而出。

在寶顔堂本之外，余嘉錫還提到一種十卷本，這個十卷本見於邵懿辰《四庫全書簡明目録標注》、莫友芝《郘亭知見傳本書目》及李希聖《巴陵方氏藏書志》著録，莫友芝甚至稱之爲"校宋本"，李希聖亦云"其中構字空格注御名，蓋從宋本過録者"。然經過與寶顔堂本對校之後，余氏云：

---

① 如《朝野僉載》（趙守儼點校），中華書局，1979年；《朝野僉載》（袁憲點校），三秦出版社，2004年；《朝野僉載》（李德輝點校），收入陶敏主編《全唐五代筆記》第一册，三秦出版社，2012年。

② 余嘉錫《四庫提要辨證》，中華書局，2007年，第1025頁。

③ 《〈朝野僉載〉點校説明》，第4—5頁。

其卷一至卷五，即《秘笈》本之一二三卷；其卷五至卷十，即《秘笈》本之四五六卷。其分合不知孰先孰後。第十卷末盧照鄰條，已殘缺不完，以後尚有三十三條，均脱去。……每條皆有標題，與今本不同，然往往割裂文義，致不可通，殆妄人所爲，决非原本之舊。……所謂十卷本者，亦未可據也。①

趙守儼也關注過這個版本的一個殘本：

今北京圖書館所藏五卷本抄本，即這種十卷本前半部的殘本，其特點與余先生的介紹全同。②

兩位學者經過對比研究之後均認爲這個十卷本與寶顔堂本只是分卷略有不同，其他差别不大，甚至不如寶顔堂本，所以無甚可觀之處。

十卷本存世數量非常少，除趙守儼提到的國家圖書館藏五卷殘本之外，據《中國古籍善本總目》著録，大陸藏書機構中僅南京圖書館藏有一部清抄本十卷，學者在整理《朝野僉載》時多未能利用此本，因此對於它的情况除了前人介紹者外已不甚了解。實際上，經過筆者在南京圖書館的查閲，該館所藏《朝野僉載》十卷本實有兩部，其中一部爲顧氏過雲樓舊物，爲顧氏家人捐獻南京圖書館，未及進入《善本總目》，導致著録遺漏。這兩部稀見的十卷本的重新發現，對於研究《朝野僉載》的輯本源流以及此書的校勘都具有非常重要的作用，本文將其與寶顔堂本加以對比從而對其版本價值進行初步的考察。

過雲樓藏本卷首鈐“曹炎之印”、“彬侯”、“笠澤”、“每愛奇書手自録”、“處世無奇但率真”等印。曹炎爲清朝常熟地區藏書家，顧廣圻云：“藏書有常熟派，錢遵王、毛子晉父子諸公爲極盛，至席玉照而殿。一時嗜手鈔者，如陸敕先、馮定遠爲極盛，至曹彬侯亦殿之。彬侯名炎，即席氏客也。”③此本當即曹炎手鈔者(下文簡稱“曹本”)。另一本卷首鈐“錢塘丁氏藏書”、“四庫著録”、“兩江總督端方爲江南圖書館購藏”、“江蘇省立圖書館藏書”等印，蓋原爲丁氏八千卷樓藏書(下文簡稱“丁本”)，後經端方爲江南圖書館購藏者。《八千卷樓書目》卷一四著録“《朝野僉載》六卷”，下注云“舊本題‘唐張鷟撰’，影宋十卷本”，注文與正文之卷數不同，當即此本，正文“六卷”蓋據習見的寶顔堂本卷數。

與余嘉錫所言之版本情况大致吻合，前五卷相當於寶顔堂本之前三卷，後五卷相當於寶顔堂本之後三卷，而且兩本第十卷均從“盧照鄰”條以後闕，除丁本校補了兩條之外，無寶顔堂本此後三十餘條文字。卷三“稠禪師”(寶顔堂本卷二)“構精廬殿堂”句中“構”字④，兩本均空格注“御名”，國家圖書館所藏明

① 《四庫提要辨證》，第1020—1021頁。

② 《〈朝野僉載〉點校説明》，第4頁。此明鈔本今收入《子海珍本編·大陸卷》第一輯，鳳凰出版社，2014年。

③ 顧廣圻《思適齋集》卷一五《題清河書畫舫後》。

④ 此句文字據《太平廣記》卷九一引《朝野僉載》此條，寶顔堂本無“構”字。

鈔五卷本亦同,與李希聖所言相合。不僅如此,曹本"徵"、"弘"、"玄"、"敬"、"竟"、"鏡"、"恒"、"燉"、"敦"、"殷"、"貞"、"禎"等字均缺末筆,這是典型的宋人避諱方式,丁本避諱雖不嚴,亦偶有所見,這應當是清人在抄寫時所據原本如此,莫友芝《宋元舊本經眼録》三著録云"據宋本寫",李希聖云"從宋本過録者",當即因此。

十卷本雖然大致面貌與寶顔堂本一致,但是對於考察寶顔堂本的來源以及保存《僉載》相關文字之面貌具有重要價值。

十卷本與寶顔堂本之間存在一些差異。

如寶顔堂本卷一末有"洛陽縣令宋之遜"一條文字,十卷本此條文字不在此處,而在卷七(寶顔堂本卷五)"朱前疑"條前。《廣記》卷二〇一引《僉載》文字,即以"宋之遜"、"朱前疑"兩條並列,十卷本更接近《廣記》面貌。

十卷本卷三(寶顔堂本卷三)"董氏"、"崔敬女"之間有"高叡妻"一條,云:

> 趙州刺史高叡妻秦氏。默啜賊破定州,部至趙州,長史已下,開門納賊。叡計無所出,與秦氏仰藥而詐死。舁至啜所,良久,啜以金獅子帶、紫袍示之,曰:"降我,與爾官。不降,即死。"叡視而無言,但顧其婦秦氏。秦氏曰:"受國恩,報在此。今日受賊一品,何足爲榮。"俱合眼不語。經兩日,賊知不可屈,乃殺之。

寶顔堂本無。此條文字見《廣記》卷二七一引《僉載》,亦位於"董氏"及"崔敬女"二條之間,十卷本與《廣記》一致,寶顔堂本則脱漏了一整條文字。

寶顔堂本卷一(十卷本卷二)有"率更令張文成"一條:

> 唐率更令張文成,梟晨鳴於庭樹,其妻以爲不祥,連唾之。文成云:"急灑掃,吾當改官。"言未畢,賀客已在門矣。又一説,文成景雲二年爲鴻臚寺丞,帽帶及緑袍並被鼠嚙。有神靈遞相誣告,京都及郡縣被誅戮者數千餘家,蜀王秀皆坐之。隋室既亡,其事亦寢。

前後所載並非一事,十卷本中此條文字乃爲"張文成"、"貓鬼"二條,"張文成"條後有"有蜘蛛大如栗,當寢門懸絲上。經數日,大赦,加階授五品。男不宰,鼠亦嚙腰帶欲斷,尋選投博野尉"一句,"有神靈"上則有"隋大業之季貓鬼事起家養老貓爲厭魅頗",另爲"貓鬼"一條。二事見《廣記》卷一三七"張文成"條引《僉載》[①],卷一三九"貓鬼"條引《僉載》,十卷本之文字合於從《廣記》中輯録後之面貌,寶顔堂本則因脱漏一段文字而誤將二事合爲一事。

十卷本卷七(寶顔堂本卷五)"李勣"條載李勣批評鄉人吃飯時裂却餅緣後,張鷟評引王羆事,末有"今輕薄少年裂餅緣,割瓜侵瓤,以爲達官兒郎,通人之所不爲也"一句,寶顔堂本無,《廣記》卷一七六"李勣"條引《僉載》亦有此句。

上舉四例均爲十卷本較好地保存了《廣記》中文字的面貌,而寶顔堂本則發生了各種錯訛,失《廣記》所存《僉載》文字之貌。

---

① "又一説"前之文字,《廣記》注云"出《國史異纂》",實非《僉載》文字。

此外，十卷本每條文字之前均有條目名稱，如卷一前五條條目分別爲“王子貞”、“張璟藏”、“溱州筮者”、“蔡微遠”、“開元中二道士”，寶顔堂本均無。此五條文字均出《太平廣記》卷二一六，其條目名稱也與《廣記》中的條目名稱完全一致，書中其餘條目名稱情况相同，這應當是保存了從《廣記》中輯出文字的原貌。寶顔堂本没有這些條目名稱，當爲後人所删。兩者相較，十卷本的面貌更加原始。

通過以上對比可以看出，十卷本所反映的應當是《朝野僉載》這一輯本的原始面貌，很有可能就是寶顔堂本的祖本；寶顔堂本則應當經過明人加工，將十卷合併爲六卷，並且在傳寫過程中發生了一些錯亂。

值得注意的是，十卷本卷九（寶顔堂本卷五）“宗楚客”條“位至内史”之“位”字下多出“大雨暴降不能濕漏”至“及取官庫車舁”一大段文字，文多不具録，此段文字見《廣記》卷二三七“同昌公主”條引《杜陽編》，原文見今本《杜陽雜編》卷下，並非《僉載》文字，當爲輯録時竄入，寶顔堂本無此大段文字，可見在刊刻亦經過明人校勘，對輯本有所修正。

十卷本的文字也很有校勘價值。上文提及此本避宋諱甚嚴，故有學者稱其爲“據宋本寫”或“從宋本過録”者，似乎是指此本乃是宋人所輯。實際上，還有另外一種可能，即此本輯録時所據者乃是宋本《太平廣記》，抄録較爲嚴謹，原原本本地保存了宋本《太平廣記》中的避諱字，輯佚之人不一定是宋人，時代可能晚至明朝，因爲若是宋朝便有此十卷輯本存世，不應百餘年間無人著録。從十卷本將“構”字改注“御名”之避諱看，其所據《太平廣記》當爲南宋高宗年間刊本，《廣記》這一宋刻本已不存世，幸有清人孫潛、陳鱣曾分别用宋鈔、宋刻校過，從校本的避諱情况來看，其所據宋鈔、宋刻也是南宋高宗時期刻本①，這種一致性恐非巧合，而是《僉載》十卷本輯佚所據者與孫潛、陳鱣所據校者乃同一版本。

如《廣記》卷一四六“甘子布”條引《僉載》甘子布不得入五品，登封年中病重時方以“天恩加兩階，合入五品”，“鄰里親戚來賀，衣冠不得”。“親戚”二字，《廣記》明談愷刻本如此，寶顔堂本同，然孫潛校作“親情”，十卷本三種鈔本亦均作“親情”，親情，即唐人親戚之義，如拾得詩云“養兒與取妻，養女求媒娉。重重皆是業，更殺衆生命。聚集會親情，總來看盤飣。目下雖稱心，罪簿先注定”，即是此義。《廣記》談本、寶顔堂本作“親戚”，當爲後人昧於“親情”之義而據文意所改；“衣冠”，寶顔堂本同，《廣記》孫潛校作“官帶”，十卷本中曹本、丁本“來賀衣冠”四字皆空闕，然明鈔本不闕，作“冠帶”，與孫潛校之文字較合，蓋謂來賀時病重已無法穿戴五品官服受賀，作“冠帶”者恐更近於《僉載》原文，“衣冠”疑爲後人所補。

《廣記》卷一四八“韋氏”條載唐玄宗誅韋氏時濫殺無辜，張鷟評云“如冉閔殺胡，高鼻者横死”，“高鼻”，寶顔堂本同，孫潛校作“鼻高”，十卷本中明鈔本亦

① 張國風《太平廣記會校整理説明》，北京燕山出版社，2011 年，第 3—4 頁。

作“鼻高”,劉克莊《後村詩話》續集引此句亦作“鼻高”,可見當是宋本面貌。

《廣記》卷一六三“天樞”條引《僉載》“一條麻線挽天樞”謡,談刻本末云“此其應驗”,寶顔堂本作“此其應兆”,孫潛校本作“此其應也”,十卷本中明鈔本作“此其應之也”,曹本、丁本作“此其應也”,明鈔本“之”字當衍,三本與孫潛校本之文字一致。

《廣記》卷一六三“魏叔麟”條引《僉載》魏徵子叔麟反語“身戮”,“後果被羅織而殺之”,“殺之”,寶顔堂本作“誅”,孫潛校本作“誅也”,十卷本中明鈔本、曹本均作“誅也”,丁本作“誅”,亦與孫潛校本一致。

此類例證頗多,不煩備舉。從上文所舉四例即可看出,十卷本文字源出《廣記》宋本,所以保存了衆多與明談愷刻本《廣記》文字不同之處,而源出十卷本的寶顔堂本雖然有一些訛誤,也承襲了十卷本的大部分文字,這也解釋了寶顔堂本與《廣記》引《僉載》中部分異文乃是因其祖本源出宋本《廣記》,故有可資校勘之處。

十卷本除了與孫本一致的文字之外,還有部分異文或爲孫本、陳本缺卷而無法考察其異文者,這部分不僅對於《僉載》,乃至對於《廣記》的校勘都有特别的意義。兹舉一例。

《廣記》四八二“五溪蠻”條引《僉載》云“五溪蠻父母死,於村外閣其屍,三年而葬。打鼓路歌,親屬飲宴舞戲一月餘日。盡産爲棺,餘臨江高山半肋鑿龕以葬之”,言五溪蠻之厚葬風俗,其中“盡産爲棺餘”五字頗爲費解,《廣記》汪紹楹校云“黄本餘作飲”,屬下讀,張國風校云“餘,疑當作於”,亦屬下讀,雖於文意較順,然並無實據。十卷本三鈔本“餘”字均作“飾”,棺飾見《周禮》,謂用以障蔽靈車與棺柩的帷蓋,唐代或引申爲整個棺槨及裝飾,如《貞觀政要》卷六貞觀十一年太宗詔言當時厚葬之風時云“衣衾棺槨,極雕刻之華;靈輀冥器,窮金玉之飾”,《梁書》卷四五《王僧辯傳》云“更蒙封樹,飾棺厚殯,務從優禮”,均以“棺”、“飾”言厚葬之風,《僉載》此處亦當以十卷本作“棺飾”爲是。

由於十卷本存世數量稀少,其價值向來不爲人知,學者多以余嘉錫所言“妄人所爲”、“未可據”等判斷爲根據而未能重視這一版本。本文將其與通行的寶顔堂本做詳細比較,證明十卷本有自身獨特的學術價值:第一,保存了寶顔堂本的祖本面貌,從而最終理清輯本《朝野僉載》的淵源,在輯本系統中有重要地位;第二,保存了輯佚時所據宋本《太平廣記》的文字面貌,對《僉載》和《廣記》的校勘都有重要意義。因此,在《朝野僉載》甚至是《太平廣記》的整理研究中,十卷本都是一個值得特别重視的版本。

(作者單位:南京大學古典文獻研究所)

古典文獻研究(第二十輯上卷)
Journal of the Institute for Chinese Classics Studies
Nanjing University
Volume 20, No.1 2017

王文燾舊藏《三老諱字忌日記》拓本考述*

蔡淵迪

《三老諱字忌日記》,東漢刻石,原無確定名稱及立石時間,學界以其文字内容定名作《三老諱字忌日記》,或稱《三老諱字忌日刻石》①,簡稱《三老碑》,以下省文起見,即用其簡稱②。又定其立石時間爲東漢建武、永平之間(公元1世紀中葉)。通説清咸豐二年(1852)出土於浙江餘姚之客星山③,原石出土後即爲里人周世熊所得,後輾轉經上海至杭州,今立於杭州孤山之西泠印社。

金石學至清代乾嘉時已臻極盛,《三老碑》出土於金石學既盛以後之咸豐二年,又地處人文淵藪的江浙之地,加之是碑之第一位典守者——周世熊爲人熱情好事④,因此,《三老碑》之拓本流傳頗廣。2006年,《西泠印社》雜志嘗辟《三老碑》研究專輯,輯録拓本九種⑤。翌年,西泠印社又編著《三老碑彙考》一書,收録原石拓本數量增至十九種,並録翻刻本一種⑥,洵爲大觀。至2013

* 本文爲杭州市社會科學規劃項目"《漢三老諱字忌日記》版本知見及序跋輯録"(項目編號:2016RCZX01)成果。

① 關於此二種稱名,兹各舉一代表著作:方若著、王壯弘增補《增補校碑隨筆》第21—22頁著録此碑稱"三老諱字忌日記"(上海書店出版社,2008年),徐玉立主編《漢碑全集》第1册第89頁著録此碑稱"三老諱字忌日刻石"(河南美術出版社,2006年)。

② 東漢别有一碑名《三老掾趙寬碑》,亦有簡稱作《三老碑》者,讀者需注意區别。

③ 桑椹據清人吴恒舊藏一本《三老碑》題跋認爲,早在道光二十九年(1849)《三老碑》即有拓本流傳,故碑石不可能晚至咸豐二年方出土(桑椹《浙江省博物館藏金石拓本整理札記二則》,《東方博物》第20輯,浙江大學出版社,2006年,第59—64頁),頗有見地。

④ 同治四年乙丑(1865)正月,魏錫曾與羅戟門、汪述庵同訪周世熊,周"聞其爲漢碑來也,甚喜",及魏錫曾親自椎拓《三老碑》,周又"時時躐屐攜童饋藥食",拓竟之後,周又對魏等"語碑所自得及遭亂無恙,眉采猶軒舞也"(俱見魏錫曾《書漢三老碑後》,見《績語堂題跋》第32B—33A頁,光緒九年廣州刊本)。周氏不僅對來客熱情待以,甚至還攜《三老碑》拓本並自家題跋往訪友人,並贈送、商討之(見傅以禮《有萬熹齋石刻跋》第9A頁,民國七年《山陰吴氏遯盦金石叢書》本)。

⑤ 《西泠印社總第10輯·丙戌季春雅集暨〈三老碑〉研究專輯》,榮寶齋出版社,2006年,第14—27頁。

⑥ 西泠印社編著《三老碑彙考》,上海書店出版社,2007年。

年,王佩智編著之《三老碑今昔》,其第十章《三老碑拓片的市場估價》著録拓本十種[①],其中九種不見於前二書。删繁去複,僅三書輯録之《三老碑》原石拓本已有二十九種之多[②]。

本文將要論述之王文焘舊藏本即著録於《三老碑今昔》第103—104頁。前一頁爲文字著録,後一頁是影印圖版。該本整拓,裝爲大軸,而《三老碑今昔》一書幅面甚小,所收圖版縮印太甚,致使題跋文字全都無法看清,更别説各類鈐記了。所幸此本原件去歲在浙江省博物館展出[③],筆者得睹真容,深覺其旨趣豐富,因奮筆記録並考述如下。

一 概述

該本爲整拓,裝成一軸,拓芯上下各加裱天頭地脚。拓芯有題字兩處,皆在左側:一爲羅振玉跋文,四行,未署時日,亦無鈐印;一爲易忠籙觀款"戊寅花朝月潛江易忠籙觀此初拓精本於昭通劉笠僧先生行館記",下鈐"滄浪一舸"白文方印一枚。羅振玉是大名人,易氏之名則在顯晦之間。徐無聞曾撰《紀念易均室先生》一文,於易氏生平介紹頗詳。今撮舉其要:易氏名忠籙,字均室,號稆園,湖北潛江人,1886年生,曾任湖北省圖書館館長,任教西北大學、四川大學等,善書,流寓成都最久,與川中諸名士若林山腴輩多有往還,1969年卒。[④]故此觀款中之"戊寅"必是民國二十七年(1938)無疑。

拓芯鈐記除上述隨附易氏觀款之"滄浪一舸"印外,尚有散鈐十四處。其中周世熊印四處,分别爲:"餘姚周清泉金石書畫記"、"周世熊印"、"餘姚客星山周清泉手拓"(以上三印皆鈐於拓芯左側,"周世熊印"爲白文方印,其餘二枚爲朱文方印)、"清泉"(朱文長方印,在拓芯右上角)。周世熊乃《三老碑》原石之最早收藏者,彼得石之後即拓製百份,分貽好友[⑤],故凡鈐有周氏諸印者,乃《三老碑》初拓本之標誌[⑥]。以拓本考據點言之,此本右欄第四列第一行"次"

---

① 王佩智編著《三老碑今昔》,西泠印社出版社,2015年,第100—112頁。

② 《西泠印社》總第10輯所著録之九種《三老碑》拓本,除第八種"傅大卣朱拓本"外,餘八種皆被《三老碑彙考》吸收;其"傅大卣朱拓本"却著録於《三老碑今昔》,著録爲第十種,並且將該本題額亦印入,《西泠印社》總第10輯所印者則無。是以删繁去複,總計三書所著録之《三老碑》原石拓本得廿九種。

③ 有關此次展覽概況,參桑椹《書畫緣、金石樂——浙江省博物館〈金石書畫〉第一期展》,分載《收藏家》2016年第6期第3—11頁、第7期第33—44頁。又,此次展覽出版有對應畫册,爲浙江省博物館編《金石書畫》第一卷,西泠印社出版社,2016年,本文所論之王文焘舊藏本《三老碑》拓本圖片收在第17頁。

④ 徐立編《徐無聞論文集》,文物出版社,2003年,第335—337頁。

⑤ 魏錫曾《書漢三老碑後》:"方出土時,周君命工拓百十紙。"(《績語堂題跋》第32B頁)傅以禮《有萬憙齋金石跋》第9A頁:"曩歲丙寅里居姚江,周清泉過訪,攜贈是刻拓本數通。"

⑥ 仲威《中國碑拓鑑别圖典》"三老諱字忌日記"條即附各本《三老碑》上周世熊印鑑圖片,謂"此類鈐印對此碑鑑定有輔助作用"(文物出版社,2010年,第19—21頁)。是以有人在翻刻本《三老碑》拓本上加蓋僞造的周世熊印鑑,以冒充初拓者(參西泠印社編著《三老碑彙考》,第58頁)。

字不損，且其右側框綫完好，的是初拓本也[①]。

王文燾印四處："華陽王璈廡考藏印記"（白文方印，在拓芯左下角）、"王燾廡審定金石刻辭"（古鈢文，白文長方印，在拓芯左上角）、"燾廡"（白文方印，在拓芯左側）、"福迎齋所藏書籍金石記"（朱文方印，在拓芯右側）。其中"燾廡"一印甚小，乃拓芯與襯紙間之騎縫押，其位置又適在羅振玉跋文署款之下，乍視之以爲羅氏印，實亦爲王文燾印（參附圖）。"燾"與"璈"字通，《説文·玉部》"燾"篆下段注謂："《説文》有'燾'無'璈'，宜同也。"[②]"福迎齋"爲王氏齋號，此據王氏於此本天頭跋文署款可知（詳下）。有關王文燾之生平，本文將在下面第四部分專題討論，此處暫按下不表。

易忠籙印一處："潛江易忠籙讀碑之記"（朱文方印，在拓芯右下角）。

孫太初印四處："孫太初藏銘心之品"（朱文長方印，在拓芯左側）、"孫三審定"（朱文長方印，在拓芯右側）、"古滇孫太初所藏金石善本記"、"夢雨樓"（以上二印皆在拓芯右下角，前者爲朱文長方印，後者爲朱文方印）。孫太初(1925—2012)，雲南鶴慶人，金石考古學家，"夢雨樓"爲孫氏齋號[③]。

另有"石墨善本"白文方印一枚，鈐於拓芯右側，不知爲誰氏。

裱幅天頭文字計 31 行，皆爲王文燾手筆。首行爲"東漢第一碑"五隸字，字較大，"東"字右側鈐"集古"白文橢圓印一枚。據天頭第 3 行王文燾跋語，知此爲王氏臨摹清人吴恒題額。第 2 行乃王氏摹録吴恒原題款字"同治癸酉春仲自杭至蘇與何子貞品碑題此，恒"。第 3 行乃王氏自跋，謂："宣統丁卯夏五得周清泉拓本，景撫題額並跋識，燾。"其左側鈐印二枚："叔澌"（白文長方印）、"福迎齋"（白文長方印）。所謂"宣統丁卯"者，爲 1927 年。王氏效忠清室，以溥儀猶在，故仍用其年號。類似情況在羅振玉諸款署中亦常見。第 4 至 23 行爲王文燾過録之吴恒跋語及吴氏對《三老碑》左欄隸字之釋文。第 23 行下鈐"王君覆賞金石文字記"白文方印一枚。末八行爲王氏自跋，述過録吴氏跋語之本末甚悉，録之如下：

> 右吴君跋釋精審。癸亥夏見於製潢肆壁間，蓋弆者重付潢治也。余於戊午、己未間曾於陳氏得睹此石，每見必捫之。時陳氏將以之泛海求售，余愛而不能留。因索得一拓，並擬搜輯名人跋識，彙壽諸梓。得睹吴君所跋，爰就壁録副藏之。吴君之恒，字不傳。然與蝯叟同品題金石，當亦非泛泛者。今石已歸浙，不致出游，余有記詳志顛末，録於陳氏拓本之後。今因獲得舊拓，遂録吴君跋釋於上。宣統丁卯夏五中旬華陽王文燾君覆甫重録於滬上賃廡之福迎齋，距吴君記時又越四十二年矣。（下鈐

---

① 關於《三老碑》之考據點，歷來金石家均無異詞，可參：方若著、王壯弘增補《增補校碑隨筆》，上海書店出版社，2008 年，第 21—22 頁；馬子雲、施安昌《碑帖鑑定》，廣西師範大學出版社，1993 年，第 24 頁；李志賢《秦漢碑刻校勘圖鑑》，文物出版社，2007 年，第 299—300 頁；仲威《中國碑拓鑑別圖典》，第 19 頁。

② 段玉裁《説文解字注》，上海古籍出版社，1988 年，第 15 頁上欄。

③ 孫氏嘗出版《夢雨樓書法篆刻選》（雲南美術出版社，1994 年），故知"夢雨樓"是其齋號。

"君覆"二字朱文連珠印)

跋中謂吴恒字不傳,實則楊逸纂輯之《海上墨林》收有吴恒專條,甚短,不妨備録如下:

> 吴恒,字仲英,仁和人。書宗北魏,不落窠臼,秀勁之致,得之自然。光緒初,任松海防同知。①

是明謂吴字仲英。而《海上墨林》於1920年已出版,較王文燾爲此跋之時,尚早七年。王氏猶謂吴字不傳,蓋一時失檢也。

天頭鈐印除上録隨附文字者外,在其左下角尚有散鈐一處——"燾父秘笈"朱文方印,顯然亦是王文燾之印鑑。

裱幅地脚文字44行,第1至第35行爲王文燾過録周清泉跋文三則。其第1行右側上方鈐"如願"二字朱文長方印,下方鈐"王氏吉金樂石"朱文方印。第35行下鈐"君覆迻録"白文方印一枚。末九行爲王氏自跋,述過録周氏跋語始末甚悉,爰録如下:

> 右餘姚周清泉跋識三則,詳悉是石出土歲月及遭辛酉賊亂始末甚悉。宣統己未得諸京口陳氏。蓋周氏裔雠石時録示陳氏,俾知得石之由也。余幸獲睹東漢第一石刻,勾得墨本,因竝叚周氏原稿録副藏之。此石自同治壬子至今七十餘年,好古之士咸攷釋審定之,大都見於各家文集及金石跋尾(原注:約有十餘家),惟吴氏恒及此三跋未見著録,因亟録於墨拓之次。宣統丁卯夏五月中澣華陽王君覆父迻録於海上竝識。(下鈐"君覆"朱文方印)

此跋中"同治壬子"顯爲一時筆誤。同治總計十三年,並無壬子。此處當是"咸豐壬子",即咸豐二年(1852),是爲周清泉最初發現並收藏《三老碑》之歲。自此,《三老碑》始廣爲學者書家所知,乃有"好古之士咸考釋審定之"。又,咸豐壬子至"宣統丁卯",相距七十五載,是亦合跋文中所言"七十餘年"之數。故知此處"同治壬子"必是"咸豐壬子"之誤。

地脚最左側散鈐三處:最下一枚爲朱文方印,印文不甚清晰,似爲"王燾父金石記",然則爲王文燾印;中間一枚爲"孫氏金石"(白文方印),是必爲孫太初所鈐。最上一枚爲"憲鈞五十以後所得"(朱文長方印),是爲此本現在之收藏者小殘卷齋主人孟憲鈞先生印鑑。

裱幅右側有孫太初書簽條一紙,文曰:"漢三老諱字忌日刻石,周氏得石時初拓精本,海内稀如星鳳,華陽王氏舊藏,己丑夏以重金從笠僧處易歸。太初記。"裱幅右側尚有散鈐二處:"三蟲書室主人"、"孫太初藏碑記"(二者皆爲朱文,前者爲橢圓印,後者爲方形隸字印),蓋皆孫太初之印鑑。

裱幅左側有癸巳(1953年)寒食布震宇(1895—1967)觀款一行,下鈐一

---

① 楊逸等著《海上墨林·廣方言館全案·粉墨叢談》合刊本,上海古籍出版社,1989年,第69頁。

印，不能辨其印文。布氏乃滇籍書畫家。

二　此本之遞藏與著録

據前録王文燾諸跋，知此本乃王氏於 1927 年羅致。此後遞藏此本者，據諸鈐印及其他跋語，至少依次有劉笠僧、孫太初，今則藏於孟憲鈞處。

又，此本嘗出現於北京泰和嘉成 2011 年春季藝術品拍賣會中，乃“蜀中徐氏舊藏”專場中物。蜀中徐氏者，徐無聞也。孟憲鈞先生或即從此次拍賣中收得此本。然則此本在孫太初之後，孟憲鈞之前，尚經徐無聞之手。

易忠籙雖在拓芯上留下“潛江易忠籙讀碑記”之鈐記，然易氏未必藏過是本。易氏觀款謂“戊寅花朝月……觀此初拓精本於昭通劉笠僧先生行館記”，此其一；孫太初己丑題記又明謂徑得諸昭通劉笠僧，此其二。

此本在王文燾收藏之前又爲何人所藏？王氏諸跋文皆未交待。竊以爲，在王氏之前，此本很可能曾經羅振玉收藏。作此判斷之依據，主要是此本拓芯左側羅振玉之一小段題跋。

學者書家爲金石書畫作題跋，既可題於自家藏本之上，亦可爲他人藏本作跋。筆者雖無十分把握謂羅氏此跋必題於自家藏本，然綜合種種跡象，此一可能性極大。

羅氏此跋無上款、無鈐印，古人講究禮數，倘爲他人藏本作跋，不當如此無禮。考羅氏其他跋語，凡爲他人藏本所作者，往往上款與鈐印俱全，如爲陳承修跋所藏《隋元公姬夫人墓誌》、《蘇東坡書豐樂亭記》，爲端方跋所藏濃淡墨合拼本《崔敬邕墓誌》皆是；又爲端方跋所藏《常醜奴墓誌》，雖無上款，然鈐記不缺①。而此本羅跋既無上款，又無鈐記，或非爲他人作跋，乃跋於自藏本之上乎？此其一。

又，此段題跋旁有王氏騎縫押一枚，更能證羅氏此段題跋作於王氏鈐押此印之前。否則，羅氏作跋不至於選擇如此狹小之空間也。而王氏於羅跋旁施騎縫押，本意或即昭告後人，此跋先存於拓本之上，而非後加，兼存防僞之微意乎？此其二。

考羅氏此跋，實與《唐風樓金石文字跋尾》對應條目基本相同②，或即其底稿歟？《唐風樓金石文字跋尾》最初於光緒丁未(1907)三月下旬至六月上旬連載於羅氏主辦之《教育世界》第 148 至 153 期中，後彙訂别行，前有序，署丁未

---

① 《隋元公姬夫人墓誌銘》、《蘇東坡書豐樂亭記》皆有上海書店 1986 年 1 月影印本，端方舊藏濃淡合拼本《崔敬邕墓誌》有上海古籍出版社 2006 年 8 月《翰墨瓌寶》叢書影印本，端方舊藏本《常醜奴墓誌》有上海科學技術文獻出版社 2015 年 3 月影印本。

② 《唐風樓金石文字跋尾》相關條目可見《石刻史料新編》第 1 輯第 26 册，新文豐出版公司，1977 年，第 19841 頁上欄。

正月[①]。然則羅氏此跋或成於 1907 年以前乎[②]?

綜上所述,此本在入藏王文燾福迎齋之前,是否曾經羅振玉收藏,雖無十分堅確之證據,却是極有可能之事。羅氏《雪堂所藏金石文字簿録》未著録是本,《簿録》作於丁巳歲(1917)[③],然則此本從羅氏手中散出之時間或在 1917 年之前,是《簿録》不及著録矣。誠如此,則此本從羅氏手中散出後到王文燾入藏此本,其間至少間隔十年之久(王之得此本在 1927 年),王文燾未必直接從羅氏手中得到此本。王得此本後珍愛有加,題跋累累,然獨無一語道及羅氏,蓋即因此本非直接得於羅氏乎?否則,羅振玉乃王文燾之父執,倘王文燾直接從羅氏手中得到此本,當不至無一語交待也。

若上述推斷不誤,則此本可考之遞藏經過如下:羅振玉—王文燾—劉笠僧—孫太初—徐無聞—孟憲均。其中王文燾之得此本在 1927 年,孫太初之得此本在 1949 年,皆可由卷中題跋確定無誤。孟憲均之得此本應在 2011 年。其他諸家之遞藏時間則不能質言之矣。

王文燾雖占籍四川華陽,然久寓上海,跋此本時即在上海(參上録兩段王氏跋語之署款),而此本如何從上海流轉至西南,實不能詳。據易忠籙觀款,此本至晚在 1938 年已在雲南昭通劉笠僧處,其上距王氏得此本並作跋之 1927 年,不過十一年耳。唯此後該本一直在西南地區流轉,劉笠僧、孫太初固皆雲南人,易忠籙、徐無聞則久居成都,直至歸入孟氏小殘卷齋,又轉而北上至京矣。此本雖頻繁易主,然自王文燾入藏以後,迄未重裝過,王氏之騎縫押可以爲證。

此本雖迭經名家弆藏,却少見著録,《三老碑今昔》之外,所見唯泰和嘉成 2011 年春季藝術品拍賣會圖録《嫏嬛墨緣——蜀中徐氏舊藏》(第 1049 號)及浙江省博物館編《金石書畫》第一卷有影印圖版並簡略著録。

三 王文燾過録諸跋及自跋考

王文燾在此本天頭摹録吴恒題額並過録其跋、釋文字,而浙江省博物館適藏有吴恒題跋之《三老碑》原本,蓋即王氏所依據者。

吴本曾在 2011 年 1 月 30 日至 4 月 30 日浙江省博物館主辦之"墨林星鳳——浙江省博物館藏碑帖菁華展"中展出,惜筆者彼時未獲展訊,無緣一睹。所幸其影印圖版收録於《西泠印社》總第 10 輯(第 14 頁)及《三老碑彙考》(第 17 頁)中,猶得觀其大概。

今對照兩本,"東漢第一碑"五字隸書額,在吴本爲横式,王本摹作縱式。

---

① 蕭文立《雪堂著述述略稿》,西泠印社 2005 年 12 月《羅雪堂先生合集》本,第 172B—173A 頁。

② 羅氏作此跋之時間上限是 1905 年,蓋因其跋文中提及邱于蕃已作古,而邱氏卒於光緒三十一年(1905)九月九日(兹據羅振玉《直隸候補直隸州知州邱君墓誌銘並序》,氏著《雲窗漫稿》,1920 年貽安堂刊本,第 13B—14A 頁),故知此羅氏此跋必成於 1905 年陰曆重九之後。

③ 據《雪堂所藏金石文字簿録》前羅振玉自序,羅繼祖主編《羅振玉學術論著集》第 7 集,上海古籍出版社,2010 年,第 95 頁。

吴本於全碑皆有釋文,並繫二跋。釋文分布拓本兩側,與拓本行款相對應:原拓本右欄文字分四列,吴氏釋文即分四列,書於拓本右側;原拓本左欄文字分三行,吴氏釋文即照式分三行,書於拓本左側。第一跋在拓本左方原石缺損處,極短,文曰:“道光二十九年冬十月朔,六舟自餘姚歸,拓贈,仲英記。”第二跋則在拓本左下方。此跋形式頗爲奇特,分兩列,第一列自右向左書寫,第二列自左向右書寫,第一列末行直接第二列首行,顯然,吴氏本意並不欲分列書寫,不過一時難以寫下,方轉成兩列。王文燾所過録之吴跋乃其第二跋,所過録之釋文乃吴氏左側釋文。

爲《三考碑》作釋文者甚多,吴氏釋文於其間無甚突出,故不贅録。其跋文却頗有見地,惜諸本圖片皆縮小太甚,文字頗難辨識。《西泠印社》第 10 輯第 28 頁雖附有吴氏第二跋之釋文,然録文與斷句之誤,所在多有①。今校以王文燾所過録之文,並參核影印吴本之細字,將吴氏之第二跋録之於下:

> 此碑右半分四段,上一段記三老諱忌,次記椽諱忌,次記玄等五人,次記盆等六人,而缺其額,碑蓋邯等之孫所立也。漢制邑有三老,職如今之學官。《後漢書》有董子儀,豈即椽其人歟?九河有盆,故盆字少河。姚俗謂鄙陋曰“土”,謂女倩婉曰“反”。左半文古奥。“克命先己”者,克配天命,先求諸己也。“汁稽古率履化”者,博洽稽古,率履惪化也。“日月虧代猶元氣風力射”者,言歲久尚守家法,敦元善之風,力行射禮也。《詩》“有嚴有翼”,邯及見祖父而知其諱,故敬望後人能守《春秋》之義,爲尊者諱,所以敬上,因念高祖至九子爲世未遠,苟不知名諱刻於碑石,則不知者言事觸忌矣。母家曰“出”,《左氏·康公》“我之自出”。嚴乃祖母之氏,焦則其母氏。董子儀與嚴子陵並爲任延客。又上虞五夫子古記稱漢時有焦氏,五子皆有孝行,後皆爲大夫。則嚴本同邑,焦亦鄰境,皆著姓也。“副”,《廣韻》“稱也”,兼稱述其祖德也。越三十六年是爲光緒乙酉立夏,吴恒記於蘇台益壽里。

上引文中之著重號皆筆者所加,乃吴跋原本與王氏過録本之異文。“古率”二字皆吴本有而王本無,“氣”字吴本有,王本亦照録,然又於右側加墨點删除。此二處皆吴跋中摘録《三老碑》原文者,兩處碑文原作“汁稽履化”、“元風力射”,確無“古率”及“氣”三字。王氏删之有據。唯吴氏下文“博洽稽古,率履惪化”之訓解顯是據有“古率”二字者所作,是乃增字爲訓。王氏徑删其摘句之衍文,不悟其後訓釋之不合也。至於“氣”字,似確爲吴氏誤衍者。

“越三十六年”王氏過録本作“越十二年”。按:吴氏原跋之作“越三十六年”者,實以其第一跋之時間“道光二十九年”爲基準起算。道光二十九年爲公

① “豈即掾其人歟”之“歟”字誤釋作“股”,並將“股”字屬下讀作“股九河”;“歲久尚守家法”之“尚”誤釋作“而”;“故敬望後人”之“敬”誤釋作“敦”;“我之自出”之“我”誤釋作“找”;“與嚴子陵並爲任延客”之“任延”誤釋作“仕退”;“焦亦鄰境”之“亦鄰”誤釋作“志邊”;“蘇台益壽里”之“台”誤釋作“之”。又不知《左氏·康公》爲書名篇名,而“左氏”、“康公”兩詞分屬上下句,是皆大誤。

元 1849 年,光緒乙酉爲光緒十一年,即公元 1885 年,其間差距適爲三十六年之數。王過録作“越十二年”者,乃據吴題額時間“同治癸酉(1873)”爲基準,是得十二年之數。據前録王氏自跋可知,王之録副吴跋是在 1923 年,既是“就壁録副”,當時想是以吴氏道光二十九年題跋過於短小而不予重視,故一時未録。及至四年後,即 1927 年,王得此初拓本,將舊所録之吴跋轉録於此拓之上,或發現吴跋自署之“光緒乙酉”,與其題額自署之時間“同治癸酉”間差十二年,彼時王或未能覆核原本,遂徑將吴氏原跋中之“越三十六年”徑改作“越十二年”矣。

其實,吴氏於此本所題道光二十九年一跋雖極短小,却並非不重要。倘其題署時間不誤,則世傳《三老碑》出土於咸豐二年之説即大有問題[①]。

王文燾地脚所録周清泉三跋,其前二跋早載於俞樾《春在堂隨筆》卷二,爲人所熟知。今不備録。而王氏自跋謂周氏諸跋“未見著録”,蓋一時失檢。唯王氏所録周氏之第三跋,確未見於他處,玆録於下:

> 三老爲祖父,而“右九孫”則伯子、次子,適合九數。“邯及所識祖諱”,邯係椽忽第七子,建武時人,此石當亦建武時刻。《春秋》修其祖廟,天子七、諸侯五、大夫三、適士二。按《漢書》,鄉三老掌教化,椽有文學、功曹之分,三老椽副適士,僅得二廟,蓋《春秋》義不及尊翼上也,是以高曾所諱不列。“言事觸忌”想因新莽之世耳。同治丁卯春中五日清泉再識。

至於王氏自跋(録文俱見上節,玆不贅),其第一跋尚有兩點價值:第一,提示了王氏所藏《三老碑》拓本,除此本外,别有一本,乃從陳渭泉處拓得。而《三老碑》原石在陳氏手中之時間至短,故此時期之拓本向屬罕見[②]。第二,爲《三老碑》原石流入陳氏之時間提供了新的證據。《三老碑》原石本由浙江餘姚鄉紳周清泉及其後人保管,後來售於上海商人陳渭泉。舊説售石之間在 1921 年,後來上海圖書館發現一《三老碑》拓本,上鈐“陳渭泉己未所得三老碑印記”白文方印一枚(館藏號 L51510),己未是 1919 年,故學者推斷陳氏得石之時間爲 1919 年[③]。唯僅憑此印,亦可解釋爲陳渭泉己未所得者乃拓本,非原石也。是所謂孤證不立。及見此王氏跋文,明謂其“於戊午、己未間曾於陳氏得睹此石,每見必捫之”,是知陳氏之得《三老碑》原石確在“戊午、己未間”(1918、1919)或之前,而不可能晚到 1921 年。

四 王文燾生平考略

經上文考證,該本《三老碑》拓本至少經六人遞藏,其中留下最多題跋、最多收藏印鑑的當然是王文燾。可是,目前我們關於王文燾的生平却知之甚少。

---

① 參上引桑椹《浙江省博物館藏金石拓本整理札記二則》。

② 西泠印社編著《三老碑彙考》,第 5—6 頁。

③ 西泠印社編著《三老碑彙考》,第 6 頁。另,鈐有“陳渭泉己未所得三老碑印記”之《三老碑》拓本影印圖版見《三老碑彙考》第 50 頁。

房鑫亮編校《王國維書信日記》收録王國維致王文燾書信三通,並注出王文燾生平如下:

> 王文燾,字叔潕,四川華陽(今成都)人。曾官浙江候補知縣。編有《金文集存三編總目》等。[①]

又,徐美秋《論紀昀批解〈玉臺新咏〉的文獻和詩學價值——以王文燾過録本爲考察文本》謂:

> 王文燾,字叔潕,四川華陽(今成都)人,清末民國時期金石目録學家,與國學大師王國維有書信往來。除《玉臺新咏》外,王文燾還爲《積古齋鐘鼎彝器款識》、《昌黎先生詩集注》、《文心雕龍》等書過録諸家評校。[②]

西泠印社 2013 年秋拍古籍善本專場第 65 號拍品爲王文燾鈔本《鳴野山房彙刻帖目》四卷,對應圖録有王文燾之介紹,謂:

> 王文燾,字君覆,四川華陽人。王秉恩之子。清末民初學者,著有《椿蔭宧初草》、《鹽鐵論校記》、《春秋左氏古經》等。

筆者目前所能找到、直接介紹王氏生平的材料僅此而已。顯然,這三段材料都是極其簡略的,並且都没有提供依據。既然本文所論述的《三老碑》拓本留下了如此豐富的王氏題跋和印鑑,這正爲我們瞭解王氏生平提供了契機。以下,筆者將以此爲基礎,並結合其他相關材料,對王氏生平作一點大致的鈎勒。擬從五個方面著手:(1) 王文燾收藏印鑑輯録;(2) 王文燾的姓名字號問題;(3) 王文燾之收藏;(4) 王文燾之撰述;(5) 王文燾之生平仕履。

(1) 王文燾收藏印鑑輯録。所見輯録鑑藏家、書畫家印鑑款識的專著皆未輯録王文燾之印鑑,茲以此《三老碑》拓本及他處所見者補録於下,並爲以下討論王文燾的姓名字號問題張本。此《三老碑》拓本中可以明確爲王氏印鑑者有十三方,無一重複,分别是:

"君覆"(朱方)、"君覆"(朱文連珠印)、"璹廡"(白方)、"叔潕"(白長方)、"福迎齋"(白長方)、"君覆迻録"(白方)、"璹父秘笈"(朱方)、"王氏吉金樂石"(朱方)、"王璹父金石記"(朱方)(印文不確定)、"王璹廡審定金石刻辭"(古鉨文,白長方)、"華陽王琡廡考藏印記"(白方)、"王君覆賞金石文字記"(白方)、"福迎齋所藏書籍金石記"(朱方)。

另,拓本天頭之引首章"集古"(白文橢圓印)、地脚引首章"如願"(朱文長方印)雖不能確定其必爲王氏之印,但以鈐印位置言之,當亦屬王氏之印。

上面提及之王文燾鈔本《鳴野山房彙刻帖目》,據拍賣圖録所提供之圖片,又見"王文燾"(朱白文方印)、"潕生"(白方)、"椿蔭宧鈔本"(朱長方)、"翠墨書樓"(朱長方)諸印。

---

① 房鑫亮編校《王國維書信日記》,浙江教育出版社,2015 年,第 477 頁。

② 徐美秋《論紀昀批解〈玉臺新咏〉的文獻和詩學價值——以王文燾過録本爲考察文本》,載《中國韻文學刊》2013 年第 1 期,第 23—27 頁。

此外,筆者又於趙時棡《二弩精舍印譜》中見"椿蔭宧"白文長方印一方,有邊款,謂"刻成視之,頗似悲盦,俶潲屬,叔孺"[①]。此處明謂"俶潲屬",是知其必爲王文燾之印。這些印章的輯録可補《中國鑑藏家印鑑大全》等書之不足,更可爲討論王文燾的姓名字號問題提供堅確的一手史料。

(2) 王文燾之姓名字號問題。以上十數枚印章,除"椿蔭宧"、"福迎齋"、"翠墨書樓"、"集古"、"如願"爲齋館號或閒章外,其餘印章可分三類:一爲"王文燾"朱白文方印,一爲有"君覆"字者,而有"璹父"、"璹廡"、"琡廡"、"叔潕"字者,顯爲另一類。第三類之四組詞雖字形有變化,但讀音相同或者相近,大約可適用同音通假之例,"潲生"一印大約也可歸入此類。除這些印章外,王文燾在此《三老碑》拓本上又留有三處署款:"燾"、"華陽王文燾君覆甫"、"華陽王君覆父"。然則"文燾"、"君覆"、"璹父"(包括"叔潕"等),究竟孰爲王氏之名,孰爲王氏之字,孰爲王氏之號?

上引房鑫亮、徐美秋兩家皆謂文燾是名,叔潕是字。拍賣圖録則謂文燾是名,君覆是字。張雷又謂君覆是名,文燾是字[②]。究竟孰是孰非?筆者則認爲文燾是名,君覆是字,而"璹父"、"璹廡"、"琡廡"、"叔潕"等則是號。古人自署若連名帶字連署,往往名在前而字在後,此本有王氏款署曰"華陽王文燾君覆甫",是即可知"文燾"是名,此其一。山東大學古籍所藏王秉恩批校本《雲麓漫鈔》中有王文燾識語多條,或自稱"男文燾",或自稱"孤子文燾"[③],古人對尊者自稱名,秉恩是文燾之父,對乃父所批校書作識語,王氏所自稱者當然是名,此其二。王氏名爲文燾既已確定,則其字亦可從之確定,蓋古人名與字之間往往有所關聯。《説文·火部》:"燾,溥覆照也。"古籍中"覆幬"乃常用詞(《漢語大詞典》有"覆幬"專條),如《禮記·中庸》中有"辟如天地之無不持載,無不覆幬",段玉裁并認爲,此"幬"字乃假借字,其本字即爲"燾"字[④]。王氏以文燾爲名,以君覆爲字,可謂順理成章。其名、字既定,剩下的"璹父"、"璹廡"、"琡廡"、"叔潕"、"潲生"等自非號不可了。古人稱謂以稱字、號爲尊重(稱號似乎比稱字更見尊重些)。王國維寫信與王文燾,以號相稱"叔潲"、"俶潲"者,正與古人稱謂習慣合。

(3) 王文燾之收藏。文燾之父秉恩乃晚清一大藏書家,王國維嘗謂:"海上藏書推王雪澄方伯爲巨擘。"[⑤]文燾少承家學,其父所藏者尚能保守。如上面提到的王秉恩批校本《雲麓漫鈔》,又今藏於上海圖書館之莫友芝批點本《韓昌黎詩集編年箋注》,皆是王秉恩舊藏。文燾不僅能夠保守不失,又添跋識於其上[⑥]。傳承乃父藏書之外,文燾於金石圖書亦別有添購,筆者見聞不廣,所

---

① 趙時棡《二弩精舍印譜》,重慶出版社,2015年,第216頁。

②③ 張雷《新見〈雲麓漫鈔〉王秉恩手校本》,載《中國典籍與文化》2000年第4期,第81—83頁。

④ 段玉裁《説文解字注》,第486頁上欄。

⑤ 王國維《丙辰日記》正月初二日條,房鑫亮編校《王國維書信日記》,第735頁。

⑥ 沈津《上海圖書館藏集部善本書録(二)·唐代别集》,載《文獻》1990年第3期,第190—191頁。

見除本文所論之《三老碑》拓本外,復有《虢叔鐘》全形拓,拓本今藏上海圖書館,館藏號 Z1054[①]。至於稿本秘笈等所不易羅致之書,文燾復勤於鈔纂。如沈復粲《鳴野山房彙刻帖目》世無刊本,王氏即鈔録一本[②]。又如紀昀批校之《玉臺新咏》,原本已失所在,徐行可藏有一過録本,文燾遂據此過録本重新過録一本[③]。

(4) 王文燾之撰述。所見文燾完整之著作僅《隋徐智竦墓誌考》一種,稿本,收入臺北新文豐出版公司 1986 年 7 月出版之《石刻史料新編》第 3 輯,在第 35 册第 87—96 頁。據上引拍賣圖録介紹,王氏尚有《椿蔭宧初草》、《鹽鐵論校記》、《春秋左氏古經》等,皆未見。《隋徐志竦墓誌考》稿本封面題"椿蔭宧叢録之一",其於自家鈔《鳴野山房彙刻帖目》封面題識謂鈔録該本作"椿蔭宧金石叢編之一",是知文燾嘗有意於編纂《椿蔭宧叢録》、《椿蔭宧金石叢編》二書,書之成否及是否刊行皆不得知。

其他零星所見王氏文字亦所在多有。上文所提及的莫友芝批點本《韓昌黎詩集編年箋注》後有王文燾大段跋文,乃今人考證晚清藏書家莫棠生平的重要憑藉[④]。另外,上文提到的王秉恩批校本《雲麓漫鈔》、文燾自己過録之紀昀批校本《玉臺新咏》,皆有其零星跋識。馬奔騰輯注《王國維未刊來往書信集》復收録文燾致王國維書信兩通[⑤]。

(5) 王文燾之生平仕履。據以上所羅列之種種材料,可對王文燾之平生仕履作一簡單的勾勒。王文燾,字君覆,號叔潕、璹廡、珷廡、叔潕、潕生等,四川華陽人,乃晚清名士王秉恩之子。文燾能克紹家學,特留意於金石碑版。王秉恩生於道光二十五年(1845),據此推測王文燾之生年不會早於十九世紀六十年代。其與王國維通信自稱"後學",王國維生於光緒三年(1877),然王文燾生年或稍晚歟?所見文燾最晚之文字是題於其父批校本《雲麓漫鈔》中一則識語,署乙亥二月晦[⑥],時爲 1935 年,然彼時文燾尚在世。又據癸亥五月望日(1923 年 6 月 28 日)王文燾致王國維信可知[⑦],文燾曾於廣東開辦過電力公司,辛亥以後又在遜清小朝廷任職(職位較低),然則文燾之題跋署款將 1927 年署作"宣統丁卯"便不足爲奇了。其跋《隋徐智竦墓誌》謂"南朝風節穨靡,身宧兩朝,大書特書,不以爲恥,良可慨歎"[⑧],蓋正是其自身出處之投射。

---

① 松門《虢叔鐘善拓經眼録》,《中國書法》2015 年第 3 期,第 135 頁。

② 西泠印社 2013 年秋拍古籍善本專場第 65 號拍品。

③ 上引徐美秋《論紀昀批解〈玉臺新咏〉的文獻和詩學價值——以王文燾過録本爲考察文本》。

④ 如史麗君《莫棠生平及其藏書與題跋考述》,《圖書館雜志》2013 年第 5 期,第 95—99、103 頁。

⑤ 馬奔騰輯注《王國維未刊來往書信集》,清華大學出版社,2010 年,第 225—227 頁。

⑥ 見上引張雷《新見〈雲麓漫鈔〉王秉恩手校本》。

⑦ 馬奔騰輯注《王國維未刊來往書信集》,第 225—226 頁。該信署"五月望日",輯注者未作繫年,兹據書信内容考訂爲癸亥年(1923)作。

⑧ 《石刻史料新編》第 3 輯第 35 册,第 96 頁下欄。

附圖：

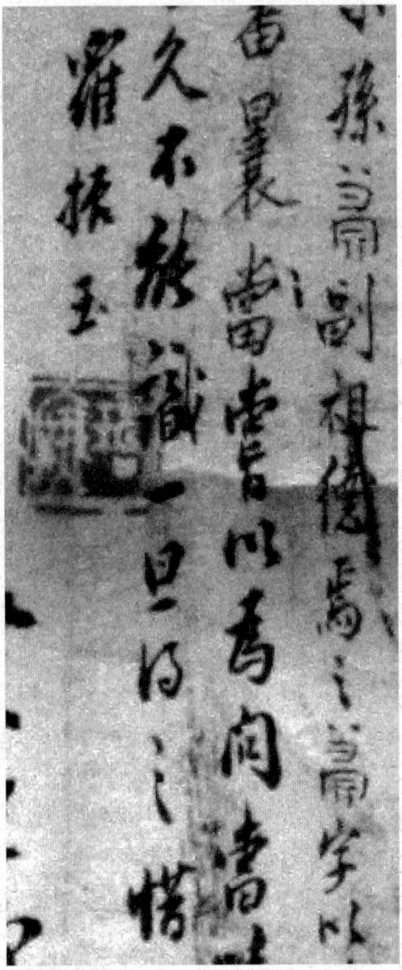

(作者單位：浙江大學城市學院)

古典文獻研究（第二十輯上卷）
Journal of the Institute for Chinese Classics Studies
Nanjing University
Volume 20, No.1 2017

《晉書》、《宋書》“著作郎”條辨析*

王　勇

中華書局點校本《晉書·職官志》“著作郎”條曰：“著作郎始到職，必撰名臣傳一人。”[①]百衲本、汲古閣本皆如是。點校本《宋書·百官志》中此條作：“晉制：著作佐郎始到職，必撰名臣傳一人。”[②]這兩則材料出現了一處異文，即“著作郎”（正郎）與“著作佐郎”（佐郎）。杜佑《通典》與馬端臨《文獻通考》皆作：“晉制：佐著作郎始到職，必撰名臣傳一人。”[③]《唐六典》所載與《宋書》同，《職官分紀》“著作郎”與“著作佐郎”條下分别徵引《晉書》與《宋書》。牛潤珍疑《晉書》中“著作”下脱一“佐”字[④]，已注意到這處異文。事實上此條當依《通典》與《文獻通考》作“佐著作郎始到職，必撰名臣傳一人”。

解決這處異文的問題，首先宜瞭解“撰名臣傳一人”這一制度所適用的是正郎還是佐郎。見諸史籍的兩晉著作郎凡三十一人，他們或專任著作，或以他官兼、領著作，但基本都是以才學入選。劉知幾對晉著作官選任有一段論述：“每西省虚職，東觀佇才，凡所拜授，必推文士。”[⑤]事實上確如劉氏所説，兩晉很多著作郎都是文才卓然的文士，如：

> 陳壽作《益部耆舊傳》，武帝善之，以爲著作郎。張載作《劍閣銘》，世祖以爲能，除著作郎。[⑥]
>
> 張瞻字仲應，作《應難篇》，司空張華晚見稱善，命爲著作郎。[⑦]

---

* 本文在寫作中得到羅新先生的教正，謹致謝忱。文章的錯誤與不確之處概由本人負責。

① （唐）房玄齡《晉書》卷二十四，中華書局，2008年，第735頁。

② （宋）沈約《宋書》卷四十，中華書局，2003年，第1246頁。

③ （唐）杜佑《通典》，中華書局，1992年，第737頁；（元）馬端臨《文獻通考》，中華書局，1986年，第511頁。

④ 牛潤珍《漢至唐初史官制度的演變》，河北教育出版社，1999年，第115頁。

⑤ （清）浦起龍《史通通釋》卷九，上海古籍出版社，2010年，第233頁。

⑥ （唐）李林甫《唐六典》，中華書局，2008年，第301頁。

⑦ （宋）孫逢吉《職官分紀》，中華書局，1988年，第396頁。

何嗇善《史》、《漢》,爲著作。①

陸士衡以文學爲秘書監虞濬所請,爲著作郎,議《晉書》斷限。②

在魏晉時期,"文"時常包含"史",而文的地位通常被認爲是高於史的③,善於文章撰述通常就被視爲堪當國史之任。劉劭在《人物志・流業》中説:"文章之材,國史之任也。"④因劉劭《人物志》在魏晉時代的廣泛認可與接受,我們可以説他的言論代表了這一時代普遍的觀點:能夠"撰文著述"的文士是國史之職的最佳人選。這樣的選拔標準貫穿了整個魏晉南北朝時期。⑤ 正是基於這樣的觀念,在著作官選任時才會推舉文士。牛潤珍與劉湘蘭等認爲"撰名臣傳一人"的制度是考核史官才能的⑥,其説可信。那麽,"撰名臣傳一人"制度針對的是正郎還是佐郎就成爲解决這一問題的關鍵。從著作的實際工作以及佐郎的選任情況來考察,我以爲這是針對佐郎的考察制度。

兩晉的佐著作郎屬於職事官,並非屬於閒散的官職。⑦ "佐郎職知博采,正郎資以草傳"⑧,佐郎擔負了史料搜集整理的工作。事實上正如牛潤珍指出的那樣,很多時候是佐郎負責具體的事情,而正郎甚至爲閒職,如庾亮爲大著作,並不見執掌史事,而由佐郎干寶領國史。⑨ 佐郎的實際工作往往更爲重要,他們不僅負責史料的搜集整理,有時還要據以撰寫國史。如干寶以佐著作郎受命撰集晉宣帝、晉武帝事迹,朱鳳任佐郎撰《晉書》,王韶之、荀伯子以佐郎身份參修《晉書》,華徹、華暢被授佐著作郎以繼承其父華嶠撰著史傳,並"草魏晉紀傳"⑩。從以上所舉之例,可見佐郎一職的重要性。可以説兩晉佐著作郎關係著國史修撰工作的運轉,這就要求對這些人進行考核以確定其是否可以勝任此職。"撰名臣傳一人"不僅可以考核這些佐郎搜集處理史料的能力,同時也可以看到他們修史的才能。

兩晉時期,見諸史籍的佐著作郎有三十三人,其選任相對比較複雜。佐著作郎的選任與文才有很大關系,如孫綽"博學善屬文"⑪,郭璞"博學有高才,而

① (宋)孫逢吉《職官分紀》,第396頁。

② (清)湯球《九家舊晉書輯本》,齊魯書社,2000年,第287頁。

③ 關於這一問題,可參考胡寶國先生《漢唐間史學的發展》一書,商務印書館,2003年。

④ (三國)劉劭《人物志》,中華書局,2009年,第46頁。

⑤ (北齊)魏收《魏書》曰:"韓顯宗除著作郎,高祖曾謂顯宗及程靈虯曰:'著作之任,國言是司。卿等之才,朕自委悉,中省之品,卿等所聞。若欲取古人班、馬之徒,固自遼闊。若求之當代文學之能,卿等應推崔孝伯。'"(《魏書》卷六十,中華書局,2011年,第1342頁。)

⑥ 牛潤珍《漢至唐初史官制度的演變》,第115頁;劉湘蘭《兩晉史官制度與雜傳的興盛》,《史學史研究》2005年第2期,第18—24頁。

⑦ 佐著作郎到了南朝以後逐漸閒散化,成爲"清要"之職,是故《隋書》曰:"梁世諺曰:'上車不落則著作,體中何如則秘書。'於是屍素之儔,盱衡延閣之上;立言之士,揮翰蓬茨之下。"

⑧ (清)浦起龍《史通通釋》卷十一,第287頁。

⑨ 牛潤珍《漢至唐初史官制度的演變》,第120頁。

⑩ (唐)房玄齡《晉書》卷四十四,中華書局,第1265頁。

⑪ (唐)房玄齡《晉書》卷五十六,第1544頁。

訥於言論,辭賦爲中興之冠"①等。但我們要注意這些人雖因文才被授予佐著作郎,但與著作郎的選任有很大區别。張華、潘嶽、陸機與李充等人雖由文才被選爲著作郎,但被選任之前他們已經名滿四海,爲一時文學之冠。但佐郎却並非如此,這一點我們可以從他們的仕宦經歷看出。在東晉時期佐著作郎被視爲"清官",是高門士族鍾意的起家之選。《晉書》載"時晉陵朱鳳、吴郡吴震並學行清修,老而未調,(華)譚皆薦爲著作佐郎"②。孫楚"才藻卓絶,爽邁不群,多所陵傲,缺鄉曲之譽"③。朱鳳、吴震"老而未調",在仕宦講究品、狀的魏晉,我們可以推知二人名聲一定不大。孫楚則更加如此,因爲缺少鄉曲之譽,名聲不僅不大,可能還不太好,故而四十餘歲才遷佐著作郎。這些人雖有文才,但缺少聲譽,而佐著作郎的實際工作又是如此重要,如此一來他們被除授佐著作郎時需要考核才能則是比較合理的。從這些角度來看《晉書》的記載當是有誤,"著作郎"應爲"佐著作郎"。

魏晉時期雜傳的創作風氣很盛,作者幾乎涵蓋了所有的文士。魏晉著作官有雜傳傳世者十二人,他們是陳壽、傅玄、陸機、虞預、孫盛、束皙、孫綽、曹毗、華嶠、徐廣、謝朗以及庾闡,諸人共存雜傳十七部。其中但任佐郎者七人,存雜傳十二部。從這一數字來看,佐郎創作雜傳多於正郎。從這我們可以做一點推測,大概由於佐郎選任須以雜傳考核,故而佐郎較重視雜傳寫作,才出現了佐郎創作雜傳遠多於正郎的現象。

著作官自設立以來名稱經歷了反復改變,唐劉知幾對著作官制度的沿革進行了詳細記載:"當魏太和中,始置著作郎……晉元康初,又職隸秘書,著作郎一人,謂之大著作,專掌史任,又置佐著作郎八人。宋、齊以來,以'佐'名施於'作'下。"④《唐六典》注引宋《百官春秋》云:"常道鄉公《咸熙百官名》有著作佐郎三人。"⑤咸熙爲魏元帝年號。從這兩點材料可知曹魏時期設置了著作郎與著作佐郎,西晉改著作佐郎爲佐著作郎,劉宋時又將佐著作郎改爲著作佐郎。是故,有晉一代應稱佐著作郎。《宋書》言"晉制",指的是晉代,此處"著作佐郎"應作"佐著作郎"。不過時人常以"著作佐郎"來指稱"佐著作郎",如《晉書》卷五十二載朱鳳、吴震授"著作佐郎",卷五十六載孫綽"除著作佐郎",卷七十二載郭璞"爲著作佐郎",《世説新語》劉注引《文字志》曰"王脩……起家著作佐郎"⑥。大約"佐著作郎"是制度上的正式稱謂,而"著作佐郎"則是一種俗稱,沈約以制度之外的俗稱來記職官,雖有不確但並不能視爲錯誤。

---

① (唐)房玄齡《晉書》卷七十二,頁 1899。

② 此條"著作佐郎"亦不確,晉太康年間置著作郎與佐著作郎,此二人在東晉太興年間被選,當爲佐著作郎。(唐)房玄齡《晉書》卷五十二,第 1454 頁。

③ (唐)房玄齡《晉書》卷五十六,第 1539 頁。

④ (清)浦起龍《史通通釋》卷十一,第 287 頁。

⑤ (唐)李林甫《唐六典》,第 301 頁。

⑥ 余嘉錫《世説新語箋疏》卷上之下,中華書局,2007 年,第 266 頁。

總而言之,有晉一代"撰名臣傳一人"的考核制度針對的是佐郎而非正郎,而佐郎在晉朝應稱"佐著作郎",《宋書》以"著作佐郎"這樣的俗稱記載職官也確有不當。

(作者單位:中國傳媒大學博士後流動站)

古典文獻研究（第二十輯上卷）
Journal of the Institute for Chinese Classics Studies
Nanjing University
Volume 20, No.1 2017

《宋書》校考（一）

赫兆豐

本文所校考的《宋書》條目，均出自中華書局1974年點校本。所有條目以卷次順序排列，其下加按語，或校勘文字，或考訂史實。凡已收入中華書局《宋書校勘記》及前賢時俊著作（如丁福林《宋書校議》，胡阿祥《宋書州郡志匯釋》，吴金華《〈宋書〉校點本偶記》、《〈宋書〉校點續議》等）的校考成果，本文不再贅述；前人言及但考訂結果不同者，則重新考證，並收入本文。希望本文對點校本《宋書》的修訂工作有所助益。

1.《宋書》卷五《文帝紀》：（元嘉十七年十月戊寅）尚書僕射、護軍將軍殷景仁爲揚州刺史，僕射如故。（第87頁）

按：殷景仁出任揚州刺史的具體時間，《南史》卷二《宋本紀中》不載，《建康實録》卷一二繫在十月甲戌，《資治通鑑》卷一二三同《宋書·文帝紀》。十月丙辰朔，戊寅爲二十三日，甲戌爲十九日，皆在十月，未知孰是。

2.《宋書》卷五《文帝紀》：（元嘉十九年）夏四月甲戌，以久疾愈，始奉礿祠，大赦天下。（第89頁）

按："始奉礿祠"，《南史·宋本紀中》作"始奉初礿"[①]。中華書局《宋書校勘記》云："'礿'各本並作'初'，據《元龜》二〇七改。"[②]中華書局《南史校勘記》云："'礿'各本作'祠'。按春祭曰祠，夏祭曰礿，據《册府元龜》二〇七改。"[③]可知《宋書》各本與《南史》各本並作"始奉初祠"。檢《册府元龜》卷二〇七，本作"始奉礿祀"[④]，語義通暢明晰。疑"礿祀"二字原本誤作"初祠"，《宋書》與《南史》各改其中一字。"祠"與"祀"，析言則異，渾言則同。《宋書》改作"始奉礿

① （唐）李延壽撰《南史》卷二，中華書局，1975年，第47頁。

② （梁）沈約撰《宋書》卷五，中華書局，1974年，第106頁。

③ 《南史》卷二，第73頁。

④ （宋）王欽若等編纂，周勛初等校訂《册府元龜》（校訂本）卷二〇七，鳳凰出版社，2006年，第2323頁。

祠”,則此處之“祠”非春祭之名,而是祭祀之統稱。

3.《宋書》卷六《孝武帝紀》:二十七年,坐汝陽戰敗,降號鎮軍將軍。又以索虜南侵,降爲北中郎將。二十八年,進督南兖州、南兖州刺史,當鎮山陽。(第109—110頁)

按:《宋書·文帝紀》:“(元嘉二十八年二月)辛巳,鎮軍將軍、徐兖二州刺史武陵王駿降號北中郎將。”[①]所記劉駿降號北中郎將的時間與《宋書·孝武帝紀》不同。據《宋書·文帝紀》及《宋書》卷九五《索虜傳》,汝南之敗在二十七年,隨後文帝北伐,北魏軍隊進逼瓜步,即《宋書·孝武帝紀》所謂“索虜南侵”,二十八年春北魏撤軍。劉駿降號北中郎將是在北伐失敗之後,故當以《宋書·文帝紀》爲準,在二十八年。

4.《宋書》卷六《孝武帝紀》:(孝建元年三月)癸卯,以太子左衛率龐秀之爲徐州刺史。徐遺寶爲夏侯祖歡所破,棄衆走。(第114頁)

按:“太子左衛率”,《宋書·蕭思話傳附龐秀之傳》記作“太子右衛率”[②];《宋書·顔師伯傳》所載大明元年孝武帝追封平定義宣之亂功臣的詔書中又有“故散騎常侍、太子右率龐秀之”[③]。故此處“左衛率”當爲“右衛率”之誤。

5.《宋書》卷六《孝武帝紀》:(孝建元年四月)甲申,以平西將軍、雍州刺史朱脩之爲安西將軍、荆州刺史。(第114—115頁)

按:《建康實録》卷一三:“(六月)甲戌(九日),大論功計賞,進……朱脩之荆州刺史、西昌侯。”[④]兩處文獻所記朱脩之任荆州刺史的時間不同。四月時,劉義宣之亂尚未平定,《宋書·孝武帝紀》所載詔書當是孝武帝因義宣反叛,故剥奪其荆州刺史之職,而以朱脩之代之。五月二十一日義宣軍隊在梁山大敗,義宣逃回江陵(《宋書》卷六八《南郡王義宣傳》)。六月“庚寅(二十五日),脩之至江陵,殺義宣并其十子、餘黨竺超民、徐壽之等”[⑤]。可見,朱脩之真正赴任荆州刺史的時間,應從《建康實録》,以六月爲準。且《實録》言朱脩之被封爲西昌侯,爲《宋書》、《南史》所無,可補史實。

6.《宋書》卷六《孝武帝紀》:(孝建二年二月)辛巳,以尚書右僕射劉延孫爲南兖州刺史。(第116頁)

按:《宋書·劉延孫傳》:“三年,又出爲南兖州刺史。”[⑥]所記時間與《宋書·孝武帝紀》不同。考《宋書·劉延孫傳》,延孫本年在任南兖州刺史之後,又“徙爲使持節、監雍梁南北秦四州郢州之竟陵隨二郡諸軍事、鎮軍將軍、寧蠻

① 《宋書》卷五,第99—100頁。
② 《宋書》卷七八,第2018頁。
③ 《宋書》卷七七,第1993頁。
④ (唐)許嵩撰,張忱石點校《建康實録》卷一三,中華書局,1986年,第474頁。
⑤ 《建康實録》卷一三,第474頁。
⑥ 《宋書》卷七八,第2019頁。

校尉、雍州刺史,以疾不行。留爲侍中、護軍,又領徐州大中正”[①]。這些履歷,《宋書・孝武帝紀》均繫在孝建二年。如轉鎮軍將軍、雍州刺史在八月辛酉,轉護軍將軍在十一月戊子。且在古籍傳刻中,“三”易誤作“二”,“二”不易誤作“三”,故似應從《宋書・孝武帝紀》,以孝建二年爲準。《資治通鑑》卷一二八同《宋書・孝武帝紀》。

7.《宋書》卷六《孝武帝紀》:(孝建二年八月)斤陀利國遣使獻方物。……甲申,以右衛將軍檀和之爲南兖州刺史。(第117頁)

按:《建康實録》卷一三:“(孝建二年四月)壬午,以王玄謨爲雍州刺史,以交州刺史檀和之爲豫州刺史。初,和之在交州有威名,盜賊屏迹。……故帝用以鎮懷、汝。”[②]《宋書・夷蠻傳》也記載:“孝建二年,(檀和之)除輔國將軍、豫州刺史,不行。”[③]可知檀和之在出任南兖州刺史之前,孝武帝曾打算任命他爲豫州刺史,但未成行。檀和之任南兖州刺史之事,《宋書・夷蠻傳》、《南史》卷七八《夷貊上》均繫在孝建三年。當是孝建二年八月發佈任命,三年成行。

8.《宋書》卷六《孝武帝紀》:(大明三年正月己丑)尚書右僕射劉遵考爲領軍將軍。(第123頁)

按:《宋書・營浦侯遵考傳》:“(孝建二年)徵爲湘州刺史,未行,遷尚書左僕射。三年,轉丹陽尹,加散騎常侍。復爲尚書右僕射,領太子右衛率。明年,又除領軍將軍,加散騎常侍。五年,復遷尚書右僕射、金紫光禄大夫,常侍如故。明年,轉左僕射,常侍如故。”[④]前既有孝建二年、三年,則上“明年”當爲大明元年。將《宋書・劉遵考傳》所載此段仕履,與《宋書・孝武帝紀》對照,唯有劉遵考任領軍將軍的時間與《宋書・孝武帝紀》不同(孝建二年遷“尚書左僕射”,當依據《宋書・孝武帝紀》改作“尚書右僕射”,丁福林《宋書校議》有辨)。《資治通鑑》卷一二九亦繫在大明三年正月己丑。疑上“明年”二字爲涉下而衍,或是“大明三年”之誤。劉遵考任領軍將軍之事當據《宋書・孝武帝紀》,以大明三年爲準。

9.《宋書》卷六《孝武帝紀》:(大明四年正月壬午)左將軍、荆州刺史朱脩之進號鎮軍將軍。(第125頁)

按:《宋書・朱脩之傳》:“孝武初,爲寧蠻校尉、雍州刺史,加都督。……帝嘉之,以爲荆州刺史,加都督。……徵爲左民尚書,轉領軍將軍。”[⑤]不言朱脩之任荆州刺史時帶左將軍號,並曾進號鎮軍將軍。據《宋書・孝武帝紀》:“(孝

① 《宋書》卷七八,第2019頁。
② 《建康實録》卷一三,第475—476頁。
③ 《宋書》卷九七,第2379頁。
④ 《宋書》卷五一,第1482頁。
⑤ 《宋書》卷七六,第1970頁。

建元年四月)甲申,以平西將軍、雍州刺史朱脩之爲安西將軍、荆州刺史。"[①]是朱脩之始任荆州刺史時,所帶將軍號爲安西將軍,遷左將軍號當在孝建元年至大明三年之間,四年又進號鎮軍將軍。據《宋書·孝武帝紀》"大明四年正月"條,可補朱脩之仕履。

10.《宋書》卷六《孝武帝紀》:(大明五年)五月癸亥,制帝室期親,朝官非禄官者,月給錢十萬。丙辰,車駕幸閱武堂聽訟。(第127頁)

按:本月丙辰朔,癸亥爲初八日,丙辰不當在癸亥之後,疑日期有誤。

11.《宋書》卷六《孝武帝紀》:(大明六年八月)乙亥,置清臺令。(第130頁)

按:"乙亥",《南史·宋本紀中》作"乙丑"[②]。八月己酉朔,乙亥爲二十七日,乙丑爲十七日,皆在八月,不知孰是。《建康實録》卷一三同《宋書·孝武帝紀》。

12.《宋書》卷七《前廢帝紀》:(景和元年)十一月壬辰,寧朔將軍何邁下獄死。新除太尉沈慶之薨。(第145頁)

按:《建康實録》卷一三將沈慶之去世繫在本月癸巳。十一月庚寅朔,壬辰爲初三日,癸巳爲初四日,均在十一月。

13.《宋書》卷一七《禮四》:大明七年二月丙辰,有司奏:"……"太學博士虞龢議:"……"兼太常丞庾蔚之議:"龢所言是蒐狩不失其時,此禮久廢。今時龢表晏,講武教人,又虔供乾豆,先薦二廟,禮情俱允。社主土神,司空土官,故祭社使司空行事。太廟宜使上公。參議蒐狩之禮,四時異議,禮有損益,時代不同。今既無復四方之祭,三殺之儀,曠廢來久,禽獲牲物,面傷翦毛,未成禽不獻。太宰令謁者擇上殺奉送,先薦廟社二廟,依舊以太尉行事。"詔可。(第468頁)

按:據當時禮議制度及《宋書》體例,"參議"以下"蒐狩之禮"至"依舊以太尉行事"六十八字,爲虞龢、庾蔚之各自發表議論之後,其他官員參與議題討論、並向孝武帝提出最終建議。如同卷:"孝武帝孝建三年五月丁巳,詔以第四皇子出紹江夏王太子叡爲後。有司奏:'……'參議以爰議爲允。詔可。"[③]又如同卷:"大明三年六月乙丑,有司奏:'……'二議不同。尚書參議,宜以郁議爲允。詔可。"[④]此處中華書局《宋書》校者將"參議"以下六十八字併入庾蔚之的奏議内容,誤。

14.《宋書》卷一八《禮五》:宋孝武孝建元年,丞相南郡王義宣,二年,

① 《宋書》卷六,第114—115頁。
② 《南史》卷二,第65頁。
③ 《宋書》卷一七,第464頁。
④ 《宋書》卷一七,第465頁。

雍州刺史武昌王渾,又有異圖。世祖嫌傧王强盛,欲加減削。其年十月己未,大司馬江夏王義恭、驃騎大將軍竟陵王誕表改革諸王車服制度,凡九條,表在《義恭傳》。上因諷有司更增廣條目。(第521頁)

按:劉義恭和劉誕上表裁抑諸王制度之事,《資治通鑑》卷一二八所記時間與《宋書·禮五》同,均在孝建二年十月己未。但《宋書》卷六一《江夏文獻王義恭傳》却繫在孝建元年義恭上表省録尚書事之後。據《宋書·孝武帝紀》,知省録尚書事在孝建元年六月戊子。隨後《宋書·劉義恭傳》又記載孝建元年十一月之事,隨後方是孝建二年之事。記述混亂失次,不合史筆。《南史》卷一三《江夏文獻王義恭傳》爲删改《宋書·劉義恭傳》而成,亦繫在孝建元年。

15.《宋書》卷二八《符瑞中》:大明七年八月乙未,毛龜見新安王子鸞第,獲以獻。(第801頁)

按:八月癸卯朔,無乙未。十七日爲己未,"乙"或是"己"之誤。

16.《宋書》卷二八《符瑞中》:大明八年六月甲子,白鹿見衡陽郡,湘州刺史江夏王世子伯禽以獻。(第806頁)

按:六月戊辰朔,無甲子。二十七日爲甲午,"子"或是"午"之誤。

17.《宋書》卷二九《符瑞下》:宋孝武帝大明元年五月壬子,紫氣從景陽樓上層出,狀如煙,回薄良久。(第836頁)

按:《南史》卷二《宋本紀中》將此事繫在丙寅。五月己酉朔,壬子爲初四日,丙寅爲十八日,均在五月。《建康實録》卷一三同《宋書·符瑞下》。

18.《宋書》卷二九《符瑞下》:大明六年八月辛巳,白雀見齊郡,青、冀二州刺史劉道隆以獻。(第847頁)

按:辛巳,《册府元龜》卷二〇一作"乙巳"[①]。八月己酉朔,無辛巳、乙巳。二十一日爲己巳,疑"辛巳"、"乙巳"均爲"己巳"之誤。

19.《宋書》卷二九《符瑞下》:大明七年五月辛未,白雀見汝陰,豫州刺史垣護之以獻。(第847頁)

按:五月乙亥朔,無辛未。

20.《宋書》卷二九《符瑞下》:孝武帝大明五年九月庚戌,河、濟俱清,平原太守申纂以聞。(第872頁)

按:九月甲寅朔,無庚戌,閏九月甲申朔,二十七日爲庚戌。此處日期有誤。《南史》卷二《宋本紀中》繫在九月庚午,爲十七日。《建康實録》卷一三同《宋書·符瑞下》[②]。

---

① 《册府元龜》(校訂本)卷二〇一,第2265頁。

② 張忱石據《南史·宋本紀中》改作"庚午"。

21.《宋書》卷四一《后妃傳》:大明五年,太后隨上巡南豫州,妃主以下並從。(第 1287 頁)

按:據《宋書·孝武帝紀》,大明五年無巡南豫州事。大明七年二月、十月有巡南豫州事。《南史·宋本紀中》:"(大明七年十月)戊申,車駕巡南豫州,奉太后以行。"[①]可知《宋書·后妃傳》"五"當爲"七"之誤。《南史》卷一一《后妃傳》同《宋書·后妃傳》,亦誤。

22.《宋書》卷五一《營浦侯遵考傳》:(大明六年)又領徐州刺史、大中正、崇憲太僕。(第 1482 頁)

按:據《宋書·孝武帝紀》,王玄謨於大明五年十二月庚辰被任命爲徐州刺史,大明八年二月乙巳,王玄謨被任命爲領軍將軍,劉彧代替王玄謨接任徐州刺史之職。期間劉遵考似不應當擔任過徐州刺史。且據《宋書·孝武帝紀》,新安王劉子鸞於大明五年十月乙卯被任命爲南徐州刺史,又據《宋書·前廢帝紀》,景和元年九月庚子,永嘉王子仁接替子鸞任南徐州。是劉遵考所任亦非南徐州刺史。此處所記"徐州刺史"有誤。

23.《宋書》卷五三《張茂度傳附張永傳》:(大明)四年,立明堂,永以本官兼將作大匠。(第 1513 頁)

按:據《宋書》卷一六《禮三》,立明堂在大明五年。《南史》卷二《宋本紀中》、《建康實録》卷一三、《資治通鑑》卷一二九均繫在大明五年。《宋書·張茂度傳附張永傳》誤。

(作者單位:南京大學歷史學院)

① 《南史》卷二,第 66 頁。

古典文獻研究（第二十輯上卷）
Journal of the Institute for Chinese Classics Studies
Nanjing University
Volume 20, No.1 2017

《舊唐書·后妃傳》校勘拾遺

杜亞琳

《舊唐書》卷五一、卷五二后妃傳(上下)主要記載了三十四位唐代皇帝后妃的生平事跡,是研究唐代女性史、宫廷史的重要素材。惜乎女性史料在過去不受重視,正史中的后妃傳記尚未得到全面、深入的校勘整理。筆者不揣謭陋,利用相關文獻校勘點校本《舊唐書·后妃傳》,於前賢成果之外繼得拾遺十二則。兹列於下,以就教於方家。

1.《舊唐書》卷五一《后妃上·高祖太穆皇后竇氏》:“上元元年八月,改上尊號曰太穆順聖皇后。”①(頁2164)

按:“太穆順聖皇后”疑誤。《新唐書》卷七六《后妃上·太穆竇皇后》:“上元中,益謚太穆神皇后。”②《舊唐書》卷五《高宗紀下》:咸亨五年(注:八月改元上元元年)“八月壬辰,追尊……太穆皇后爲太穆神皇后”。《資治通鑑》卷二〇二《唐紀十八》、《册府元龜》卷三〇同。《全唐文》卷三〇〇崇宗之《昭成皇后謚議》:“太穆皇后武德元年五月追謚爲穆皇后,貞觀元年五月六日又追尊爲太穆皇后,上元中又追尊太穆神皇后。”③可知上元元年所上尊號實爲“太穆神皇后”。《通鑑》卷二〇四《唐紀二十》:永昌元年九月“己卯,詔太穆神皇后、文德聖皇后宜配皇地祇”④。仍稱“太穆神皇后”而不稱“太穆順聖皇后”,亦可旁證永昌時尚未加“順聖”二字。“順聖”二字上於天寶八載。《唐大詔令集》卷七八《上聖祖大道玄元皇帝號并五聖加謚制》曰:“太穆皇后竇氏尊謚曰太穆順聖皇后。”《册府元龜》卷三〇引此制,繫於天寶八載閏六月丙寅⑤(注:是月癸亥朔,丙寅爲初四)。《唐會要》卷三:“天寶八載六月十五日(戊申),追尊太穆順聖皇后。”日期與《册府》有出入,然事在天寶八載無疑。《舊唐書》誤將後來所上尊

---

① (後晉)劉昫等撰《舊唐書》,中華書局,1975年。
② (宋)歐陽脩、宋祁撰《新唐書》,中華書局,1975年。
③ (清)董誥等編《全唐文》,中華書局,1983年。
④ (宋)司馬光編著,(元)胡三省音注《資治通鑑》,中華書局,1956年。
⑤ (宋)王欽若等編纂,周勛初等校訂《册府元龜》,鳳凰出版社,2006年。

號繫於此處,當是史官之疏。

2.《舊唐書》卷五一《后妃上・太宗文德皇后長孫氏》:"上元元年八月,改上尊號曰文德順聖皇后。"(頁2167)

按:"文德順聖皇后"疑誤。《新唐書》卷七六《后妃上・文德長孫皇后》:"上元中,益謚文德聖皇后。"《舊唐書》卷五《高宗紀下》、《資治通鑑》卷二〇二《唐紀十八》、《册府元龜》卷三〇同。"文德順聖皇后"之號當與前文之"太穆順聖皇后"同上於天寶八載。《唐大詔令集》卷七八《上聖祖大道玄元皇帝號并五聖加謚制》:"文德聖皇后長孫氏尊謚曰文德順聖皇后。"《唐會要》卷三《皇后》:"咸亨五年八月追謚文德聖皇后,天寶八載六月加尊文德順聖皇后。"[①]諸書成於天寶八載前者,每言及太宗長孫皇后時,必稱"文德聖皇后"而不稱"文德順聖皇后",如《大慈恩寺三藏法師傳》[②](成書於垂拱四年)卷七、八,《開元釋教録》(成書於開元十八年)卷八下,《大唐開元禮》[③](成書於開元二十年)卷三七,《唐六典》[④](成書於開元二十六年)卷四《尚書禮部》等,皆可爲旁證。

3.《舊唐書》卷五一《后妃上・中宗韋庶人》:"以刑部尚書裴談、工部尚書張錫知政事,留守東都;又命左金吾大將軍趙承恩及宦者左監門衛大將軍薛崇簡帥兵五百人往均州,以備譙王重福。"(頁2174)

按:以上記韋后詔二將軍帶兵備譙王重福事。事又見《新唐書》卷八一《三宗諸子・譙王重福傳》:"韋后得政,詔左屯衛大將軍趙承恩、薛思簡以兵護守。"《舊唐書》卷五一"薛崇簡"、《新唐書》卷八一"薛思簡"皆誤。《新唐書》卷七六作"薛簡",是。詳考如下:

薛崇簡,太平公主之子,與韋后敵對。《舊書》同卷下文即有"臨淄王率薛崇簡、鍾紹京、劉幽求"誅韋后及安樂公主事,其人顯然不可能受韋后調遣以備譙王。此處涉下而誤。

薛思簡,生平無考,此名又見於《資治通鑑》卷二〇八、二〇九。下文分别加以考證。《通鑑》卷二〇八《唐紀二十四》:"宦官左監門大將軍薛思簡等有寵於安樂公主,縱暴不法,傳弓奏請誅之,御史大夫竇從一懼,固止之。"《册府元龜》卷五一五亦載此事,作"薛簡":"時左監門大將軍薛簡、内常侍輔信義尤稱縱暴。傳弓將奏請誅之,御史大夫竇從一既黨附官豎,乃謂傳弓曰:'信義之徒深爲安樂公主所眷,威勢甚高,言成禍福,何得輒請殺之?……從一無以答,但固止之。"[⑤]《册府》此條詳於《通鑑》,殆源自唐國史。又,現存《通鑑》各版本中,中華書局整理本(底本爲胡克家翻刻的元刊胡注本)此條作"薛思簡",而《四部叢刊》影宋本則作"薛簡"。且《通鑑綱目》、《通鑑紀事本末》、《資治通鑑

① (宋)王溥撰《唐會要》,上海古籍出版社,2006年。
② (唐)釋慧立、釋彦悰撰,孫毓棠、謝方點校《大慈恩寺三藏法師傳》,中華書局,1983年。
③ (唐)蕭嵩等撰《大唐開元禮》,民族出版社,2000年。
④ (唐)李林甫等撰,孫仲夫點校《唐六典》,中華書局,2014年。
⑤ (宋)王欽若等編《宋本册府元龜》,中華書局影印本,1989年。

補》這三本抄撮《通鑑》而成的史書中,該條皆作“薛簡”,尤可證南宋初年已有流傳較廣的作“薛簡”的版本。“思”字疑乃元代合胡注重刻時,爲後人所補入。

《通鑑》卷二〇九《唐紀二十五》:“又命左監門大將軍兼内侍薛思簡等將兵五百人馳驛戍均州,以備譙王重福。”經上下比勘可知,此處記載或源自《舊唐書》卷七《中宗紀》,或二者同出一源。而《舊書·中宗紀》正作“薛簡”。薛簡,唐中宗時宦官,曾奉中宗詔迎禪師惠能入京。《全唐文》卷一七《召曹溪惠能入京御札》,《全唐文補編》卷二二《召曹溪惠能入京敕》、同卷《賜曹溪惠能磨納袈裟敕書》、卷二六惠能《辭疾表》皆有記載。與此處之“將軍薛簡”生活年代相合,當爲同一人。

至於爲何《新唐書》卷八一、《通鑑》卷二〇八、二〇九的“薛簡”皆誤作“薛思簡”呢?筆者猜測,或許是後人混淆了“左監門衛大將軍薛簡”和“左威衛將軍薛思行”所致。薛思行,薛丁山之子,薛仁貴之孫,曾獲封左威衛將軍,爲薛簡同時代人。《舊唐書》卷九一《桓彦範傳》:“神龍元年正月,彦範與敬暉及左羽林將軍李湛李多祚、右羽林將軍楊元琰、左威衛將軍薛思行等,率左右羽林兵及千騎五百餘人討易之、昌宗於宫中。”據《唐六典》卷二四,唐沿隋制置左右屯衛大將軍,高宗龍朔元年更名爲左右威衛大將軍。《新唐書》卷八一《譙王重福傳》語意含混,似謂薛簡爲“左屯衛大將軍”。後人抄至此處,誤以爲此指左威衛將軍薛思行,又但憑記憶誤改作“薛思簡”。實則“左屯衛大將軍”乃指趙承恩而言(見《舊唐書》卷八六《庶人重福傳》),薛簡當時的結銜應爲左監門衛大將軍。惜無確證,姑存異。

> 4.《舊唐書》卷五一《后妃上·玄宗廢后王氏》:“先天元年,爲皇后,以父仁皎爲太僕卿,累加開府儀同三司、邠國公。”(頁 2177)

按:“邠國公”疑誤。《册府元龜》卷一四一:“玄宗王皇后父仁皎,下邽人。先天元年以仁皎爲太僕卿,累加開府儀同三司、祁國公。”兩《唐書·王仁皎傳》、《全唐文》卷二三〇張説《贈太尉益州大都督王公神道碑奉敕撰》同之。又上文云玄宗廢后王氏“梁冀州刺史神念之後”。《梁書》、《南史》之《王神念傳》皆曰:“王神念,太原祁人也。”王仁皎殆以其郡望,獲封祁國公。《舊書》此處作“邠國公”,蓋因形近而誤。

> 5.《舊唐書》卷五二《后妃下·肅宗章敬皇后吴氏》:“肅宗章敬皇后吴氏,坐父事没入掖庭。開元十三年,玄宗幸忠王邸,見王服御蕭然,傍無媵侍,命將軍高力士選掖庭宫人以賜之,而吴后在籍中。容止端麗,性多謙抑,寵遇益隆。明年,生代宗皇帝。二十八年薨,葬於春明門外。”(頁 2187)
>
> 《新唐書》卷七六《后妃下·章敬吴太后》:“后性謙柔,太子禮之甚渥,年十八薨。”(頁 3500)

按:《舊唐書》卷五二《后妃下》謂玄宗開元十三年(725)以吴氏賜肅宗,十四年(726)生代宗。兩《唐書·代宗紀》亦稱代宗開元十四年生,大曆十四年

(779)薨,年五十三。《舊唐書·后妃下》謂吴后薨于開元二十八年(749)。若據《新書》所記,開元二十八年吴后年十八,則十四年吴后僅四歲耳,斷不可能生代宗。故知"二十八年薨"、"年十八薨"中至少有一誤。

《舊唐書校勘記》卷三二引《殿本考證》沈炳震曰:"按《代宗紀》,代宗以開元十四年生。此云二十三年元宗幸忠王邸賜以宫人,相去十年,應誤。下云明年生代宗皇帝,則二十三年當作十三年也。"①故知今本《舊唐書·后妃傳》中"開元十三年"一句其底本(聞人本)原誤作"開元二十三年",沈德潛據理改作"十三年"。《太平御覽》卷一四一引此節,作"開元二十二年"②,當爲"二十三"之訛。《資治通鑑考異》一三引《舊唐書》此節,亦作"二十三年"③。以上皆可證《舊書》原文正作"二十三年"。又《通鑑考異》卷一三曰:"按,代宗此年生。而云'二十三年以吴后賜忠五(當爲"王"字誤),十八年薨',蓋誤以十三年爲二十三年也。"知《考異》所據《舊唐書》舊本正作"十八年薨"。而聞人本作"二十八年薨"者,殆手民抄寫時,因見前文有"開元二十三年",便于"十八"前妄增"二"字。不知前文原訛,此舉反而改正爲誤。《舊書》此處當據《通鑑考異》,删去"二"字,復其舊貌,作"十八年薨"。至於前文之"開元二十三年",《太平御覽》所引《唐書》已誤,是此確非手民之誤,而是史官考辨未及,沿襲舊史之過。

《新書》"年十八薨"亦疑誤。《新書》書法,記某人卒年及壽數時,其例爲"某某(年號紀年)年卒(薨),年某某(壽數)"。檢《新唐書》全文,作"年某某薨"者,僅此一例,頗疑因前文未書年號,後人於此將"十八年薨"改作"年十八薨"。"年"字當與"十八"互乙,並在前補"開元"二字。

6.《舊唐書》卷五二《后妃下·代宗貞懿皇后獨孤氏》:"大曆十年五月貴妃薨,追謚曰貞懿皇后,殯於内殿,累年不忍出宫。"(頁2191)

按:同卷載常衮十三年十月哀册文:"維大曆十年,歲在辛卯,十月辛酉朔。六日丙寅,貴妃獨孤氏薨。"兩《唐書·代宗紀》、《通鑑》卷二二五《唐紀四十一》同之,皆記獨孤氏卒於大曆十年十月。此處"五月"爲誤。然而《太平御覽》卷一四一引《唐書》曰:"代宗貞懿皇后獨孤氏……大曆十年五月薨。"亦作"五月"。《太平御覽》所引《唐書》多是韋述等人所撰唐國史,故知國史舊文此處已誤,《舊唐書》史官未及考辨而襲之。此處姑仍其舊貌,但出校記,以備確考。

7.《新唐書》卷七七《后妃下·昭德王皇后》:貞元三年,妃久疾,帝念之,遂立爲皇后。"(頁3502)

按:"三年"誤,當作"二年"。《舊唐書》卷五二《后妃下》:"貞元二年,妃病。十一月甲午,册爲皇后,是日崩于兩儀殿。"兩《唐書·德宗紀》同。《唐會要》卷

---

① (清)羅士琳、劉文淇、劉毓松、陳立撰《舊唐書校勘記》,《續修四庫全書》283—284册,上海古籍出版社,1996年,第219頁。

② (宋)李昉等編《太平御覽》,中華書局,2000年。

③ (宋)司馬光撰《資治通鑑考異》,北京圖書館出版社,2003年。

三《皇后》:"德宗皇后王氏,貞元二年十一月册爲皇后,其月二十一日忌。"《文苑英華》卷四四六載陸贄《册淑妃王氏爲皇后文》曰"維貞元二年某月日,皇帝若曰……",尤可證。

8.《舊唐書》卷五二《后妃下·順宗莊憲皇后王氏》:"父顔,金紫光禄大夫、衛尉卿。"(頁 2194)

按:"顔"字上疑脱一"子"字。兩《唐書·外戚傳》皆作"王子顔"。《册府元龜》卷一四一《尊外戚》"順宗莊憲王皇后":"父子顔,衛尉卿。"然《太平御覽》卷一四一引《唐書》曰:"順宗莊憲皇后王氏,瑯琊人。父顔,衛尉卿。"蓋國史舊文如此。現仍其原貌,校而不改。

9.《舊唐書》卷五二《后妃下·憲宗孝明皇后鄭氏》:"后大中末崩,謚曰孝明。"(頁 2198)

按:"大中末"疑誤。《舊唐書》卷一九《懿宗紀》:咸通六年"十二月,太皇太后鄭氏崩,謚曰孝明"。《新唐書》卷九《懿宗紀》、七七《后妃下》同之。《資治通鑑》卷二五〇:咸通六年"冬,十二月,壬子,太皇太后鄭氏崩"。《通鑑考異》卷二三:"舊傳'大中末崩',誤也。今從實録。"故知此乃史官之失。

10.《舊唐書》卷五二《后妃下·女學士尚宫宋氏》:"庭芬起家受饒州司馬,習藝館内,敕賜第一區,給俸料。"(頁 2198)

按:"敕"字疑誤。《太平御覽》卷一四一:"庭芬起家受饒州司馬、習藝館内教,賜第一區。"《新唐書》卷七七《后妃下》:"擢其父饒州司馬、習藝館内教,賜第一區,加穀帛。""習藝館内",不辭。直習藝館掌教習之職稱"習藝館内教",屢見史籍。如《舊唐書》卷一八七上《忠義上》:"(蘇)安恒,神龍初爲集(按:史無'集藝館',疑與'習'字音近而誤)藝館内教。"《新唐書》卷四《中宗紀》:"十月戊寅,殺習藝館内教蘇安恒。"《通鑑》卷二〇八《唐紀二十四》:"習藝館内教蘇安恒,矜高好奇。"《玉海》卷一六五《宫室》"唐内文學館·習藝館"條:"(魏王泰)自引學士蘇安藏('恒'字之誤)、劉光兼爲習藝館内教。宋之問、楊炯,武后召分直習藝館。宋若昭父廷芬,德宗擢爲習藝館内教。"[①]皆可證。此處當改"敕"爲"教",屬上讀。

11.《舊唐書》卷五二《后妃下·穆宗恭僖皇后王氏》:"大和八年詔:'伏以皇太后與寶曆太后,每有司行遣,稱號未分,禮式非便。稽諸前代,詔令所施,不斥言太后,以宫名爲稱。今寶曆太后居義安殿,宜準故事稱義安太后。'"(頁 2199)

按:"大和八年"疑誤。《新唐書》卷七七《后妃下》作"大和五年"。《册府元龜》卷三八《帝王部·尊親》列舉帝王尊親事跡,以時間爲序,其中唐代部分體

① (宋)王應麟纂《玉海》,上海書店,1987 年。

例文字與《唐書》本紀略同,殆源出唐實録。《册府》卷三八,大和五年前,稱王氏爲"寶曆太后",自大和六年始,稱"義安太后",蓋所據實録文字本來有此變更。改稱一事,當以《新書》爲是,在大和五年。

12.《舊唐書》卷五二《后妃下·穆宗蕭皇后》:"會昌中崩,謚曰貞獻。"(頁 2203)

按:"會昌中"疑誤。《舊唐書》卷十八《宣宗紀》曰:(大中元年)"四月,積慶太后蕭氏崩,謚曰貞獻,文宗母也"。《新唐書》卷八《宣宗紀》亦曰:(大中元年)"四月,皇太后崩"。《新唐書》卷七七《后妃下·貞獻皇太后》作:"大中元年崩,上今謚。"《通鑑》卷二四八《唐紀六十四》亦將蕭氏之卒繫於大中元年。惟《太平御覽》卷一四一作"會昌中崩"。蓋國史如此,姑仍其舊。

(作者單位:南京大學文學院)

古典文獻研究(第二十輯上卷)
Journal of the Institute for Chinese Classics Studies
Nanjing University
Volume 20, No.1 2017

唐代墓誌校史札記*

李　豪

利用唐人碑刻校正新、舊《唐書》,歐陽脩早已爲之。近代以來,地不愛寶,唐代墓誌,層見迭出,爲校正史書提供了不少新的材料。筆者據唐代墓誌校正《新唐書》八則①,兹按其卷次順序羅列如下,以就教於方家。

1. 久之,出爲常州刺史。屬宣州賊鐘大眼亂,百姓潰震,登嚴勒守備,闔境賴安。(卷一一二《薛登傳》,第 4171 頁)

按:《舊唐書》卷一〇一《薛登傳》載:"屬宣州狂寇朱大目作亂,百姓奔走,謙光(即薛登本名)嚴備安輯,闔境肅然。"②《册府元龜》卷六九二所載文字與《舊唐書》略同③,唯"朱大目"作"鐘大臣",二者當出自同一史源。

前人已注意三書之别,《舊唐書校勘記》卷四一云:"《册府》六九二,'朱大目'作'鐘大臣',按'大臣'必'大目'之誤。殿本《考證》云:'《新書》作"鐘大眼",張本同。'"④

據《敬昭道墓誌》(《唐代墓誌彙編》開元二二二⑤,第 1310 頁,拓本見《北京圖書館藏中國歷代石刻拓本匯編》第 22 册⑥,第 88 頁)載:"公諱昭道……解褐汝州武興縣主簿,被使宣州討擊妖訛賊鐘大日等……以開元十三年九月十四日終於德懋里私第,春秋五十有三。"又據《舊唐書》薛登本傳,薛登開元七年卒,年七十三,可知敬昭道與薛登同時,故誌文所載敬氏被使宣州討擊之"鐘大日"應即《舊唐書》所載之"朱大目",或《新唐書》所載之"鐘大眼"。

---

* 本文爲江西省高校人文社會科學研究青年項目"金石學與《新唐書》列傳之編撰"(LS17208)階段性成果。

① (宋)歐陽脩、宋祁《新唐書》,中華書局,1975 年。

② (後晉)劉昫等《舊唐書》,中華書局,1975 年。

③ (宋)王欽若等編纂,周勛初等校訂《册府元龜》(校訂本),鳳凰出版社,2006 年。

④ (清)羅士琳等《舊唐書校勘記》,見《二十五史三編》第六册,岳麓書社,1994 年。

⑤ 周紹良、趙超《唐代墓誌彙編》,上海古籍出版社,1992 年。

⑥ 北京圖書館金石組《北京圖書館藏中國歷代石刻拓本匯編》,中州古籍出版社,1989 年。

綜上,《舊唐書》當是誤“鐘”爲“朱”無疑;而從字形角度分析,“大日”、“大臣”應是“大目”之訛;又稍加對比兩《唐書》,即可知《新唐書》薛登本傳係據《舊唐書》改寫,故《新唐書》作“大眼”,或爲史臣誤改。

2. 叔祖慈明,有文辭,仕隋爲内史舍人。奉詔討李密,爲密將所縛,身數創,密厚禮之……俄爲翟讓所殺。武德初,贈吏部尚書,謚壯武。(卷一一二《馮元常傳》,第 4178 頁)

按:《隋書》卷七一《馮慈明傳》載:“李密之逼東都也,詔令慈明安集瀍、洛,追兵擊密。至鄢陵,爲密黨崔樞所執……密不悦,冀其後改,厚加禮焉……(翟)讓益怒,於是亂刀斬之……帝嘆惜之,贈銀青光禄大夫……王充推越王侗爲主,重贈柱國、户部尚書、昌黎郡公,謚曰壯武。”[①]又據《舊唐書》卷一《高祖本紀》載:“(武德元年五月)東都留守共立隋越王侗爲帝。”可知,武德初馮慈明“贈官賜謚”事,實爲隋越王侗所爲。但《隋書》所載贈官爲“户部尚書”,《新唐書》所載却爲“吏部尚書”,二者孰是?

據《馮氏墓志》(《唐代墓誌彙編》貞觀〇八九,第 65 頁)載:“祖慈明,齊中書侍郎、儀同三司,隋尚書兵曹郎,贈民部尚書。”“民部”即“户部”,可知《新唐書》作“吏部尚書”誤。又據《舊唐書》卷四二《職官志一》載:“貞觀二十三年六月,改民部尚書爲户部尚書。”可知成書於貞觀十年的《隋書》稱“户部尚書”,當是後人避唐太宗諱改,故“吏部尚書”當爲“民部尚書”之誤。

3. 宰相李宗閔以從裴度、李德裕所善,内不喜。從求致仕,除太子賓客,分司東都,告滿百日去。於是衆譁語不平,宗閔懼,復授檢校尚書左僕射、淮南節度副大使,知節度事。(卷一一四《崔融傳附崔從傳》,第 4197—4198 頁)

按:《舊唐書》卷一七七《崔慎由傳附崔從傳》云:“李宗閔秉政,以從與裴度、李德裕厚善,惡之,改檢校尚書右僕射、太子賓客東都分司。從請告百日,罷官,物論咎執政。宗閔懼,四年三月,召拜檢校左僕射,兼揚州大都督府長史、御史大夫,充淮南節度副大使,知節度事。”兩《唐書》崔從本傳均稱其以檢校尚書左僕射節度淮南。

而《舊唐書》卷一七下《文宗本紀下》却云:“(大和四年三月)以前太子賓客崔從檢校右僕射、揚州都督府長史、淮南節度使。”

據《崔慎由墓誌》(《唐代墓誌彙編續集》咸通〇五三[②],第 1074 頁)載:“檢校尚書右僕射兼御史大夫、淮南節度使、贈太師、貞公諱從之第二子。”又《崔巖墓誌》(《唐代墓誌彙編》乾寧〇〇七,第 2535 頁)載:“祖從,皇淮南節度使、檢校尚書右僕射、贈太師,謚曰貞。”可知“左僕射”當爲“右僕射”之訛,《新唐書》承《舊唐書》而誤。

---

① (唐)魏徵等《隋書》,中華書局,1973 年。

② 周紹良、趙超《唐代墓誌彙編續集》,上海古籍出版社,2001 年。

4. 有司謚曰敬憲，度支郎中張仲方非之，帝怒，貶仲方，更賜謚曰忠懿。（卷一四六《李栖筠傳附李吉甫傳》，第 4743 頁）

按：忠懿，《舊唐書》卷一四八《李吉甫傳》同。

《舊唐書》卷一五《憲宗本紀下》却云："（元和十二年三月）太常定李吉甫謚曰'敬憲'，度支郎中張仲方非之。上怒，貶爲遂州司馬。賜吉甫謚曰'忠'。"

《册府元龜》卷五九六記載此事更詳："李吉甫爲宰相，薨，太常謚爲恭懿。博士尉遲汾請爲敬（憲），度支郎中張仲方駁議曰：'古者，易名請謚，禮之典也……考其名與其行不類，研其事與其道不侔……請俟蔡寇將平，天下無事，然後都堂聚議，亦未遲。'憲宗方用兵，惡仲方深言其事，怒甚，貶爲遂州司馬。賜謚曰'忠'。"

《唐會要》卷八〇《謚法下·朝臣複謚》載："恭懿，贈禮部尚書齊映，贈司徒李吉甫。"其下有注云："太常請謚吉甫曰'恭懿'，博士尉遲汾請爲敬憲，度支郎中張仲方駁議曰……憲宗方用兵，惡仲方深言其事，怒甚，貶爲遂州司馬，敕謚曰'恭懿'。"注文文字與《册府元龜》略同①，唯"忠"作"恭懿"。

張仲方駁議事亦見《舊唐書》卷一七一《張仲方傳》。據張仲方本傳、《唐會要》、《册府元龜》載，李吉甫定謚過程如下：太常初定李吉甫謚爲"恭懿"，博士尉遲汾請易爲"敬憲"，張仲方反對謚爲"敬憲"，最終憲宗貶仲方，賜吉甫謚。那么憲宗所賜謚號到底是"忠懿"、"恭懿"，還是"忠"呢？

據《李燁墓志》（《唐代墓誌彙編》咸通〇一六，第 2390 頁）云："曾祖諱栖筠……祖諱吉甫，皇任中書侍郎平章事，謚曰忠公；烈考諱德裕……"可知李吉甫最終定謚當爲"忠"。故《舊唐書》李吉甫本傳當衍"懿"字，《新唐書》承《舊唐書》而誤，《唐會要》注文作"恭懿"則很可能是後人據正文誤改。

5. 以太子賓客分司東都，徐虢州刺史，復爲賓客。（卷一四七《盧士玫傳》，第 4763—4764 頁）

《校勘記》云："徐虢州刺史，《舊唐書》卷一六二《盧士玫傳》作'旋除虢州刺史'。"

按："徐虢州刺史"，文詞不順，必有錯訛。《舊唐書》卷一六二《盧士玫傳》載："尋拜太子賓客，留司洛中，旋除虢州刺史，復爲賓客。""徐"字似爲"除"之訛，但不能排除"徐"字前有脱文的可能性（如脱"歷"字），故原《校勘記》僅出異文校。

據《盧士玫墓誌》載："拜太子賓客，分司東都。明年，天子念河朔之艱，傳瑞虢略，而美疢暴感，求醫帝京。公内揣筋力，切于休退，懇誠上達，優詔曲遂。重拜太子賓客，分司東都。"②可見，盧士玫在第一次拜太子賓客後，第二年即拜虢州刺史，並未擔任過徐州刺史。又墓誌與史傳相較，史傳通常對傳主生平

① （宋）王溥《唐會要》，上海古籍出版社，2006 年第 2 版。

② 拓片及録文見牛紅廣《唐盧士玫墓誌及相關問題考釋》，《中國國家博物館館刊》2012 年第 6 期。

履歷會有删節,而墓誌一般會不厭其詳對其加以記録。《盧士玫墓誌》不載其曾爲徐州刺史,故《新唐書》中"徐"字當爲"除"之訛。

> 6. 賈敦頤,曹州冤句人……時弟敦實爲饒陽令,政清静,吏民嘉美。舊制,大功之嫌不連官,朝廷以其兄弟治行相高,故不徙以示寵。(卷一九七《賈敦頤傳》,第5622頁)

按:《舊唐書》卷一八五上《賈敦頤傳附賈敦實傳》載:"敦實,貞觀中爲饒陽令,政化清静,老幼懷之。時敦頤復授瀛州刺史,舊制,大功以上不復連官,朝廷以其兄弟在職,俱有能名,竟不遷替。"

《宋本册府元龜》卷七八二却云:"賈敦實爲饒陽令,時制大功已上不得聯職,敦實兄敦賾復爲瀛州刺史,朝廷以其兄弟廉謹,特許令同州,竟不遷替,時人榮之。"①

因兩《唐書》均有《賈敦頤傳》,影響深遠,其後文獻罕見稱"敦賾"者,《册府元龜》此處似誤,但事實上"敦頤"當爲"敦賾"之訛,理由如下:

其一,宋人趙明誠已辨其誤,趙氏《金石録》卷二五《唐洛州刺史賈公清德頌跋尾》云:"案《唐史·循吏傳》,賈敦頤、敦實相繼爲洛州刺史、長史,有惠愛,郡人皆爲刻石,號'棠棣碑'。今敦實之碑亡矣,此《碑》載初除洛州制書有云:'三川之境,是稱都會;六條之寄,允屬時英。蒲州刺史賈敦賾,體業强正,識用優拔。'蓋其名乃敦賾也。又《武后實録·敦實傳》中亦作'敦賾'。以此知《唐史》傳寫之誤。"②

其二,程章燦《唐代墓誌叢考》據《隋唐五代墓誌彙編·洛陽卷》所收《□伯饒墓誌》載:"考敦實,太子左庶子、洛陽長史、潁川男。伯敦賾,洛州刺史。"亦考訂"敦頤"是"敦賾"之訛③。

其三,《賈敦賾墓誌》於2009年在洛陽出土④,可提供最直接的證據;又誌文云:"公諱敦賾,字景遠。""探賾索隱,鈎深致遠",語出《周易·繫辭上》,"敦賾"之名正與"景遠"之字相應⑤。

> 7. (總章元年)十二月,帝坐含元殿,引見勣等,獻俘于廷。以藏素脅制,赦爲司平太常伯,男産司宰少卿;投男建黔州,百濟王扶餘隆嶺外……(卷二二〇《東夷傳》,第6197頁)

按:《資治通鑑》卷二〇一"高宗總章元年"條載:"十二月,丁巳,上受俘于含元殿。以高藏政非己出,赦以爲司平太常伯、員外同正。以泉男産爲司宰少

---

① (宋)王欽若等《宋本册府元龜》,中華書局,1989年。

② (宋)趙明誠撰,金文明校證《金石録校證》,廣西師範大學出版社,2005年,第426頁。

③ 程章燦《唐代墓誌叢考》,《古籍整理研究學刊》1995年第4期。

④ 拓片見洛陽市文物考古研究院《唐代洛州刺史賈敦頤墓的發掘》,《中國國家博物館館刊》2013年第8期。按:作者受兩《唐書》誤導,將"敦賾"著録爲"敦頤"。

⑤ 參見王義印《唐代賈敦賾墓誌校讀——兼與牛紅廣、黄吉軍等先生商榷》,《洛陽師範學院學報》2014年第6期。

卿……泉男建流黔中,扶餘豐流嶺南。"[①]"扶餘隆"作"扶餘豐",是。

《扶餘隆墓誌》載:"顯慶之始,王師有征。公遠鑒天人,深知逆順,奉珍委命,削衽歸仁……款誠押至,裒賞薦加,位在列卿,榮貫藩國。而馬韓餘燼,狼心不悛……皇赫斯怒,天兵耀威……綏撫之方,且資人懿。以公爲熊津都督,封百濟郡公,仍爲熊津道總管兼馬韓道安撫大使……尋奉明詔,脩好新羅,俄沐鴻恩,陪覲東岳。勳庸累著,寵命日隆,遷秩太常卿,封王帶方郡。公事君竭力,徇節亡私,屢獻勤誠,得留宿衛……春秋六十有八,薨于私第……以永淳元年歲次壬午十二月庚寅朔廿四日癸酉葬于北邙清善里。"(《唐代墓誌彙編》永淳〇二四,第702頁)誌文雖有一定文飾及溢美,但大體與史書所載相符。

據《新唐書》卷二二〇《百濟傳》載:顯慶五年(660),唐師滅百濟,俘其王扶餘義慈及太子隆等,並送京師,扶餘隆授司稼卿。後福信、道琛舉兵反唐,迎扶餘豐於日本,立之爲王。唐興師破之,扶餘豐失蹤(據《日本書紀》卷二七"天智天皇二年(662)八月"條載[②],百濟王扶餘豐璋,即扶餘豐,逃往高麗),扶餘隆除熊津都督。麟德二年(665),與新羅王會盟熊津城,後隨劉仁願歸京師。儀鳳(676—679)時,進帶方郡王,遣歸藩,畏新羅,不敢入舊國,寄治高麗死。又據誌文載,扶餘隆在麟德二年至儀鳳年間還參與乾封元年(666)高宗封禪,后又除太常卿。故總章元年(668)在高句麗被俘,后被流放嶺南的百濟王當是扶餘豐。

8. 太宗貞觀五年,遣使者入朝,帝矜其遠,詔有司毋拘歲貢。遣新州刺史高仁表往諭,與王爭禮不平,不肯宣天子命而還。(卷二二〇《東夷傳》,第6208頁)

按:高仁表,《通典》卷一八五《邊防》一[③]、《太平寰宇記》卷一七四同[④],《舊唐書》卷一九九上《東夷傳》、《唐會要》卷九九"倭國"條、《太平御覽》卷七八二引《唐書》[⑤]、《册府元龜》卷六六四"失指"條、《資治通鑑》卷一九三"貞觀五年十一月"條、《日本書紀》卷二三"舒明天皇四年(即貞觀六年)八月"條均作"高表仁"。

據《高安期墓誌》(《唐代墓誌彙編》光宅〇〇七,第726頁;拓本見《北京圖書館藏中國歷代石刻拓本匯編》第17册,第17頁)云:"曾祖熲,隋尚書左僕射,上柱國,齊國公……祖表仁,隋大寧公主駙馬都尉,渤海郡開國公;皇朝尚書右丞,鴻臚卿,□、涇、延、穀四州刺史,上柱國,郯國公。"可知,高安期之祖高表仁歷仕隋唐二代,且在唐曾爲鴻臚卿,與貞觀出使日本之高表仁

① (宋)司馬光編著,(元)胡三省音注《資治通鑑》,中華書局,1956年。
② (日)安麻呂《日本書紀》,見《國史大系》第1卷,日本經濟雜志社,1897年。
③ (唐)杜佑《通典》,中華書局,1988年。
④ (宋)樂史《太平寰宇記》,中華書局,2007年。
⑤ (宋)李昉《太平御覽》,中華書局,1960年。

同時。岑仲勉曰:"《誌》,州上所泐一字似是'新'字。"①雖然我們不能確定誌文所泐之字即爲"新"字,但據鴻臚卿一職,亦可判斷二者當是一人。據《舊唐書》卷四四《職官志三》載鴻臚卿之職掌云:"若諸蕃人酋渠有封禮命,則受册而往其國。"可見誌文中的高表仁亦有出使蕃國的經歷。故"高仁表"當作"高表仁"。

(作者單位:上饒師範學院歷史地理與旅游學院)

① 岑仲勉《隋書求是》,商務印書館,1958年,第83頁。

古典文獻研究（第二十輯上卷）
Journal of the Institute for Chinese Classics Studies
Nanjing University
Volume 20, No.1 2017

“怡顔堂鈔書”考略

趙兵兵

葉德輝(1864—1927)《書林清話》卷十有“明以來之鈔本”一節,記述明清著名藏書家鈔本書凡數十種,附記“舊鈔無考者”數種,中有一家爲“怡顔堂鈔本”。其下小注云:“板心有‘怡顔堂鈔書’五字。張《志》:《柯山夏先生重修尚書詳解》十六卷,《豐清敏公遺事》一卷,《新刊歷代制度詳説》一卷。黄《記》:《建炎時政記》三卷。”末後説:“皆明末國初人各家藏書,均不知姓名籍里。”①

按:張《志》指張金吾(1787—1829)《愛日精廬藏書志》,黄《記》指黄丕烈(1763—1825)《士禮居藏書題跋記》。② 今檢二書,張《志》尚有《劉文靖公遺事》一種,亦“怡顔堂鈔書”,爲葉氏漏記。今將張《志》所載各書題記節録如下:

1. 柯山夏先生重修尚書詳解十六卷　舊抄本

蓋從宋麻沙坊本傳録者。板心有“怡顔堂鈔書”五字。　(卷二)

2. 豐清敏公遺事一卷　舊抄本　菉竹堂藏書

卷首有“葉氏菉竹堂藏書”印記,板心有“怡顔堂鈔書”五字。　(卷十三)

3. 劉文靖公遺事一卷　舊抄本

板心有“怡顔堂鈔書”五字。　(卷十三)

4. 新刻歷代制度詳説十二卷　舊抄本

板心有“怡顔堂鈔書”五字。

彭飛刊板序　泰定三年(1326)　殘缺　(卷二十六)③

又,《蕘圃藏書題識》(包含《士禮居藏書題跋記》全部内容)卷二“建炎時政

① 葉德輝《書林清話》,吴國武、桂梟整理,華文出版社,2012年,第272—273頁。又,本文標注藏書家生卒年,主要依據梁戰、郭群一《歷代藏書家辭典》(陝西人民出版社,1991年)及鄭偉章《文獻家通考(清—現代)》(中華書局,1999年)二書,如非必要,不再注明。

② 此據《書林清話》卷一“古今藏書家紀板本”條(第12頁)。

③ (清)張金吾《愛日精廬藏書志》,《宋元明清書目題跋叢刊》清代卷第五册,中華書局,2006年,影印清光緒十三年(1887)吴縣徐氏靈芬閣木活字本,第291、379、386、494頁。

記三卷 校舊鈔本”條,收題識二則,其一云:

> 甲戌(1814)季冬,余新知陳仲遵爲余言:“遺經堂近有舊書一單,大半皆抄本,曾見之乎?”余曰:“未也。”蓋時迫歲除,無暇爲此冷淡生活,故久不至書坊,即坊友亦久不來也。大除偶過玄妙觀前,遂至是坊蹤跡之,檢及是册,苦不知其載於何書目。偶與仲遵談及,謂是書係李忠定公所著,載在《郡齋讀書志》第五卷上廿二葉。並借余鮑氏知不足齋鈔本,因手校一過。鮑本實有可正是本誤處,然每卷脱去“起、止”一行,又每日多接連,空格多作某字,且改“赤”爲“尺”,皆非古書面目。究不如此“怡顔堂鈔書”之爲舊也。乙亥(1815)正月十日記。復翁。①

由張、黄題跋可知,“怡顔堂鈔書”所據蓋多舊本,而所鈔書鈐印甚稀。二人不言“怡顔堂”爲誰氏所有,可知此一堂號於藏書界不甚著名也。故葉氏雖熟稔書林掌故,亦惟云“不知姓名籍里”。

筆者欲一考之,因多方搜求,草成此文。孤聞譾陋,尚待博學者匡正焉。

一 “怡顔堂鈔書”存世考

葉德輝《書林清話》之後,瞿冕良《中國古籍版刻辭典》集中記載了“怡顔堂鈔書”,是書“怡顔堂”條云:

> 明嘉靖間昆山人張應文的室名。……他的抄本版心刻“怡顔堂鈔書”五字,見之記載的有:宋夏僎《柯山夏先生重修尚書詳解》16卷,元董鼎《尚書輯録纂注》6卷《書序》1卷,元徐謙《詩集傳名物鈔》8卷,唐李吉甫《元和郡縣圖志》40卷《目録》2卷,宋李樸《豐清敏公遺事》1卷,元蘇天爵《劉文靖公遺事》1卷,宋吕祖謙《新刊歷代制度詳説》12卷,宋陳傅良《歷代兵制》8卷,宋李綱《建炎時政記》3卷,宋薛師石《瓜廬詩》1卷,宋陳淳《北溪先生大全文集》50卷《補集》1卷,宋王蓮編《清江三孔集》40卷,明高棅《三山翰林院典籍高漫士木天清氣詩集》不分卷。②

瞿氏之書,僅於書尾附一《參考引用書目》,各辭條下並無原始出處。因此,想要知道以上所言十三種書,究竟載於何書,如今存世者幾何,仍需“動手動脚找材料”。

前文所引張《志》、黄《記》,皆爲瞿書所參考者,故二書所記五種“怡顔堂鈔書”均列後者清單中。張《志》所記四種,《柯山夏先生重修尚書詳解》、《新刊歷代制度詳説》分别再見於《藏園訂補郘亭知見傳本書目》卷一、卷十下,但是傳

---

① (清)黄丕烈《黄丕烈書目題跋七種》,《宋元明清書目題跋叢刊》清代卷第七册,影印民國八年(1919)繆荃孫等刻本,第32頁。按:“余曰未也”四字,諸傳本脱,今據黄丕烈手跋真跡(《“國立中央圖書館”善本題跋真跡》,臺灣“國立中央圖書館”,1982年,第502頁)補入。

② 瞿冕良《中國古籍版刻辭典》,齊魯書社,1999年,第390—391頁。此書又有2009年蘇州大學出版社出版增訂本,然此“怡顔堂”一條(第572頁),並無改動。按:“尚書輯録纂注”,原誤作“尚書輯録纂疏”;“王蓮”,原誤作“王邁”。今並改正。

增湘(1872—1949)所據仍爲《愛日精廬藏書志》,是皆未經寓目者。[①] 至於《豐清敏公遺事》及《劉文靖公遺事》之怡顔堂鈔本,則未見他家書目明確著録。未知此四種尚存人間否。

黄丕烈舊藏《建炎時政記》,後歸國立北平圖書館[②],王重民爲做"提要"云:"[十行二十二字(18.1×13)]宋李綱撰。此鈔本下書口刻:'怡顔堂鈔書'五字,後歸黄丕烈,又據鮑氏知不足齋鈔本校之。卷内有:'蕘翁手校'、'惕甫借觀'、'楊氏海原閣藏'、'臣紹和印'、'楊彦合讀書記'、'宋存書室'等印記。"[③]再後又歸臺灣"國立中央圖書館"(附圖一),今存臺北"國立故宫博物院"[④]。2013年,國家圖書館出版社據以影印,收入《原國立北平圖書館甲庫善本叢書》(第194册)。

瞿冕良所記其餘八種"怡顔堂鈔書"之著録情况,略考如下。

1. 元董鼎《尚書輯録纂注》6卷《書序》1卷

按:此本今藏北京大學圖書館(附圖二),見《北京大學圖書館藏古籍善本書目》,版本著録爲"清怡顔堂抄本"(索書號爲"李□368")[⑤]。北大圖書館古籍部李雄飛曾詳介此本,其文有云:

> 書高廣23.4×16.3 cm。半葉10行22字,小字雙行同。白口,單黑魚尾,左右雙邊。版框高18.6 cm,寬14 cm。烏絲欄抄本。
>
> 書中鈐有"抱經堂印"、"盧文弨印"、"紹弓氏"、"武林汪奉玄家藏典籍"、"汪襄"、"周印星詒"、"季貺"、"麐嘉館印"等藏印多枚,可知此書曾經盧文弨、汪襄、周星詒、李盛鐸等著名藏書家遞藏,流傳有序;由此也可"掂"出此書的"分量"。[⑥]

按:李雄飛所録"武林汪奉玄家藏典籍"一印,《木犀軒藏書書録》作"武林汪泰□家藏圖籍"[⑦],恐二者均未確當。繆荃孫曾藏一"舊寫本《國朝名臣事略》",上鈐"武林汪泰玄家藏典籍"朱文方印、"汪襄"白文方印、"檢亭"朱文長方印等。[⑧] 前二者並與北大所藏怡顔堂鈔本《書傳輯録纂注》鈐印同。加拿大

① (清)莫友芝撰,傅增湘訂補《藏園訂補郘亭知見傳本書目》,傅熹年整理,中華書局,2009年,第40、783頁。

② 趙萬里《北平圖書館善本書目》,《明清以來公藏書目匯刊》第15册,北京圖書館出版社,2008年,影印民國二十三年(1933)朱印本,第84頁。

③ 王重民《中國善本書提要補編》,書目文獻出版社,1991年,第4頁。按:楊紹和《楹書隅録續編》卷二著録此本,知其確爲海源閣故物也。見《宋元明清書目題跋叢刊》清代卷第四册,影印光緒二十年(1894)海源閣刻民國三年(1914)董康補刻本,第584—585頁。

④ 杜澤遜《四庫存目標注》,上海古籍出版社,2007年,第570頁。

⑤ 《北京大學圖書館藏古籍善本書目》,北京大學圖書館,1999年,第8頁。

⑥ 李雄飛《"以人爲本"鑒定古籍版本的幾個實例》,《歷史文獻研究》(總第31輯),華東師範大學出版社,2012年,第354—355頁。

⑦ 李盛鐸《木犀軒藏書題記及書録》,張玉範整理,北京大學出版社,1985年,第63頁。

⑧ 繆荃孫《藝風藏書記》,黄明、楊同甫標點,上海古籍出版社,2007年,第86頁。又,《繆荃孫全集·目録》,鳳凰出版社,2013年,第62頁。

英屬哥倫比亞大學所藏"原稿抄本《春秋春王正月考》",鈐"白文汪襄、朱文檢亭兩印","書衣有嘉慶乙亥(1815)十二月望日汪襄手識"[①]。據此,則泰玄、檢亭當爲汪襄之字號,其印之一當作"武林汪泰玄家藏典籍"。

汪襄之後,《帶經堂書目》[②]、《書鈔閣行篋書目》[③]、《秦漢十印齋藏書目》[④]先後著録此本。可見在周星詒(1833—1904)前後,此本亦曾爲陳氏帶經堂及蔣鳳藻所有。

2. 元徐謙《詩集傳名物鈔》8卷

按:此本今藏湖南圖書館(附圖三)。該館書目著録(索書號"△14/30")云:"詩集傳名物鈔八卷/(元)許謙撰.—明張應文怡顔堂抄本.—8册.—十行二十二字,版心下印'怡顔堂鈔書'。鈐有'黄岡劉氏紹炎過眼'、'黄岡劉氏校書堂藏書記'等印。"[⑤]劉紹炎,字卓云,湖北武昌人。民國時"以購古本書著聞"[⑥]。

此書入選《第三批國家珍貴古籍名録》,編號爲07301。[⑦]

3. 唐李吉甫《元和郡縣圖志》40卷《目録》2卷

按:此本今藏國家圖書館。《北京圖書館普通古籍總目》著録(索書號"地84/4641.2")云:"元和郡縣圖志 四十卷/(唐)李吉甫撰.—清怡顔堂抄本。"[⑧]傅增湘曾見之,云:"清怡顔堂寫本,十行二十二字,版心有'怡顔堂鈔書'五字。存三十四卷。古書流通處見,盧址抱經樓遺書。"[⑨]盧址(1725—1794)《四明盧氏抱經樓書目》確有著録。[⑩] 國圖所藏此書,各册首卷卷端均鈐"抱經樓"白文長方印,第一册原序葉鈐"梅花草堂"白文方印。[⑪]

4. 宋陳傅良《歷代兵制》8卷

按:此本今藏浙江圖書館(附圖四)。《浙江圖書館館藏珍品圖録》收録此本卷端書影一頁(附圖五),説明云:"明怡顔堂抄本。十行二十(二)字,左右雙邊,白口,單魚尾。框18.5×14釐米。書口下印'怡顔堂鈔書'。傳本罕見,

---

① 王伊同《加拿大英屬哥倫比亞大學宋元明及舊鈔本善本書目》,收入《王伊同學術論文集》,中華書局,2006年,第357頁。

② (清)陳征芝藏,(清)陳樹杓編《帶經堂書目》,林夕主編、煮雨山房輯《中國著名藏書家書目匯刊》明清卷第28册,商務印書館,2005年,影印清宣統順德鄧氏風雨樓鉛印本,第257頁。

③ (清)周星詒《書鈔閣行篋書目》,《中國著名藏書家書目匯刊》近代卷第9册,影印民國元年(1912)海寧費寅復齋抄本,第244頁。

④ (清)蔣鳳藻《秦漢十印齋藏書目》,《中國著名藏書家書目匯刊》近代卷第10册,影印民國間刻藍印樣本,第5頁。

⑤ 《湖南圖書館古籍綫裝書目録》,綫裝書局,2007年,第52頁。

⑥ 倫明著,雷夢水校補《辛亥以來藏書紀事詩》,上海古籍出版社,1990年,第99頁。

⑦ 《第三批國家珍貴古籍名録圖録》第二册,國家圖書館出版社,2012年,第162頁。

⑧ 《北京圖書館普通古籍總目·地志門》,北京圖書館出版社,2003年,第35—36頁。

⑨ (清)莫友芝撰,傅增湘訂補《藏園訂補郘亭知見傳本書目》,傅熹年整理,卷五下,第356頁。又見傅增湘《藏園群書經眼録》卷五,中華書局,2009年2版,第319頁。

⑩ (清)盧址《四明盧氏抱經樓書目》,《中國著名藏書家書目匯刊》明清卷第23册,影印民國二十二年(1933)國立北平圖書館傳抄江安傅氏藏津寄廬抄本,第14頁。

⑪ 此承北京師範大學李凱凱赴國圖代爲查閲,同窗遥助,感佩莫名。

《四庫全書》收録天一閣本,此本現爲僅存。"[①]據該頁書影,可見上鈐"吴興劉氏嘉業堂藏書記"朱文長方印,知爲劉承幹(1881—1963)舊藏。故《嘉業堂鈔校本目録》[②]、《嘉業堂藏書志》[③]均著録。《浙江圖書館古籍善本書目》云:"歷代兵制八卷,宋永嘉陳傅良撰,明張應文怡顔堂抄本,二册。"[④]《書目》僅晚於《圖録》二年,該館認定"怡顔堂鈔書"爲張應文所有,或是取用《中國古籍版刻辭典》(1999)的説法。

此書入選《第一批國家珍貴古籍名録》,編號爲 01617。[⑤]

5. 宋薛師石《瓜廬詩》1 卷

按:存佚未知。朱學勤(1823—1875)《結一廬書目》載:"《瓜廬詩集》一卷,計一本,宋薛師石撰,明怡顔堂鈔本。"[⑥]其後,《增訂四庫簡明目録標注》卷十六"瓜廬詩一卷"條版本項,邵章(1874—1953)"續録"載之。[⑦] 自是結一廬所藏本。再後,《藏園訂補郘亭知見傳本書目》卷十三下"瓜廬詩一卷"條下附記此本,乃據邵書,亦未見原本也。[⑧]

6. 宋陳淳《北溪先生大全文集》50 卷《補集》1 卷

按:此本現藏日本静嘉堂文庫(附圖九)。《静嘉堂秘籍志》"北溪集"條云:"是本周孟中序缺,蓋從至元刊本抄出者。版心有'怡顔堂鈔書'五字。"[⑨]此書爲陸心源(1834—1894)十萬卷樓舊藏,見載於《皕宋樓藏書志》[⑩]。嚴紹璗爲做"書録"云:"北溪先生大全文集五十卷　外集一卷,(宋)陳淳撰。怡顔堂寫本。静嘉堂文庫藏本,原汪喜孫等舊藏。【按】是集係從元至元刊本鈔出,版心有'怡顔堂鈔書'五字。"[⑪]可見,所謂"補集"者,乃"外集"之誤也。

---

① 《浙江圖書館館藏珍品圖録》,西泠印社,2000 年,第 145 頁。按:怡顔堂本《歷代兵制》並非僅存,據筆者調查,臺北"國家圖書館"尚存繆荃孫舊藏鈔本《歷代兵制》八卷一册,當即據怡顔堂鈔本傳録者。見《"國家圖書館"善本書志初稿·史部》第二册,臺灣"國家圖書館",1997 年,第 269 頁。

② 周子美《嘉業堂抄校本目録·天一閣藏書經見録》,華東師範大學出版社,2000 年,第 34 頁。又見劉承幹《嘉業藏書樓鈔本書目·正編》,《中國著名藏書家書目匯刊》近代卷第 32 册,影印民國抄本,第 48 頁。

③ 繆荃孫、吴昌綬、董康《嘉業堂藏書志》,吴格點校,復旦大學出版社,1997 年,第 368 頁。

④ 《浙江圖書館古籍善本書目》,浙江教育出版社,2002 年,第 232 頁。

⑤ 《第一批國家珍貴古籍名録圖録》第六册,國家圖書館出版社,2008 年,第 130 頁。

⑥ (清)朱學勤藏,(清)朱澂編《結一廬書目》,《中國著名藏書家書目匯刊》近代卷第 3 册,影印清光緒二十八年(1902)湘潭葉氏觀古堂刻本,第 526 頁。

⑦ (清)邵懿辰撰,邵章續録《增訂四庫簡明目録標注》,上海古籍出版社,1979 年,第 750—751 頁。

⑧ (清)莫友芝撰,傅增湘訂補《藏園訂補郘亭知見傳本書目》,中華書局,2009 年,第 1233 頁。

⑨ (日)河田羆《静嘉堂秘籍志》卷三十七,賈貴榮輯《日本藏漢籍善本書志書目集成》第七册,北京圖書館出版社,2003 年,影印日本大正六年(1917)排印本,第 65 頁。又見《静嘉堂文庫漢籍分類目録(正續)》,臺灣進學書局,1969 年,第 674 頁。

⑩ (清)陸心源《皕宋樓藏書志》卷八十八,《宋元明清書目題跋叢刊》清代卷第二册,影印光緒八年(1882)刊本(《潛園總集》之一),第 993—994 頁。

⑪ 嚴紹璗《日藏漢籍善本書録》,中華書局,2007 年,第 1584 頁。

7. 宋王蘧編《清江三孔集》40 卷

按:存佚未知。周星詒《書鈔閣行篋書目》[①]、蔣鳳藻《秦漢十印齋藏書目》[②]著録之。然此二家書目皆非《中國古籍版刻辭典》所參考者,瞿冕良所言當另有所本,仍待查考。

8. 明高棅《三山翰林院典籍高漫士木天清氣詩集》不分卷

按:此本今藏浙江大學西溪校區圖書館(附圖六),即原杭州大學圖書館。《杭州大學圖書館善本書目》著録云:"三山翰林院典籍高漫士木天清氣詩集不分卷,明·高棅撰,明怡顔堂烏絲欄鈔本,半葉十行,行二十二字,四册。"[③]"浙江大學圖書館古籍資源網"收録該書,信息較完善:題名不變,唯改"不分卷"爲"一卷";版本著録爲"明永樂二十年至明末怡顔堂抄本";行款進一步細化,"10 行 22 字,白口,單黑魚尾,左右雙邊,烏絲欄,版框高 18.6 cm,寬 13.5 cm";凡 4 册(1 函),有朱校,書衣題"元亨利貞"以别册次。[④] 傅增湘《藏園群書經眼録》卷十六"三山翰林院典籍高漫士木天清氣(詩)集不分卷"條云:"舊寫本,十行二十二字,墨格,版心有'怡顔堂鈔書'五字,未審何人。書則高棅詩集也。"[⑤]

此書入選《第二批國家珍貴古籍名録》,編號爲 05860。[⑥]

根據以上諸家書目,可以確定"怡顔堂鈔書"今尚存世者,至少七種:一藏臺灣,一在日本,中國大陸存五種。

"怡顔堂鈔書"的基本特徵亦可言之:烏絲欄,白口,單黑魚尾,左右雙邊,版心下鎸"怡顔堂鈔書"五字,半葉十行,行二十二字[⑦],小字雙行同,版框高 18.6 cm 左右,寬 13—14 cm。

至於其抄寫時代及來源則尚無定論。

二 "怡顔堂鈔書"時代考

僅就上文所引材料來看,關於此"怡顔堂鈔書"之"怡顔堂"的時代及歸屬問題,已有數家説法:1. 明末清初佚名(葉德輝);2. 明末張應文(瞿冕良、浙江圖書館、湖南圖書館);3. 明永樂二十年至明末(浙江大學圖書館);4. 明(朱學

① (清)周星詒《書鈔閣行篋書目》,《中國著名藏書家書目匯刊》近代卷第 9 册,第 378 頁。又見(清)周星詒藏並原輯,羅振常重編《周氏傳忠堂藏書目》,《中國著名藏書家書目匯刊》近代卷第 9 册,影印民國二十五年(1936)上虞羅氏蟫隱廬石印本,第 214 頁。

② (清)蔣鳳藻《秦漢十印齋藏書目》,《中國著名藏書家書目匯刊》近代卷第 10 册,第 91 頁。

③ 《杭州大學圖書館善本書目》,杭州大學圖書館,1965 年,第 82 頁。又見杜澤遜《四庫存目標注》卷五十二,第 2616 頁。

④ 此承浙江大學畢業生韓悦代爲查閲,師姐助力,誌此以謝。

⑤ 傅增湘《藏園群書經眼録》,第 1171 頁。

⑥ 《第二批國家珍貴古籍名録圖録》第八册,國家圖書館出版社,2010 年,第 160 頁。

⑦ 據《原國立北平圖書館甲庫善本叢書》所影印怡顔堂鈔本《建炎時政記》以及所得日本静嘉堂文庫藏怡顔堂鈔本《北溪先生大全文集》書影,可知怡顔堂鈔書所用紙張,版框左邊欄外下方有"每行廿二字"五字(附圖七、九),筆者托同窗查閲國圖所藏怡顔堂鈔本《元和郡縣圖志》亦有此五字。因此,怡顔堂鈔本書之行款爲一定數,即"半葉十行行二十二字"。

勤);5. 清(傅增湘、國家圖書館、北京大學圖書館)。除此之外,尚有他家説法三種:6. 明朝或明朝以前(吴傑)[①];7. 清初徐乾學(李雄飛)[②];8. 清"揚州八怪"之一高翔(顧永新)[③]。

其中,1、4、5 三種僅"定"時代,乃據經驗而言,均無論證,紙張與避諱當爲其所依據,兹不詳析。其餘五種,雖各有文字依據,然皆不可成定論。下文分兩步,先考時代,次論歸屬。

浙大所藏怡顔堂鈔本《三山翰林院典籍高漫士木天清氣詩集》,1965 年的《杭州大學圖書館善本書目》僅定爲"明"抄本,今查"浙江大學圖書館古籍資源網",其版本附注云:"不避清諱。版心下鎸'怡顔堂鈔書',抄年據紙張、避諱推測爲明代,並參《中國古籍善本書目》。抄年上限據卷内《奉賦騶虞歌》題記:'永樂貳十年秋……'"故定爲"明永樂二十年(1422)至明末"抄本。

按:《三山翰林院典籍高漫士木天清氣詩集》,即《木天清氣集》(一名《高漫士木天清氣集》),爲明初高棅(1350—1423)入京爲官後所作詩集。河南大學丁雪艷博士論文《高棅研究》(2013 年)對高棅生平及其兩部詩集(《嘯臺集》和《木天清氣集》)有翔實研究。[④] 該文所用《木天清氣集》爲《四庫存目叢書》據清金氏文瑞樓抄本影印,即名《高漫士木天清氣集》者。浙大圖書館所據以推定怡顔堂本抄年上限之《奉賦騶虞歌》,乃關乎高棅履歷之重要作品。文瑞樓本卷五所收此詩序記云:"永樂二年秋,周王府得騶虞,王自獻於朝……"[⑤]此詩所記"周王獻騶虞"事,《大明太宗文皇帝實録》載之:"永樂二年九月……丙午,周王橚來朝且獻騶虞,百僚稱賀。"[⑥]《明史·成祖本紀》亦隸永樂二年下。[⑦]可見怡顔堂本"永樂貳十年秋"之"十"字爲衍文,"明永樂二十年"之抄寫上限實爲無本之談。據丁雪艷《高棅年譜》,《木天清氣集》所收《挽鄭國博孟宣》爲集中最晚之詩,作於永樂十九年(1421)。[⑧] 因此,怡顔堂鈔本之上限可暫定爲永樂十九年。

又查怡顔堂鈔本《木天清氣集》[⑨],與文瑞樓鈔本頗多不同。怡顔堂本不分卷,但内部實分"五言詩"、"七言詩"、"七言絶句"、"五言律詩"、"七言律詩"、

---

① 吴傑《〈愛日精廬藏書志〉研究》,福建師範大學 2013 年碩士論文,第 83 頁。

② 李雄飛《"以人爲本"鑒定古籍版本的幾個實例》,《歷史文獻研究》(總第 31 輯),第 355 頁。

③ 顧永新《宋元句解類經學文獻述略》,《北京大學中國古文獻研究中心集刊·第十二輯》,北京大學出版社,2012 年,第 92 頁。又見氏著《經學文獻的衍生和通俗化:以近古時代的傳刻爲中心》,北京大學出版社,2014 年,第 418 頁。

④ 本文此節討論《木天清氣集》,所用材料多已見於《高棅研究》,惟凡所取資,皆一一覆核原書,故下文僅注原始出處。讀者其鑒之。

⑤ (明)高棅《高漫士木天清氣集》卷五,《四庫全書存目叢書》集部第 32 册,齊魯書社,1997 年,影印北京圖書館(今國家圖書館)藏清金氏文瑞樓鈔本,第 162 頁。

⑥ 《明太宗實録》卷三十四,《明實録(附校勘記)》第 10 册,臺灣"中央研究院"歷史語言研究所(校刊),1966 年,影印國立北平圖書館紅格鈔本微卷,第 597、599 頁。

⑦ (清)張廷玉等《明史》卷六,中華書局,1974 年,第 81 頁。

⑧ 丁雪艷《高棅研究》附録二,河南大學 2013 年博士論文,第 188 頁。

⑨ 怡顔堂鈔本《木天清氣集》乃托浙江大學高倩雲代爲查看,校友厚誼,感念無任。

"五言古詩"、"七言古詩"等七個部分;文瑞樓本則分"五言古詩"(卷一至四)、"七言古詩"(卷五至八)、"五言律詩"(卷九)、"七言律詩"(卷十)、"五言排律"(卷十一)、"七言排律"(卷十二)、"柏梁體"(卷十三)、"七言絶句"(卷十四)。而文瑞樓本之底本,乃爲《木天清氣集》之最早刻本,其卷端題有"南京户部郎中閩邑後學鄧珙編集"、"南京户部郎中莆田後學朱文環校正"兩行。丁雪艷以爲此本刊行於成化二十年(1484),但無論證。關於高棅詩集的刊刻,有徐𤊹《紅雨樓題跋》中關於《嘯臺集》的兩則跋語及黄鎬刊行《嘯臺集》所作序言可供參考。徐𤊹萬曆丁未(1607)題跋説:"龍門高廷禮先生,以詩鳴於洪、永間,所著有《嘯臺集》、《木天清氣集》。而《木天》諸詩,先正黄襄敏公刻之家塾……雖年遠尟傳,而積書家或有藏者。至於《嘯臺集》,乃襄敏公先爲授梓,板今不存。"[①]黄鎬刊行《嘯臺集》乃在成化十九年(1483),今臺北"國家圖書館"尚存此本完帙一套。是書有黄鎬"成化十九年癸卯十一月長至"(1483.12.22)序,序言:"抑予聞先生(高棅)於永樂初起爲翰林待詔爲典籍之時,又有《木天清氣詩集》,惜予求未之見也。今刻《嘯臺集》,梓匠告成,謹書先生出處與作詩之大概於卷首。"[②]又有陳音《後序》,作於"成化癸卯冬十二月朔後"(1483.12.30後),結合徐𤊹所言,則《木天清氣集》之刊行當在成化十九年之後。又考黄鎬生平,他於成化二十年六月辛巳致仕,九月乙未卒。[③] 丁雪艷將刊刻《木天清氣集》定在成化二十年,理由當在此。徐𤊹説《木天》諸詩乃黄鎬"刻之家塾",恐有未當。黄鎬刊刻《嘯臺集》至其去世,不過九個多月,而他離開南京歸鄉返里更距其逝日僅有三月而已,何有刊刻《木天清氣集》之時間?所以,萬曆丁巳(1617)徐惟起(𤊹,字惟起)再跋其所藏《嘯臺集》殘卷云:"《高漫士木天清氣集》,先大正鄧大參公珙曾梓而行之。"[④]鄧珙即文瑞樓本卷端題名編集者。雖然不能確定鄧珙任職南京户部郎中的具體年份,但是既然黄鎬在南京户部尚書任職期間,未能見到《木天清氣集》,則可知鄧珙刊行《木天清氣集》當在黄鎬離任之後,也就是成化二十年以後。

怡顔堂鈔本與鄧氏刊本(即文瑞樓本之底本)的關係,無非兩種:一是怡顔堂本在鄧本之前,二是鄧本爲怡顔堂本之祖本。筆者認爲,前一種情況絶無可能。理由有四:首先,黄鎬在《刊刻嘯臺集序》中言:"逮先生没,詩稿散落人間,時同鄉門人金吾揮使彭伯暉藏有斯集全稿,方鋟梓,竟未成而没。"[⑤]時任南京太常寺少卿陳音作《嘯臺集後序》亦云:"先生没百年以來,抄本人各珍秘,而見者希矣。……予自丱角時,聞先生詩名,亟欲見其詩而不可得,仰思慨歎三十

① (明)徐𤊹撰,(清)繆荃孫重編《重編紅雨樓題跋》,《宋元明清書目題跋叢刊》明代卷第三册,影印1925年趙詒琛重印《峭帆樓叢書》本,第418頁。

② 《"國立中央圖書館"善本序跋集録·集部》第二册,臺灣"中央圖書館",1994年,第315頁。

③ 張英聘《明代南京七卿年表簡述》,收入朱誠如、王天有主編《明清論叢 第6輯》,紫禁城出版社,2005年,第36頁。

④ (明)徐𤊹撰,(清)繆荃孫重編《重編紅雨樓題跋》,《宋元明清書目題跋叢刊》明代卷第三册,第419頁。

⑤ 《"國立中央圖書館"善本序跋集録·集部》第二册,第315頁。

有餘年。"①《嘯臺集》早經編集,其初期流傳已如此,官高如黄、陳尚難得見,則由斯觀此後成之《木天清氣集》,其刊刻之本既全然無存,而刊行之前之鈔本有多大可能流傳至今?

其次,徐𤊹在《題嘯臺集》中說:"余兄弟求之十年,始得之張海城廣文,海城得之林碧出茂才,糜爛醯雞,不絶如綫,原分八卷,此帙失去五、七言古風,惟存五、七言律及絶句而已。"②徐氏兄弟爲明後期著名藏書家,而"求之十年"才得一殘缺不全之《嘯臺集》。儘管徐説《木天清氣集》"積書家或有藏者",但觀其用一"或"字亦可見其時《木天清氣集》之絶少,而徐氏兄弟尚未之見也。儻有刊本之前之鈔本傳世,則徐氏豈能全然無聞?而在徐氏之前,隆慶(1567—1572)年間,俞憲編集《盛明百家詩》時亦曾訪求高棅詩集,他説:

> 國初有三山高廷禮棅嘗選輯《唐詩品匯》,傳於世,至所自著作,則世罕見焉。予刻明詩,博訪而後得之,裒取一百餘篇。……舊刻詩十卷,名《漫士嘯臺集》,今仍其舊。……隆慶戊辰(1568)首夏,錫山俞憲汝成甫識。③

俞憲爲江蘇無錫人,距離高棅兩部詩集的刊刻地南京並不算遠,然而仍需"博訪"始得其詩集之一,於《木天清氣集》則不言一字,亦可知其罕見矣。假如怡顔堂本在刊本之前,則至隆慶、萬曆間已流傳百年,即便有藏家珍秘之而不予示人,其秘藏時間能如是其長乎?

再者,假如怡顔堂本爲刊本之前的鈔本,則其抄寫時間爲永樂十九年(1421)到成化十九年(1483)之間,其去高棅離世(1423)尚不算遠,抄寫者當不至於把周王橚獻騶虞一事的時間給搞錯吧,其開篇第一首詩《將之京師夏日蒼林宴集作》(文瑞樓本)亦不當將詩題第一個字訛作"時"字。根據後來刊行高棅詩集的相關人員可知,當年热衷傳播其詩而家有其本者,均爲高棅同鄉後學。如此,則怡顔堂本之主人自應爲高棅之親友或後生。然則黄鎬等刊行其詩,豈能對此本毫無知曉?

最後,如果怡顔堂本早於鄧珙刊本,那麽它與高棅原本當更爲接近。但是,怡顔堂本之分類却存在明顯的漏洞。比如其"五言詩"前五首詩作《時之京師夏日蒼林宴集有作》、《九日泊富屯溪上夜飲張氏樓醉呈偕諸公》、《舟謝家埠江行有作》、《望廬山有作》、《奉制賦四夷朝貢》,在文瑞樓本均屬卷一"五言古詩",分别對應《將之京師夏日蒼林宴集作》(第一首)、《九日泊富屯溪上夜飲張氏樓呈偕行諸公》(第十首)、《舟發謝家埠江行有作》(第十一首)、《望廬山作》(第十二首)、《奉制賦四夷朝貢詩》(第十五首);而其"五言古詩"之前五首《雙璧堂(爲金川裴氏題)》、《忠清堂(爲户曹郎林彦質題)》、《安安齋(爲吏部朗谷

---

① 《"國立中央圖書館"善本序跋集録·集部》第二册,第316頁。

② (明)徐𤊹撰,(清)繆荃孫重編《重編紅雨樓題跋》,《宋元明清書目題跋叢刊》明代卷第三册,第418頁。

③ 《"國立中央圖書館"善本序跋集録·集部》第六册,第547頁。

安題)》、《抱灌軒(爲林生日題)》、《來清亭(爲黄氏題)》,則對應文瑞樓本卷一"五言古詩"之《題金川裴氏雙節堂》(第十六首)、《户曹郎林彦質忠清堂》(第三十二首)、《吏部郎施谷安安安齋》(第三十三首)、《題林生田抱灌軒》(第三十九首)、《題黄氏來清亭》(第五十五首)。僅據此十首詩之名目及其次序,即可看出文瑞樓本要優於怡顔堂本,而怡顔堂本顯然進行過一些統一處理。怡顔堂本雖將五言古詩割裂爲二,但各部分詩作先後次序仍與文瑞樓本之次第暗合。二本之間的差異,可以借用傅增湘解釋《清江三孔集》各種鈔本間篇第混亂的原因來回答,他説:"故書殘缺,市賈恒改易卷第以充完帙。"[①]此怡顔堂鈔本所據底本當即經市賈改竄者。如是,則怡顔堂本當遠後於鄧珙刊本。

因此,可以斷定怡顔堂本當在成化二十年(1484)之後。又因刊本初行之時,藏書家絶無抄寫以珍藏之動機,以情理揆之,定此"怡顔堂"在1500年之後當無問題,此即怡顔堂鈔本之上限。

前述各家説法,以吴傑所定時間爲最早。他認定,張金吾所記怡顔堂鈔本《豐清敏公遺事》上的"葉氏菉竹堂藏書"印記,必爲明前期藏書家葉盛(1420—1474)所鈐,故有"明朝或明朝以前"之論。今據怡顔堂鈔本《木天清氣集》即可見其失,至於僅據此印即定怡顔堂鈔本之下限,亦屬未當。菉竹堂固然是葉盛所命名,但"葉氏菉竹堂藏書"印却並非他一人使用。非專屬類人名、字號型(即堂號、姓氏型)藏書處/印代際相傳,在藏書史上不乏其例。如海寧張氏"涉園"一號,即沿用數百年之久。[②] 至如藏印相傳,正可舉葉氏菉竹堂爲例。《皕宋樓藏書志》有菉竹堂舊藏明弘治(1488—1505)刊本《浙西水利書》一種,是書有弘治戊午(1498)葉晨手跋。[③] 葉晨爲葉盛子,成化丙午(1486)舉京兆。[④] 據《静嘉堂秘籍志》言,此本正有"葉氏菉竹堂藏書"朱文方印。[⑤] 此印之鈐,已在葉盛身後二十餘年。葉氏後人如葉恭焕(盛四世孫,嘉靖丙午1546舉人)、葉國華(盛六世孫,萬曆乙卯1615舉人)、葉奕苞(盛七世孫,康熙戊午1678舉博學鴻詞)諸人[⑥],均好藏書[⑦]。由此可見,"葉氏菉竹堂藏書"印的使用跨時甚長,其下限竟不可斷。怡顔堂鈔本《豐清敏公遺事》鈐蓋是印的時間,實際上無法確定。

另外,怡顔堂所抄《柯山夏先生重修尚書詳解》及《書傳輯録纂注》二書,在明初並非稀見。"明洪武間,初定科舉條式,詔習《尚書》者並用夏氏(僎)、蔡氏

① 傅增湘《雙鑒樓藏書續記》卷下,《中國著名藏書家書目匯刊》近代卷第28册,影印民國十九年(1930)江安傅氏藏園刻本,第422頁。

② 劉尚恒《室名章釋義》,黄山書社,2011年,第24頁。

③ (清)陸心源《皕宋樓藏書志》卷三十三,《宋元明清書目題跋叢刊》清代卷第一册,影印光緒八年(1882)刊本(《潛園總集》之一),第372頁。

④ 《(道光)昆新兩縣志》卷十九,愛如生"中國方志庫"收録清道光六年(1826)刻本,葉36b。

⑤ (日)河田羆《静嘉堂秘籍志》卷二十,《日本藏漢籍善本書志書目集成》第五册,第683頁。

⑥ 《(道光)昆新兩縣志》卷十六(葉11a、15b)、十七(葉17a)、十九(葉37a)、二十六(葉25a)、二十七(葉5a)。

⑦ 梁戰、郭群一《歷代藏書家辭典》,第66—67頁。

(沈)兩傳。後永樂中《書經大全》出,始獨用蔡傳,夏氏之書寖微。"[①]夏僎《尚書詳解》既經洪武一朝定爲科律,則當時風靡,可言必矣。後雖遭受《書經大全》衝擊,但成爲罕見書仍需相當一段時間。至於董鼎之書,更爲明前期常見之書。楊士奇(1365—1444)《跋書傳纂疏》云:"今讀《書傳》者,率資此書及董鼎《纂注》。"[②]何喬新(1427—1502)《跋書傳輯録纂注》亦云:"先公生當喪亂之後,經籍非書坊刊行者不易得。當是時,學者所習惟《輯録纂注》而已。"[③]今所存元刻本《書傳輯録纂注》尚有八部(含殘本)之多[④],可想見明前期其書之流行。可以説,明中前期之藏書家並無抄寫此類流行之書以秘藏之必要。

如果前文所録各家藏印均屬真實,那麽其中盧文弨(1717—1795)及盧址(1725—1794)二家較早。《元和郡縣圖志》所鈐"梅花草堂"一印,雖不能斷定其準確歸屬,但據傅增湘的記録,當年他見此本時,似乎尚無該印,此印當爲近百年所鈐。從藏印角度來看,假如怡顔堂鈔本早在明初,遞經二百多年之播遷,上之鈐印不應如上文所揭之少且晚也。或言某宋本書傳至今日而無一鈐印,余曰是也,然此怡顔堂鈔本非僅一種,僅見諸記載者既已達十三種之多,如此一批鈔本書遞藏二百餘年而藏印漸鈐,豈非不可思議之事?因此,從藏印角度看,怡顔堂鈔本之下限當定在盧址之卒年。

再結合諸家著録,可以知道怡顔堂鈔本不避清諱。筆者翻閲怡顔堂鈔本《建炎時政記》,其中"校"、"檢"二字亦不避明諱。但是,避諱與否,不能概論,鈔書往往是過録早期善本,抄寫者是否避當世諱實難劃一,故此項僅可參考,難以作爲判定依據。

綜合上述,可知葉德輝將怡顔堂之年代定爲明末清初的説法,最爲可靠。用公元紀年來説,怡顔堂鈔本當在1500—1794年之間。

三 "怡顔堂鈔書"歸屬考

前述八種説法,有三個人被認定爲怡顔堂鈔本之原主人,即張應文、徐乾學(1631—1694)、高翔(1688—1753)。今經筆者考察,認爲諸家説法均難成立,試論如下。

張應文,生卒年不詳,據王世貞(1526—1590)爲其《國香集》作序稱之爲"老友"[⑤],並結合其子張丑(1577—1643)之生卒年,可推知他生活於嘉靖、萬曆間。《四庫全書總目·清秘藏》云:"應文字茂實,昆山監生。屢試不第,乃一意以古器書畫自娱。"[⑥]《(光緒)嘉定縣志》説他:"能書,畫蘭竹。旁及星學,通

---

① (清)紀昀等《四庫全書總目》卷一一"尚書詳解"提要,中華書局,1965年,第92頁上欄。

② (明)楊士奇《東里續集》卷十六,臺灣商務印書館,1983年,影印文淵閣《四庫全書》本,第1238册,第579頁。

③ (明)何喬新《椒丘文集》卷十八,影印文淵閣《四庫全書》本,第1249册,第303頁。

④ 《中國古籍總目·經部》,中華書局,2012年,第248頁。

⑤ (明)王世貞《弇州山人續稿》卷四十五,影印文淵閣《四庫全書》本,第1282册,第598頁。

⑥ 《四庫全書總目》卷一二三,第1059頁上欄。

陰陽家言。"[①]《江蘇藝文志》收録張應文著作甚多,如《羅鐘齋蘭譜》、《彝齋藝菊譜》、《先天换骨新譜》、《焚香略》、《瓶花譜》、《朱砂魚譜》等[②],正與《嘉定縣志》所言合。最知名者爲《清秘藏》,雜論書畫古玩之鑒賞。美國哥倫比亞大學《明代名人傳·張丑傳》中説:"張丑的父親張應文(字茂實,號彝甫,活躍於1530年至1594年)在考進士失敗後過起了富有的文人生活,他喜歡搜集古玩,並热衷於煉丹術。1588年,他舉家遷往蘇州,並將全家的户籍都改爲長洲縣。張應文和友人王世貞、文徵明(見二人傳記)一樣,也是一名鑒賞家,並著有一部關於如何收藏藝術品的著作《清秘藏》(兩卷)。"[③]這與筆者所得信息基本吻合。但是,以上種種材料,均未言張氏有一"怡顔堂"。翻檢《中國古籍版刻辭典》參考書目中,關於藏書家傳記的《藏書紀事詩》、《中國藏書家考略》、《明清蟫林輯傳》、《江浙藏書家史略》,除《明清蟫林輯傳》没有收録張應文外,其餘三種均有專條,但無一言其有堂名"怡顔"者。[④] 再檢《中國藏書家通典》及《歷代藏書家辭典》,亦僅言張氏藏書處名"清秘藏",而不見"怡顔堂"字。[⑤]這不能不讓人懷疑《中國古籍版刻辭典》(1999)及《浙江圖書館古籍善本書目》(2002)、《湖南圖書館古籍綫裝書目録》(2007)紛紛將怡顔堂鈔本歸之於張應文的可靠性。但諸書皆不言所據,故實難查考。就筆者所知,言張應文有堂名"怡顔"而較有影響者,尚有楊廷福、楊同甫父子所編《明人室名别稱字號索引》。是書"張應文"條,收載怡顔堂等八個。據該條所附數碼"0739.11",查得其所引用者爲蔣鏡寰《吴中藏書先哲考略》(民國二十四年江蘇省立圖書館鉛印本)。[⑥] 因筆者暫時無法找到楊氏所參考的版本,只能回查是書之最早文本,即1930年《江蘇省立蘇州圖書館館刊》第2期本,張應文父子條在第21頁(全書第115頁),按其内容並無"怡顔堂"。未知楊氏所參考之版本,是否有所增補。然觀蔣氏書,各條下亦無參考書目,文後亦無。即便有增補,亦難以使人信服。

退一步説,縱使張應文確有一堂名"怡顔",又如何判定"怡顔堂鈔書"一定歸屬於他呢?筆者認爲,將"怡顔堂鈔書"歸之張應文,至少有如下兩個問題難以解答:一是前文所及十三種怡顔堂鈔本書,凡經部三種、史部五種、集部四種,《新刊歷代制度詳説》則被歸入子部類書類。而根據張應文的諸多著作,可

---

① 《(光緒)嘉定縣志》卷十九,愛如生"中國方志庫"收録清光緒七年(1881)刻本,葉10a。

② 南京師範大學古文獻整理研究所《江蘇藝文志·蘇州卷》,江蘇人民出版社,1996年,第1916—1918頁。按:2012年江蘇科學技術出版社《昆山歷代藝文志》(郭秧全等)"張應文"條(第115—116頁)信息與《江蘇藝文志·蘇州卷》"張應文"條,一字不差。

③ (美)富陸特、房兆楹原主編,李小林、馮金朋主編《哥倫比亞大學明代名人傳》第1册,北京時代華文書局,2015年,第78頁。

④ (清)葉昌熾著,王欣夫補正《藏書紀事詩(附補正)》,徐鵬輯,上海古籍出版社,1989年,第224—226頁。楊立誠、金步瀛《中國藏書家考略》,俞運之校補,上海古籍出版社,1987年,第206頁。吴晗《江蘇藏書家小史》,《吴晗全集》第3卷·歷史卷(3),中國人民大學出版社,2009年,第474頁。

⑤ 李玉安、陳傳藝《中國藏書家通典》,湖北教育出版社,1989年,第137—138頁。梁戰、郭群一《歷代藏書家辭典》,第198頁。

⑥ 楊廷福、楊同甫《明人室名别稱字號索引(下)》,上海古籍出版社,2002年,第382、681頁。

以看出其治學趣味,乃在子部藝術(如《羅鍾齋蘭譜》、《彝齋藝菊譜》、《瓶花譜》等)及釋道之學(如《先天換骨新譜》、《藥師經注》[①])。其子張丑所著亦以子部爲重,丑之名作《清河書畫舫》、《清河書畫表》皆屬子部藝術類。[②] 故《明代名人傳》中説:"張丑(字青甫、廣德,號米庵),當時著名的藝術鑒賞家。他生於昆山(位於江蘇東邊),其家族已在該地久居數代,爲藝術世家。"[③]可見怡顏堂鈔本書之性質與張氏父子的學術品味完全不相對應。二是王稚登(1535—1612)《清秘藏序》言張應文"屢試屢不售"之後,因"不善牙籌"而"家益落",但"意弗屑"且"更罄橐出其餘貲,悉以付之米家船","於是圖書滿床,鼎彝鐓缶雜然並陳"。[④] 可見張應文是以收藏書畫鼎彝等文玩爲主,藏書尚非其鍾愛者也。這一點從《清秘藏》亦可得到證實。此書上卷論文物之鑒賞,立目凡二十,其中與書籍相關者,僅論墨、論紙、論宋刻書册、論裝池收藏四項,而論墨、紙、裝池收藏實皆針對"法書名畫"所發,於藏書無所涉。至如論宋刻書册一門,則可見其藏書之觀念,爲至關重要之材料,其文云:

> 藏書者貴宋刻,大都書寫肥瘦有則,佳者絶有歐、柳筆法,紙質匀潔、墨色清純,爲可愛耳。若夫格用單邊,間多諱字,雖辨證之一端,然非考據要訣也。余向見元美家班、范二書,乃真宗朝刻之秘閣、特賜兩府者。無論墨光焕發,紙質堅潤,每本用澄心堂紙爲副,尤爲精絶。……(評書次第:紙白、板新、綿紙爲佳,活襯、竹紙次之。糊褙、批點者,不蓄可也。)[⑤]

顯然,張應文藏書,所重視者仍在書法、紙墨及裝潢,故貴宋刻。"糊褙、批點者,不蓄可也"更是可以看出他對所藏書要求之苛刻。這樣的一位文玩家,怎麼會大批量的收藏自家鈔本書呢?再者,就今世所存諸種怡顏堂鈔本,從書法上來衡量,並不高明,紙張亦不甚講究。很難想像它們是出自張應文這樣一位高要求的藏家之手。

綜合以上所論,足以認定將怡顏堂鈔書歸之於張應文,是不可靠的。

前文説過,北大所藏怡顏堂鈔本《書傳輯録纂注》,遞經多位名家收藏。但周星詒、李盛鐸等均未言此"怡顏堂鈔書"爲誰氏所有,北大圖書館亦僅著録爲清抄本,而李雄飛始論證爲徐乾學家所抄。其全部論證文字如下:

> 此書版本本館著録爲清怡顏堂抄本。據上述藏印可知,清代校勘學大師、"乾嘉學派"巨子盧文弨是此書的第一個藏家。盧氏生於康熙五十六年(1717),卒於嘉慶元年(1796),則此書至晚抄於乾隆間。書中"玄"、

---

① 按:《藥師經注》一條,乃據《(光緒)嘉定縣志》(卷二十六,葉 23a)。

② 《江蘇藝文志·蘇州卷》,第 1942—1945 頁。

③ 《哥倫比亞大學明代名人傳》第 1 册,第 78 頁。

④ 王稚登《清秘藏序》,張應文《清秘藏》卷首,影印文淵閣《四庫全書》本,第 872 册,第 2 頁。

⑤ 張應文《清秘藏》,影印文淵閣《四庫全書》本,第 872 册,第 15 頁。按:"有則",原作"有甚";"清純",原作"青純";"精絶",原作"清絶"。並據《美術叢書初編》第 8 輯本(黄賓虹、鄧實編,神州國光社,1936 年,第 217 頁)改正。

> "弘"、"曆"皆不諱,故可能抄於乾隆朝之前。此書行格爲刻印而成,板心下刻有"怡顔堂抄書"字樣。檢《清人室名别號索引》,以"怡顔堂"名室的,清代有孫燮、徐乾學兩位。孫燮爲烏程人,清光緒七年(1881)本《烏程縣志》第十卷有傳。孫氏爲道光八年(1828)歲貢,其主要活動當在道光、咸豐乃至同治期間。而盧文弨爲乾隆時人,故此"怡顔堂"非孫氏之"怡顔堂"也。查民國四年(1915)鉛印本《傳是樓書目・經部》,著録有《元董鼎尚書輯録纂注》六卷,抄四本,當即此書。《傳是樓書目》爲徐乾學所輯,由此判斷此書當爲徐氏之"怡顔堂"所抄。因未得與徐氏手迹相核,尚不知此書是否爲徐氏本人所抄。徐乾學爲清初著名學者、藏書家,生於崇禎四年(1631),卒於康熙三十三年(1694),此書當抄於康熙三十三年以前,早亦不至早過順治。《傳是樓書目》前有汪琬記,云傳是樓建成於康熙二十九年(1690)前後,至於是先有樓還是先抄書,那就無從查考了。又因爲康熙二十年(1681)之前是不避"玄"字的,本書不諱"玄"字,所以此書的版本年代範圍,由清朝的二百六十餘年,縮小至清順治元年(1644)至康熙二十年的三十多年之間。①

筆者認爲,這樣考證,頗可商榷。

首先,北大圖書館著録爲清抄本,並無任何論證,不宜作爲考證基調。根據前述,怡顔堂鈔書的時代實際上有明清之争。本文極力論證,始將其暫定爲1500年至1794年之間。

其次,僅僅根據《清人室名别稱字號索引》來鎖定怡顔堂鈔書之歸屬的做法,殊未妥當。因爲《索引》所收室名堂號難免遺漏。正如楊廷福在《小引》所説:"學問之道,浩如煙海,編者囿於聞見,漏誤必多,以字、號的歧出,一人誤分爲二,或以姓名偶同,二人誤合爲一,均所難免。"②

再次,在排除了孫燮之後,僅僅根據徐乾學有堂名"怡顔"及其藏書目中所記董鼎書與北大所藏本卷册、版本形式(抄本)一致兩條信息,便認定怡顔堂鈔書爲徐氏所有,亦難使人信服。一方面,徐氏藏書之富冠於一時,在其書目中找到與今傳本卷册、版本形式相同的書,不能算是小概率事件。另一方面,將前述十三種怡顔堂鈔本與徐氏書目比對,會發現異遠多於同。

最後,依據怡顔堂鈔本《書傳輯録纂注》不避"玄"字,遂將其版本年代劃定在康熙二十年之前,實難成立。怡顔堂鈔本固然不避清諱,但如前文所説,怡顔堂鈔本《建炎時政記》對"檢"、"校"等明諱,亦不加回避。此本李綱(1083—1140)自序有"嗣位之五日,即布大號,考(今上御名)其相,首及微臣"一句(附圖七),查文淵閣《四庫全書》本該序,"考"字之下爲"慎"字③,可知怡顔堂本所謂

① 李雄飛《"以人爲本"鑒定古籍版本的幾個實例》,《歷史文獻研究》(總第31輯),第355頁。

② 楊廷福、楊同甫《清人室名别稱字號索引:增補本》,上海古籍出版社,2001年,小引。

③ (宋)李綱《梁溪集》卷一百七十八《建炎時政記序》,影印文淵閣《四庫全書》本,第1126册,第840頁。

"今上御名"乃指宋孝宗(1163—1189)趙眘之名。以明清之怡顔堂鈔本而避宋帝之諱,可見怡顔堂鈔書乃是照録底本,於其當世之諱未必加意。僅據避諱無法判定怡顔堂鈔本年代。

除了上面這幾點,筆者認爲怡顔堂鈔本不應歸屬於徐乾學還有如下三條疑點可爲佐證:(一)徐乾學作爲清初的大藏書家,經其舊藏的古籍,流傳至今者尚非罕見,而其藏書印往往見鈐。如果怡顔堂鈔本爲其所有,何以見於記載的十三種著作皆無其印?(二)徐乾學家的鈔本,尚有歷經數百年流傳而至今者。拿版心刻有"傳是樓"字樣的徐氏鈔本(附圖八)與怡顔堂鈔本比較,可以發現二者在抄寫的精美程度上,後者要遠遜於前者。如果同出一家,何以差距會如此之大?(三)徐乾學家之"怡顔堂"似非藏書、鈔書之所。《(道光)蘇州府志》卷四十八"第宅園林"有云:"刑部尚書徐乾學宅在半山橋西,堂曰冠山堂,復構傳是樓,聚書數萬卷於其中。宅後有園名憺園,中有怡顔堂、看雲亭。"①張雲章(1648—1726)《納山樓記》云:"公(指徐乾學)所居之堂名以冠山,稱其實也。辟其後爲游息之所,有堂曰青林、曰怡顔……今年夏,偕二三君子客怡顔堂,當晝而罷飯,日高舂而罷浴,則散步逍遥,躡梯而登焉。"②觀此可知,徐氏之怡顔堂實爲休憩、待客之所。故徐氏藏印數十方,中有"傳是樓"、"憺園"、"冠山堂",未聞其有印名"怡顔"者。③

綜上,可以斷定"怡顔堂鈔書"决非徐乾學所有。

除張應文、徐乾學之外,"揚州八怪"之一的高翔(1688—1753)也被認爲是"怡顔堂鈔書"的主人。顧永新在論及夏僎《尚書詳解》的版本問題時,説:"實際上,此書清代尚有完整的抄本流傳。張金吾《愛日精廬藏書志》卷二經部《書》類著録宋夏僎撰《柯山夏先生重修尚書詳解》十六卷,舊抄本,'經文下有重言、重意,蓋從宋麻沙坊本傳録者。版心有"怡顔堂鈔書"五字'。據此推論,'揚州八怪'之一高翔怡顔堂抄本亦有重言、重意,知其與浙江采進本同出一源,今不知是否存於天壤間。"④

就筆者搜集的材料來看,將怡顔堂與高翔掛鈎,乃是因爲高翔曾刻有一方"怡顔堂圖書"印。此印在多種篆刻史及印譜類著作中,都有介紹。⑤ 其邊款爲"怡顔堂,厲鶚題,高翔篆"九字(附圖十),據此可以認定該印確是高翔刻。至於其歸屬,則有不同理解,顧永新把它歸於高翔,但陳振濂説:"他(指高翔)

---

① 《(道光)蘇州府志》卷四十八,愛如生"中國方志庫"收録清道光四年(1824)刻本,葉17。

② (清)張雲章《樸村文集》,《四庫禁毀書叢刊》集部第168册,北京出版社,1997—1999年,影印清康熙間華希閔等刻本,第105頁。按:"高舂",原誤作"高春",今正。

③ 鄭偉章《文獻家通考(清—現代)》,第85頁。又,林申清《中國藏書家印鑒》,上海書店出版社,1997年,第77—78頁。

④ 顧永新《宋元句解類經學文獻述略》,第92頁。又見《經學文獻的衍生和通俗化:以近古時代的傳刻爲中心》,第418頁。

⑤ 如方去疾《明清篆刻流派印譜》,上海書畫出版社,1983年修訂本,第80頁。吴頤人、舒文揚《古今百家篆刻名作欣賞》,學林出版社,1997年,第28—29頁。張郁明《清代徽宗印風(上)》,重慶出版社,2011年,第35頁。

的'怡顔堂圖書'邊款爲厲鶚所題,顯係贈人之作。"[①]而鄧京在介紹此印時,則認爲:"'怡顔堂圖書'應該是一方藏書印,其邊款刻有'怡顔堂厲鶚題高翔篆',説明此白文方印是揚州八怪之一高翔爲厲鶚所作。"[②]筆者認爲,陳振濂的説法最爲合理。

不過,即便能知道此印爲誰所有,也還要考慮他的怡顔堂是否就是"怡顔堂鈔書"之怡顔堂。因爲筆者並没有找到更多材料,只能懸此不决,以待博學者。

當然,顧永新將"怡顔堂鈔書"歸之高翔,或許有其他根據。但查《高翔年譜》,並未提及此印,而他與藏書、鈔書似無甚關聯。[③] 金農《畫梅題記》稱他是"世上不食煙火人"[④]。這樣的一位畫家,又怎會花費精力去大量抄書而藏之呢?所以,高翔也不大可能是"怡顔堂鈔書"的擁有者。

因此,很遺憾,但也只能説,"怡顔堂鈔書"的原主人仍然是個謎。

結　語

儘管本文極力探討"怡顔堂鈔書"的歸屬,但最終也不能給出一個確切答案。這裏主要有兩個問題無法回答:一是"怡顔堂鈔書"爲何没有其擁有者之鈐印?二是爲何不見"怡顔堂圖書"印的使用痕跡?希望對此感興趣的讀者,能進一步來探討"怡顔堂鈔書"。

"怡顔堂鈔書"這個問題,不容小覷。

首先,它涉及所鈔書的版本時代,更牽涉到五部古籍的定級,浙江圖書館、浙江大學圖書館、湖南圖書館所藏"怡顔堂鈔書"均以"明抄本"的身份進入"國家珍貴古籍名録",而國家圖書館、北京大學圖書館所藏"怡顔堂鈔書"並以"清抄本"而未預其目。這顯然是一個值得版本學界來解决的問題。

其次,它涉及明清兩代諸多的藏書家,是藏書史上不能放過的一個論題。它又牽涉到很多著名的歷史人物,想來是文史研究者感興趣的話題。

再者,對"怡顔堂鈔書"的考察,還涉及古人"堂號"這個老大難問題。就拿"怡顔堂"來説,以往的工具書顯然收羅尚未完備。本文主要涉及了明、清兩代四個怡顔堂("張應文"、徐乾學、"怡顔堂圖書"、孫燮)。但實際上,就筆者所知,僅在 1500 年至 1794 年間,尚有兩個怡顔堂,一見桐城人蔣臣(1594—1652)爲笪光弘(?—1637)所作《追壽笪母序》[⑤],一見昆山人柴奇(明正德辛

① 陳振濂《中國書畫篆刻品鑒》,中華書局,1997 年,第 852 頁。

② 鄧京《璽印》,山東美術出版社,2006 年,第 114 頁。按:"厲鶚",原誤作"萬鶚",據邊款改。

③ 胡藝《高翔年譜》,卞孝萱主編《揚州八怪年譜(下)》,江蘇美術出版社,1993 年,第 177—206 頁。

④ 轉引自《樊榭山房續集》卷一《題汪近人煎茶圖》注,(清)厲鶚著,(清)董兆熊注《樊榭山房集》,陳九思標校,上海古籍出版社,1992 年,第 961 頁。

⑤ (明)蔣臣《無他技堂遺稿》卷四,《四庫禁毀書叢刊》集部第 72 册,影印清康熙四十九年(1710)蔣於湄刻本,第 503 頁上欄。按:《(康熙)安慶府志》卷十五有蔣臣傳,卷十七有笪光宏傳(愛如生"中國方志庫",收録清康熙六十年,1721,刊本,葉 77、62b)。

未進士,1511)子柴秩《怡顏堂雜集》[①]之書名。但此二堂皆與藏書無關,故文中不曾討論。據此已可看出,"堂號"類辭書亟待完善。

至於尚存世的那七種"怡顏堂鈔書",其文獻、文本價值,均有待發掘、論定。

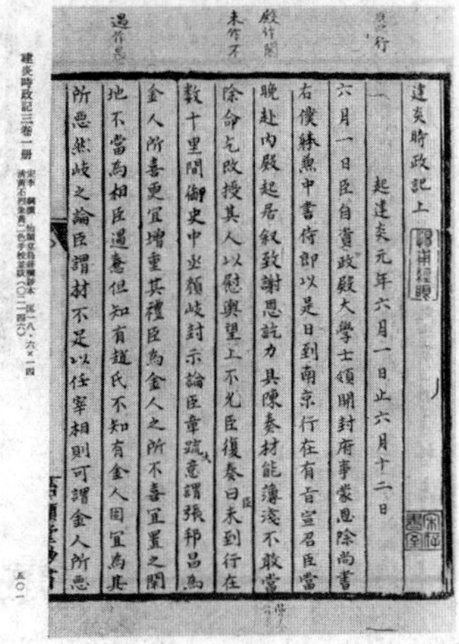

(附圖一:臺北"故宫"藏[②])

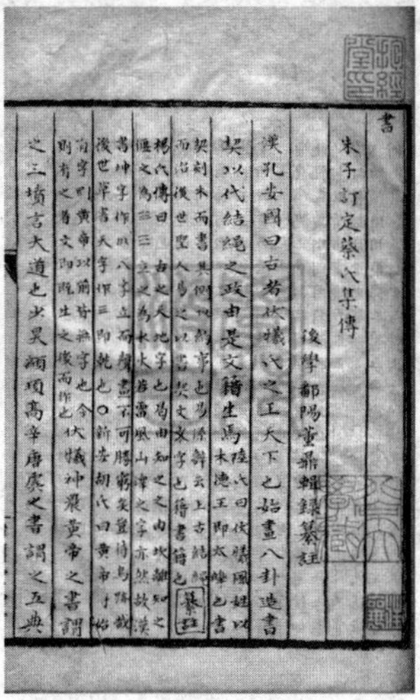

(附圖二:北京大學圖書館藏[③])

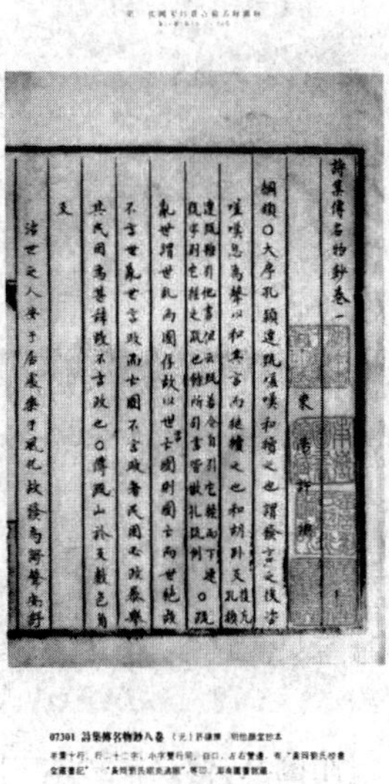

(附圖三:湖南圖書館藏)

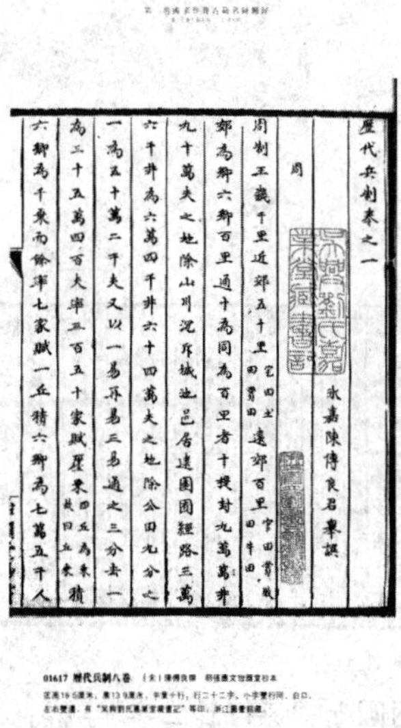

(附圖四:浙江圖書館藏)

① 《(道光)蘇州府志》卷一百二十四,葉6a。按:同書卷八十一有柴奇傳(葉25),卷八十八"人物·武功"有柴秩小傳(葉27b—28a)。

② 《"國立中央圖書館"善本題跋真跡》,第501頁。

③ 見CALIS特色庫之高校古文獻資源庫(即學苑汲古)。

(附圖五:《浙江圖書館館藏珍品圖録》)

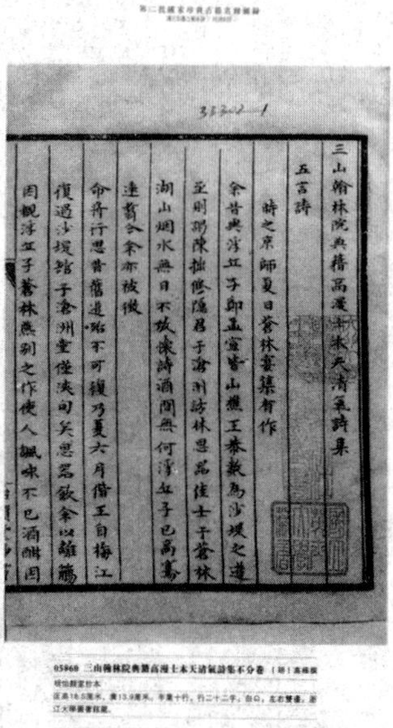

(附圖六:浙江大學圖書館藏)

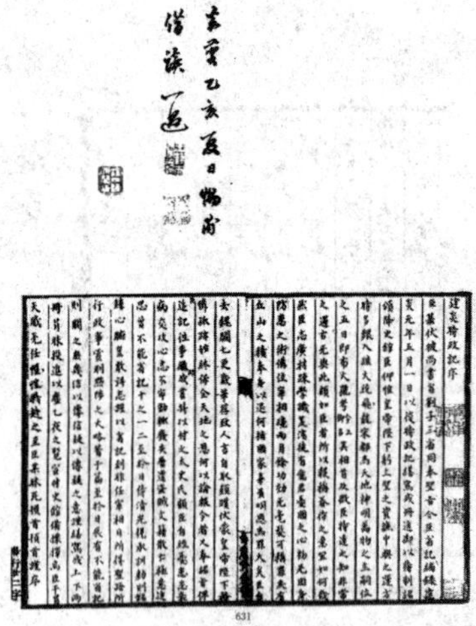

(附圖七:"每行廿二字"字樣)

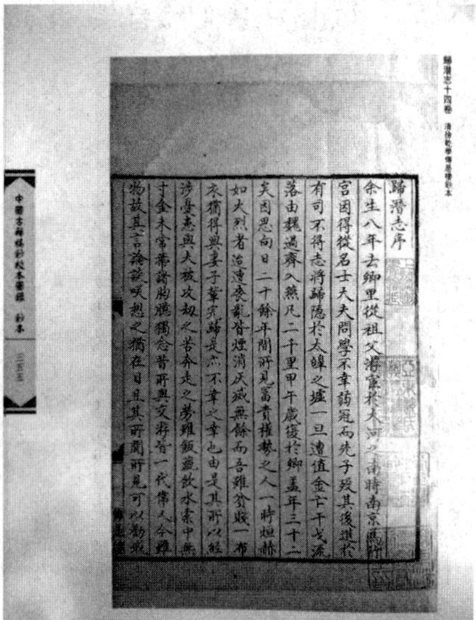

(附圖八:傳是樓鈔本①)

① 陳先行等《中國古籍稿鈔校本圖録》,上海書店出版社,2000年,第355頁。

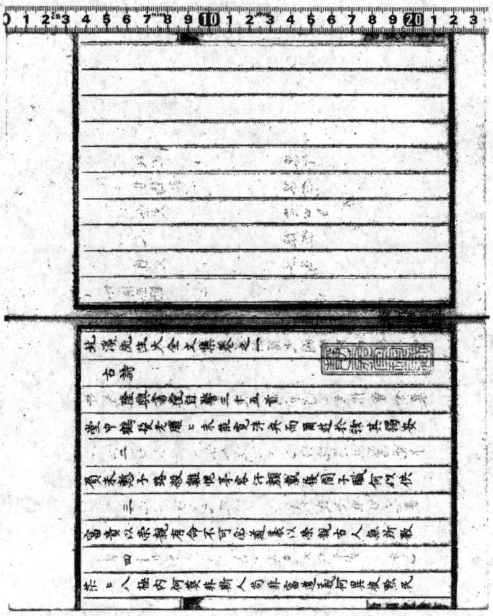

(左附圖九:静嘉堂文庫藏①;右附圖十:"怡顏堂圖書"印②)

(作者單位:山東大學儒學高等研究院)

① 此托沈暢師兄於日本代爲複製,謹誌以謝。

② http://202.106.125.14:8000/Usp/nlc/pub.mvc?pid=picture.picinfo&metaid=sc.0000000000000010072612&cult=CN

古典文獻研究（第二十輯上卷）
Journal of the Institute for Chinese Classics Studies
Nanjing University
Volume 20, No.1 2017

哈佛大學所藏《山東學政阮芸臺示生童書目》考論*

黄　政

阮元是清代學術史、教育史上勳績卓著的大家，近現代相關論著指不勝屈。在相關基礎文獻的整理方面，以《揅經室集》的版本梳理以及集外佚作的補輯工作最爲突出①，爲相關研究提供了堅實的基礎。不過阮元著述豐富，漏檢失察者在所難免。筆者在對清代學政的研究中發現，哈佛大學燕京圖書館今存《山東學政阮芸臺示生童書目》(以下簡稱《書目》。上海圖書館亦有藏本，但殘損嚴重)，尚未進入學界的研究視野。此書目不見於《雷塘庵弟子記》，在《揅經室集》諸集與《小滄浪亭筆談》等阮元本人的著作中也幾乎未見提及②，但其産生與乾隆末年聲勢浩大的删本經書禁毁運動直接相關，是《山左金石志》之外阮元在魯文教活動的重要新證，也是清代特色鮮明的一部

* 本文爲中國博士後基金第 58 批面上項目“清代學政的書籍編刻與地方文教”(項目號：2015M582599)、中國博士後基金第 9 批特別資助“清代督撫學政的書籍生産管理與地方文教”(項目號：2016T90883)、國家社科基金青年項目“經書刊布與清代文教研究”(項目號：17CZS004)的階段性成果。

① 沙志利《〈揅經室集〉版本初探》，《古籍整理研究學刊》2009 年第 2 期；沈瑩瑩《〈揅經室集〉版本續考》，《儒家典籍與思想研究》2010 年刊；陳鴻森《阮元揅經室遺文輯存》，《大陸雜志》第 103 卷，第 1—6 期，2001 年；陳鴻森《錢大昕、王鳴盛、阮元三家遺文續輯》，《經學研究論叢》第 11 輯，臺北學生書局，2003 年；陳鴻森《阮元揅經室遺文再續輯》，《中國典籍與文化論叢》第 9 輯，2007 年；陳鴻森《錢大昕、王鳴盛、阮元三家遺文拾補》，《中國文哲研究通訊》第 17 卷，第 4 期，2007 年；陳鴻森《阮元揅經室遺文續補》，《經學研究集刊》2009 年第 6 期；陳鴻森、潘妍艷《阮元揅經室遺文拾遺》，《傳統中國研究集刊》第 9/10 合輯，2012 年；陳鴻森《阮元揅經室遺文輯存剩稿》，《書目季刊》第 47 卷，第 3 期，2013 年。

② 今人在試圖綜理阮元著述總目時也未提及此書目，如錢毅等《阮元著述文本的總貌及其整理的現狀和意義》，《古籍整理研究學刊》2007 年第 1 期；黃慶雄《阮元輯書刻書考》，臺北花木蘭文化出版社，2007 年。

推薦書目[①],故特予評介,祈方家指正。

一　成書背景及《書目》的真實性

該書目卷首列政令一道:

> 提督山東學政阮示生童知悉:
>
> 所有删本經書、小本高頭講章、策略考、墨卷、律詩等已經前院翁奏禁在案,爾等讀書不可以此等書爲務。果能留心經史典故,則四書經文、策問自能擅長;留心漢唐宋以來詩文,則文詞詩賦自能出衆。小之即副科名,大之亦成家數;惟不能自尋門徑,遂致孤陋寡聞。今將眼前應看之書分類開後,以便坊間販賣,好學者按名購買,就性之所近者爲之,事半功倍矣。乾隆五十九年二月日。

案,此令不見於《揅經室集》,但結合現存檔案,可知此令是證實《書目》爲阮元所撰之真實性及其政策背景的關鍵證據。

其一,阮元於乾隆五十八年(1793)六月奉命簡放山東學政,七月二十四日接印[②];五十九年四月歲試完竣後的上奏中言及"今年開印後即起程考試萊州、登州、青州、武定四府,茲於四月二十四日考畢",以大致一月一府的按試進度推算,五十九年二月推出本書目時,大約正值歲試登州時[③],在阮元視學時間進度上是可信的。

其二,此令中提及"所有删本經書、小本高頭講章、策略考、墨卷、律詩等已經前院翁奏禁在案",是指翁方綱兩次上奏所帶來的禁令。第一次是在乾隆五十四年(1789),翁方綱在江西學政任上奏報考試情形,稱江西士子臨場慣用新出小本講章,且坊間多有編刻經書擬題、套語、策略等臨場發賣者,故嚴令禁止,並在刻書重鎮建昌等地遍爲飭禁。清高宗以此事關乎考生品質、考場防

---

① 關於此類書目的名稱,各家有不同意見。王重民將敦煌文書《雜鈔》、《分年讀書日程》中的書目以及《書目答問》等稱爲"指導閱讀的學習書目";吕紹虞則將《經籍舉要》、《書目答問》稱爲"國學舉要書目";程千帆稱其爲"推薦書目録";彭斐章在王重民之説的基礎上,提出"導讀目録"之名,並與"推薦目録"分開,認爲只列清單而不解答何本爲善、如何讀等問題的目録只能稱爲推薦目録,而不能稱爲導讀目録,但並未給出導讀目録的代表作。參王重民《中國目録學史論叢》,中華書局,1984年,第130—138頁;吕紹虞《中國目録學史稿》,臺北丹青圖書有限公司,1986年,第229—231、237—238頁;程千帆《校讎廣義·目録編》,齊魯書社,1998年,第205頁;彭斐章《目録學教程》,高等教育出版社,2004年,第68—75頁。本文仍採用"推薦書目"的習見名稱。

② 《清高宗實録》卷一四三一,乾隆五十八年六月甲申條,《清實録》第27册,中華書局,1986年,第134頁;《山東學政翁方綱奏爲奉旨來京供職謝恩並恭報移交學政關防日期事》,乾隆五十八年七月初八日,中國第一歷史檔案館藏,檔號04-01-12-0244-102;《山東學政阮元奏報接印日期事》,乾隆五十八年七月二十六日,中國第一歷史檔案館藏,檔號04-01-25-0300-003。

③ 《山東學政阮元奏爲考試濟南兗州等府屬情形事》,乾隆五十八年十一月十八日,中國第一歷史檔案館藏,檔號04-01-38-0102-005;《山東學政阮元奏爲出試青萊登途次奉到御筆續纂秘殿珠林石渠寶笈序墨刻謝恩事》,乾隆五十九年正月二十二日,中國第一歷史檔案館藏,檔號04-01-12-0247-059;《山東學政阮元奏爲本年考過萊州等四府情形並通省歲試已竣事》,乾隆五十九年四月二十七日,中國第一歷史檔案館藏,檔號04-01-38-0102-018。

弊,且其他各省不免仿刻轉售,遂令各省督撫學政一體查禁[①],但此次禁令執行效果不明顯。第二次是在乾隆五十七年(1792),時任山東學政的翁方綱奏報青州科試情形,稱坊間所售經書仍多删節之本,屢禁不絶,只得於考試經解及默經時於坊本所删處出題,其未讀全經者不予録取。[②] 高宗大爲不悦,通諭各省督撫學政實力查禁,並令軍機大臣會同禮部妥議具奏查禁辦法。[③] 大臣會議認爲,應行令各省將坊間所存删本板片限三月内押令繳銷,逾限不交者治罪,未能查禁之地方官及各督撫學政分别議處,高宗從之[④],對删本經書的大規模集中禁毁由此開始。可見阮元此令緣由明確,有成案可稽,所言不僞。

其三,乾隆五十八年七月,對删本經書的集中整頓高潮大體結束,爲防止督撫懈怠查繳、坊間各删本死灰復燃,高宗諭令嗣後三年彙奏一次。[⑤] 次年各省學政仍在謹遵敕令,如乾隆五十九年四月貴州學政洪亮吉奏曰"面飭將删本經書盡行繳出。臣又購買諸經全本存貯各處書院内,以爲諸生式樣,一切皆照前辦理",五十九年五月江蘇學政胡高望奏云"至查銷删節經書,臣於按試各屬時就近面飭教職,諄切傳諭生童,以除陋習。當據各學將生童存留舊本隨棚呈繳,臣俱札發各提調賫解藩司,照例申詳督撫彙銷"[⑥]。阮元此書目的頒發在乾隆五十九年二月,與各省學政鞏固删本經書禁毁運動成果的行動時間段相一致;且自言開列書目是"以便坊間販賣,好學者按名購買",不止於除舊,更著眼於布新,是對高宗普及全本經書之旨意的忠實執行。

其四,阮元於乾隆五十八年十一月歲試完濟南府、兖州府以及沂州府的歷城、濟寧後,曾上奏考試情形,提及任内"令各生童多讀全經,講求詩律",五十九年四月上奏中亦言"所有文風,沂、青、萊、登四府尚知多讀經書",均與此書目卷首申禁删本經書的行令相呼應。且書目所列經書均爲全本,其餘經解著作在數量上亦占據全書相當比重(詳見後文)。故此書目的内容正與阮元督學山東任内的施政重點一以貫之。

除卷首示令之外,正文内容亦有證明此書目爲阮元所撰的證據。如小學類張揖《廣雅》條後附注曰:"高郵王懷祖給諫、嘉定錢可廬明經並有疏證,尚未行。"案,錢大昭《廣雅疏義》約成於乾隆五十八年,稿本始終未付雕版,王念孫《廣雅疏證》成書於嘉慶元年正月,旋有家刻本。[⑦] 而本書目成於乾隆五十九

① 《清高宗實録》卷一三三五,乾隆五十四年七月乙巳條,《清實録》第25册,第1092頁。

② 《山東學政翁方綱爲報青州等地生童科試情形事奏摺》,乾隆五十七年六月十三日,《乾隆朝中晚期科舉考試史料(下)》,《歷史檔案》2003年第1期,第56頁,一史館原檔檔號04-01-38-0099-027。

③ 《清高宗實録》卷一四〇七,乾隆五十七年六月癸巳條,《清實録》第26册,第915—916頁。

④ 《清高宗實録》卷一四〇九,乾隆五十七年七月丙辰條,《清實録》第26册,第940頁。

⑤ 《清高宗實録》卷一四三三,乾隆五十八年七月辛亥條,《清實録》第27册,第157頁。此前曾規定五年彙奏一次,見《清高宗實録》卷一四二七,乾隆五十八年四月乙酉條,《清實録》第27册,第89頁。

⑥ 《貴州學政洪亮吉爲報思南等地生童歲試情形事奏摺》,乾隆五十九年四月初二日;《江蘇學政胡高望爲報沭陽等地生童歲試情形事奏摺》乾隆五十九年五月二十一日。《乾隆朝中晚期科舉考試史料(下)》,《歷史檔案》2003年第1期,第59—60頁。

⑦ 鍾宇訊《廣雅疏證》點校前言,王念孫《廣雅疏證》,中華書局,2004年,第2頁。

年二月之前,正與錢大昭、王念孫二人著作尚未刊行的狀態與時間段相吻合。

又,律賦類附注曰:"學館閣律賦,不可顛倒官韻,末韻不宜做歌,每段起句不宜即用四句排偶。若作古賦,當以漢魏六朝爲法,其設爲問答、間以散行者不宜學。"後來阮元督學浙江時,對考生陶定山的《碧海掣鯨魚賦》評道:"至府、仁、錢三學(指杭州府學、仁和縣學、錢塘縣學)季課覆試《水仙花賦》題,又必須學齊梁小賦,乃稱作者。或多煉四六句,又非矣……顛倒官韻及不押賦字韻,唐賦中原有此格,但今館閣中久不用此法矣,此作不可爲例。"[①]兩處均强調了學習館閣律賦和六朝古賦的要點,部分行文亦明顯同出一口。

所以,此書目確爲阮元督學山東時所撰,其編撰緣於乾隆五十七年開始的删本經書禁毁運動,目的在於使考生摒棄坊刻删節本經書,遵循官方要求購求全經以及其他四部要籍,以資研讀。

二　時見心裁的分類與精審的版本選擇

《書目》分經學、史學、子傳、典故、天文演算法律吕、地理、小學、詩文、書法九大類,既没有採用經史子集四分法,也没有完全遵循四部分類法的二級目録順序,可謂别出心裁。其中小學又分解詁、六書、音韻三類,詩文分古文、四六文、賦、詩、詞五類,書法分篆、隸、楷、行草四類。共收書 219 種[②],其中經學 37 種,史學 4 種,子傳 25 種,典故 5 種,天文演算法律吕 7 種,地理 8 種,小學 26 種,詩文 92 種(《文選》重出,不計在内),書法 15 種。如果按照四部歸類,則經部(合經學、小學)共 63 種,史部(合史學、典故、地理)共 17 種,子部(合子傳、天文算法律吕、書法)共 47 種,集部(詩文)共 92 種。

先後任福建、浙江學政的朱珪曾告訴弟子阮元,試場中經解、詩賦最易得人[③],而此書目中經學、小學、詩文正是占有最重分量的部分,可謂對朱珪之説的契合。其將小學與經學分列,且收書種數相差無幾,則顯示出在清代訓詁音韻之學空前發達的背景下,阮元對小學蔚成大國的肯定與重視。

在分類方面,《書目》最引人注目之處在於獨創的"子傳"名目。該類將《老子》、《莊子》、《管子》、《晏子》、《荀子》、《韓非子》、《墨子》等傳統諸子文獻及《戰國策》、《山海經》、《韓詩外傳》、《竹書紀年》、《逸周書》、《文選注》合於一處,與明楊慎《經子難字》的收書頗爲近似。[④] 但《經子難字》是對個人鬆散讀書筆記

---

① 阮元《浙江考卷》,嘉慶間刻本,北京大學圖書館藏。

② 經學類的《十三經注疏》、御纂四經、"國朝戴震各書"(即《戴氏遺書》)均爲叢書,故均計一種。小學類《音學五書》計一種。地理類的"各正史地理志"計一種。書法類的"東漢諸隸碑,又魏隸碑"、"趙松雪小楷石刻"無細目,故均計一種。詩文類,唐人選唐詩計七種;"《文苑英華》中表頌諸體文"、"《文苑英華》中唐賦"、"《文苑英華》中唐人排律"分屬三小類,兹合計爲《文苑英華》一種;"唐宋詩中之五律並排律"作一種;《文選》被收入兩次,計一種。

③ 阮元《浙士解經録》自序,《四庫未收書輯刊》第 3 輯第 10 册,北京出版社,2000 年,第 467 頁。

④ 《經子難字》是楊慎的讀書筆記,上卷包括《易》、《詩》、《書》、三《傳》、三《禮》、《爾雅》10 書,下卷包括《老子》、《莊子》、《列子》、《荀子》、《法言》、《中説》、《管子》、《十洲記》、《戰國策》、《太玄經》、《逸周書》、《楚詞》、《文選》13 書。見《四庫全書存目叢書》經 189 册,齊魯書社,1997 年。

的概稱,不能與阮元此目等量齊觀。其中一般被公私目録列爲雜史的《戰國策》以及歸爲地理書的《山海經》此前的確有時被列爲子書,如《戰國策》曾被南宋高似孫《子略》收録,排在《管子》之前,《山海經》被《宋史・藝文志》列入子部五行類,又被《四庫全書總目》列入子部小説家。而其餘如《韓詩外傳》、《竹書紀年》、《逸周書》及《文選注》則只能在"子傳"類置於"傳"字名義下解讀,大體視爲正經正史之外傳,如李善《文選注》即因"所引古書古經注,多今時所無之書,且考證精博可據"而被阮元置於此類。傳統子書與此外傳是基於何種共同點而合爲一類呢?阮元在該類下附注曰"經學資以考證,詞章資以采擇",以明立類宗旨。但事實上"典故"類亦可適用此語,所以"子傳"的立類雖有特色,却不無可議之處。

《書目》在其他類别的書籍部次上也時常出人意料。其中顧炎武《日知録》體裁上是札記,故一般置於子部,内容上,其 32 卷中實際上僅有前 7 卷全論經義,論史事政制者則在 12 卷以上,然而阮元並未將其列入史學、子傳,而是歸入經學類;《本草綱目》竟被列入小學類,因爲阮元認爲其所載"草木蟲魚,足資考證";《玉海》本爲類書,《欽定四庫館簡明書目》更是總括四部,該條下阮元自注亦言"爲經籍目録之學者,必由此始",但兩書符合"凡禮樂、兵刑、食貨、選舉、氏族、官制之類,博聞强記者必由此始"的取資功能,遂被列於典故類;類書《文苑英華》中的表頌、唐賦、排律更是被拆開,分屬三類。我們可以理解爲,阮元在部次書籍時,有意通過異常派分來强調某些書籍的特定功能,而與一般根據書籍内容的整體側重來定性歸類的做法大異其趣。

在版本著録方面,《書目》近三分之一的書籍都注明了版本,便於士子購求或抄寫,這是晚清《經籍舉要》和《書目答問》之前的推薦書目中少見的舉措。其中不乏推薦多種版本之例,如《十三經注疏》標注"或監板,或汲古閣板",《韓詩外傳》有"武進趙映川舍人校刻本,又新安周廷寀刻本",《水經注》有"曲阜孔氏板,又杭州小板",《困學紀聞》以"閻若璩校者佳,何焯校者次之"。

又,常標注本地刻本,如惠棟《九經古義》下注曰"益都李文藻刻板,今在歷城周太史家";《孟子注》、"國朝戴震各書"均標注"曲阜孔氏板",即曲阜孔繼涵《微波榭叢書》本;《尚書大傳》、《大戴禮記》、鄭玄《周易注》均標注"德州雅雨堂盧氏板",即盧見曾《雅雨堂叢書》本。[①] 大概與《示生童書目》主要面向山東士子有關。

又,特别重視新出版本,如惠棟《周易述》、《易漢學》、《易例》爲"江南新刻板",《欽定四庫館簡明書目》爲"杭州新刻小板",《元豐九域志》爲"馮鷺庭(按,即馮集梧)編修新校刻本"[②],《齊乘》爲"益都新校刻本",《説文繫傳》爲"徽州新板",《宋四六選》爲"彭芸楣大司空(按,即彭元瑞)選本,新刻"。甚至尚未刊

① 個别版本著録可能有誤,如《春秋釋例》標爲"曲阜孔氏板",似應爲乾隆四十六年孫星衍刻本之誤。

② 馮集梧曾於乾隆四十九年、五十三年兩次校訂《元豐九域志》,分别成武英殿聚珍版和德聚堂本,未知阮元此目所指爲何本。參王存撰、王文存等點校《元豐九域志》前言,中華書局,2004 年。

刻的版本也被納入,如《廣雅》下注曰"高郵王懷祖給諫、嘉定錢可廬明經並有疏證(即王念孫《廣雅疏證》、錢大昭《廣雅疏義》),尚未行"(此類未刊本的著録在後來的《書目答問》中出現得尤其頻繁)。均反映出阮元對相關學術信息持續而及時的關注,同時也可從側面證明本書目的成書時間。

在版本著録的種數、地點、新舊之外,《書目》的另一特色是還選擇了不少阮元師友的校刻本。如《晏子春秋》爲孫星衍校刻本,《墨子》爲孫星衍校、畢沅刻本,《吕氏春秋》及《釋名》爲畢沅校刻本,《荀子》爲嘉興謝氏(按,即謝墉)校刻本,《逸周書》、《春秋繁露》、《新書》、《白虎通》爲盧文弨校本。其中孫星衍早在京師任刑部主事時即與阮元過從密切,就任山東兖沂曹濟道後,更常與阮元詩酒唱和。阮元在金石方面尤其推重孫氏,將其與翁方綱、錢大昕共引爲同好,編《山左金石志》時也將孫星衍所藏鐘鼎加以收録。[①] 畢沅則是阮元視學山左時同期的山東巡撫,同有金石之癖,將自編《關中金石志》與《中州金石志》示於阮元,爲阮元編纂《山左金石志》作參考,並與其商定條例。謝墉是阮元的老師,在第二次任江蘇學政時拔取阮元成生員,獎掖極力,並留其在家讀書數年。因此阮元極其感念謝墉識拔培養之恩,謝墉去世後,阮元爲其作墓誌銘,又爲其《食味雜咏》作序,稱"《荀子》、《逸周書》世無善本,夫子皆精校而刊之,世珍其本"[②]。至於盧文弨,則可謂阮元私淑之師。阮元自陳,其束發授經之年即知盧氏之學,曾購置並研讀盧氏校刻之《新書》、《方言》及《白虎通》,入都後又拜讀其所刻《經典釋文》與《群書拾補》,欽佩無已,惜未得謀面而盧氏下世[③],其《抱經堂叢書》後來即由阮元作序。

由此觀之,阮元該書目所選諸多版本與其自身交游及成長背景密切相關,而在書目中將此前所讀《荀子》、《新書》、《白虎通》等校本再推薦給晚輩士子,更顯出薪火相傳的强烈象徵意味。

三　表露無遺的考據學旨趣

就收書門類及其數量而言,《書目》充分體現了阮元早年以考據學爲宗的價值取向與訓士導向。

其一,《書目》九個大類中並無性理之學的門類,不僅不立專門,性理書也極少,僅見作爲科舉指定考本的御纂《性理精義》。康熙五十二年(1713)御纂

---

① 王德福、張紹南《孫淵如先生年譜》乾隆五十五年條:"居琉璃廠,官刑部直隸司主事,總辦秋審……阮公時以孝廉館内城,與君尤密。"《北京圖書館藏珍本年譜叢刊》第119册,北京圖書館出版社,1999年,第463頁。孫星衍於乾隆六十年五月補授山東兖沂曹濟道,兼署運河道,見《清代官員履歷檔案全編》,華東師範大學出版社,1997年,第2册,第465頁。阮元《揅經室四集》詩卷一《題秦二世琅邪臺石刻》(乾隆甲寅):"更思寄同好,南北翁孫錢(謂覃溪閣學、淵如比部、辛楣宫詹)。"《續修四庫全書》,第1479册,第302頁。阮元《揅經室三集》卷三《山左金石志序》:"孫淵如觀察莅兖沂曹濟,其所藏鐘鼎即以入録。"《續修四庫全書》第1479册,第214頁。

② 阮元《揅經室二集》卷三《吏部左侍郎謝公墓志銘》,《續修四庫全書》第1479册,第87頁。謝墉《食味雜咏》卷首阮元序,道光十二年揚州阮氏刻本,中國國家圖書館藏。

③ 盧文弨《抱經堂叢書》卷首阮元序,嘉慶間刻本,中國國家圖書館藏。

《朱子全書》、在《四庫全書總目》中得到很高評價的《近思録》和《大學衍義》都未見收録,《四書》部分亦未見收録發揮義理的專著,而只列入了閻若璩的考證著作《四書釋地》,應該説都不是疏漏所致,而是有意的篩選。

其二,所收宋儒之作不見義理專書,而全屬考據實學。周敦頤、張載、程顥、程頤、朱熹諸位理學大家的著作中,惟一入選《書目》的是朱熹的集解體禮書《儀禮經傳通解》。其餘入選的宋儒著述包括王應麟《詩考》《困學紀聞》《玉海》、李如圭《儀禮集釋》《釋宫》、楊復《儀禮圖》、聶崇義《三禮圖》、司馬光《資治通鑑》、鄭樵《通志》二十略、馬端臨《文獻通考》、樂史《太平寰宇記》、王存《元豐九域志》、戴侗《六書故》、薛尚功《鐘鼎彝器款識》、洪适《隸釋》《隸續》、歐陽脩《集古録》、趙明誠《集古録》、吴棫《韻補》諸書,全部集中於名物、典制、史事、地理、金石、音韻諸領域,凸顯出純粹的考證興趣。

其三,經學、史學、小學等類下大量收録清儒考據名作。如緊接《經典釋文》的諸經總義著作是惠棟《九經古義》、朱彝尊《經義考》及余蕭客《古經解鈎沉》,緊承鄭玄《周易注》和李鼎祚《周易集解》之後的《易》學著作是胡渭《易圖明辨》及惠棟的《易》學三書,《尚書》部分除漢儒的《尚書大傳》外,僅録閻若璩《尚書古文疏證》與胡渭《禹貢錐指》,其餘如顧炎武、張爾岐、顧棟高、秦蕙田、邵晉涵、錢大昕、戴震、段玉裁等本朝大儒的考據學代表作都赫然在列。而此前從未進入推薦書目的天文演算法律吕諸書,更是全部爲本朝所撰,包括康熙御纂諸種及梅文鼎《演算法全書》等。加上前文提及的子傳及小學各典籍多標舉孫星衍、畢沅、盧文弨、謝墉、王念孫、錢大昭等樸學名儒的校本注本,均表現出阮元對本朝考據學成就的充分自信與著意傳揚,也與嘉慶年間阮元所編《國史儒林傳稿》中的研經諸人相呼應。

其四,重視非科舉熱門科目,特别是《禮》。明代以來,科舉考試中《易》、《書》、《詩》是最報考人數和録取額最多的科目,而《禮記》、《春秋》不見重,被公認爲"孤經",地方有關教官都極度缺乏,以至於要從鄰省尋找。[①] 萬曆十一年(1583)之前的會試閱卷17房中,《易》、《書》、《詩》、《禮》、《春秋》房數比例是4∶4∶5∶2∶2;十一年改爲5∶3∶5∶2∶2;萬曆十四年(1586)之後變成18房,房數比例爲5∶5∶5∶2∶2;四十四年增爲20房,比例爲6∶5∶6∶2∶2;天啓間一度減至15房,比例爲5∶3∶5∶1∶1,[②]《禮》、《春秋》的考卷數與録取數不及其餘諸經之半,其輕重可知。清代前期情形更甚,《禮記》、《春秋》各僅1房,順、康年間會試房數比例一般爲5∶4∶5∶1∶1,順治年間更一度達到6∶4∶6∶1∶1。根據現存的順、康年間18科《會試録》統計,《易》、《書》、《詩》、《禮》、《春秋》録取人數各爲1367、922、1512、331、358人,各佔録取總數的30.4%、20.5%、33.7%、7.4%、8%,康熙五十一年(1712)的《禮記》房録取比

① 《明神宗實録》卷五三〇,萬曆四十三年三月丙辰條:"士子學有專門,主司材無兼擅,除《易》、《詩》、《書》多專經外,其《春秋》、《禮記》孤經,本地或無兩人,則以鄰省推官教官充之。"第9971頁。

② 《明神宗實録》卷五四一,萬曆四十四年正月庚辰條,第10286頁。參汪維真《明清會試十八房制源流考》,《史學月刊》2011年第12期,第36—53頁。

例更是低至 5.5%。[①] 諸經在科舉中的不平等地位既造成禮學受輕忽的局面,也影響了人才培養的品質。

爲改變專習一經帶來的畸輕畸重現象,並從根本上遏制臨場改變報考科目的投機行爲,乾隆五十二年(1787)起,鄉會試改爲五經並試,經過五經輪試的過渡期之後,士子必須兼習五經。[②] 而從前文所述乾隆五十七年開始的删本經書禁毁運動來看,諸經兼顧並非易事,希圖速成的士子心理導致删節本經書流行廣遠。而阮元與流俗反其道而行之,其《書目》中《詩》類僅有 1 種,《書》僅 3 種,《易》6 種,《禮》多至 8 種,《春秋》3 種,將歷來最受冷落的《禮》置於突出位置,且尤重《儀禮》而非《禮記》。當時的坊本《禮記》大肆删節喪禮和繁瑣儀節,《儀禮》則"昔人已苦其難讀,今世士多庋閣,並節本亦不可得"[③]。在此背景下,阮元將李如圭《儀禮集釋》《釋宫》、楊復《儀禮圖》、朱熹《儀禮經傳通解》、張爾岐《儀禮鄭注句讀》等考證專著力薦給生童,並輔以《大戴禮記》、《三禮圖》和《五禮通考》,無疑寄托了力矯時弊的意圖以及對士子系統掌握五禮綱目與條文的期待。

除了對乾隆帝禁毁删本經書的回應,《書目》特重《儀禮》尚有一大直接原因,即阮元曾奉詔校勘《儀禮》石經。乾隆五十六年(1791),清高宗欲將蔣衡手書《十三經》勒石,時任國史館纂修、詹事府詹事的阮元奉詔充任石經校勘官,分得《儀禮》,遂"總漢石經殘字、陸德明《釋文》、唐石經、杜佑《通典》、朱熹《經傳通解》、李如圭《集釋》、張淳《識誤》、楊復《圖》、敖繼公《集説》、明監本、欽定《義疏》、武英殿《注疏》諸本以及内廷天禄琳琅所收諸宋元本、曲阜孔氏宋本,綜而核之",五十七年六月撰成《儀禮石經校勘記》四卷以付石經館。[④] 期間曾與戴震、錢大昕、王念孫、焦循等人切磋商討,後來還另成《儀禮喪服大功章傳注舛誤考》。[⑤] 可以發現,《書目》中所列《儀禮集釋》、《儀禮圖》、《儀禮經傳通解》正是阮元此前在京師校勘石經時所用的材料,這一方面再次證明《書目》爲阮元所撰的真實性,另一方面也説明阮元有意將翰苑考證學風普及至地方,並引導士子重視非科舉考本的《儀禮》,而不是陷入應試之學。

在阮元回憶任山東學政時人事的《小滄浪筆談》中,除了詩文宴游,其餘全爲與金石小學相關的學者、活動記録及考證專文,而其嘉慶三年(1798)自

---

① 所據統計資料爲順治四年、六年、九年、十五年、康熙十五年、十八年、二十一年、二十四年、二十七年、三十年、三十三年、三十六年、三十九年、四十二年、四十八年、五十一年諸科《會試録》,參《中國科舉録彙編》,全國圖書館文獻縮微複製中心,2010 年,第 12、13、14、16 册;《中國古代闈墨卷彙編》,全國圖書館文獻縮微複製中心,2009 年,第 1、8 册。

② 《清高宗實録》卷一二九五,乾隆五十二年十二月丁巳條,《清實録》第 25 册,第 392—395 頁。過渡期具體是指乾隆五十三年鄉試用《詩》,五十四年會試用《書》、鄉試用《易》,五十五年會試用《禮記》,五十七年鄉試用《春秋》。

③ 汪基《三禮約編喈鳳》卷首,乾隆三年程恂序,道光間刻本,中國國家圖書館藏。

④ 阮元《揅經室集》一集卷二《儀禮石經校勘記序》,《續修四庫全書》第 1478 册,第 550—551 頁。

⑤ 阮元《揅經室集》一集卷二《儀禮喪服大功章傳注舛誤考》,《續修四庫全書》第 1478 册,第 551 頁。該文稱"乾隆五十八年奉詔校勘《儀禮》石經",與《儀禮石經校勘記序》所記矛盾,應是"五十六年"之誤。

序謂"回念此二年中所歷之境,或遇而輒忘,就其尚能記憶者,香初茶半,與客共談,且隨筆疏記之"[①],說明與考據學有關的人與事才是其山東學政任上最難忘最傾心的記憶。所以,阮元視學山東期間的宗尚考據與後來任職兩廣之後兼綜性理的學術旨趣判然有别(如阮元後來在廣州爲學海堂所作對聯有"公羊傳經,司馬記史"之語,被公認爲對今文經學或宋學的高度重視),而《示生童書目》則在《山左金石志》和《小滄浪筆談》之外又爲我們提供了新的確證。

四 特重音律的考試指點

前述考據學諸書對士子而言主要是鑽研經典方面的指引,旨在引導士子厚積薄發。然而經史造詣可觀者畢竟爲少數,多數士子更需要有針對性的科舉考試指導,故阮元在《書目》中多處予以提示。例如典故類附注强調,要在禮樂、兵刑、食貨、選舉、氏族、官制上認真用力,因爲"廷試、鄉、會策問,非此不可"。但從收書數目與原文附注來看,阮元更注意在應試詩賦方面提點生童,其中對音律問題尤爲重視。

山東考生的土音問題一直較爲突出,早在清高宗下令鄉、會、歲、科各試增加試帖詩之初,山東學政蔣元益即在奏摺中反映,當地生童"律詩聲韻雖亦知奮勉向學,無如各操土音,平仄時訛,通曉協律,十之二三"[②]。雖屢經課試督促,十餘年後據學政錢載反映,各府州縣學不嫻平仄者仍過半數[③],而其後學政鄒炳泰、翁方綱對此也改善有限,所以至阮元來視學時,依然是"東省土音平仄錯者居半"(《示生童書目》試帖詩類附注)的情況。這無疑對本地考生入仕形成了巨大障礙。

爲此,阮元在《書目》中首先提示考生必須嚴肅對待音律問題,"鄉會大場雖有佳文,一韻拗粘,必棄不録,且中式後覆試尤嚴,諸生既思讀書上進,當以是爲急務"(試帖詩類附注),其次强調了用韻"當以《廣韻》爲主,查《文選》詩賦中可通者通之,土音俗韻斷不可通"(《御纂佩文韻府》條下注)。這種重視《文選》用韻的思路,與嘉慶以後各省學政直接刊發周兆基所撰《佩文詩韻釋要》的普遍做法頗有不同[④],學者氣息更爲濃厚。

强調音律的現實重要性無疑是老生常談,最重要的是授之以漁,指明方法。阮元在《書目》中給出兩條路徑:一是學習山東本地擅詩之前輩的詩作,故

---

① 阮元《小滄浪筆談》自序,嘉慶七年浙江節院刊本,中國國家圖書館藏。

② 《山東學政蔣元益奏報本年隨時情形摺》,乾隆二十八年十二月十二日,《宫中檔乾隆朝奏摺》第20輯,臺北"故宫博物院",1983年,第54頁。

③ 《山東學政錢載奏爲報滿科考摺》,乾隆四十二年六月二十二日,《宫中檔乾隆朝奏摺》第39輯,臺北"故宫博物院",1985年,第175頁。

④ 周兆基撰成《佩文詩韻釋要》是在乾隆五十四年至五十七年任陝西學政期間,後來翻刻官員衆多,如嘉慶四川學政史致儼、道光湖北學政朱蘭、同治湖北學政張之洞、光緒廣東學政吴寶恕、光緒江西學政洪鈞、光緒山西學政吕鳳岐、光緒山東學政陸潤庠、光緒廣東學政徐琪、光緒四川學政吴樹棻等。

《書目》收録了“國朝山左宋、高、馮、王、趙、田諸公詩集”和“國朝王士正詩集、説部詩選共三十六種”，即宋琬、馮惟敏、王士禛、趙執信、田雯等山東詩人的作品。二是多讀唐宋人詩，所謂“古詩平仄轉折體例尤密，漁洋、愁谷言之雖甚詳，不若多讀古人古體詩，便自得音節”（古今題詩類附注），“能學唐宋人作近體五七律，其六韻八韻詩自能得法”（試帖詩類附注）。至於模仿對象，則“如韋蘇州、韓昌黎、孟東野、李長吉、李義山及元白、西昆諸家，各有門徑，就性之所近者爲之”（《御定全唐詩》條附注）。在收録種數上，《書目》中所列詩歌範本即以唐宋詩爲主，包括《全唐詩》、唐人選唐詩七種、《御選唐宋詩醇》、《宋詩鈔》等總集，李白、杜甫、蘇軾、黄庭堅等人别集，乃至類書《文苑英華》中唐人排律等，篇幅上遠超《書目》中收録的《明詩綜》及清代山東名家的詩集。

當時他省學政面對應試詩賦的音律問題，大都通過披閲具體考卷來改善。乾隆二十八年，增試試律詩之初，四川“應試者大半無詩，即有詩者，亦多平仄失粘”，學政博卿額遂在考試時以詩文兼妥者置之前列，並飭各學教官季考月課兼試詩律，按時匯送學政衙門查核。① 不過繼任者對此重視程度並不連貫，中間雖有學臣吴省欽編纂刊發《蜀字匡謬》與《官韻考異》②，但至乾隆五十一年，四川學政錢樾仍在奏摺中委婉提及“土音難以轍化，尚未盡能諧適”的問題，對策依然是通飭教官“申送復閲，期於漸進”③。而廣東學政翁方綱則卓有成效，在連任期間反復督促考課，並刊發《韻字辨同》輔助糾正，故能使各學過半考生因策、詩不能俱全以致不能完卷的情形大爲改善，使得童生能作律賦者每處增至數百人。④ 但有心於此者多不能久任、繼任者未必有心於此，一人一時之效終究不能持續，因此阮元以《書目》爲生童師法的做法優勢即在於能發揮更長久的影響，不至於人離政息，且較之坊間文人所選更具官方權威。

由於阮元的前任山東學政翁方綱又做過江西學政，翁氏在江西任上曾開列江西前賢詩文細目以指導士子，包括《歐陽（脩）文選目》、《南豐文選目》以及《黄（庭堅）集詩文選目》⑤，兩人又交往密切，所以阮元此《書目》開列山東鄉賢詩集的做法，或許也有與翁方綱交流之後受其影響的可能性。

此外，阮元還在詩賦題材與風格方面再三叮囑考生：“應試詩賦中凡愁恨、

① 《四川學政博卿額奏報本年辦理考試情形摺》，乾隆二十八年十二月二十七日，《宫中檔乾隆朝奏摺》，第20輯，第180頁。

② 吴省欽《白華前稿》卷十一《蜀字匡謬序》，《清代詩文集彙編》第371册，上海古籍出版社，2010年，第320頁。吴省欽《官韻考異》，見《叢書集成初編》，中華書局，1991年。吴省欽於乾隆三十九年至四十二年任四川學政。

③ 《四川學政錢樾爲報松潘等地生童科試情形奏摺》，乾隆五十一年三月初八日，《乾隆中晚期科舉考試史料（上）》，《歷史檔案》2002年第3期，第45頁。

④ 《廣東學政翁方綱奏報辦理廣東省科試完竣各情形摺》，乾隆三十年八月初七日，《宫中檔乾隆朝奏摺》第25輯，臺北“故宫博物院”，1984年，第703頁。《廣東學政翁方綱奏報科試情形摺》，乾隆三十三年八月初二日，《宫中檔乾隆朝奏摺》第31輯，臺北“故宫博物院”，1984年，第481頁。《韻字辨同》原爲彭元瑞撰，翁方綱訂補，其乾隆三十年廣州官署刻本收入《四庫未收書輯刊》第1輯，第10册。

⑤ 翁方綱《帖經舉隅》卷二，《稀見清代四部輯刊》影印本第8輯第96册，臺北經學文化事業有限公司，2015年，第73—91頁。

病夢、僧道、窮休、酒醉、香奩等字面,斷不可用。"(試帖詩類附注)"諸生在家習作古今體詩,間有對景抒懷之作,皆當中正和平,不可少涉怨苦愁憤之習,更不可涉輕薄譏謔之辭。此皆關乎心術福澤,勉之凛之。"(古今題詩類附注)

阮元在這方面之所以能要言不煩、切中主題,當與其出身於側艷詩風興盛的江南有密切關係。早在阮元身爲諸生之時,其恩師江蘇學政謝墉即在示令中公開羅列鎮江等地歲試考卷出現的淫靡詩句,諸如"湘房半啓,含情制錦之餘;繡幕雙開,想像結歡之始"及"雲髻玉容,含羞之暈,沉醉之腮,花嬌欲語,我見猶憐"之類。不過謝墉出令禁止時的訓詞是"詩賦一道,原本雅頌,旁逮風騷,所以鼓吹休明,潤色鴻業","安有染翰便稱粉黛,連篇盡擬妖淫,甚者忘其爲使者校士之文,欣然作美人點鬼之簿,此即子衿佻達之漸,文士浮薄之端"[①],立場高蹈,語辭尖鋭,官方口吻濃重。對比之下,阮元"關乎心術福澤"之語以考生利益爲出發點,更顯寬厚温和,較易爲士子所接受。

五 餘論

綜上可見,《示生童書目》確爲阮元任山東學政期間所撰,是在乾隆五十七年至五十八年的删本及擬題經書的禁毁運動之後的重要文教建設舉措。該書目結合了阮元校勘《儀禮》以及與考據名儒的交游等切身經歷,以考據學爲宗尚,分類别具一格,版本著録詳細,兼顧學術研究與科舉應試,實可與道光末年湖北學政龍啓瑞的《經籍舉要》、光緒初年四川學政張之洞的《書目答問》鼎足而三,並列爲清代三部最重要的推薦書目。[②]

另外值得注意的是,這三部書目都與《四庫全書總目》及《四庫全書簡明目録》有密切關係。阮元《示生童書目》典故類中徑直收録了《簡明目録》,並在該條附注中强調"本院此示不過就極要之書開載,此外應看之書甚多,正可案此求之"。另外,《示生童書目》中所列的胡渭《易圖明辨》,是阮元少年時即從凌廷堪處聽聞的大作,入京以後"見四庫館《書目》"(按,當即乾隆五十四年成書的《四庫全書總目》),遂將該書提要抄録下來,"嚮往益切",直到嘉慶元年(1796)在浙江學政任上才得以捧讀。[③] 所以阮元山東學政任上並未讀過《易圖明辨》,但仍將其列入《書目》推薦給生童,在很大程度上是基於《四庫全書總目》的評介。

龍啓瑞《經籍舉要》在《小學》一書下注曰"舊本題朱子編,《四庫全書簡明

---

① 謝墉《江蘇詩賦經正集》卷首《爲飭禁淫艷浮詞以敦詩教以端士習事》,乾隆間刻本,北京大學圖書館藏。

② 清代向生童出示推薦書目的學政,見於記載者尚有雍正初年浙江學政彭維新、乾隆中期山東學政李中簡等,但其書目都已失傳。參彭維新《墨香閣文集》卷七《復方靈皋書》,道光間刻本,北京大學圖書館藏;孫星衍《嘉樹山房文集》序,見李中簡《李文園先生全集》卷首,《四庫未收書輯刊》第10輯第15册,第3頁。

③ 阮元《揅經室集》一集卷十一《胡朏明先生易圖明辨序》,《續修四庫全書》第1478册,第658—659頁。

目録》考定爲劉子澄所類次”，又於《國語》、《戰國策》條下云“二書時代在前而列於此者，遵《欽定四庫全書簡明目録》歸入雜史之例也”[①]，説明在編纂時參考了《簡明目録》。而《書目答問》一方面在背景上有張之洞對《簡明目録》如數家珍的學術積累[②]，另一方面在收書種類與版本上也主動進行比較，其書《略例》曰：“此編所録，其原書爲修四庫書時所未有者十之三四；四庫雖有其書，而校本、注本晚出者十之七八。”[③]因此，也可以看出《四庫全書》修纂對乾隆中期以後中國傳統學術、教育體系的深遠影響。

光緒間甘肅學政陸廷黻、山東學政汪鳴鑾都翻刻過《經籍舉要》，山東學政裕德、山西學政劉廷琛、蕪湖中江書院院長袁昶還對《經籍舉要》作過增改[④]；至於《書目答問》，更是化身千萬，至今再版不斷。但阮元的《示生童書目》却不知是刻印太少，還是有其他意外因素影響，以致完全不爲後人所知。今日得重現天壤，實爲可喜，謹附録全目於文末，公諸同好。

附：《山東學政阮芸臺示生童書目》全文

整理者按：原書中雙行小字在此用括號表示。

提督山東學政阮示生童知悉：

所有删本經書、小本高頭講章策略、考墨卷律詩等已經前院翁奏禁在案，爾等讀書不可以此等書爲務。果能留心經史典故，則四書、經文、策問自能擅長；留心漢唐宋以來詩文，則文詞詩賦自能出衆。小之即副科名，大之亦成家數。惟不能自尋門徑，遂致孤陋寡聞。今將眼前應看之書分類開後，以便坊間販賣，好學者按名購買，就性之所近者爲之，事半功倍矣。乾隆五十九年二月日。

經學書籍：

《御纂四經》

《御纂性理精義》

《欽定三禮義疏》

《十三經注疏》（或監板，或汲古閣板）

唐陸德明《經典釋文》（通志堂板，坊間有單行者）

---

① 龍啓瑞原著、袁昶增訂《經籍舉要》，光緒十九年中江書院刻本，北京大學圖書館藏。

② 繆荃孫自言，與張之洞談及邵懿辰《四庫全書簡明目録標注》時，張氏如數家珍。參邵懿辰撰、邵章續録《增訂四庫簡明目録標注》繆荃孫序言，上海古籍出版社，1979年，第1頁。

③ 張之洞《書目答問略例》。張之洞撰、范希曾補《書目答問補正》，上海古籍出版社，2010年，第1頁。

④ 龍啓瑞《經籍舉要》，陸廷黻光緒八年刻本，中國國家圖書館藏。裕德《經籍要略》，光緒十六年刻本，北京大學圖書館藏。汪鳴鑾翻刻《經籍舉要》事迹見裕德《經籍要略》自序。劉廷琛刊刻記録見《誥授光禄大夫學部副大臣翰林院編修顯考劉公幼雲府君行狀》，清刻本，北京大學圖書館藏。袁昶增訂本《經籍舉要》，光緒十九年中江書院刻本，北京大學圖書館藏。

國朝惠棟《九經古義》(益都李文藻刻板,今在歷城周太史家)

國朝朱彝尊《經義考》

國朝余蕭客《古經解鉤沉》

漢鄭康成《周易注》(德州雅雨堂盧氏板)

唐李鼎祚《周易集解》

國朝胡渭《易圖明辨》

國朝惠棟《周易述》《易漢學》《易例》(三種,江南新刻板)

漢伏勝《尚書大傳》(德州盧氏板)

國朝閻若璩《尚書古文疏證》

國朝胡渭《禹貢錐指》

宋王應麟《詩考》(在《玉海》之後)

宋李如圭《儀禮集釋》,又《釋宫》一卷(聚珍板)

宋楊復《儀禮圖》(通志堂板)

國朝張爾岐(濟陽人)《儀禮鄭注句讀》

《大戴禮記》(德州盧氏板,又聚珍板)

宋聶崇義《三禮圖》(通志堂板)

宋朱子《儀禮經傳通解》

國朝秦蕙田《五禮通考》

晉杜預《春秋釋例》(曲阜孔氏板)

國朝馬驌(鄒平人)《左傳事緯》,又《繹史》

國朝顧楝高《春秋大事表》

《國語》(韋昭注)

漢趙岐《孟子注》並《章指》(曲阜孔氏板)

國朝閻若璩《四書釋地》

國朝江永《鄉黨圖考》

宋王應麟《困學紀聞》(閻若璩校者佳,何焯校者次之)

國朝顧炎武《日知録》

國朝戴震各書(曲阜孔氏板。内有《考工記圖》《續天文略》《水地記》《毛鄭詩考證》《詩經補注》《原善》《原象》《策算》《孟子字義疏證》諸書並《文集》)

史學書籍:

欽頒《廿二史》(内有劉昫《舊唐書》、薛居正《舊五代史》。武英殿板)

宋司馬光《資治通鑑》(胡三省注)

《御批通鑑輯覽》

唐劉知幾《史通》(浦起龍《通釋》)

子傳書籍（經學資以考證，詞章資以采擇）：

《戰國策》（鮑彪注，又高誘注。德州盧氏板）

《山海經》（吴任臣《廣注》，又有畢秋帆尚書校刻本）

《韓詩外傳》（武進趙映川舍人校刻本。又新安周廷寀刻本）

《竹書紀年》（有當塗《統箋》本）

《逸周書》（有盧召弓學士校刻本）

《晏子春秋》（有孫淵如編修校刻本）

《荀子》（楊倞注，有嘉興謝氏校刻本）

《管子》

《韓非子》

《老子》（王弼注）

《莊子》（郭象注）

《列子》（有任子田侍御新刻《音義》二卷）

《墨子》（有陽湖孫氏校，畢秋帆尚書刻本）

《吕氏春秋》（有畢秋帆尚書校刻本）

《淮南子》（有《道藏》高誘全注本，陽湖莊氏新校刻）

劉向《説苑》《新序》

董仲舒《春秋繁露》（有盧召弓學士校刻本）

賈誼《新書》（有盧召弓學士校刻本）

班固《白虎通》（盧召弓學士、莊寶琛濰令同校刻）

桓寬《鹽鐵論》

揚雄《太元》《法言》

《顔氏家訓》（有江陰趙敬夫注本）

李善《文選注》（所引古書古經注，多今時所無之書，且考證精博可據）

典故書籍（凡禮樂、兵刑、食貨、選舉、氏族、官制之類，博聞强記者必由此始。廷試、鄉會策問，非此不可。其宋以後所無之典故，可取閲於金遼元明正史之志，再《五禮通考》亦詳）：

唐杜佑《通典》

宋鄭樵《通志・二十略》（江南新刻單行本）

宋馬端臨《文獻通考》（又有嚴虞惇《詳節》本）

宋王應麟《玉海》

《欽定四庫館簡明書目》（杭州新刻小板。四庫現收，極要之書皆載，分門别類，提掇大旨。爲經籍目録之學者，必由此始。本院此示不過就極要之書開載，此外應看之書甚多，正可案此求之）

天文、算法、律吕書籍：

《御定曆象考成》

《御定儀象考成後編》
《御製數理精蘊》
《十種算書》(曲阜孔氏新刊本)
國朝梅文鼎《算法全書》
《御纂律吕正義》
《御纂律吕正義後編》

地理書籍:

《大清一統志》
各正史《地理志》
唐李吉甫《元和郡縣志》
宋樂史《太平寰宇記》
宋王存《元豐九域志》(馮鷺庭編修新校刻本)
後魏酈道元《水經注》(戴東原太史校,曲阜孔氏板。又杭州小板)
元于欽《齊乘》(益都新校刻本)
《山東通志》

小學書籍(内分解詁、六書、音韻三種):

新刻邵二雲侍講《爾雅正義》
揚雄《方言》(戴東原太史《疏證》,曲阜孔氏刻。又盧召弓學士校本)
劉熙《釋名》(畢秋帆尚書校刻本)
張揖《廣雅》(高郵王懷祖給諫、嘉定錢可廬明經並有《疏證》,尚未行)
史游《急就篇》(顔師古注,王應麟補注,附《玉海》後)
明李時珍《本草綱目》(草木蟲魚,足資考證)
以上解詁

《欽定康熙字典》(必須熟看。其《洪武正韻》、梅氏《字彙》斷不可寓目)
許慎《説文解字》(汲古閣板,又朱竹君學士刻本。其分韻始一東者不可看)
南唐徐鍇《説文繫傳》(徽州新板)
梁顧野王《玉篇》
唐張參《五經文字》、元度《九經字樣》(揚州馬氏板,又唐石經後墨拓本,又曲阜孔氏新刻本)
宋戴侗《六書故》
宋薛尚功《鐘鼎款識》
宋洪适《隸釋》《隸續》
宋歐陽脩《集古録》

宋趙明誠《金石録》
國朝顧藹吉《隸辨》
國朝顧炎武《金石文字記》
新刻錢辛楣宫詹《金石文字跋尾》
以上六書(兼金石篆隸)

《欽定音韻述微》
《廣韻》
宋吴棫《韻補》
明陳第《毛詩古音考》
國朝顧炎武《音學五書》(又戴東原編修《聲類表》《聲韻考》,在曲阜刻《戴氏遺書》内)
新刻段若膺明府《六書音均表》
以上韻學

詩文書籍(後分古文、四六文、賦、詩、詞五種):
梁昭明太子《文選》(李善注。凡學古文、四六、詩賦者,皆當以此入手。必須成誦之書)
《御選古文淵鑒》
《御選唐宋文醇》
《御製文初、二集》
明茅坤《唐宋八家文鈔》
以上古文

梁劉勰《文心雕龍》
《文苑英華》中表頌諸體文
明王志堅選《四六法海》
周庾子山文集
陳徐孝穆文集
唐王子安文集
唐李義山文集
《宋四六選》(彭芸楣大司空選本,新刻)
以上四六

《御定歷代賦彙》
《文苑英華》中唐賦
《國朝館閣律賦》(山陽阮裴國太史選本)
以上律賦(學館閣律賦,不可顛倒官韻,末韻不宜做歌,每段起句不宜

即用四句排偶。若作古賦,當以漢魏六朝爲法,其設爲問答、間以散行者不宜學)

《御定全唐詩》(其中如韋蘇州、韓昌黎、孟東野、李長吉、李義山及元、白、西昆諸家,各有門徑,就性之所近者爲之)

《御製詩初、二、三、四、五集》(每十二年編一集,共計已將六萬首)

宋郭茂倩《樂府詩集》

唐人選唐詩《篋中集》《河嶽英靈集》《國秀集》《御覽詩集》《中興間氣集》《極元集》《才調集》

《御選唐宋詩醇》

李太白詩集(宋楊齊賢、元蕭士贇注本,又國朝王琦集注本)

杜子美詩集(宋郭知達集九家注本,元高楚芳集千家注本,又國朝仇兆鰲詳注本)

《宋詩鈔》(國朝吴之振編)

蘇東坡詩集(宋施元之注本,又國朝查慎行補注本)

黄山谷詩集(《内集》宋任淵注,《外集》宋史容注,《别集》容之孫季温補注)

金元遺山詩集(又所選《中州集》)

《明詩綜》(國朝朱彝尊編)

國朝山左宋、高、馮、王、趙、田諸公詩集

國朝王士正詩集、説部選詩共三十六種(板在新城王氏)

《御纂佩文韻府》(古詩通韻當以《廣韻》爲主,查《文選》詩賦中可通者通之,土音俗韻斷不可通)

《御纂淵鑒類函》

《御定子史精華》(自《韻府》至此三種皆詩賦查檢所必需)

以上古今題詩(古詩平仄轉折體例尤密,漁洋、愁谷言之雖甚詳,不若多讀古人古體詩,便自得音節。諸生在家習作古今體詩,間有對景抒懷之作,皆當中正和平,不可少涉怨苦愁憤之習,更不可涉輕薄譏誚之辭。此皆關乎心術福澤,勉之凛之)

《文苑英華》中唐人排律

唐宋詩中之五律並排律

新刻紀曉嵐太宗伯選注《庚辰集》

以上應試試帖詩(能學唐宋人作近體五七律,其六韻八韻詩自能得法。東省土音平仄錯者居半,由平日未曾多讀唐宋人律詩,又未勤檢詩韻,以致場中下筆即錯。鄉會大場雖有佳文,一韻拗粘,必棄不録,且中式後覆試尤嚴,諸生既思讀書上進,當以是爲急務。又應試詩賦中凡愁恨、病夢、僧道、窮休、酒醉、香奩等字面,斷不可用。且必須有一韻抬頭者)

《御定歷代詩餘》

《欽定詞譜》

宋黄昇《花庵詞選》

宋周密(濟南人)《絶妙好詞》(查爲仁、厲鶚同箋注。詞學當以李清照、姜白石、張玉田諸家爲正派,不可沿花間、草堂之惡習)

國朝朱彝尊《詞綜》

國朝萬樹《詞律》(平仄去上,尤宜分别,《填詞圖譜》《嘯餘譜》訛謬甚多,不可看)

沈去矜《詞韻》

以上詞

書法(分篆、隸、楷、行草):

石鼓文

唐李陽冰《城隍廟碑》,又謙卦等石刻

以上篆(篆字當全以《説文》爲主,考訂六書偏旁始可下筆,否則俗體斥散,不成聲意)

東漢諸隸碑,又魏隸碑(入手以《史晨》《禮器》爲淺便,唐隸不必學)

以上隸

褚臨王右軍《樂毅論》

王大令《洛神賦十三行》

虞永興《夫子廟堂碑》

歐陽率更《九成宫醴泉銘》

鍾紹京《靈飛經》

顔魯公《多寶佛塔碑》《麻姑仙壇記》

柳誠懸《元秘塔碑》

蔡君謨《荔支譜》

趙松雪小楷石刻(如《閑邪公家傳》之類)

以上楷(各就筆性相近者臨寫)

王右軍《蘭亭詩序》(定武摹本)

顔魯公《争座位稿》

淳化閣潭、鼎以下諸法帖

以上行草

(作者單位:陝西師範大學文學院)

古典文獻研究（第二十輯上卷）
Journal of the Institute for Chinese Classics Studies
Nanjing University
Volume 20, No.1 2017

文獻整理與文本細讀的新啓示

——評《文選舊註輯存》

馬燕鑫

劉躍進主持編纂的《文選舊註輯存》（以下簡稱《輯存》）是一部集成性的學術著作，爲古籍整理、文本細讀樹立了一個全新的典範。該書以尤袤本正文爲經，以各本所存舊註爲緯，並繫以案語，對異文、音註、諱字等加以詳細的説明和精要的辨析。本文僅擬從版本搜聚、異文比勘、文字訓釋、方法啓示四方面對該書比較突出的特點加以評述。

一　採擷衆本

顧名思義，本書名爲"舊註輯存"，力圖囊括至今尚存的《文選》所有舊註。這些舊註包括李善引前人註、李善註、五臣註、《文選集注》所引各家註、舊鈔佚註（如俄藏敦煌《文選》二四二殘本、天津藝術館藏舊鈔本及日本永青文庫藏舊鈔本中所存佚注）以及史書古註等。

本書中搜羅《文選》衆多版本，可謂竭澤而漁。主要版本有尤袤本、陳八郎本、北宋本、集注本、敦煌本。重要參校本有朝鮮正德本、奎章閣本。另外還參考明州本、建州本、贛州本，同時充分注意到宋刻别集中的相關資料。特别需要指出的一個特點，即在衆多參校本中廣泛收集到一些較爲稀見的日藏古鈔本，比如九條本、三條本、室町本、觀智院本、上野本、弘安本、正安本、宫内廳本、時雨亭本、静嘉堂本等。這些古鈔本，清代學者未曾寓目，當代學者也罕覯其面。將這些稀見版本收入《輯存》，無疑使"選學"研究的廣度和深度得到進一步開拓。

《文選》中的很多作品選自史書，因此相應的正史也是重要的參校文獻。該書所用的史籍均是珍本或善本。比如《史記》、《漢書》、《後漢書》採用的是現存時代既早、部帙又最爲完整的南宋黄善夫刻本，比如該本《史記》便是首次三家註合刻本。《三國志》、《晉書》、《宋書》、《南齊書》、《梁書》則據上海涵芬樓百衲本。在很多情況下，這些古本或善本比較接近史書原貌，文字訛誤較少，確有普通版本不可或替的優勢。

在搜聚版本時,編者還注意到一個容易爲人所忽視的文本來源,那就是法帖碑刻。該書取以參校的重要資料有:秘閣本摹王羲之書《東方朔畫贊》、隋帖《出師頌》、唐摹本《女史箴圖》、陸柬之書《文賦》、柳公權書《演連珠》、蘇軾書《歸去來兮辭》、宋高宗書《養生論》、趙孟頫書《酒德頌》、新疆伊犁《燕然山銘》石刻等。這些法帖石刻雖不屬於特定的《文選》版本,但從一個側面可以反映出該篇作品在當時存在的一種風貌,也具有不能忽略的版本價值。如《歸去來辭》"胡爲遑遑欲何之",遑遑,蘇軾帖作"皇皇"。(9029 頁)案:皇皇爲古文,如《禮記・檀弓上》"皇皇焉如有求而弗得",《楚辭・九歎・怨思》"征夫皇皇",《漢書・董仲舒傳》"皇皇求財利常恐乏匱者",均作"皇皇",爲彷徨、惶遽之義。蘇帖所據雖未必就是《文選》所收作品原貌,但這樣一個有意義的異文,能引人思索。

此外,《輯存》在考訂方面博觀約取,涉獵古人筆記及今人研究著作約六十種,同時還有徵引專門的"文選學"叢書、論著二十餘種。這些著作或訂正文字形態,或訓釋詞句意思,或考辨典章制度,對閱讀原文、理解文義有祛疑解惑的關鍵作用。

廣采博收前人及時賢研究成果,而又擷取菁英,省去很多繁瑣曲折的考證過程,這是《輯存》徵引後來考訂成果的一個重要舉措。這樣做,既點出問題所在,爲讀者指示進一步探究的門徑,又保持精練文風,不僅豐富了《輯存》的知識含量,增加學術分量,而且避免了因不加節制的引文導致節外生枝和板滯沉悶。在學術資料日益豐富的情況下,如何簡明扼要地彙集精華,是古籍整理研究的一個新課題。《輯存》爲我們提供了一種新的思路。

二　比勘異文

《輯存》因彙輯衆多版本,正文、註文方面就出現了極爲繁多的異文。有些異文兩義皆可通、有些屬於通假字或異體字、有些爲訛脱衍誤,無論什麼樣的情況,這些異文的存在,爲我們探究文本意義、版本流傳、六書演變、古籍校勘提供了直觀的實例,有着多方面的參考價值。

這裏,我們着重從版本角度介紹一下《輯存》在彙輯各本異文方面的三個突出特點。因爲各版本的異同問題較爲複雜,一斑難以窺全豹,片臠不足知鼎味,因此舉證稍多,以便較爲全面地認識《輯存》的特色。

(一) 凸顯諸本的正誤優劣

版本不同,必然會産生異文,而通過異文的比對權衡,又可以判定不同版本的是非優劣。本書通過客觀排比各本異文,很自然地顯示諸本文字的版本價值。

舉例如下:

卷一班固《西都賦》"遊士擬於公侯,列肆侈於姬姜"。肆,上野本、九條本、弘安本、正安本作“女”。上野本旁記:“陸曰肆。或作女,五同。”九條本旁記曰:摺本作肆。據張宗祥考證,“女”字行書與“四”字形近而訛,四字不可通,又改爲“肆”。(53頁)可見上野本等古鈔本保留了正確的原文。

卷二張衡《西京賦》“俯察百隧”。敦煌本薛綜註作:“隧,列肆道也。”北宋本、尤袤本均無。《西都賦》註引作:“薛綜《西京賦》注曰:隧,列肆也。音遂。”(313頁)可知此處敦煌本爲是。再如同篇“彼肆人之男女,麗美奢乎許史”。北宋本、尤袤本薛綜註:“言長安市井之人,被服皆過此二家。”敦煌本無該條註文,比觀可知其有脱句。該處則以北宋本、尤袤本爲是。尤袤本“散似驚波,聚以京峙”之“以”,諸本均作“似”,可知其爲尤本誤刻。(318、338頁)

卷三《東京賦》“以《春秋》所諱而爲美談”。北宋本李善註“魯人至以爲美談也”,尤袤本、奎章閣本作“魯人至今以爲美談也”。(519頁)可知北宋本脱“今”字。

卷三《東京賦》“城隅九雉”。北宋本李善註“謂高一丈、長王文爲雉”,尤袤本、奎章閣本“長王文”作“長三丈”,是。(541頁)

卷三《東京賦》“我世祖忿之”。陳八郎本劉良註“忿黄巾之逆”,朝鮮正德本、奎章閣本作“忿莽之逆”。(546頁)正德本與奎章閣本註文更合史實。

卷四《三都賦序》“余既思摹《二京》而賦《三都》”句下,尤袤本、奎章閣本無李善註,集注本有“李善曰:《聲類》曰:摹,法也”。(853頁)可知尤袤本、奎章閣本有脱文。

卷七《甘泉賦》“若登高眇遠,亡國肅乎臨淵”。黄善夫本《漢書》、九條本、朝鮮正德本、奎章閣本並無“亡國”二字。(1431—1432頁)此二字頗與上下文不合,比對諸本,知尤袤本衍“亡國”。

卷七《甘泉賦》“冠倫魁能”。魁字下,九條本有“傑”字,而他本並無此字。應劭註、五臣註均釋“魁”爲“魁桀”。(1442頁)可知九條本“傑”字當涉註文而衍。

卷十一《遊天台山賦》“始經魑魅之塗”。陳八郎本、朝鮮正德本張銑註“魑魅,小鬼”,奎章閣本、明州本、建州本作“魑魅,山鬼”。(2211—2212頁)案:《左傳·文公十八年》“以禦螭魅”,杜預注:“螭魅,山林異氣所生爲人害者。”可知“小鬼”誤,作“山鬼”是。小、山二字形近而訛。

卷十二《江賦》“飛廉無以睎其蹤,渠黄不能企其景”。陳八郎本吕向註:“《史記》曰:飛廉善走。《廣雅》曰:睎,視也。《穆天子傳》曰:天子之八駿曰渠黄。《毛詩》曰:跂予望之。鄭玄曰:舉足則望見之。企與跂通。”此條註釋與尤袤本李善註相同,且其註釋體例也與五臣註迥異,必定有誤。今考朝鮮正德本、奎章閣本,吕向註作:“睎,見。企,及也。飛廉,風師也。渠黄,古之善馬,日行萬里。言此二物雖疾,亦不可見船之蹤影也。”(2512

頁)此應保留了五臣註的原貌。

卷十六《恨賦》“隴鴈少飛,代雲寡色”。代,室町本、陳八郎本、朝鮮正德本、奎章閣本並作“岱”。《漢書・天文志》即作“岱”,五臣註得之。(3165 頁)

卷十六《恨賦》“至乃敬通見抵,罷歸田里”。見抵,陳八郎本、朝鮮正德本作“抵見”,二字誤倒,當乙正,奎章閣本即作“見抵”。(3166 頁)

卷二十陸機《皇太子讌玄圃宣猷堂有令賦詩》“皇上纂隆,經教弘道”。陳八郎本李周翰註“繼武皇盛德以經教天之道也”,朝鮮正德本、奎章閣本“道”上有“大”字。(3874 頁)案:有“大”字是。李周翰註“弘,大也”,“大道”正應原詩“弘道”。

卷二八陸機《挽歌》“今成灰與塵”。尤袤本李善註:“李尤《九曲歌》曰:肥骨消滅隨塵去。”肥骨,集注本、奎章閣本作“肌骨”,尤本誤。(5392—5393 頁)

卷二九《古詩十九首・冉冉孤生竹》“傷彼蕙蘭花,含英揚光輝”。陳八郎本李周翰註:“此婦人喻己盛時之時。”盛時之時,九條本旁記、朝鮮正德本、奎章閣本作“盛顔之時”,是。(5454 頁)

卷三六任昉《宣德皇后令》“庶匪席之旨,不遠而復”。尤袤本李善註“庶王有不遠而復之義也”,九條本、北宋本、奎章閣本作“庶乎不遠而復之義也”,是。(7152—7153 頁)

卷三六傅亮《爲宋公修張良廟教》“張子房道亞黃中”。陳八郎本劉良註引《易・乾坤卦》,朝鮮正德本、奎章閣本作《易・坤卦》。陳八郎本“乾”字衍。(7159 頁)

卷三七諸葛亮《出師表》“三顧臣於草廬之中”。尤袤本李善註引《荆州圖副》,北宋本、奎章閣本作《荆州圖》。“副”字當爲衍文。(7326—7327 頁)

卷四七陸機《漢高祖功臣頌》“平陽樂道”。北宋本、尤袤本李善註引《論語》均作“貧而樂”,集注本作“貧而樂道”。“樂道”與正文相應,可知集注本是,北宋本、尤袤本有脱文。(9413 頁)

在有些篇目中,同一系統的不同版本,有時其註文仍然存在很大差異,如:

卷三七孔融《薦禰衡表》“任座抗行,史魚厲節,殆無以過也”。陳八郎本吕向註:“殆,幾也。言此二人之直,幾不過於衡也。”朝鮮正德本作:“任座,魏文侯臣。抗,舉高。舉行執直。史魚,衛大夫。邦有道邦無道不改高直之節。厲,高也。殆,幾也。言此二人之直,幾不過於衡也。”奎章閣本同,惟“舉高”作“舉也”。陳八郎本此處脱文較多,可據朝鮮正德本及奎章閣本補闕。(7309—7310 頁)

卷四七袁宏《三國名臣序贊》“故二八升而唐朝盛,伊吕用而湯武寧”句下,集注本李善註:“二八,謂八元八愷也。伊,伊尹也。吕,吕望也。”北宋本同,唯“愷”作“凱”。而尤袤本李善註却與陳八郎本張銑註同。可見此處尤袤本與五臣本有相互參校。(9593—9594 頁)

還有值得一提的是,有些註文見於鈔本,但在刻本中却整條脱落。這種情況下,脱文可據鈔本補足。例如:

卷五《吴都賦》"鷓鴣南翥而中留,孔雀綷羽以翺翔"句下,集註本有李善注:"《説文》曰:翥,飛舉也。《小雅》曰:雜采曰綷。"而北宋本、尤袤本、奎章閣本俱無,可據集注本補。(1124—1125 頁)

"憲紫宫以營室,廓廣庭之漫漫。寒暑隔閡於邃宇,虹霓回帶於雲館"句下,集注本李善註"《七略》曰:王者體天而行,明堂内有太室象紫宫。《聲類》曰:閡,礙也。五代反"二十七字,北宋本、尤袤本、奎章閣本俱脱,亦當據集注本補。(1145 頁)

研讀古籍的人往往有這樣的體會,單閲某本時,不會發覺隱藏的問題,或者發現了問題,也很難順藤摸瓜解決問題,諸本對讀則是解決這個問題的前提條件。對讀時,問題可以浮出水面,且各本相互發覆,使得原來模糊的疑問得到明晰的呈露,由此找到確實解決問題的途徑。《輯存》排比衆本,使各本訛脱衍誤在對比中呈現出來,同時通過比較又顯示其是非優劣。這無疑爲日後整理一部接近原貌、順暢可讀的《文選》文本提供了必要的參考和依據。

(二)爲版本系統的源流探討提供重要綫索

不同的異文表現了各個版本的獨特面貌,是版本鑒定和價值衡量的重要依據。衆所周知,《文選》自問世以來,鈔刻流傳,版本紛呈。每個版本並非涇渭分明地隸屬於某一系統,而是相互之間存在不同程度的交叉影響。尤袤本雖爲李善註本系統,同樣存有五臣本系統的痕跡;陳八郎本雖屬五臣註本系統,也不可避免地羼雜有李善本的蛛絲馬跡。至於古鈔本中的九條本,據其旁記可知,更是兼有李善本、五臣本、集注本、摺本、册子本、《文選音决》、《文選鈔》、陸善經本、監本等多種版本的異文。特定的異文,往往就是特定版本的標記。《輯存》將這些異文通過彙輯,使得各個版本的複雜面貌得以直觀地呈現,爲版本系統的梳理彙集了豐富的第一手資料。

對於《文選》版本系統的考察,《文選集注》本編者案語、九條本等鈔本的旁記和奎章閣本及明州本、建州本等活字本或刻本的註記有着不可替代的參考價值,《輯存》將這些案語、旁記、註記一一迻録,在案語中加以標明,爲版本源流的辨别提供很大便利。同時對各本的沿承又有精要的提示,點出其間的異同所在和源流關係,極富啓發性。例如:

卷二張衡《西京賦》"程角觝之妙戲"之"觝",敦煌本、上野本、正安本作"牴",上野本旁記:五臣作觝。案:北宋本、尤袤本俱作"觝",可見北宋本已參五臣本而校勘李善本。(436 頁)

卷四《南都賦》"躗蹈咸陽"之"蹈",九條本、陳八郎本、朝鮮正德本、奎章閣本作"踏",宫内廳本、冷泉本作"蹌",九條本旁記、奎章閣本註記曰:綜本作蹈。(828 頁)

卷四左思《三都賦序》"故能居然而辨八方"。集注本案語曰:"五家本無能字。”然今陳八郎本、朝鮮正德本、奎章閣本並有“能”字，可知集注本案者所見之五臣本與今本不同。（844—845 頁）相同情形又如卷三六任昉《宣德皇后令》“使荃宰有寄”。集注本案語曰：“五家本荃為銓。”然陳八郎本、朝鮮正德本俱作“筌”，可見集注本所謂五家本與今本五臣亦有不同。（7121 頁）

卷十九《洛神賦》“感宋玉對楚王神女之事”。九條本、静嘉堂本、陳八郎本、朝鮮正德本、奎章閣本“神女”前並有“説”字。九條本旁記：摺本無説字。静嘉堂本旁記：五臣無説字。奎章閣本註記：善本無説字。（3662 頁）説明各本之間相互羼雜的情形。

卷二九曹攄《思友人》“心與迴飈俱”。飈，九條本、室町本作“飄”，旁記云五臣本作“飈”。奎章閣本註記曰：善本作飄字。據此知尤袤本據五臣本而改字。（5567 頁）類似的現象又如卷三六王融《永明九年策秀才文》“金湯非粟而不守，水旱有待而無遷”。集注本、九條本下“而”作“其”，集注本編者案曰：“五家、陸善經本其為而。”尤袤本與五家本同。（7203 頁）

卷三十謝朓《直中書省》“聊恣山泉賞”。集注本案曰“五家本賞為響”，今所見陳八郎本、朝鮮正德本並作“賞”，則集注本編者所見之五家本又不同於宋五臣本。（5780 頁）

卷三五潘勗《册魏王九錫文》“群后失位”。失，九條本、陳八郎本、朝鮮正德本、奎章閣本作“釋”，九條本旁記、奎章閣本註記曰：善本作失字。不過據李善註引《左傳》“釋位以間王政”，可知李善本原作“釋”，作“失”字者爲誤本。（7077 頁）

卷三六任昉《宣德皇后令》“夫功在不賞，故庸勳之典蓋闕”。功在不賞，朝鮮正德本、奎章閣本作“功不在賞”，奎章閣本註“善本作在不賞”，九條本旁記曰：五臣本作功不在賞。陳八郎本已參照李善本而改，朝鮮正德本則仍存五臣本原貌。（7118 頁）又如卷四七袁宏《三國名臣序贊》“故蘧寗以之卷舒，柳下以之三黜”句下，朝鮮正德本張銑註與集注本同，而陳八郎本張銑註則全襲李善註。（9598 頁）

卷五七潘岳《馬汧督誄》“妬之欺善”。欺，集注本作“期”。九條本頁眉記：《鈔》作期。集注本今案五家、陸本爲欺。可知集注本所據之李善本原作“期”字。且從李善註“言嫉妒之徒，期此善士”來看，可知其本作“期”。今尤袤本作“欺”，當據五臣本改。（11280 頁）

書中輯録了大量的類似旁記、註記，如果將這些異文校勘加以系統歸納，並作精細的辨析，將會對《文選》版本系統的探討和梳理有更新的發現。

（三）證實與證僞

清人《文選》研究，在校勘方面，因爲條件的限制，所見版本極爲有限。因此他們主要通過理校的方法來進行研究，比如正文註文參互校訂，内證外證比勘尋繹，或者根據體例來進行推測判斷等，但在版本上缺少實在的依據。因此，他們有時憑藉精深的學識、豐富的經驗，能夠洞幽燭隱，提出令人信服的見解。當然有時也因無確切證據,一些論斷不免或爲臆説。現在《輯存》一書在廣搜衆本的基礎上,通過版本互勘,以堅確無疑的根據,一方面可以證實前輩學者的精當考訂,另一方面也對似是而非的判斷給予澄清。

1. 明確的版本依據證實前人推斷之説

卷二《西京賦》"郊甸之内"。尤袤本薛綜註"五十里爲之郊",之郊,梁章鉅《文選旁證》卷三:"六臣本之作近,是也。"案:敦煌本、北宋本正作"近郊"。(327頁)

卷三《東京賦》"感懋力以耘耔"。何焯、王念孫、胡紹煐均謂"感"當作"咸"。案:宫内廳本、九條本、北宋本、陳八郎本、朝鮮正德本、奎章閣本並作"咸"。(642頁)

卷二八陸機《挽歌》"今托萬鬼鄰"。李善註引"《海水經》",胡克家《文選考異》曰:"'水'疑'外'字形近之譌。"案:集注本正作"《海外經》"。(5392頁)

卷二九陸機《園葵詩》,尤袤本李善註引《晉書》"賴成都王穎救之免",胡克家《文選考異》謂"救之免"下脱"死"字。案:奎章閣本正有"死"字。(5562頁)

卷三十謝朓《和王著作八公山》"西距孟諸陸"。李善註"謂山在澤東是也",胡克家《文選考異》謂此七字不可通,或爲衍文,否則當作"非謂山在澤東也"。案:集注本正作"非謂山在澤東也"。(5821—5822頁)

卷三十謝靈運《擬魏太子鄴中集詩·徐幹》"棲集建薄質"。孫志祖《文選考異》卷二曰:"何云:李周翰注中有延及之語,則建字乃逮字傳寫之誤耳。"案:九條本、室町本正作"逮"。(5937頁)

卷三六任昉《天監三年策秀才文》"睚眦有違,論輸左校"。李善註引《後漢書》"膺表欲罪",陳景雲《文選舉正》所見本作"膺表欲罰",且謂"罰"下脱"其罪"二字。案:北宋本、奎章閣本正作"膺表欲罰其罪"。(7295頁)

卷五三嵇康《養生論》"追術者以小道自溺"。胡紹煐《文選箋證》卷三十一曰:"'術'與'述'古字通。翰注'謂法術',恐非。"案:室町本正作"述"。(10606頁)

通過版本互校,異文説明,爲上述諸家的考證提供了有力的例證,使之有據可依,從而成爲定論。前賢有知,必爲快意。

2. 以確切的版本依據攻破前人猜測之説

卷二《西京賦》"若夫翁伯濁質,張里之家"。尤袤本李善註引如淳曰"洗削,謂作刀劍削也",敦煌本作"洒削,作刀劍削也"。胡克家《文選考異》卷一曰:"《漢書》顔注引如淳曰作'刀劍削者',尤依之校改也。"案:敦煌本即作"刀劍削者",可知非尤袤改。(319—320頁)

卷二《西京賦》"乃有迅羽輕足,尋景追括"。北宋本、尤袤本薛綜註:"括,箭括之御弦者。"陳景雲《文選舉正》以爲"御"當作"銜"。案:陳説非,

敦煌本亦作“御”。(390—391 頁)

卷三三宋玉《招魂》“恐後之謝”。胡克家《文選考異》謂尤袤據《楚辭》而改,“其實非也,洪興祖云:一云謝之”。案:集注本已作“恐後之謝”,顯非尤袤本所改。(6576 頁)

卷四二阮瑀《爲曹公作書與孫權》“適以增憍”。憍,陳八郎本、朝鮮正德本、奎章閣本作“驕”。胡克家《文選考異》卷七所見本作“驕”,謂當作“憍”,並稱“此以五臣亂善”。案:尤袤本正作“憍”,胡氏所據當爲誤本。(8306 頁)

卷五十沈約《宋書謝靈運傳論》“自靈均以來”句下尤袤本李善註“靈均,屈原字也”六字,胡克家謂係五臣註,“此尤誤取增多也”。案:北宋本已有此六字,非尤袤所改明甚。(10239 頁)

卷五一王褒《四子講德論》“先生曰:夫匈奴者,百蠻之最彊者也”。胡克家《文選考異》據袁本云“善作‘先生夫子曰’”,謂“此尤校改正之也”。案:據集注本案語“五家、陸善經本無下夫子”,則顯非尤袤所改。(10449 頁)

卷五四陸機《五等論》“國慶獨饗其利”。獨,袁本校語云:善作“猶”。胡克家據五臣註“言秦獨饗天下之利”,認爲五臣作“獨”,尤袤本以五臣亂善。案:實際上歷史博物館藏敦煌本即已作“獨”,可知非尤袤所改。(10790 頁)

既有版本依據,這些猜測之説自然可以不攻自破,並且也避免了誤導後學,同時平息了無謂的考辨,消除了不必要的學術糾葛。

三 形音義的探索

除上述版本、校勘上的價值外,《輯存》還有一個特色,即在文字方面儘量保存原貌,在音韻方面努力鈎沉輯佚,在訓詁方面多方釋惑析疑。

(一) 異體字、俗體字

《輯存》收録的本子中有大量的古鈔本,其中包含形形色色的異體字和俗體字。這些字是文字學的絶好材料,不僅可以與《玉篇》、《經典釋文》、《匡謬正俗》、《干禄字書》中所收的南北朝隋唐間的俗字相印證,而且還可以將其作爲版本考察的旁證。

俗體字和異體字是文字演變過程中的一種常見現象,對於字形變遷、造字方法的研究有着重要參考意義。《輯存》中的《文選集注》本、九條本等鈔本中的一些俗體字字形便保留了一定的歷史面貌。如競作競、顛作顛,再如左側爲“方”的系列字手寫作“弓”,“氏”系列字作“互”等。又如卷四四陳琳《爲袁紹檄豫州》,日本永青文庫本“胄”、“煞”、“閇”等字,書寫習慣皆與敦煌本同。(8661 頁)

還有一個有趣的發現,就是在鈔本中還保留了武則天時代的新造字,如《文選集注》卷八五孫楚《爲石仲容與孫皓書》“公孫淵承籍父兄,世居東裔”句下李善註“(公孫)度知中圀擾攘”。(8473 頁)“圀”即國,爲武周新字。相同字例又見本篇“相國晉王”句下《文選鈔》“相圀,謂司馬文王也”(8490 頁),及“後事之師”句下李善注引“《戰圀策》”云云(8500 頁),並是其例。[①] 該字流傳廣泛,曾遠及雲南、日本、朝鮮等地,並博得時人青睞。[②]

陳八郎本雖爲刻本,但其中也使用了大量的簡體俗字,如寶作宝、燈作灯、舉作夅等,與《宋元以來俗字譜》所載全同,可以作爲例證。[③]《俗字譜》所據的材料主要是宋元以來刊刻的俗講、小説、雜劇、傳奇等書,其實從陳八郎本《文選》可知,這些俗字並非只出現在通俗文學的刊本中,像《文選》這樣典雅之作的刻本中,也採用了相當數量的俗體字。另外《俗字譜》中輯録的囙(因)、恠(怪)等俗字,《文選集注》本多已如此,並非宋元以來才出現。

衆本中的俗體字除了文字學上的價值外,對於版本考定也具有一定的參證意義。兹舉一例,如蔡邕之“邕”字,各本時作“邕”,時作“雍”,前後不一致。卷五《吴都賦》“覼海陵之倉”句下李善註,集注本、北宋本、尤袤本均作“蔡雍”。(1147—1148 頁)卷六《魏都賦》“典刑所藏”、“金蜩齊光”兩句下李善註,北宋本作“蔡雍”,尤袤本作“蔡邕”。(1295—1296 頁)卷十六《閑居賦》“備千乘之萬騎”及卷十七《文賦》“悽若繁弦”句下,北宋本、尤袤本李善註又俱作“蔡邕”。(3033、3242—3243 頁)據錢大昕説,唐石經俗體字中雝作雍。[④] 因此可以肯定“蔡邕”寫作“蔡雍”,當是唐人俗字。集注本多作“雍”,據此也可以説明北宋本和尤袤本很可能直接或間接地曾參校過集注本,其間或存在一定的版本淵源。到了奎章閣本中則俱改正爲“蔡邕”,於是這一絲綫索便泯然不可見了。

(二)音注價值

《文選》自問世以後,蕭該作爲第一位選學專家,著有《文選音》一書。此後又有傳爲公孫羅所撰的《文選音决》、許淹《文選音》,而李善註《文選》,引證事義的同時也不廢音註,公孫、許、李三人均爲曹憲一派傳人,可知《文選》音註之學是其學術的重要組成部分。可以毫不誇張地説,“文選學”是從音註發軔起步的。但是這類著作除了隨註留存的李善音、五臣音外,其餘已大部亡佚。《輯存》從現有的資料中特别將相關音註材料鉤稽而出,從而使之再次焕發學術之光。

《輯存》在音註方面的一個成績就是輯録了蕭該、曹憲的《文選》舊音。如卷四《蜀都賦》“汩若湯谷之揚濤”,《文選集注》本引《音决》:汩,蕭:音骨。曹:胡没反。(872 頁)尤袤本、陳八郎本、朝鮮正德本俱從蕭該音。又如卷十四《赭

① 此條資料承徐華老師指出垂示,特致謝意。原文見周勛初編《唐鈔文選集注彙存》(第二册),上海古籍出版社,2000 年,第 514、529、535 頁。原書影印效果稍差,字跡模糊,京都大學所藏《文選集注》此處文字清晰易辨,可參閲。

② 蔣愛花、安劭凡《“武周新字”研究情況概述》,《渤海大學學報》(哲學社會科學版)2013 年第 2 期,第 56 頁。

③ 劉復、李家瑞編《宋元以來俗字譜》,文字改革出版社,1957 年,第 22、52、67 頁。

④ 錢大昕《十駕齋養新録》卷三“石經俗體字”條,上海書店,1983 年,第 61 頁。

白馬賦》"隘通都之圈束",九條本旁記音:曹:其敏反。蕭:其遠反。(2726 頁)另蕭該音還有卷二一盧諶《覽古詩》"爰在澠池會"。澠,九條本旁記音:蕭,亡忍反。(4034 頁)卷二三張載《七哀詩》"毁壞過一抔"。抔,九條本簡端記:蕭作坏,普來反。(4349 頁)曹憲音又見卷五《吴都賦》"鮫鯔琵琶",《文選集注》本引《音决》:琵,曹:步兮反。(1047 頁)卷三三《招魂》"叢菅是食些",叢,《文選集注》本引《音决》:曹音鄒,通。(6589 頁)這類例子還多,兹不枚舉。

蕭該《文選音》三卷雖見録於《隋志》,但亡佚已久。法藏敦煌卷 P.2833《文選音》,據學者考證,當即蕭該之作,不過也有人認爲是許淹音。[①] 如果確爲蕭作的話,則《輯存》中所録蕭該音對敦煌殘卷補益之功匪淺。若其非蕭作,則《輯存》所輯録的遺文片語,尤足珍貴,亦可與蕭氏的《漢書音義》比勘。曹憲的《文選》音註著作不見史志,其音學之書今猶存《博雅音》(博雅即廣雅,避隋煬帝諱而改)。本書將其《文選》註音鉤沉而出,或能與《博雅音》互證,則其無疑有裨於音韻之學。

除蕭該、曹憲音註外,《輯存》卷三二《離騷經》還將敦煌殘卷釋道騫《楚辭音》的音註也採録入書。該殘卷起"駟玉虬以乘鷖兮"之"乘"字,迄"雜瑶象以爲車"之"瑶"字,對《離騷》經文和王逸註文兼加音註。卷内不避唐諱,如"閽,虎昆反"、"化,虎瓜反",不避"虎"字,又"偃蹇"條下"使其世子處諸侯之上",不避"世"字。當是唐前鈔本。此卷雖僅存八十四行,但保留了很多隋唐時代的古音,具有很高的音韻學價值,如"飄風屯其相離兮",飄,道騫音"扶遥反",尚爲輕唇音未從重唇音中分化出來時的讀音。(6391 頁)再如"倚閶闔而望予",倚,道騫音"於綺、渠蟻二反"。(6395 頁)"於"爲喉音,"渠"爲牙音,《唐韻》、《廣韻》等音學書僅有上一反切,惟《集韻》中尚保存"巨綺切"之音,與道騫"渠蟻反"音正相合。《楚辭音》給予《集韻》所存舊音以有力的證明。

以上是《輯存》在音學方面的價值所在。

(三) 辨正訓詁

《文選》中的有些作品古奥典雅,再加上傳寫訛誤,注釋者或因不明訓詁,或因不知通假,或因不識訛字,而妄加穿鑿,曲意解説,這類錯謬對理解文義爲害甚大。有鑒於此,《輯存》編者從諸家考訂之作中擇取可信之説,對舊註加以辨正。另外對某些習見的字詞,也援引前人訓詁,加以明晰的解釋。

一是不明訓詁而誤解之例,如:

> 卷三《東京賦》"飛閣神行,莫我能形"。薛綜註:"形,謂天子之形容。言我無能説其形狀也。"案語引王念孫語曰:"薛説甚迂。《廣雅》曰:形,見也。言行于飛閣之中,莫我能見也。"(556 頁)薛綜註以"形"爲名詞,又添"説"字來解釋句意,有曲解之嫌。王説以"形"爲動詞,簡潔明白,其説是。
>
> 卷二八陸機《短歌行》"短歌有詠,長夜無荒"。李善註和五臣註俱按《毛詩》"好樂無荒"釋末句,訓"荒"爲"廢"。王念孫引《爾雅》與《大雅·桑

① 饒宗頤《敦煌吐魯番本〈文選〉·前言》,中華書局,2000 年,第 4 頁。

柔》、《召旻》之毛傳、鄭箋,以及《周語》之韋註,訓"荒"爲"虚","言無虚此長夜也"。(5266頁)體味陸機此詩,意在及時行樂,李善、五臣誤認典故,錯解字義,使其與整首主旨正相反,王念孫另加訓釋,契合詩旨,有理有據,怡然而順。

二是不知通假而妄説之例,如:

卷三八庾亮《讓中書令表》"今恭命則愈,違命則苦"。案語引《讀書雜志》:"吕向曰:愈,勝也。念孫案:愈,即愉字。《爾雅》曰:愉,樂也。樂與苦正相反。恭命則樂,承上'富貴寵榮'而言。違命則苦,承上'刑罰貧賤'而言。愉與愈,古字通。《荀子·正論篇》:形至佚,心至愉。《君子篇》'愉'作'愈'。"(7579—7580頁)通過王氏的疏證,於是乃得正解。

三是不識訛字而曲説之例,如:

卷二張衡《西京賦》"紛縱體而迅赴,若驚鶴之羣罷"。罷,五臣本作"羆"。吕延濟註"驚羣鶴羆,言舞容以(似)之"。以群羆來形容女子舞容,恐無是理。因此該條案語引王念孫《讀書雜志》之説,首先從字形上判定"羆"是"罷"之訛,然後從義訓上引韋昭註《吴語》及《廣雅》"罷,歸也",並疏通句意"言若驚鶴之羣歸也"。(467頁)這樣就容易理解了。此外又引孫志祖,謂"之"當作"與",羣羆指羣獸。備此一説,以供讀者參考。

卷二八陸機《齊謳行》"東被姑尤側,南界聊攝城",李善註引杜預《左傳注》"姑、尤,齊東界……聊、攝,齊西界也"。杜註謂西,陸詩謂南,對此矛盾,李善解釋道"然西、南不同者,其地既非正方,故各舉一隅言之也"。聊、攝之地固非正方,然而姑、尤兩處也非正方,爲何下句"舉一隅言之",上句則否呢?再者東西相對,以之摹寫齊國疆域之大,正屬修辭常理。恐怕詩人用意不似李善所説那樣迂曲。爲此《輯存》引孫志祖《文選考異》曰:"何云:'南'字應爲'西'字之誤,而李善必爲曲説以解之,何哉?"(5239頁)[①]有了何焯、孫志祖兩位學者對李善註的訂正,句意便隨之簡明易懂了。

四是對習見字詞加以訓解之例,如:

卷二三劉楨《贈從弟》"何時當來儀"。"儀"字無註,案語引胡紹煐《文選箋證》:"儀亦來也。《方言》:'儀,來也。陳潁之間曰儀。'《廣雅》曰:'儀,來也。'來、儀俱爲來,但語有輕重耳。"(4452頁)有了胡氏的此解,整個句意益加清澈,就不會囫圇吞棗,模糊而過。

對字詞求其正解確詁,並非漢學末流的瑣碎功夫,而是由訓詁以通大義的第一步,也是朝着正確理解詩文主旨方向的關鍵一步。這正是"細讀文本"的必由之路。

---

① 孫志祖引何焯説,"應爲",《義門讀書記》卷四七作"必爲",中華書局,1987年,第923頁。

四　細讀文本的啓示

文學研究的角度紛繁各異,方法也層出不窮。無論什麽方法,最終都繞不過作品,最終還是要落實到作品上。

作品研究,或强調理論的闡釋,或注重文獻的整理,但都要以文本細讀爲基礎。細讀的前提則要有一部較爲可靠的文本。然而古籍在流傳過程中,往往會産生意想不到的訛誤脱衍,因此文本細讀首先需要校訂異同、是正文字。關於此點,王鳴盛《十七史商榷序》説:"欲讀書必先精校書。校之未精而遽讀,恐讀亦多誤矣。"[①]這種經驗之談可謂金針度人。

作爲一種經典文本,《文選》是中古文學閲讀與研究的重中之重,歷來受到高度重視。如前所述,《文選》在歷代流傳過程中,存在着錯綜複雜的版本問題,因此,勤加精細的校勘,爲深入研究提供一部涵括衆本異同的《文選》本子,同時擇引相關著作,對文意作進一步的疏解闡明,是細讀文本的前提。兹舉一例。卷二七王粲《從軍詩》其四"許歷爲完士,一言獨敗秦"。獨,尤袤本《李善與五臣同異》:"五臣獨作猶。"九條本、陳八郎本、朝鮮正德本、奎章閣本作"猶",九條本旁記、奎章閣本註記謂善本作"獨"字。至此明確李善本和五臣本的版本異同。其次對"完士"之義,援據前人之説,作了辨析。李善註"完,謂完具也,言非有奇也",張銑註則謂"完士,猶凡士也"。何焯以爲張銑註"凡"當作"軍",而黄侃則謂"不當輒改"。那麽李善註"非有奇"與張銑註"凡"字義一致。問題是爲何訓"完"爲"凡"呢?案語進一步引胡紹煐的考證,認爲"完"即是"髡"字的通假,並引《漢書》爲證。同時解釋道:"細玩語意,蓋許歷曾罪至髡,故云'許歷爲完士,一言猶敗秦',言雖罪人猶如此也。"對李善註和張銑註解釋不清之處,作了確切明瞭的闡釋(5123 頁)。至此,詩意才爲之昭晰。

關於如何細讀文本,《輯存》通過兩萬餘條具體的實例,向讀者説明:要從"有字處"開始細讀。通觀全書,似乎只是羅列正文和註文的文字異同,但這正是關鍵的第一步。細讀文本,首先是一字一句的校讀,其次才能積句成章、積章成篇,達到通解全文的程度。只有積累了堅實細密的文獻基礎,才可能有進一步的理論升華,才能從"有字處"向"無字處"邁越。因此,若無一番聚沙成塔的細密工夫,所謂的"細讀"便只是空談。

本書雖然側重從"有字處"細讀,但常有跨入"無字處"的精論玄解,只不過限於體例,往往引而未發。如卷三《東京賦》"京邑翼翼,四方所視",胡紹煐《文選箋證》認爲此引《詩經》,"非《齊》非《韓》非《毛》,蓋平子約舉《詩》辭以凑韻耳"。(542 頁)由此作者敏鋭地認識到胡氏提出了十分重要的問題,即漢代文人所引《詩》雖各有傳承,但是在具體引用時未必恪守一家。這個發人深思的見解,正是從精細的文本校讀中得出來的。

自上世紀英美新批評派提出"文本細讀"的理論後,一時蔚爲風氣。現今

---

① 王鳴盛《十七史商榷》,中國書店,1987 年,第 2 頁。

中國古代文學研究界受該理論啓發,也紛紛倡導"細讀文本"。其實,二者之間還是有所差異的,前者强調的是以語義分析作爲詩歌批評最基本的方法,後者則意在摒棄空洞的文學外部研究,要求回歸文本並立足文本。古代文學研究與英美新批評派的詩歌研究之間存在着一定的鴻溝,不能不加辨析就輕易地將其理論"拿來"使用。具體到古代文學,如何細讀,便是一個需要思考和探索的問題。可喜的是,《輯存》爲我們開啓了一條切實可行的途徑,爲經典閱讀樹立了一個可資效仿的範例。

(作者單位:河北大學文學院)

古典文獻研究（第二十輯上卷）
Journal of the Institute for Chinese Classics Studies
Nanjing University
Volume 20, No.1 2017

點校本《無上秘要》與道教文獻整理*

劉祖國

《無上秘要》是現存最早的道教類書，有“六世紀的道藏”之美譽。該書原本一百卷，但開元之後漸漸闕佚，正統《道藏》現存六十八卷。今存《無上秘要》雖非完璧，但它在魏晉南北朝衆多道書中堪稱巨帙，文獻價值自不待言。遺憾的是，長期以來，國内外一直未見該書的整理本。2016 年 9 月，中華書局“道教典籍選刊”推出西南民族大學周作明教授點校的《無上秘要》，該書校勘精審，標點準確，融整理與研究爲一體，是一部高質量的道教文獻整理力作。

一　點校本《無上秘要》的優點

伏案拜讀此書，發現其優點甚多，要而言之，善處有六：

（一）旁參衆經，精心點校

點校者以明正統《道藏》所收六十八卷殘本爲底本，參校《道藏》所收原經及敦煌道經等材料，爲學界提供了一个可靠易讀的標點本。因現存《無上秘要》缺乏嚴格意義上的别本參照，故將《無上秘要》所徵引的章節片段與《道藏》原經比對參校，作爲整理該書的主要途徑。同時，輔以多种辦法：一是用敦煌出土的《無上秘要》殘卷校補原經；二是《無上秘要》所徵引經書今《道藏》已缺，但保存在敦煌道經中，校以敦煌經文；三是《雲笈七籤》、《永樂大典》等後世類書及其他文獻資料有《無上秘要》引文，據之參校。校注者廣泛搜羅各種材料，多種手段綜合運用，盡可能地恢復了原書的本來面貌。

例如，卷五《身神品》：“陰神，字窮英。女子，字丹成。”（68 頁）[①]點校者指出，“英”原作“史”，“女子，字丹成”原爲大字换行。《老君中經》有“陰神三人，上將軍也，萬神之精也，男子字窮英，女子字丹城”，《五符序》作“陰神，字窮英；

* 本文獲 2016 年山東省社科規劃項目“魏晉南北朝道教文獻詞彙研究”（16CZWJ34）資助。

① 文中引例均據中華書局 2016 年點校本，每處皆標注卷數、品名、頁碼。

女人神,字丹精",Дx.02632[①] 爲"女子,丹成"小字接於"窮史"後,故改"史"爲"英",并改"女子,字丹成"爲小字。

類書是他校的一大資源寶庫,《無上秘要》的一些章節在《太平御覽》、《永樂大典》等大型類書中有轉引,可作校勘之用。如,卷四《仙果品》:"昔與女郎,游於安息西海際,食棗異美。"(41 頁)點校者指出,"安息",原作"息安"。本則文字在《太平廣記》卷五十七《女仙二》"太真夫人"作"游安息國西海際",《御定淵鑑類函》卷四百〇二《果部》四《棗二》作"游息於西海之際",《記纂淵海》卷九十二《果食部》作"游於安息西母之際",《太平御覽》卷九百六十五《果部二》《棗》及《藝文類聚》卷八十七《果部下·棗》作"游息於西海之際"。"游息於西海之際"通,故文中"安"或衍,"息"錯位,但《無上秘要》"息安"作"安息"的可能性更大,故改。

(二)利用敦煌目録,復原卷次品目

敦煌文書 P.2861《無上秘要》目録對我們瞭解全書原貌有很大幫助,將之與《道藏》原存目録對照,二者在品名、分合上多有差異,但總體上次序相同,可互相參照。點校者在整理中,將敦煌《無上秘要》目録的相關品目,補入今《無上秘要》的相關缺卷中,庶幾可管窺全書原貌。整理中依據敦煌目録恢復了其原卷次品目,雖難免有失,但補進去後能與殘存部分相互補,不失爲一次成功實踐。

例如,《道藏》卷八十七至一百主要叙述得道成仙後的等級階梯,從"屍解品"至"昇無形品",由低到高排列。其中,"昇太清品"在《無上秘要》卷九十九,居"昇上清品"及"昇玉清品"之後,在"昇無形品"前;而在敦煌《無上秘要》目録中,"昇太清品"則位於"昇上清品"及"昇玉清品"前,"昇無形品"前乃"昇玉京品",而該品不見於《道藏》原目及正文中。整理者依據敦目,將原卷九十九"昇太清品"前移作爲卷九十的内容,而原本卷九十九當爲"昇玉京品",内容缺佚。點校者對這一較大調整之依據作了詳細説明,持之有故,言之成理,將"昇太清品"前移後據敦煌目録補"昇玉京品"應當是合理的。書中做了大量調整補全相關卷次,補充訂正品名的工作,可謂功莫大焉。

卷七十三《發心念品》(948 頁)點校者指出,卷之六十八至七十三,本缺,"拘三魂品"、"制七魄品"、"安形神品"、"守三一品"、"療衆病品"、"去三尸品"、"寶一身品"、"履三福品"、"處内全品"、"盡忠孝品"、"立見功品"、"布陰德品"、"成福慶品"、"發心念品"則據敦目補,具體分卷則據敦目後注釋所體現的内容緊密度來定的。

卷六十二《攘災品》(893 頁)點校者指出,《道藏》原缺該卷,敦煌文書 P.3327(李德範輯《敦煌道藏》第四册)乃《無上秘要》殘卷,當爲《攘災品》内容,

① 文中引用敦煌出土《無上秘要》殘卷編號,統一使用簡稱。Дx.爲俄羅斯科學院東方文獻研究所藏敦煌文獻編號,P.爲法國國家圖書館藏敦煌文獻伯希和(P.Pelliot)編號,S.爲英國國家圖書館藏敦煌文獻斯坦因(M.A.Stein)編號。

但從敦煌殘卷中看不出屬何卷,王卡《敦煌道教文獻研究》認爲當在《無上秘要》卷六十三,筆者認爲在卷六十二更恰當,故補於此。

(三) 補充糾正引文出處

魏晉南北朝傳世的道教文獻,在流傳過程中,魯魚亥豕,訛誤甚多。《無上秘要》引經零散錯亂,對於所徵引經書的種類,中外學者的統計結果頗爲懸殊。點校者在前人研究基礎上,剥繭抽絲,探賾索隱,經過深入調查統計,指出全書共徵引經書 122 種,其中上清經 71 種,靈寶經 34 種,三皇經 5 種,天師道 2 種,其他各類經書 10 種,可以説,從根本上解決了困擾學界已久的這一學術難題。點校者對《秘要》引經出處作了較爲系統的補充糾正,極大地增强了此書的學術性與實用性,爲學界奉獻了一個可靠的整理本。

例如,卷三十《經符異名品》:"右出《洞真太微黄書八坦上經》。"(441 頁)點校者指出,《洞真太微黄書九天八録真文》在前引八經名後説:"右《太微黄書》八卷,其第一、第二、第三、第四不行於世,其第五、第六、第七傳當爲真人,其第八,此則是也。"説《八垣四門高上經》尚未行世,而《秘要》此處却作爲出處,據此,八名乃同經異名,但隨後可能分出單行,《道藏》中還有《洞真太微黄書天帝君石景金陽素經》。

卷三《日品》:"始暉者,日出之鄉。右出《大洞玉經注》。"(7 頁)點校者指出,"右出《大洞玉經注》",原爲"右出《大洞正經注》","正"當爲"玉"之訛。此處摘引的文句全見於今《雲笈七籤》卷八《三洞經教部》之《釋三十九章經》部分。綜觀此處文字和其後《靈山品》所引《玉真大洞玉經》、《神水品》所引《洞真大洞經》及卷十九《天帝衆真儀駕品》、卷二十三《真靈治所品》所引《洞真大洞玉經》等多處文字,疑所出相同。北宋陳景元《上清大洞真經玉訣音義》多次引及《道君玉注》一卷,如在對"太虚空无景"作注時説:"按《道君玉注》云'太虚之天有火山,名曰空无景之山也。'"與《秘要》後《靈山品》所引文字相似,疑《大洞玉經注》、《玉真大洞玉經》、《洞真大洞玉經》即《道君玉注》。

全書補充糾正引文出處共計四十餘處,雖説這種處理可能會引起一定争議,但因作者十多年來一直在從事中古道教文獻的整理研究,對這一時期道書的文本流傳非常熟悉,文中處理都是建立在充分證據基礎上的,總體來説,可信度是比較高的。

(四) 詳細作注,注釋確當

釋義出注是古籍整理的核心内容之一,同時也是古籍整理類作品學術水平的重要體現。《秘要》的點校者始終堅持詳盡作注,引經據典,廣采博搜,對扞格難通之處都做了詳細準確的注釋,因而成就了這一可滿足宗教、歷史、語言文字等多領域研究者需求的权威底本。

例如,卷四《靈山品》:"扶桑際有九老京山,九老仙皇、太帝君二道君,時會九老之京,出靈户之符,召太真王,萬仙受事。"(28 頁)點校者指出,"扶桑際有九老京山,九老仙皇、太帝君二道君,時會九老之京,出靈户之符,召太真王,萬仙受事",《雲笈七籤》卷八《釋三十九章》第三十五章:"榑桑太帝九老仙皇君曰:九老京者,山名也。在榑桑之際。九老仙皇處榑桑之際,治九老之京。太帝君治榑桑之杪,會方丈之台也(按,'會方'乃臺名,'丈'字當衍)。二道君時乘合羽之車。合羽車者,雲沓之色。登榑桑之杪,會九老之京,出靈户之符,召大魔之王矣。"《大洞真經》卷六《扶桑大帝九老仙皇君道經第三十五》:"太帝九老京,校仙登扶桑。七轉召天帝,司命乘神綱。"

卷八十七:"右出《洞真八素真經》。"(1071 頁)點校者指出,此處"太上隱書經"當指《洞真上清太微帝君步天綱飛地紀金簡玉字上經》,如該經:"《太上隱書》,太微帝君昔授皇清洞真君《步天綱飛地紀》,據玄斗,攀星魁,接九真,乘飛龍。"同經叙述其傳授科儀:"按《四極明科》,《太上隱書》,聽七百歲中傳三人,過此不得復出。"同經:"《太上隱書金簡玉字步天綱飛地紀》,昇上清入紫微之要經。"同經:"《太上隱書步天綱飛六紀玉經》,皆後聖君上請,以付方諸宫青童君,使下教骨命宿有仙名者。"《洞真太上太素玉録》:"太極真人後聖君受《太上隱書步天綱飛紀》。"朱越利等先生認爲,"隱書"是相對于黄赤之道的經書而言,本即有關上清之道經書的泛稱,《太上隱書》或即上清之道的經書。在道經中,《上清太上八素真經》、《上清金真玉光八景飛經》均可稱作"《太上隱書》"。

(五) 異文出校,細緻嚴謹

傳世道經主要靠明正統《道藏》得以保存下來,除《真誥》等極少數道書外,大多缺乏别本參照。因此,從事道教文獻整理,必須仔細搜羅占有盡可能多的他校材料。道經在流傳中輾轉傳抄,互相徵引,不少段落往往在同期經書中多次出現,文字互有差異,這些異文爲道教文獻整理提供了寶貴的材料和依據。《秘要》的點校者前期資料準備充足,加之用力甚勤①,書中異文出校細緻而嚴謹,大大提升了此書的學術價值。

如,卷三《星品》:"第六闓陽星,則北極星之魄靈也。闓陽星明而潛照,暉而不焕,洞徹太虚,圍七百七十里,對北極之下闕、北洞之門。"(15 頁)點校者指出,"闕",《九晨玉經》及《雲笈七籤》作"開",李永晟點校《雲笈七籤》作"對北極之下,開北洞之門",誤。李永晟點校《雲笈七籤》是目前比較通用的本子,但百密一疏,書中也有待完善之處,點校者明察秋毫,指出了其中疏誤。

卷二十九《三十二天贊頌品》:"常融無地官,皆是聖皇臣。生死三色上,斯樂豈可陳。"(415 頁)點校者指出,"常融無地官,皆是聖皇臣。生死三色上,斯樂豈可陳",原無。原經"肆歡善因緣"與後"開度七祖奔"("龍變梵度天"的文字)相連,誤脱多文。今據 S.2602(《秘要》卷二十九殘卷)補,并校以 P.2399、S.2915。

卷四十六《昇玄九戒》:"不得身犯,不得教令於人,攝意持戒,終身奉行,是

① 點校者曾先後发表《點校本〈真誥〉述評——兼論魏晉南北朝道經的整理》,《古典文獻研究》2012 年第 15 輯;《"道教典籍選刊"與道教古籍整理》,《中國道教》2012 年第 5 期;《利用早期道經從事漢語史研究的問題及對策》,《漢語史學報》2013 年第 13 輯。這些論文皆提及從事道教文獻整理,要特别注意異文的利用。

吾太上。太上太乙第一戒也。"(729 頁)點校者指出,"太上太乙",P.2750 作"太一",無後一個"太上",故斷爲"是吾太上太一第一戒也"。後文至第六誡均同此。敦煌文書第七、八、九誡也有兩"太上",當是。

(六) 助於認識考證其他中古道經

魏晉南北朝時期,道教徒紛紛造作經典,各派經書急劇增多,真僞混雜,舛訛百出。除葛洪《抱朴子内篇》、陶弘景《真誥》等極少數文獻外,絶大多數道書都没有明確的時代和作者,加之流傳過程中多有亡佚,在一定程度上限制了學界對這些經典的挖掘利用。道教類書《無上秘要》收録魏晉南北朝時期各派道教經籍 130 餘種,在認識、考證其他中古道經方面具有無可替代的學術價值,《無上秘要》可爲探求中古道經面貌提供寶貴綫索。

例如,卷四十二《修學品》:"若夫心競神驚,體和不專,動静喪精,耳目廣明者,徒積念素道,道愈遼也。"(629 頁)點校者指出,此段文字見於《上清紫精君皇初紫靈道君洞房上經》,而《真誥》卷十八《握真輔》第二説:"'仙者心學'出《二十四神經》。"《二十四神經》當即《太上二十四神迴元經》。今《上清紫精君皇初紫靈道君洞房上經》乃合編《太上二十四神迴元經》等經而成,雖今《太上二十四神迴元經》不見"仙者心學"段文字,但《上清紫精君皇初紫靈道君洞房上經》"仙者心學"段文字後正是《太上二十四神迴元經》的内容,故有理由懷疑該段文字本爲《太上二十四神迴元經》的内容,在經書分合時誤上移而脱落。《秘要》注認爲其與下段同出於《洞真太上隱書經》,待證。

卷三十《經符異名品》:"右出《洞真太微黄書八坦上經》"(441 頁)點校者指出,《洞真太微黄書九天八録真文》在前引八經名後説:"右《太微黄書》八卷,其第一、第二、第三、第四不行於世,其第五、第六、第七傳當爲真人,其第八,此則是也。"説《八垣四門高上經》尚未行世,而《秘要》此處却作爲出處,據此,八名乃同經異名,但隨後可能分出單行,《道藏》中還有《洞真太微黄書天帝君石景金陽素經》。

卷三十二《傳經年限品》:"右出《洞真高上元始道章經》"(489 頁)點校者指出,如上注,所引文字實見於今二經,且今各經目中也不見該經名。但今《洞真上清神州七轉七變舞天經》確有《高上元始玉皇道章第一》之一篇,也不排除確有《洞真高上元始道章經》,且文字上與《洞真上清青要紫書金根衆經》和《洞真上清神州七轉七變舞天經》有交叉。

此外,書後附有《無上秘要》徵引經書及引文位置對照表,詳細列出五項内容:經書、徵引用名、引文在《無上秘要》中的卷品、引文在《道藏》原經中的位置、備注,讀者可以看出各經在《無上秘要》全書被稱引的具體細節,並據此查閲《無上秘要》引文在《道藏》原經中的位置及文本異同情況。這個對照表具有重要的文獻學價值,爲認識、考證其他中古道經提供了很大便利,可謂嘉惠學林,功德無量。

二　點校本《無上秘要》與道教文獻整理

在道教學研究中,道教文獻整理是一個薄弱環節。道教文獻的點校整理對於有關學術研究來説,是一個極爲重要的基础性工作,有了這個基礎,才能更好地發揮道教文獻在各學科研究中的作用。卿希泰先生在談道教研究的展望時曾説道:"四是開展道教典籍的研究和整理(包括注釋、標點、譯爲白話)。這項研究得到國内一些出版社的重視,也出版了一些道教典籍的注釋和翻譯,但將其像中華書局那樣系統安排列入計畫的並不多,即使有系統安排的,其進展也很慢,趕不上形勢發展的需要。所以,這項研究還需要加大力度。"①

道經卷帙浩繁,内容駁雜,古奥艱澀,多有隱語,道教文獻的整理難度極大。2004年華夏出版社整理出版《中華道藏》,堪爲道教文獻整理方面最突出的成果,它對明本《道藏》錯訛衍脱文字作了校補,並加以新式標點,楊琳先生評價指出:"這是繼明代《正統道藏》之後,對道教經書首次進行的系統規範的整理重修,爲使用道藏的人提供了一個内容豐富、閱讀方便的權威版本。"②然因《道藏》多有俗字、俗語詞,辨認理解不易,加之書出衆手,《中華道藏》尚存在不少文字錯訛及句讀失誤,筆者近年對其字詞點校問題多有闡發③。

近年來,在道教文獻整理方面,中華書局貢獻尤大,"道教典籍選刊"已先後推出20餘種經典作品,諸如胡守爲《〈神仙傳〉校釋》(2010)、趙益點校《真誥》(2011)、王家葵《〈登真隱訣〉輯校》(2011)、羅争鳴《杜光庭記傳十種輯校》(2013)、王家葵《〈養性延命録〉校注》(2014)、韓吉紹《黄帝九鼎神丹經訣校釋》(2015)等,取得了良好的社會反響,周作明先生認爲:"'道教典籍選刊'對一系列經書的整理,爲學界進一步研究提供了全面可靠且富有學術信息的底本,無疑是道教文化研究的福音。"④

另外,中國社會科學出版社、齊魯書社、巴蜀書社也陸續推出了(日)吉川忠夫、麥穀邦夫編,朱越利譯《〈真誥〉校注》(2006),劉雄峰譯《〈周氏冥通記〉研究(譯注篇)》(2010),葉貴良《敦煌本〈太玄真一本際經〉輯校》(2010)、《敦煌本〈太上洞玄靈寶無量度人上品妙經〉輯校》(2012)、《敦煌本〈太上洞淵神咒經〉輯校》(2013)等作品。以上道經整理本爲學界提供了很大方便,但研究者也在具體使用中發現了不少問題,特别是《〈周氏冥通記〉研究(譯注篇)》一書,其中

① 卿希泰《道教研究百年的回顧與展望》,《四川大學學報》(社科版)2006年第4期。

② 楊琳《古典文獻及其利用》(增訂本),北京大學出版社,2010年,第166頁。

③ 劉祖國《〈中華道藏〉校點商榷》,《四川圖書館學報》2013年第5期;《〈中華道藏〉校點疏誤例釋》,《中南大學學報》(社科版)2014年第2期;《〈中華道藏〉訂誤》,《新疆大學學報》(社科版)2015年第3期;《〈中華道藏〉指瑕》,《文獻語言學》第4輯,中華書局,2017年。

④ 周作明《"道教典籍選刊"與道教古籍整理》,《中國道教》2012年第5期。

的校勘注釋錯誤甚夥,本人曾有系列論文專門討論其存在的諸多疏漏①。

以上種種,充分説明道經整理工作困難之多,任務之重。點校本《無上秘要》作爲"道教典籍選刊"系列最新推出的同時也是部頭較大的一部作品,校勘諸法完備,對校、他校、本校、理校綜合運用而不拘泥,充分汲取了前人整理之經驗。對這樣一部力作,我們在拜讀時,隨想隨記,總結歸納整理者所採用的具體校勘方法,大致析爲如下十四種,希望能爲今後的道經整理工作提供參考,推動道教文獻整理事業的發展。

(一) 據文字通例

道經輾轉流傳過程中,魯魚豕亥,在所難免,其中因字形相近而導致的訛誤占了相當比重,熟悉這些文字通例②,對於文獻整理具有重要意義。點校者在這方面運用自如,發現並解決了不少有關問題。如,卷二十八《九天瓊文品》:"有日若无期,皇華正四員。"(394 頁)點校者指出,"員",原作"貞",《太霄琅書》、《瓊文帝章經》作"圓","圓"與"員"同,"貞"乃形訛字。又,卷三十四《師資品》:"一者奉誡完具,内無毁滅。"(505 頁)點校者指出,"誡",原作"誠",唐朱法滿《要修科儀戒律鈔》卷一引文作"戒","誠"乃"誡"訛。

卷九十五《昇紫晨品》:"任歷劫而受化,感日吉而曜形。"(1190 頁)點校者指出,"吉",原作"告","感日告而曜形"於《七轉七變舞天經》作"感吉日而濯形",而《道典論》卷二"先生"條引《上清紫晨經》則作"感日吉而曜形","吉"當是,據改。道經中"吉"與"告"常形訛,如《上清三元玉檢三元布經》、《真誥》卷九"謹以吉日之夜"於《上清握中訣》卷中作"謹以告日之夜",《洞真上清龍飛九道尺素隱訣》"是時吉晨"於《上清五常變通萬化鬱冥經》作"是時告晨"。

(二) 據音韻

清人在古籍整理方面取得了遠超前人之成績,這跟他們掌握了"因聲求義"這把利器是分不開的,王氏父子的《讀書雜志》、《經義述聞》堪稱利用音韻學知識校理古書的經典之作,本書點校者也注意到了從音韻角度分析解決疑難問題。如,卷二十《仙歌品》:"无運亦不啓,既悟長苦晏。"(217 頁)點校者指出,"晏",原作"最",《四極明科經》此處作"常苦晏",更合韻脚,據改。

卷二十六《靈寶符效品》:"其下三十二字,書三炁丹臺,主召星官,明度數,正天分。"(342 頁)點校者指出,"三十二",原作"三十六",《秘要》卷二十四《真文品》的内容與本部分互爲表裏,作"三十二",《玉篇真文天書經》也爲"三十二",據改。此處誤爲"三十六",當是沿襲《太上洞玄靈寶赤書玉訣妙經》卷上

① 如《〈周氏冥通記〉注釋商兑》,《殷都學刊》2011 年第 3 期;《〈周氏冥通記〉注譯獻疑》,《武陵學刊》2011 年第 5 期;《〈周氏冥通記〉研究(譯注篇)注釋拾補》,《宗教學研究》2012 年第 2 期;《〈周氏冥通記〉研究(譯注篇)商補》,《圖書館理論與實踐》2012 年第 10 期;《〈周氏冥通記〉研究(譯注篇)補苴》,《殷都學刊》2012 年第 2 期;《〈周氏冥通記〉注釋獻疑》,《圖書館理論與實踐》2014 年第 1 期;《〈周氏冥通記〉研究(譯注篇)文字校勘獻疑》,《弘道》2014 年第 4 期;《〈周氏冥通記〉研究(譯注篇)補闕》,《海南師範大學學報》(社科版)2014 年第 12 期等。

② 曾良《俗字及古籍文字通例研究》(百花洲文藝出版社,2006 年)歸納了俗字以及古籍文字中相關通例,是這方面的代表作。

的錯誤所致,在《赤書玉訣妙經》中,將下則咒文的"赤文命靈"屬上,誤爲"三十六",咒文均爲偶數的四言韻語,"三十六"誤。

(三)據語法

道書作爲一種特殊的宗教文獻,其中固然有不少專業用語,但其語言的主體部分仍是當時社會的共同語,點校道書,只有通曉特定歷史時期的漢語語法,方能做到文從字順,切合原意。例如,卷四十二《修學品》:"弟子雖去吾數千萬里,心存吾戒,必得道矣。"(640頁)點校者指出,"數",《真誥》作"教",字跡模糊,陶注:"謂應作'校'字,皆猶差懸也。"今《德行經》也作"數",從文意及語法看,"數"是。

今按[①]:"校"確有"相差"義,如《西京雜記》卷四:"真嘗自算其年壽七十三,真綏和元年正月二十五日晡時死,書其壁以記之。至二十四日晡時死。其妻曰:'見真算時,長下一算,欲以告之,慮脱有旨,故不敢言。今果校一日。'"唐杜甫《狂歌行贈四兄》:"與兄行年校一歲,賢者是兄愚者弟。"然,上例若作"校",則"去吾校千萬里"當釋爲"距離我相差數千萬里",這種表達明顯不合語法,"去"、"校"不可在一句話中同時出現,二者連用,齟齬爲瑕。反之,作"數"的話,"去吾數千萬里"即謂"距離我數千萬里","數千萬里"作補語,怡然理順,故作"數"是。

(四)據詞義

明詞義是古籍整理的前提條件,古書的正確標點是與詞義的準確理解緊密聯繫在一起的,異文的選擇也是如此,若僅停留在校勘學的層面,而不深入到語義的層面,許多問題是難以得到圓滿解決的。點校者周作明先生乃漢語史專業出身,有深厚的古漢語基礎,特别注意從詞義入手進行校正。

如,卷二十四《真文品》:"開八坦於幽細,植露光於太陽。"(308頁)點校者指出,"坦",《諸天内音自然玉字》作"垣"。從意義上看,"八垣"爲勝,《洞真太微黄書九天八録真文》:"《太微黄書》凡有八卷,《太微八垣四門高上經》第一。"但道經中"八坦"也多見,如《上清高聖太上大道君洞真金元八景玉録》:"玉虚四司,激攄八坦。"《上清元始變化寶真上經九靈太妙龜山玄籙》卷中:"右一《玄龍乘紫雲造空唱贊記》及此八坦八門。"同經卷下:"四虚皇君隨四時形影在玉清音光宫八坦府四明鄉極微里中。"

卷四十九《三皇齋品》:"正爾登壇入室,燒香關啓,即日上聞。"(788頁)點校者指出,"關",原作"開",據文意改。"關啓"乃啓禀義,在道經中常見,同書卷六十六《咒請品》引《洞玄真文赤書玉訣》曰"我正爾燒香關啓",《太上洞玄靈寶赤書玉訣妙經》卷上:"關啓此間土地、四面真官,我今正爾燒香關啓,願得十方正真之炁,入我身中。""開"與"關"在道經中常形訛,《真誥》卷九"於是理開血散"之"開"在《洞真西王母寶神起居經》訛作"關",《上清太上玉清隱書滅魔神慧高玄真經》"大洞不叩而發關"在《洞真太上紫文丹章》作"大洞不叩而發開"。

---

① "今按"乃筆者的解説分析,下同。

（五）據句意

中國古代注釋學在訓釋個別字詞時,經常會關照整個句子,這種做法有助於讀者的理解,本書點校者也遵從了此原則。如,卷八十七《尸解品》:"此諸君並已龍奏靈河,鳳鼓雲池矣,而猶尸解托死者,正欲斷以死生之情,示民有始終之限耳,豈肯腐骸太陰,以肉餉螻蟻者哉?"(1066 頁)點校者指出,"肯",《雲笈七籤》卷八十四《屍解》之《又叙》同《秘要》,《真誥》作"同",從句意看,"同"更恰。

卷九十四《昇太空品》:"如上法,一月之中十過也。此日是日魂下接、飛根盈滿水母玉胞之時。"(1179 頁)點校者指出,"之時",原無,"水母玉胞"在《金闕帝君靈書紫文上經》作"水母辟夢之時",《奔日月圖》、《太極真人神仙經》作"水母群夢之時",從句意看,當有"之時"二字,暫補。

（六）據上下文[1]

上下文語境對於語義的呈現、異文的鑒别具有一定的指向性,上下文通盤考慮在古籍整理中是必須的。如,卷九十八《昇九天品》:"畢,西向心拜六過,咽六氣,止。行之三十六年,得乘素雲瓊輿,上昇化應聲天。"(1252 頁)點校者指出,"畢,西向心拜六過,咽六氣,止。行之三十六年",原缺,按上下文意,據《青童内文》補。

卷十七《洞天混化君冠服》:"太上神仙洞天元洞青耀少陽啓明天君,頭冠青晨玉冠,衣青綾之裙。"(174 頁)點校者指出,"青",該字下原有"建"字。《大有妙經》"青"後有"冠"字,可斷爲"頭冠青冠,建晨玉冠",但語意重複,然本經"頭冠青建晨玉冠"也不辭,據上下文,當作"頭冠青晨玉冠",衍"建"字。

（七）據體例

古書内部是一個有機整體,往往有其自身體例,明晰全書體例是本校的前提。如,卷六《王政品》(91 頁)點校者指出,"王政品",敦目後還有"慎兵品","慎兵"即"王政"之一,内容在"王政品"中有體現,品名也似當與之置於一處,但不合全書體例,若置於"王政品"後,内容闕如,也與實際情况不符。

卷二十七《上清神符品》:"以白紙丹筆書之,以本命日日暮,向本命服之。"(361 頁)點校者指出,此則文字見於《洞真太一帝君太丹隱書洞真玄經》之《五籍五符混化必生券》,依上下文體例,或當於"白紙雌黄書之"前補"五籍五符混化必生券"。

卷三十五《授度齋辭宿啓儀品》:"明旦晨曉,依法行道,續更啓聞。"(539 頁)點校者指出,"續更啓聞",本卷凡"次"字提領的文字均爲法師的另一行爲,均有出處,故從"次讀辭"至此,似也當另有出處。按内容,也可能出自《金籙經》。

（八）據道經語言表達習慣

道經作爲一種特殊的宗教文獻,在漫長的發展歷史上,逐漸形成了其自身

---

① 此"上下文"與上例"句意"略有不同。"句意"側重於整個句子;"上下文"的涵蓋面更廣,可以是一個段落、上下多個段落,乃至整篇。

的語言特色與用詞習慣。本書點校者周作明先生研究道經語言有年,先後出版《中古上清經行爲詞新質研究》(中國社會科學出版社,2013年)、《東晉南北朝道經名物詞新質研究》(中國社會科學出版社,2015年)兩部專著,對道經語言表達習慣非常熟悉,在點校《無上秘要》時,周先生充分發揮了這個優勢。

如,卷九《衆聖會議品》:"凡是修齋持戒,宗奉天文,皆爲五帝所舉,上天右别,書名玉曆,記爲種民。"(126頁)點校者指出,"右",原作"又",據《玉篇真文天書經》改。早期道經如《高上太霄琅書瓊文帝章經》、《太真玉帝四極明科經》卷二多見"右别"。又,卷二十四《真文品》:"一切神靈,探筭録籍,推校本原,无善无惡,輕重之根,生死右别,條名列言,一切削除。"(311頁)點校者指出,"右",原作"有",據《諸天内音自然玉字》改。道經中"右别"習見。

卷二十三《真靈治所品》:"真晨仙君治於元虚皇房。"(287頁)點校者指出,"真晨仙君治於元虚皇房",《雲笈七籤》卷八《釋三十九章經》第二十六章:"元虚黄房真晨君曰:元虚黄房者,是真晨仙君之所治也。"《上清大洞真經》卷五:"元靈黄房内,中有黄寧童。左有堅玉君,右有帝常皇。"《大洞玉經》卷下也作"元虚皇房",道經中"虚"和"靈"常通用。

(九)據神仙名諱

在道教信仰中,神仙信仰是核心内容,得道成仙是道教徒終生追求的目標,《列仙傳》、《神仙傳》等神仙高道傳記載了衆多道徒飛升仙化的事迹,對這些神仙名諱的充分了解是從事道經校勘時所必需的。

如,卷二十三《正一炁治品》:"本竹治,上應壁宿,山高一千三百丈,上有一水,有香林在治北,有龍穴地道,通峨眉山,昔郭聲子得道之處。"(298頁)點校者指出,"郭聲子",原作"郭子",同書卷八十三《得地仙道人名品》、《得太清道人名品》均有"郭聲子",這兩處於《真靈位業圖》也作"郭聲子",《真誥》卷五《甄命授》、卷十二《稽神樞》、《元始上真衆仙記》、《洞天福地嶽瀆名山記》、《華陽陶隱居集》、《太極葛仙公傳》、《太平御覽·道部》均有"郭聲子",據改。然《三洞珠囊》、《雲笈七籤》、《洞淵集》均爲"郭子聲",《上清衆經諸真聖秘》也曰:"郭子聲爲閬風真人。"其名或入唐始訛。

卷二十八《九天瓊文品》:"陵梵映朱日,干景翼靈暉。"(393頁)點校者指出,"干",原作"千",據《瓊文帝章經》改。"干景"乃神名。

卷九十八《昇九天品》:"第一壘色潤地,正音土皇姓秦諱孝景椿,行音土皇姓黄諱昌上父。"(1246頁)點校者指出,"父",《上清外國放品青童内文》卷下作"文",後接文"玄父基"之"父"同。按,土皇姓諱見於同書卷十六"三十六土皇"。

(十)據經名

《無上秘要》廣泛徵引魏晉六朝各種道典,從經名入手進行校勘,也是一種有效途徑。如,卷三十《經文出所品》:"《元始洞玄靈寶赤書五篇真文》"(432頁)點校者指出,本則文字幾處"五",《元始五老赤書玉篇真文天書經》卷上及卷下作"玉",從經名看,"玉"更恰。

卷三十二《衆聖傳經品》:“右出《洞真丹景道精隱地八術經》。”(470頁)點校者指出,“道”,原誤作“通”,據該經經名改。

(十一)據道符名

早期道教把符文當作上天下達神明命令的手段,是天神所賜予的信物,道符種類繁多,爲廣大信徒所重視。如,卷六十五《山居品》:“三天有命,蕩除萬凶。豁落掃穢,流金滅殃。”(915頁)點校者指出,“豁”,原作“割”,“豁落”與“流金”均爲道教符名,《修行經訣》、《修身要事經》作“豁落”。今按:道門有符曰“豁落七元”,據《上清金真玉光八景飛經》之記載,主要包括:一元豁落日精之符、二元豁落月精之符、三元豁落歲星精符、四元豁落太白星精符、五元豁落熒惑星精符、六元豁落辰星精符、七元豁落鎮星精符,“豁落七元”可以省稱爲“豁落”。

(十二)據典制

道教文獻向以内容駁雜著稱,道書旁涉中國古代文化的方方面面,典制是其中的一塊重要内容。如,卷八十三《得鬼官道人名品》:“魏剑,廬山侯,晉左民尚書。”(1007頁)點校者指出,“民”,原誤作“氏”,據典制改。《真誥》卷十五《闡幽微第一》:“剑字君思,會稽人,仕晉成穆公世司徒、左長史、丹陽尹,至左民尚書,平壽侯。”

(十三)據統計數字

中國傳統小學研究,基本上採用的是定性式的研究方法,數理統計方法被引進推廣後,定性研究與定量研究相結合成爲必然趨勢。基於窮盡性統計的定量研究在新世紀的人文社科研究中優勢日加凸顯,數理統計方法對於道教文獻整理而言,同樣有用武之地,它可使論斷更具説服力,這是以往的定性研究方法所不具備的。

如,卷四十二《修學品》:“故使大道不布於天下,真仙希游於世間,皆人之深責,非吾黨之咎累矣。右出洞真太上隱書經。”(630頁)點校者指出,“《洞真太上隱書經》”除此處外,本書卷六十六《叩齒品》及卷八十七《屍解品》分別有兩次、一次引及,前兩次均見於《上清紫精君皇初紫靈道君洞房上經》,後一次見於《洞真上清太微帝君步天綱飛地紀金簡玉字上經》。在道經中,《上清金真玉光八景飛經》、《上清太上八素真經及步天綱飛地紀金簡玉字上經》均可稱爲“《太上隱書》”,且歷代經目也不見此經。或確有此經包括上述内容,但“《洞真太上隱書經》”乃泛稱的可能性更大。此處后則文字見於《洞真太上説智慧消魔真經》,但《智慧消魔真經》中却没有“《太上隱書》”之語,或出處脱落。

(十四)據思想

道教典籍整理是一個複雜的系統工程,除關涉文獻訓詁等知識外,對道教思想的熟稔也是整理者應當具備的一種素質。如,卷三十《經文出所品》:“即時一切經書本無文字也。今日之言,不亦經乎?”(434頁)點校者指出,“即時一切經書本無文字也”,《智慧定志通微經》作“即時一切經書本有文字耶”。道教主張“神授天書,不立文字”。

以上十四種,是我們拜讀點校本《無上秘要》時,隨手摘記總結出來的一些具體校勘方法,分類未必有當,或有錯綜糾葛,祈請方家正之。點校本《無上秘要》洵爲近年來道教文獻整理之力作,具有重要的學術價值,相信該書的出版定會有力促進相關研究的發展。

(作者單位:山東大學文學院)

《古典文獻研究》稿約

一、《古典文獻研究》是南京大學古典文獻研究所主辦的學術集刊，每年出版一輯两卷，由鳳凰出版社出版。

二、本集刊主要登載以古典文獻爲中心而展開的各種專門性研究。關於其他傳統學術問題的研究論文，並所歡迎。内容、主題，均所不限。尤其期望提出新理論、實踐新方法、開闢新領域的各種專深研究。書評、研究綜述等，亦適量登載。史料整理、文獻考證等，視其重要程度，選擇刊發。

三、本集刊設有編輯委員會，採用專家匿名審稿制度。每輯上卷六月底截稿，八月出版；下卷十月底截稿，十二月出版。

四、來稿一經刊出，即贈送樣刊，並酌付稿酬。来稿一般不退，若稿件寄達後三個月内未接到本刊採用通知，作者可自行處理。

五、來稿内容之著作權（如圖、表、照片、統計數字及長篇引文等）問題，由作者負責。如發生侵害第三者權利之事，概由投稿者承擔法律責任，與本集刊無關。

六、來稿請遵從本集刊格式規範（另見），並請注明真實姓名、服務機構、職稱、詳細通訊地址、電子郵箱、電話或傳真，以便聯繫。來稿若不符合格式要求，恕不受理。

七、來稿請寄：210023 中國南京栖霞區仙林大道 163 號南京大學仙林校區文學院古典文獻研究所《古典文獻研究》編輯委員會；編輯部將視審稿情况通知是否再寄電子文本。垂詢請電郵至：classics@nju.edu.cn

《古典文獻研究》編輯委員會謹啓

二〇一七年八月

《古典文獻研究》

稿件書寫格式

一、來稿請使用繁體字。除特殊論文外，異體字、俗字等請改用繁體正字。

二、注釋請採用頁下注。注釋碼用阿拉伯數字①②③④……表示，其位置在標點符號前（引號除外）文字的右上角。

三、引用文獻，務請詳列出處。引用古籍，應標明著者時代、著者名、版本（新印古籍，標明出版社、出版年代及整理信息）、卷數、頁碼；引用專書，應標明著者（譯著，著者名前加注國别，用圓括號括起）、章（卷）數、譯者、出版者、出版年月、頁碼；引用期刊論文，應標明期刊名、年代及卷期數、頁碼；引用西文論著，依西文慣例，標明作者、論著名、出版地及出版者、出版年代、頁碼，著作名用斜體，論文名加引號；如：

Kristofer.M. Schipper, *The Taoist Body*, Berkeley: University of California Press, 1993. pp.21

Anna SEIDEL, "Chronicle of Taoist Studies in the West 1950—1990". Cahiers d'Extrême Asie 5:223—347. 1989.

四、再次徵引，注明責任者、文獻名、頁碼即可。

五、常用古籍，若不涉及版本、異文問題，可隨文用括號注明文獻名及篇章名、卷數，不再另出頁下注。

六、首次提及帝王年號，須加公元紀年；首次提及外國人名，須附原名。中國年號、古籍卷數用中文數字。其他如公曆年數、期刊卷期號、頁碼等，均使用阿拉伯數字。引用敦煌文獻，用縮略標號加阿拉伯數字形式。其他特殊文獻，依學界慣例。

七、文中若有插圖，請提供清晰照片或電腦文件，並在文中注明位置。